Protocoles et échelles d'évaluation en psychiatrie et psychologie

Chez le même éditeur

Ouvrages de Martine Bouvard

Échelles et questionnaires d'évaluation chez l'enfant et l'adolescent, par M. Bouvard. Collection « Psychologie ». 2008, vol.1, 192 pages ; vol.2, 200 pages.

Les troubles obsessionnels compulsifs, par M. Bouvard. Collection « Pratiques en psychothérapie ». 2006, 2e édition, 272 pages.

Questionnaires et échelles d'évaluation de la personnalité, par M. Bouvard. Collection « Pratiques en psychothérapie ». 2009, 3e édition, 352 pages.

Ouvrages de Jean Cottraux

Les thérapies comportementales et cognitives, par J. Cottraux. Collection « Médecine et psychothérapie ». 2004, 4e édition, 416 pages.

Psychothérapie cognitive de la dépression, par I.M. Blackburn, J. Cottraux. Collection « Médecine et psychothérapie ». 2008, 3e édition, 248 pages.

Psychothérapies cognitives des troubles de la personnalité, par J. Cottraux et I.M. Blackburn. Collection « Médecine et psychothérapie ». 2006, 2e édition, 320 pages.

Thérapie cognitive et émotions. La 3e vague, coordonné par J. Cottraux. Collection « Médecine et psychothérapie / Progrès en TCC». 2007, 224 pages.

TCC et neurosciences, coordonné par J. Cottraux. Collection « Médecine et psychothérapie / Progrès en TCC ». 2009, 240 pages.

Collection Pratiques en Psychothérapie

Conseiller éditorial : Dominique Servant

Protocoles et échelles d'évaluation en psychiatrie et psychologie

Martine Bouvard

Professeur de psychologie clinique

Université de Savoie

Jean Cottraux

Psychiatre des hôpitaux

Directeur scientifique de l'IFFORTHECC

5e édition

ELSEVIER
MASSON

ISBN : 978-2-294-71041-4

Elsevier Masson SAS, 62, rue Camille-Desmoulins, 92442 Issy-les-Moulineaux cedex
www.elsevier-masson.fr

Abréviations

AIPSS	*Assessment of Interpersonal Problem Solving Skills*
AUDIT	*Alcohol Use Disorders Identification Test*
BAI	*Beck Anxiety Inventory*
BDI	*Beck Depression Inventory*
CAPS	*Clinician-Administred PTSD Scale*
CCPPRB	Comité consultatif de protection des personnes dans la recherche biomédicale
CGIOS	*Clinical Global Impression Obsessive Compulsive Scale*
CPRS	*Comprehensive Psychiatric Acting Scale*
EAT	*Eating Attitudes Test*
EDI-2	*Eating Disorder Inventory-2*
EMST	échelle modifiée des symptômes traumatiques
EPR	exposition avec prévention de la réponse
ESPT	état de stress post-traumatique
HLA	*human leucocyt antigen*
IDP	inventaire de détresse péritraumatique
IM	inventaire de mobilité
LOCF	*last observation carried forward*
LPO	liste des pensées obsédantes
MADRS	*Montgomery and Asberg Depression Rating Scale*
MMPI	*Inventaire multiphasique de personnalité du Minnesota*
MOCI	*Maudsley Obsessive Compulsive Inventory*
MRSS	*Morning Rehabilitation Status Scale*
NIMH	*National Institute of Mental Health*
OMS	Organisation mondiale de la santé
PCLS	version stress de l'échelle de stress post-traumatique
PPAG	(échelle d'évaluation des) phobies, attaques de panique et anxiété généralisée
QCI	questionnaire des conduites interpersonnelles
QDSA	questionnaire de douleur Saint-Antoine
QIA	questionnaire sur l'inquiétude et l'anxiété
QIPS	*Penn State Worry Questionnaire*
QPA	questionnaire des pensées automatiques
SCAG	*Sandoz Clinical Assessment Geriatric*
SCID	*Structured Clinical Interview Disorders*
SMAF	système de mesure de l'autonomie fonctionnelle
SOGS	*South Oaks Gambling Screen*
STAI	*State Trait Anxiety Inventory*
TAG	trouble de l'anxiété généralisée
TAPIS	test d'auto-évaluation des pensées en interaction sociale
TAT	*Thematic Aperception Test*
TOC	trouble obsessionnel compulsif
YBOCS	*Yale Brown Obsessive Compulsive Scale*

INTRODUCTION

La recherche clinique en psychiatrie et en psychologie est devenue progressivement un centre d'intérêt dans notre pays où la recherche psychopathologique avait longtemps été écartelée entre le « tout analytique », lié à l'implantation tardive de la psychanalyse dans notre pays, et « le tout biologique » lié au formidable développement des neurosciences. Il est aujourd'hui de plus en plus fréquent de lire des travaux psychopathologiques français qui cherchent à répondre, avec une méthodologie scientifique, à des questions issues de la clinique et destinées à des applications pratiques plus ou moins immédiates. Nous commençons donc enfin à rejoindre les autres pays développés qui ont depuis longtemps mis en place une recherche biopsychosociale.

Ce livre cherche à guider le débutant qui s'initie à la recherche clinique. Il s'agit donc d'un « *primer* » au sens anglo-saxon. Autrement dit, ce livre permet d'amorcer une réflexion pratique à partir de principes de base dont les fondements épistémologiques et mathématiques peuvent être trouvés dans des ouvrages plus ambitieux. Trop souvent, on confond, dans notre spécialité, la passation d'échelles d'évaluation et la recherche. Affirmons donc d'emblée que la recherche est animée par des idées de préférence originales : à savoir des questions que l'on se pose. Ensuite, vient la recherche d'un plan expérimental (un protocole) dont on doit vérifier la faisabilité et le caractère éthique. Enfin, on arrive à la sélection de mesures en particulier les mesures psychométriques : les échelles d'évaluation n'en sont qu'un des aspects.

Cet ouvrage se compose donc de deux parties : l'une destinée à la rédaction des protocoles de recherche clinique et l'autre à la présentation d'échelles d'évaluation.

Dans la première partie sont abordés les problèmes généraux de la méthodologie, les protocoles de cas individuels et les études contrôlées, les problèmes que posent l'éthique, l'observance des protocoles et la sélection des mesures.

Dans la seconde partie sont regroupés les échelles et questionnaires bénéficiant d'études de validation en version originale et/ou en version francophone.

En début de chacun des chapitres est présentée la liste des outils sélectionnés pour évaluer le domaine. La même grille descriptive a ensuite été utilisée pour présenter les qualités psychométriques. Enfin, l'adresse où se procurer l'outil est précisée, lorsqu'il n'est pas disponible à la publication.

Nous remercions tous les patients et les sujets contrôles qui ont accepté de répondre aux échelles et aux questionnaires. Ils sont à l'origine des études de validation. Nous remercions également tous les auteurs, traducteurs et maisons d'édition qui nous ont permis de reproduire leur travail. Enfin nous remercions pour leur aide à la réalisation de cet ouvrage Daniel Gérard, Stella Lachance, Jacqueline Lafont, Nathalie Durand et Marie-Pierre Rethy.

Martine Bouvard, Jean Cottraux

INTRODUCTION À LA 5e ÉDITION

Cette 5e réédition a été l'occasion, en tant que premier auteur, de revoir à la fois la première partie méthodologique et la seconde partie portant sur la présentation de questionnaires et d'échelles d'évaluation. La méthodologie, mais aussi les qualités psychométriques des outils d'évaluation, sont des prérequis indispensables pour valider des hypothèses thérapeutiques, voire pour valider des techniques thérapeutiques. Cependant, la méthodologie, comme les outils d'évaluation, demandent un ajustement en fonction de l'avancée de la recherche.

Dans la première partie, plus particulièrement, les chapitres sur les protocoles de cas individuels, les études contrôlées et la sélection des mesures ont été remodelés. Ils représentent les connaissances méthodologiques de base pour un psychologue comme pour un psychiatre. Les protocoles de cas individuels permettent la présentation de la prise en charge d'un patient. Ils constituent la première étape dans le processus de validation d'une technique thérapeutique. Par ailleurs, ils sont le sujet des mémoires des étudiants du diplôme interuniversitaire de thérapie comportementale et cognitive (université Lyon 1 et université de Savoie) afin de valider leur pratique de la thérapie comportementale et cognitive.

Les outils d'évaluation peuvent être comparés à la destinée humaine : avec un début et une fin, peu deviennent immortels. Dans la 3e édition, nous avions enrichi notre travail en supprimant les outils d'évaluation peu utilisés dans la littérature internationale, pour les remplacer par des outils plus actuels. Nous avions également cherché à augmenter la valeur de l'ouvrage en ajoutant des questionnaires et un domaine d'évaluation, le stress post-traumatique. Dans la 4e édition, celle du début de siècle, nous avions mis l'accent sur la mise à jour des études de validation des outils. Or, dans le petit monde de la recherche des qualités psychométriques, il est admis que le processus de validation d'un outil ne se termine jamais et que les étalonnages, comme la formulation des items, demandent à être remis à jour en fonction des générations. Ainsi, dans la seconde partie, nous avons présenté dans certains domaines de nouveaux questionnaires et échelles d'évaluation. Deux chapitres ont été ajoutés : un chapitre sur les troubles des conduites alimentaires et l'autre sur les addictions. En revanche, le chapitre sur les enfants a été supprimé. Les lecteurs intéressés par le sujet peuvent se référer à nos ouvrages dans le domaine (*Questionnaires et échelles d'évaluation de l'enfant et de l'adolescent*, collection « Psychologie », paru aux éditions Elsevier-Masson). Enfin, précisons que les questionnaires de cet ouvrage sont, dans la grande majorité, plus centrés sur les symptômes, alors que les questionnaires centrés sur les croyances associées aux schémas cognitifs sont plutôt regroupés dans notre ouvrage *Questionnaires et échelles d'évaluation de la personnalité*, paru également aux éditions Elsevier-Masson.

Pour terminer cette brève introduction à la nouvelle édition, je remercie mes étudiantes et ex-étudiantes en recherche. Elles ont participé à l'élaboration de certains chapitres, à savoir Liv Sansoz (« Stress post-traumatique »), Barbara Kaiser (« Trouble des conduites alimentaires » et « Trouble obsessionnel compulsif »), Audrey Bouvard (addiction à Internet) et surtout Julie Aulard pour son aide assidue dans la recherche bibliographique. Dans le domaine du jeu pathologique, un grand merci à Laurence Aufrère, Yasser Khazaal et Stella Lachance pour leur participation et, dans l'addiction au tabac, à Emmanuelle Le Barbanchon. Le traitement psychothérapeutique des joueurs pathologiques doit beaucoup à Robert Ladouceur qui m'a tout appris dans le domaine et que je salue au passage. Patrick Lehmann et Jean-Marie Boisvert m'ont beaucoup aidée dans la réalisation du chapitre sur les troubles sexuels et les problèmes de couple, merci à tous les deux. Enfin, je remercie Fabienne Roulleaux et Mathieu Gousse des éditions Elsevier-Masson pour leurs conseils et leur confiance.

Au final, je dédie cette 5e réédition aux étudiants et diplômés du DIU de TCC (Lyon et Chambéry) qui reconnaîtront dans cet ouvrage une partie de leurs cours.

Martine Bouvard

Sommaire

Partie I

Une brève introduction à la recherche clinique

Jean Cottraux

Cherchez comme ceux qui trouvent et trouvez comme ceux qui doivent chercher encore.

Saint Augustin

Chapitre 1
Éléments de méthodologie en recherche clinique

Méthodologie

La recherche clinique consiste à se poser des questions et à se donner les moyens d'y répondre. La méthodologie est un ensemble de règles logiques nécessaires à la sélection et l'interprétation objective de données pertinentes, par rapport aux problèmes de recherche clinique que l'on se propose de résoudre. Comme dans toute entreprise humaine, la part de la subjectivité est importante, tout d'abord dans le choix des questions que l'on se pose, ensuite dans l'évaluation qui est fonction de l'observateur, de la méthode d'observation, du choix des mesures et des hypothèses explicites ou implicites qui sous-tendent le protocole expérimental.

Méthode, en grec (meta-odos = μετα-οδοσ), signifie « chemin vers », et l'on sait bien qu'il est des chemins qui ne mènent nulle part. La méthode s'efforce surtout de déterminer des prédictions expérimentales. Elle se traduit sous la forme d'un calcul de probabilité et repose donc sur la notion de déterminisme. Même les théoriciens du chaos décrivent des « attracteurs étranges » qui déterminent un certain ordre dans le chaos.

La méthodologie consiste à poser de la manière la plus objective possible les questions et à élaborer un protocole dont la réalisation permette de répondre à celles-ci en sélectionnant des mesures adaptées. En fait, le processus de la recherche est plus circulaire que linéaire : la formulation d'hypothèses demande la connaissance de la littérature sur le sujet. Le plan de recherche doit permettre de répondre aux questions posées ; les critères pour recruter les sujets, les outils d'évaluation et les statistiques sont définis en vue d'obtenir la collecte de données et l'analyse des données. L'interprétation des données est une discussion portant sur les résultats obtenus (les hypothèses testées sont-elles vérifiées ?) en les comparant aux données de la littérature. Plus précisément, la méthodologie ne répond pas à la question du « génie scientifique » capable, lui,

Protocoles et échelles d'évaluation en psychiatrie et psychologie

de formuler un problème d'une manière originale et inattendue. Elle est simplement le moyen de tester les hypothèses le plus souvent issues de la rencontre de travaux antérieurs et d'idées originales.

Découverte scientifique et hasard

Il ne faut pas oublier que le hasard est un grand pourvoyeur de résultats. C'est la « *serendipity* » des auteurs anglo-saxons. Ce nom est dû à Horace Walpole qui avait été impressionné en 1754 par un conte de fée, *L'Histoire des trois princes de Serendip*. Serendip est l'ancien nom de Ceylan (Sri Lanka). Dans ce conte, les trois princes font des découvertes par hasard : autrement dit, ils ne trouvent que ce qu'ils ne cherchent pas. Horace Walpole utilisa ensuite le terme de « *serendipity* » pour décrire quelques-unes de ses découvertes accidentelles (Roberts, 1989).

À notre époque, les effets antipsychotiques du Largactil® ont été découverts en partie à la suite de la prescription du médicament à un schizophrène pour une affection dermatologique et après avoir considéré ce médicament comme un anesthésique (Deniker, 1975). Le rôle antidépresseur de l'imipramine fut mis en évidence par Kuhn chez des schizophrènes que l'on croyait guérir de leurs hallucinations, et chez qui fut déclenché un état d'excitation. Klein (1964) rapporte avec beaucoup de sincérité scientifique le caractère aléatoire de sa découverte de l'effet anti-panique de l'imipramine. En fonction de critères psychodynamiques, qui définissaient l'agoraphobie comme une défense contre une psychose sous-jacente, il avait essayé de traiter celle-ci par la chlorpromazine. Devant son échec, il essaya l'imipramine à tout hasard : ce qui lui permit de constater empiriquement la réduction de la fréquence et de l'intensité des attaques de panique spontanées. La capacité d'interpréter les résultats obtenus par rapport aux hypothèses de départ et ensuite de proposer une réinterprétation des phénomènes fut certainement décisive dans le développement des fleurons de la psychopharmacologie moderne.

La science produit des erreurs en dépit de la méthode ; inversement, l'absence de méthode rigide et l'attitude heuristique peuvent avoir une valeur scientifique. Rappelons que la mise au point du traitement comportemental des phobies par Wolpe (1975) procéda d'une série de 200 études de cas individuels, et que la mise au point des sexothérapies par Masters et Johnson (1971) fut effectuée de la même manière. Ils utilisaient une méthode relativement simple de mesure pré-post (avant, après thérapie et après un suivi de plusieurs mois ou années). Ce n'est que secondairement qu'une approche contrôlée réussit à valider ces deux approches et permit d'en analyser le processus. C'est pourquoi nous insisterons dans cet ouvrage sur la méthodologie de cas individuels. Finalement, la méthodologie en psychopathologie pourrait se définir comme une logique de l'élimination systématique de l'erreur, qui est mise en œuvre à partir de l'observation et de l'interprétation de cas individuels à valeur heuristique.

Sciences idiographiques et nomothétiques

La psychologie et la psychiatrie se trouvent actuellement au carrefour des sciences idiographiques et nomothétiques.

Par *idiographiques*, on entend les sciences qui décrivent un phénomène donné et s'efforcent de le mesurer. Par exemple, une étude descriptive de cas individuels est une démarche idiographique, tout comme l'histoire ou la géographie. À la limite, il peut s'agir d'un phénomène unique et qui ne peut être répété.

Par *nomothétiques*, on entend des sciences qui établissent des lois. Dans le domaine de la psychopathologie, établir des lois nécessite l'étude d'un grand nombre d'individus avec des mesures standardisées, de façon à mettre en évidence des relations qui se répètent entre les différents types de variables. Ce qui implique le recours aux statistiques et la définition précise des variables.

Stratégies de recherche

Stratégie descriptive ou d'observation

L'objectif principal est de quantifier, de codifier et d'observer un comportement actuel. Cette stratégie peut être mise en œuvre à partir de l'intuition et de la relation intersubjective. Elle peut aussi se servir du regard et de l'écoute clinique classiques.

Quantification des observations

On tend actuellement à adjoindre, aux démarches classiques d'observation, l'utilisation d'outils d'évaluation standardisés, des procédures systématiques d'entretien (entretien semi-structuré) ou des systèmes de cotation à partir d'enregistrement vidéo ou au magnétophone qui permettent de calculer les pourcentages d'accord et de désaccord entre différents observateurs. Au cours des enregistrements, plusieurs types d'observation sont possibles (Ladouceur et al., 1977).

Dans l'*observation continue*, l'observateur cherche à enregistrer l'ensemble du répertoire comportemental d'un sujet. Mais ce type d'observation ne s'avère guère réalisable même s'il permet au début de sélectionner des hypothèses de travail.

L'*observation événementielle* consiste à enregistrer la fréquence d'un comportement (tics, stéréotypie, bégaiement). Dans d'autres cas, c'est la durée qui sera la variable retenue par l'observateur.

L'*observation par intervalle* permet non seulement de préciser la fréquence d'un comportement durant une période donnée, mais aussi de définir la proportion de temps pendant laquelle le comportement est émis.

L'*observation par échantillonnage de temps* est plus économique. À la fin d'un intervalle de temps, le ou les observateurs notent l'absence ou la présence d'un comportement. L'observation peut se faire quelques secondes avant la fin de chaque intervalle. Une telle méthode a été utilisée par Liberman (Alevizos et al., 1978) avec une check-list de comportements mutuellement exclusifs, pour étudier l'activité/passivité de sujets schizophrènes institutionnalisés, en fonction de différents programmes thérapeutiques. Deux observateurs s'avéraient nécessaires pour valider la mesure.

D'une façon générale, le recueil simultané de données par deux observateurs est une précaution élémentaire. Un indice de fiabilité peut alors être établi et correspond au degré d'accord entre observateurs indépendants qui enregistrent les mêmes comportements au même moment chez le (ou les) même(s) sujet(s) avec la même technique de mesure. Ladouceur et al. (1977) proposent l'utilisation de deux types d'indice de fiabilité :

- pour l'observation par intervalle ou par échantillonnage de temps :

$$\text{Indice de fiabilité (\%)} = \frac{\text{nombre total d'accord}}{\text{nombre total d'accord} + \text{nombre total de désaccord}} \times 100$$

- pour l'observation continue, événementielle ou de durée, un autre indice est proposé :

$$\text{Indice de fiabilité (\%)} = \frac{\text{plus petit nombre d'observations}}{\text{plus grand nombre d'observations}} \times 100$$

Un indice de fiabilité de 80 % est considéré comme satisfaisant.

Études épidémiologiques

Incidence, prévalence et facteurs de risque

Les études épidémiologiques étudient principalement la fréquence des maladies et leurs facteurs de risque. On distingue, dans l'étude de la fréquence d'une maladie dans la population générale, l'*incidence* : le nombre de nouveaux cas diagnostiqués, et la *prévalence* : le nombre total de cas, dans un intervalle de temps donné (prévalence = incidence × durée de la maladie).

Ces études « catégorielles » de maladies définies ont été critiquées en psychiatrie et certains ont proposé de les remplacer par une étude dimensionnelle des symptômes et des traits de personnalité, les différents degrés de sévérité devant être pris en compte et présentés sous la forme de courbes (Freeman et Tyrer, 1992).

L'étude des facteurs de risque est intéressante pour la prévention des groupes à risque. Le risque relatif est donné par la formule suivante :

$$\text{Risque relatif} = \frac{\text{Incidence chez les sujets exposés au risque}}{\text{Incidence chez les sujets non-exposés au risque}}$$

Brown et Harris (1978), par exemple, ont montré que quatre facteurs de risque prédisaient une réaction dépressive en réponse à un événement de vie négatif :
1. la séparation d'avec la mère ou la mort de la mère avant 11 ans ;
2. la présence d'au moins trois enfants de moins de 14 ans à domicile ;
3. l'absence d'emploi ;
4. l'absence de relation intime avec un partenaire masculin.

Types d'études épidémiologiques

Études de cohortes

Elles sont observationnelles et peuvent être prospectives ou rétrospectives. Elles consistent à suivre deux ou plusieurs groupes de personnes durant une certaine période de temps et ensuite à comparer les résultats. Cela est en principe prospectif. Mais, parfois, ce type d'étude est effectué rétrospectivement, une fois que l'événement ou la maladie s'est déclaré. Ces études permettent d'étudier les relations de causalité.

Études transversales

Les études transversales (*cross-sectional studies*) sont descriptives et sont utilisées pour étudier la prévalence d'un événement ou d'une pathologie. Dans ce type d'étude, une seule mesure est faite. Elle ne permet pas d'étudier la causalité des maladies.

Études cas-témoins

Les études cas-témoins (*case-control studies*). Elles consistent à identifier un groupe avec une maladie et à le comparer avec un groupe sans cette maladie. Il s'agit d'études rétrospectives ayant une valeur pour la recherche étiologique.

Approche expérimentale

Elle inclut plusieurs types de protocoles que l'on utilise essentiellement pour évaluer les effets des traitements et les facteurs prédictifs de résultat.

Les *protocoles de cas individuels*, que nous détaillerons dans un chapitre spécial, étudient l'évolution d'un sujet unique par des mesures répétées à travers différentes conditions (traitements, absence de traitement).

Les *protocoles intragroupes* (approche pré-expérimentale) étudient l'évolution d'un groupe qui reçoit un traitement et que l'on mesure de manière répétée dans le temps (avant intervention, après et au suivi). On peut ainsi étudier l'effet, sur un groupe de patients anxieux, d'un anxiolytique en comparant statistiquement les réponses des patients à une échelle d'anxiété avant et après traitement ainsi qu'à différents points de suivi après traitement. La limite de ces protocoles est que pour montrer que le traitement est efficace, il faut pouvoir le comparer à un groupe témoin n'ayant pas reçu le traitement (ou ayant reçu un autre traitement) et montrer que la différence des résultats n'est pas due à une caractéristique particulière des sujets.

Études comparatives ou contrôlées (approche expérimentale). La comparaison de l'évolution d'un groupe traité à un groupe non traité, les deux groupes étant tirés au sort, représente le modèle le plus simple et le plus fréquent : c'est la classique étude en double aveugle de deux groupes parallèles randomisés. On peut complexifier ce modèle de base et étudier des sujets tirés au sort qui reçoivent un ou plusieurs traitements qui sont comparés à une ou plusieurs conditions contrôles (liste d'attente, placebo, etc.).

Variables dépendantes et indépendantes

Une expérimentation cherche à établir une relation entre deux phénomènes en provoquant, de manière délibérée, un changement dans l'une, tout en observant le changement dans l'autre. Ces phénomènes sont appelés variables. De façon à rendre possible l'étude de l'influence d'une variable sur l'autre, il faut les définir d'une façon opérationnelle.

Trois grands types de variables sont étudiés en psychopathologie.

Les *stimuli* (**S**) : ce sont des propriétés de l'environnement physique ou social.

Les *réponses* (**R**) sont des actes, des conduites ou des comportements qui peuvent se manifester de deux façons :

- soit ils sont observables directement de l'extérieur, par exemple le ralentissement psychomoteur, l'évitement des phobiques ou les rituels de lavage des obsessionnels (réponses ouvertes) ;
- soit ils doivent être observés indirectement ou inférés à partir d'instruments de mesure adaptés, par exemple les pensées, les images mentales, les émotions ou les sentiments. Nous donnerons dans cet ouvrage des exemples de telles observations indirectes que l'on appelle des réponses couvertes. On peut rattacher aux réponses couvertes les réponses physiologiques qui nécessitent un appareillage électronique d'enregistrement (rythme cardiaque, conductance cutanée, électroencéphalogramme, etc.).

Les *propriétés individuelles* (O) : ce sont des caractéristiques de la personne ou de l'organisme qui peuvent être psychologiques (personnalité), sociales (éducation, profession) ou biologiques (anomalies ou variations métaboliques). Le schéma suivant résume ces trois types de variables.

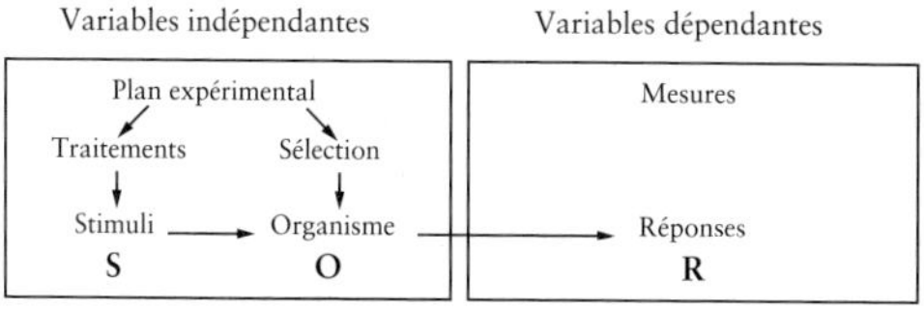

Variables expérimentales.

La variable indépendante est la variable manipulée et modifiée par le chercheur. Elle est souvent appelée source de variation, étant responsable des variations chez les sujets observés. Il est important de fournir une définition opérationnelle de sa nature et des niveaux qu'elle prendra. En pratique clinique, c'est souvent une technique thérapeutique dont on veut démontrer l'effet. La variable dépendante est la réponse mesurée par l'expérimentateur, la variable dans laquelle doit apparaître le changement présumé. L'expérimentateur doit démontrer que ce sont bien les changements qu'il a apportés dans la variable indépendante qui sont responsables des modifications de la (ou des) variable(s) dépendante(s), et qui se reflètent dans les mesures dépendantes.

Notions statistiques élémentaires

Une variable est une caractéristique qualitative ou quantitative commune à tous les individus appartenant à une population, ou un échantillon. Cette variable (poids, taille, âge, sexe, score d'une échelle) se distribue dans la population en fonction de tendances centrales et d'indices de dispersion.

Tendances centrales

La moyenne (m) d'une variable est égale à la somme des scores obtenus par tous les individus lors de la passation d'une échelle divisée par le nombre d'individus dans l'échantillon.

La médiane (M) est la valeur de la variable telle que 50 % des sujets ont une valeur inférieure à M et 50 % des sujets une valeur supérieure à M. Si le nombre de sujets est impair, il faut rechercher le sujet tel qu'il y ait autant de sujets après lui qu'avant lui : le score obtenu par ce sujet sera la médiane. Si le nombre de sujet est pair, il faut rechercher les deux sujets tels qu'il y ait autant de sujets avant eux qu'après eux. La médiane est la moyenne des scores des deux sujets.

Le mode représente le score le plus fréquemment obtenu par l'ensemble des sujets.

En cas de distribution normale (courbe en cloche de Gauss), moyenne, médiane et mode sont approximativement superposables.

Indices de dispersion

La variance ($sigma^2 = \sigma^2$) est la somme des carrés des écarts à la moyenne divisée par le nombre de sujets moins un. Plus la variance est grande, plus les valeurs sont dispersées autour de la moyenne.

L'écart type ($sigma = \sigma$) est la racine carrée de la variance. Comme la variance, il mesure la dispersion autour de la moyenne. Plus il est grand, plus les valeurs sont dispersées.

Les valeurs extrêmes définissent l'étendue d'une échelle (« *range* »). Elles correspondent aux valeurs minimale et maximale que peut prendre une variable dans une distribution. Chaque échelle a des extrêmes ou une étendue qui correspondent au score minimum et au score maximum possible.

Tests statistiques

La plupart des calculs statistiques utilisent ces données de base pour comparer des populations pathologiques et contrôles, ou pour comparer une population à elle-même avant et après une intervention ou en l'absence d'intervention.

Lorsqu'il s'agit de variables qualitatives (variables discontinues), on comparera des fréquences : par exemple fréquence de femmes et d'hommes dans deux groupes par la méthode du chi^2 (χ^2) qui permet de comparer les fréquences attendues selon les lois du hasard avec les fréquences observées dans l'étude (comparaison d'un effectif théorique avec un effectif observé).

Lorsqu'il s'agit de variables quantitatives (variables continues), on comparera en général les moyennes. Les tests statistiques paramétriques postulent une distribution normale ou gaussienne. Selon la loi gaussienne moyenne, mode et médiane sont très proches les unes des autres dans les échantillons comparés.

Les tests statistiques non paramétriques seront utilisés dans la mesure où la distribution n'est pas normale. Ils comparent les rangs des sujets dans chacun des échantillons comparés : ils sont dits indépendants de la distribution (*distribution free*) (Siegel, 1956 ; Krauth, 1988).

Hypothèse nulle, inférence statistique et type d'erreurs

En général, une expérimentation telle qu'une étude comparative des effets d'un traitement inclut deux groupes : par exemple un groupe traité (médicament) et un groupe contrôle (placebo) dont les sujets sont tirés au sort dans un échantillon issu d'une même population (les sujets déprimés d'un même service hospitalier). Le critère de jugement des effets de l'étude peut être les variations du score sur une échelle d'évaluation (échelle de dépression de Hamilton). L'analyse statistique consiste à comparer les deux groupes avant traitement avec l'hypothèse que les moyennes des scores sur l'échelle de Hamilton ne diffèrent pas puisque les sujets des deux groupes sont tirés au sort dans la même population. Ensuite, on compare les moyennes des deux groupes sur cette échelle après traitement. On peut aussi comparer les moyennes des changements entre l'avant et l'après traitement.

Imaginons que les résultats d'une étude comparative cherchant à savoir si le médicament A est meilleur que le placebo sont dus au hasard : l'écart entre les moyennes des scores des deux groupes sur une échelle d'évaluation est dû aux fluctuations statistiques d'une même population. On propose donc de faire l'hypothèse nulle : A = placebo et cherchons par les statistiques si l'hypothèse nulle peut être rejetée. Il faut pour rejeter l'hypothèse nulle que l'écart entre les moyennes atteigne un seuil de probabilité de moins de 5 % ($p < 0,05$). Ce seuil de significativité est conventionnel. Il peut s'énoncer de la manière suivante : « En affirmant qu'il y a une différence statistiquement significative entre ces deux moyennes, j'ai 95 % des chances de ne pas me tromper. »

À quel moment est-il possible d'inférer que les variables dépendantes (« les mesures ») ont été modifiées par les variables indépendantes contrôlées par l'expérimentation (« les facteurs ») ? On distingue deux types d'erreur :

- l'erreur de type 1 qui consiste à attribuer faussement un effet de la variable indépendante sur la variable dépendante (faux positif). Ce risque, appelé risque alpha (α), peut être évalué par des procédés statistiques qui nécessitent un nombre minimal de sujets, calculés en fonction des hypothèses testées, des données préalables au travail expérimental, ainsi qu'aux méthodes statistiques adoptées ;
- inversement, on peut avoir des erreurs de type 2 qui consistent à conclure faussement que la variable indépendante n'a pas d'effet sur la variable dépendante (faux négatif). Ce risque, appelé risque bêta (β), peut être soumis lui aussi aux lois des probabilités statistiques.

Les effectifs nécessaires pour tester les hypothèses en fonction des risques alpha et bêta peuvent être déterminés *a priori* par des tables qui tiennent compte soit des fréquences, soit des moyennes attendues comme résultat dans l'expérimentation (Hulley et Cummings, 1988). Ainsi peuvent être calculés les effectifs nécessaires dans une étude randomisée pour qu'une différence significative apparaisse entre un groupe traité par un placebo et un autre traité par un antidépresseur, en fonction de données préalables et/ou du degré des hypothèses du protocole.

C'est dire l'importance d'un consultant statistique, lors de la rédaction et de l'interprétation des résultats du projet. Avant de planifier une recherche, il convient de prendre l'avis d'un statisticien de façon à clarifier le problème du nombre de sujets nécessaires en fonction des hypothèses et des risques alpha et bêta encourus. En effet, il ne sert à rien, et il n'est pas éthique, de planifier une recherche qui risque de n'aboutir à aucune conclusion (positive ou négative) faute d'une puissance statistique (*statistical power*) suffisante.

Il est cependant nécessaire de connaître la méthodologie et de comprendre quelque peu les statistiques pour qu'un dialogue fructueux s'engage, mais l'expertise du statisticien demeure de toute façon nécessaire dans les projets complexes et il doit être consulté au démarrage du projet. Le lecteur qui voudrait consulter un guide peut se reporter à la bibliographie ci-dessous où les ouvrages de base sont référencés (Schwartz, 1963 ; Schwartz et al., 1970 ; Robson, 1973 ; Hulley et Cummings, 1988 ; Kanji, 1993).

Plan de recherche

Nous donnons ici un plan général qui peut s'appliquer aux divers protocoles de recherche que nous avons mentionnés.

Position du problème

1. Justification de l'étude. Quel est le problème ? Clarification des questions posées. Originalité, pertinence et importance des questions posées. État de la littérature sur le sujet. Apport potentiel de l'étude proposée.
2. Transformation des questions en hypothèses testables.
3. Résultats attendus et prédictions.

Protocole

1. Sélection des variables indépendantes (facteurs expérimentaux).
2. Critères d'inclusion et d'exclusion des sujets (normaux) ou des patients.
3. Sélection de la ou des mesures dépendantes.
4. Définition du nombre de sujets et/ou de patients nécessaires pour mettre en évidence l'effet recherché.

5. Définition préalable des méthodes statistiques qui seront utilisées.
6. Critique du plan de recherche et des conditions expérimentales : faisabilité en termes de nombre de sujets ou patients, de temps et d'équipe de recherche.
7. La recherche a-t-elle un bénéfice direct pour le patient ?
8. Consentement informé et notice d'information à remettre au patient.

Études pilotes

1. Études pilotes : cas individuels et études de petits groupes pour évaluer le fonctionnement du protocole et sa faisabilité.
2. Décision finale d'effectuer l'étude.

Recherche d'un financement

À ce stade la recherche se poursuit toujours par la recherche d'un financement pour l'étude prévue. À quel type de financement l'étude correspond-elle ? Quels sont les appels d'offre des organismes publics et privés de recherche ?

Obtention de l'accord du CCPPRB (comité consultatif de protection des personnes dans la recherche biomédicale)

Clarification des buts de l'étude et de son intérêt pour les patients et mise au point du consentement informé et de la notice d'information à remettre au patient.

Expérimentation

1. Exécution du plan : inclusion et exclusion des sujets et/ou patients. Consentement informé et notice à remettre au patient.
2. Monitorage de l'étude : étude des imperfections ou des erreurs dans l'exécution du plan ; étude de l'observance par les sujets du plan expérimental ; étude de l'adhérence des expérimentateurs au plan expérimental ; effets inattendus graves ou sans gravité ; décision de continuer ou d'arrêter l'étude si apparaissent des effets inattendus graves.
3. Recueil des données.
4. Contrôle de la qualité des données et de l'observance thérapeutique.
5. Quels sont les cas qu'il est possible de retenir dans l'analyse statistique finale ?

Analyse des données

Traitement informatique des données

Il commence par un contrôle de qualité des saisies de données. En général, on effectuera une « double saisie » pour éliminer les erreurs.

Analyse statistique chiffrée et visuelle

Elle sera toujours faite sous la forme à la fois de calculs et de graphiques qui permettent de visualiser et de comprendre intuitivement comment l'expérimentation a fonctionné.

Analyse des « completers » et des sujets en intention de traiter

En général dans les études thérapeutiques on fait une double analyse :

- analyse des sujets qui ont eu tout le traitement (*completers*) ;
- analyse des sujets qui ont au moins deux points de mesure en prenant la dernière observation menée à bien (*last observation carried forward* ou LOCF) comme fin de l'étude (*end-point analysis*). Ce type d'analyse dite en « intention de traiter » (*intent-to-treat*) permet d'avoir une meilleure représentation de l'effet de l'étude sur l'ensemble des sujets. Elle est surtout valable quand il y a peu de sorties prématurées de l'étude. Quand il y a beaucoup de sorties il faut mieux faire une analyse des *completers* et les comparer aux sorties pour voir si un ou plusieurs facteurs expliquent l'absence d'observance thérapeutique.

Interprétation des résultats

Dans quelles limites peut-on se fier aux résultats des résultats ? Critique des conditions expérimentales et des limitations de la méthode utilisée. Comparaison des résultats obtenus avec ceux attendus : la prédiction contenue dans l'hypothèse de départ s'est-elle réalisée ? Si oui, pourquoi et comment ? Si non, pourquoi et comment ? Comparaison des résultats à ceux trouvés sur le même sujet par d'autres équipes. Quelles nouvelles recherches peuvent suggérer les résultats ?

Rapport final et publication

C'est en général la charge de l'investigateur principal du projet en accord avec les autres investigateurs et un consultant statistique. Une bonne recherche est en général publiée en anglais dans des revues à comité de lecture, reconnues par les *current contents* et dont « la cote » est établie par le « *citation index* » qui définit le facteur d'impact (nombre total de citations des articles publiés par la revue) et la durée de citation des articles publiés par la revue.

Un bon chercheur prendra avec modestie et humilité les critiques et les suggestions de révision des évaluateurs anonymes de son travail et n'hésitera pas, si les remarques de ceux-ci sont fondées, à refaire plusieurs fois son travail pour qu'il soit publié. Souvent, les auteurs français réagissent sur un mode narcissique et épidermique aux commentaires des évaluateurs anonymes. Ils doivent être considérés *a priori* comme des alliés dont il faut savoir utiliser l'expertise.

Cela n'exclut pas que certains papiers excellents peuvent, en de rares occasions, se heurter aux partis pris, voire à l'incompétence partielle, des « *gate-keepers* » des grandes revues internationales. Mais il n'est pas d'exemple qu'un bon travail ne finisse par être publié dans une revue de bon niveau. Il faut donc que le chercheur soit capable d'évaluer dans quelle revue son article sera le mieux reçu : il doit lire attentivement les instructions aux auteurs et un numéro récent de la revue où il souhaite publier, pour en comprendre l'orientation et jauger si l'article atteint ou n'atteint pas le niveau. La meilleure stratégie est d'envoyer un article à une revue dont on sait qu'elle adresse à l'auteur des commentaires abondants. Même en cas de refus, les commentaires permettront d'améliorer l'article et de le faire passer plus facilement dans une autre revue.

Conclusion

On raconte que Dieu voulut un jour poser sa candidature pour être maître de recherche à l'INSERM. Il présenta donc le travail dont il était le plus fier : « La Création du Monde », estimant qu'il s'agissait d'une expérience dont le facteur d'impact, la durée de citation et la visibilité internationale étaient suffisants pour justifier son intégration. Un an plus tard il reçut l'avis de la commission. Sa candidature était refusée avec les attendus suivants :

1. le chercheur n'a pas inclus de groupe contrôle dans son plan expérimental ;
2. l'expérience n'est pas reproductible ;
3. et surtout la publication originale est en hébreu et non en anglais.

Cette anecdote pour nous rappeler qu'il existe des expériences uniques…

Bibliographie

Alevizos, P., Derisi, W., Liberman, R., et al. (1978). The behavior observation instrument : a method of direct observation for program evaluation. *Journal of Applied Behavior Analysis, 1*, 243–257.

Brown, G., Harris, T. (1978). *Social origins of depression*. London : Tavistock Press.

Deniker, P. (1975). Qui a inventé les neuroleptiques ? *Confrontation psychiatrique, 13*, 7–17.

Freeman, C., Tyrer, P. (1992). *Research methods in psychiatry. A beginners guide.* London : Gaskell.

Hulley, S.B., & Cummmings, S.R. (1988). *Designing clinical research*. Philadelphie : Williams et Wilkins.

Kanji, G.K. (1993). *100 Statistical tests*. London : Sage publication.

Klein, D. (1964). Delineation of two drug responsive anxiety syndromes. *Psychopharmacologia, 5*, 397–408.

Krauth, J. (1988). *Distribution-free statistics. An application-oriented approach.* Amsterdam : Elsevier.

Ladouceur, R., Bouchard, M., Granger, L. (1977). *Principes et applications des thérapies behaviorales*. Québec : Maloine : Edisem.

Masters, W.H., Johnson, V.E. (1971). *Les mésententes sexuelles et leur traitement.* Paris : Robert Laffont.

Roberts, R.M. (1989). *Serendipity. Accidental discoveries in science*. New York : Wiley.

Robson, C. (1973). *Experiment, design and statistics in psychology*. London : Pergamon Press.

Schwartz, D. (1963). *Méthodes statistiques à l'usage des médecins et des biologistes*. Paris : Flammarion Médecine-Sciences.

Schwartz, D., Flamant, R., Lellouch, J. (1970). *L'essai thérapeutique chez l'homme.* Paris : Flammarion Médecine-Sciences.

Siegel, S. (1956). *Nonparametric Statistics for the behavioral sciences*. New York : Mac Graw-Hill.

Wolpe, J. (1975). *La pratique de la thérapie comportementale. Traduction de J. Rognant*. Paris : Masson.

Chapitre 2
Protocoles de cas individuels

Dus à Claude Bernard (1865) et remis au goût du jour par Hersen et Barlow (1976), Kazdin (1982), Barlow, Hayes et Nelson (1984), Ladouceur et Bégin (1980), Bellack et Hersen (1984), les protocoles de cas individuels représentent une manière simple, originale et adaptée de promouvoir la recherche clinique. En effet, les traditionnelles études de cas ne donnent aucune garantie quant à l'efficacité de la technique thérapeutique utilisée, alors que les protocoles de cas individuels permettent un peu plus de montrer le lien de causalité entre l'intervention thérapeutique et les résultats obtenus. Pour cela, il est nécessaire de définir précisément les techniques d'intervention (variables indépendantes) et les caractéristiques du sujet, résultats des outils d'évaluation.

Les protocoles de cas individuels consistent à prendre le sujet comme son propre témoin et à l'évaluer au cours de phases tantôt d'une intervention, tantôt de diverses interventions comparées à des phases de non-intervention. À condition d'avoir un grand nombre de points de mesure, une analyse statistique comparative des différentes phases est possible (Kazdin, 1982 ; Parker et Brossart, 2003). Ils représentent également un moyen rapide de tester une hypothèse sans engager les frais d'une étude contrôlée. Celle-ci pourra être effectuée dans un second temps devant des résultats préliminaires intéressants et une analyse au cas par cas des processus à l'œuvre dans chaque protocole. Ceux-ci peuvent utiliser un seul critère (variable ou mesure dépendante) ou plusieurs critères. Plus précisément, deux types d'outils d'évaluation peuvent être utilisés : (i) des outils spécifiques à chacun qui permettent d'établir la ligne de base en fixant des objectifs thérapeutiques (échelle d'évaluation des phobies, attaques de panique et anxiété généralisée) ; (ii) des outils « globaux » tels que l'inventaire de mobilité ou l'échelle de dépression de Montgomery et Asberg qui permettent de situer le patient dans la pathologie et ne peuvent être donnés qu'une fois avant et après la prise en charge, et au suivi. Ces outils sont présentés dans la seconde partie de l'ouvrage.

Protocoles à ligne de base unique

Protocole A-B quasi expérimental

Il comporte les trois étapes suivantes au cours desquelles la mesure répétée d'un ou plusieurs comportements est effectuée.

1. Une ligne de base appréciant le comportement avant tout traitement (*phase A*). L'efficacité d'une intervention est évaluée par rapport au comportement du sujet en l'absence de toute intervention. L'évaluation de la ligne de base recherche une certaine stabilité des résultats. On introduit le traitement lorsque le comportement se maintient au même niveau ou s'oriente dans une direction opposée au changement recherché. Si le relevé des mesures révèle une amélioration ou une instabilité, il est conseillé de différer le traitement. Par ailleurs, il est nécessaire de comprendre pourquoi le comportement se modifie au cours de la ligne de base avant d'introduire le traitement et d'étudier les effets de la prise en charge. La durée de la ligne de base est donc variable suivant la nature du problème étudié ou le caractère éthique de la non-intervention. Une phase de liste d'attente peut être utilisée pour demander au patient de faire des mesures répétées d'un comportement cible.
2. Une phase de traitement où est mise en place la procédure thérapeutique (*phase B*).
3. Une phase de suivi (*follow-up*) où est évalué le maintien ou la disparition des changements comportementaux obtenus.

La comparaison par inspection des courbes représentant la variable dépendante choisie permet d'émettre l'hypothèse que c'est l'intervention thérapeutique qui a été responsable des résultats obtenus.

On considère qu'il faut au moins trois points par phase pour analyser le protocole (car par trois points passe une courbe et par deux points seulement une droite).

L'analyse de tendance se fait de la manière suivante : si l'on prend pour exemple le protocole représenté sur la figure suivante, on s'aperçoit que durant la phase de ligne de base la patiente aggrave ses intrusions cognitives qui sont de plus en plus fréquentes. Le traitement sur cinq séances utilisant la réexposition en imagination va inverser la tendance et introduire une modification favorable et stable au suivi. À supposer que la patiente se soit améliorée durant la phase A de ligne de base, on aurait pu se demander si le traitement n'était pas en train de voler au secours d'une victoire acquise par l'effet placebo (les attentes positives de la patiente) ou bien l'évolution spontanément favorable. C'est donc le contraste entre intervention et non-intervention qui permet l'inférence.

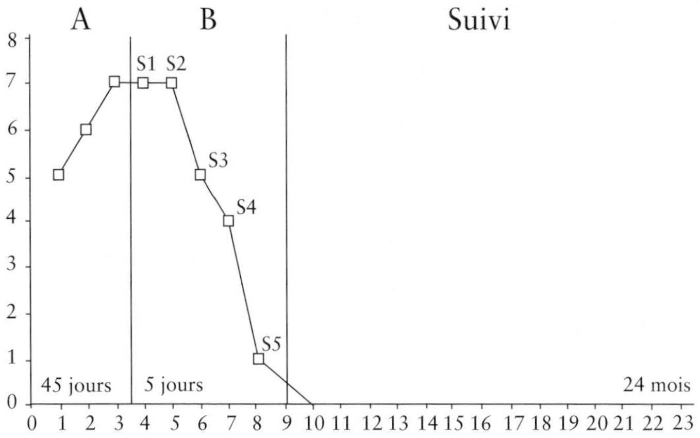

Stress post-traumatique : évaluation de la fréquence des pensées intrusives (Cottraux, 1981).

Protocoles basés sur le retrait ou l'inversion

Ils ont surtout été étudiés dans l'éducation ou le traitement institutionnel des états psychotiques.

Protocole expérimental A-B-A-B

Le protocole A-B a été critiqué : il est simplement quasi expérimental et ne permet pas d'établir un lien causal entre le changement et l'intervention. Le changement obtenu pourrait être attribué à des facteurs autres tels que la maturation ou la modification de l'environnement (Robert, 1982). Le protocole de retrait A-B-A-B est considéré comme un véritable protocole expérimental. Il fait succéder par exemple une phase de liste d'attente, une phase d'intervention, suivie d'une phase de non-intervention, puis d'une nouvelle phase d'intervention (protocole A-B-A-B dans lequel A = intervention, B = non-intervention). Des mesures répétées des variables à l'étude permettent de voir si le sujet a des changements importants durant les phases d'intervention, ou s'il s'améliore spontanément durant les phases sans intervention. L'hypothèse qui préside à l'utilisation de tels protocoles repose sur le fait que si l'amélioration observée est liée au traitement, le retrait plus ou moins prolongé de celui-ci s'accompagnera d'un arrêt des progrès en cours, ou même d'un retour à l'état initial, ou encore d'une aggravation. Inversement, les progrès reprendront à la réintroduction du traitement. Lorsqu'un traitement (B) mis en place ne donne pas les résultats escomptés, il est possible d'adjoindre un autre traitement (C) et d'évaluer ainsi l'action combinée des deux traitements (BC) en réalisant un protocole A-B-BC-B ou, au contraire, de supprimer l'un des deux ingrédients d'un package thérapeutique pour voir s'il participe effectivement aux bons résultats (protocole A-BC-A-B-C, par exemple).

La principale limite en pratique clinique du retrait du traitement est l'appropriation de la technique thérapeutique par le patient adulte : une fois que le sujet a vu l'intérêt de l'exposition aux situations anxiogènes par exemple, le comportement est difficilement réversible. L'exemple ci-après est extrait de Hersen et Barlow (1976, p. 182). Il montre l'effet positif du renforcement différentiel des comportements adaptés d'un enfant : ignorer les bavardages et remarquer les phases d'attention de l'enfant. Il s'agit d'un protocole utilisant non seulement le retrait d'une attitude thérapeutique efficace mais aussi de l'inversion de l'attitude de l'enseignant qui, au lieu de ne s'intéresser à l'enfant que dans ses comportements déviants, ignore ceux-ci et renforce par son attention des comportements adaptés.

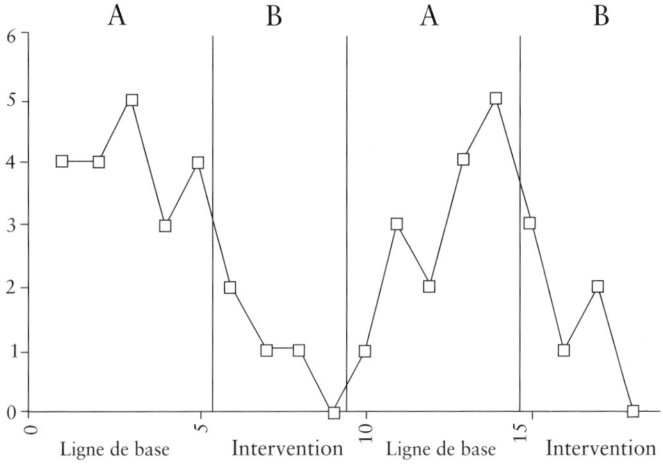

Nombre de bavardages chez un enfant retardé.
Intervention = le professeur ignore le bavardage et renforce par l'attention le comportement approprié : silence et stabilité
(D'après Hersen et Barlow, 1976).

Protocole B-A-B

Dans ce protocole qui est utile lorsqu'il est nécessaire d'effectuer une intervention, pour des raisons pratique et éthique, on intervient, puis on retire l'intervention pour la réinstaurer ensuite. Nous présentons ci-dessous un protocole réalisé en 1965 par Ayllon et Azrin dans leur ouvrage *A Token Economy* qui étudiait l'effet des méthodes comportementales dans un hôpital psychiatrique (traduit en français en 1973).

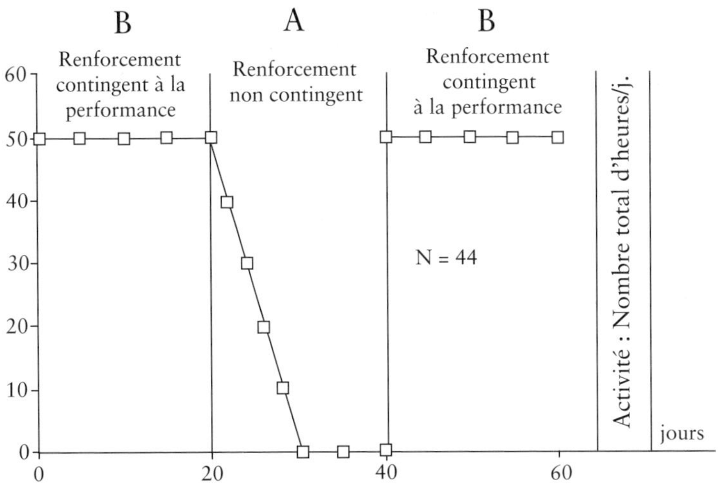

Mesure de l'activité (nombre d'heures) d'un groupe de 44 patients. (D'après Ayllon et Azrin, 1965, *A Token Economy*).

Protocoles à lignes de base multiples

Protocole à lignes de base multiples à travers les comportements

La méthode utilisée ne fait pas appel à la présentation suivie du retrait du traitement. Elle consiste, après avoir effectué la mesure simultanée de plusieurs comportements lors de lignes de base (A), d'introduire pour chacun des comportements problèmes que l'on mesure l'intervention thérapeutique (B) à des moments différents. La phase B est différée à chaque niveau ; lorsque le premier comportement est modifié et atteint une stabilité, on introduit le traitement au second comportement tout en continuant la ligne de base des autres comportements et ainsi de suite (tableau 2.1). Les changements comportementaux devront apparaître après l'intervention pour que l'on puisse affirmer qu'il y a eu un effet spécifique du traitement sur chacun des comportements.

TABLEAU 2.1. **Schéma d'un protocole à lignes de base multiples à travers les comportements**

Comportement 1 : commencer une conversation	AB
Comportement 2 : faire une demande	AAB
Comportement 3 : recevoir un compliment	AAAB
Comportement 4 : recevoir une critique	AAAAB

Protocole à lignes de base multiples à travers les sujets

Il consiste à effectuer le relevé d'un comportement donné chez plusieurs sujets et à introduire pour chacun d'eux le traitement à des temps différents. Le schéma suivant montre la structure d'un tel protocole. Ce type de protocole est souvent utilisé pour tester de nouvelles techniques thérapeutiques. Ladouceur et al. (1996) ont ainsi mis en évidence l'intérêt de la technique cognitive chez quatre patients obsessionnels compulsifs.

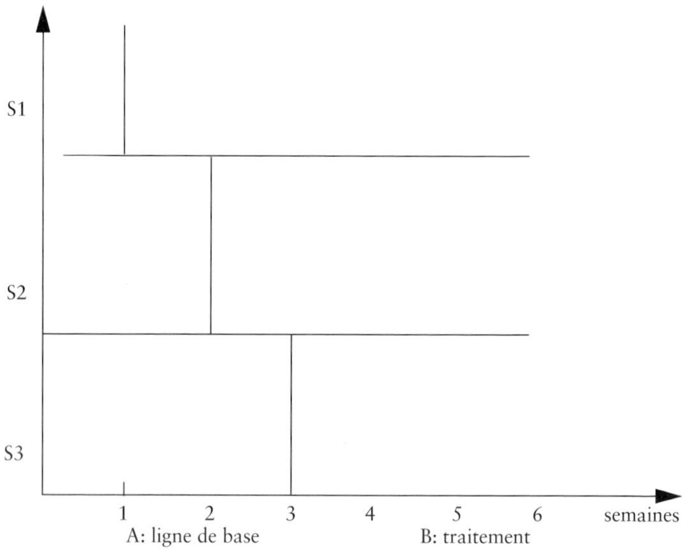

Schéma d'un protocole à lignes de base multiples à travers les sujets.

Du protocole de cas individuel au protocole de groupe

Ces protocoles peuvent être pratiqués sur des groupes de sujets en prenant chaque sujet comme son propre témoin et en additionnant les résultats. Il suffit par exemple de mesurer une ligne de base de non-intervention (A) chez tous les sujets et d'effectuer le traitement de manière identique (B). On se trouve alors devant un protocole à mesures répétées A-B. Une analyse statistique de variance à mesures répétées permettra d'évaluer le groupe.

Un tel protocole a été utilisé de façon démonstrative par Clark et al. (1985) pour montrer l'efficacité de la thérapie cognitive dans un groupe de 18 patients souffrant de trouble panique. Ce type d'étude permet en partie de concilier les exigences du cas individuel et de l'étude contrôlée. En outre, il permet de résoudre le problème de la comparabilité des sujets, souvent difficile à établir.

Sa limitation réside dans la difficulté à généraliser les résultats à partir de cas individuels même effectués en série.

Conclusion

La limite des protocoles de cas individuels reste la généralisation de leurs conclusions à l'ensemble d'une population pathologique. C'est pourquoi ils représentent avant tout un moyen simple et peu coûteux mis à la disposition du clinicien pour fonctionner d'une manière expérimentale, tester des hypothèses thérapeutiques quotidiennes et s'initier à la recherche clinique en apprenant à sélectionner des mesures, à observer et à enregistrer sur des courbes des événements cliniques jusque-là intuitifs. Pour le chercheur confirmé, c'est un prélude nécessaire aux études contrôlées, qui permet de rester au niveau de l'individu et de générer des hypothèses qui pourraient ne pas apparaître dans les études de groupe, trop vite engagées, sans réflexion approfondie sur les effets du traitement que l'on va tester.

Bibliographie

Ayllon, T., & Azrin, N. (1973). *Traitement comportemental en institution psychiatrique*. Traduction de M. Graulich. Bruxelles : Dessart.

Barlow, D.O., Hayes, S.C., Nelson, R.O. (1984). *The scientist practicioner. Research and accountability in clinical and educational settings*. New York : Pergamon.

Bellack, A.S., Hersen, M. (1984). *Research methods in clinical psychology*. New York : Pergamon.

Bernard, C. (1865). Introduction à l'étude de la médecine expérimentale. Paris : Garnier-Flammarion (1980).

Clark, D., Salkovskis, P., Chalkley, A.J. (1985). Respiratory control as a treatment for panic attacks. *Journal of Behavior Therapy and Experimental Psychiatry, 16*, 23–30.

Hersen, M., Barlow, D. (1976). *Single-case experimental designs*. New York : Pergamon Press.

Kazdin, A. (1982). *Single-case research designs. Methods for clinical and applied settings*. New York, Oxford : Oxford University Press.

Ladouceur, R., Begin, G. (1980). *Protocoles de recherche en sciences appliquées et fondamentales*. Paris : Edisem, Maloine.

Ladouceur, R., Leger, E., Rheaume, J., Dube, D. (1996). Correction of inflated responsibility in the treatment of obsessive compulsive disorder. *Behaviour Research and Therapy, 34*, 767–774.

Parker, R.J., Brossart, D.F. (2003). Evaluating single-case research data : a comparison of seven statistical methods. *Behavior Research, 34*, 189–211.

Robert, M. (1982). *Fondements et étapes de la recherche scientifique en psychologie*. Paris : Chenelière et Stanké, Maloine.

Chapitre 3
Études contrôlées

Les protocoles de cas uniques, même en utilisant un nombre important de sujets qui suivent un protocole identique, et en faisant varier les conditions expérimentales, ne permettent guère d'arriver à des conclusions généralisables à l'ensemble des sujets présentant le problème psychopathologique étudié ou à la population générale. En effet, même si les variables sont suffisamment bien définies de façon à ce qu'un autre expérimentateur puisse refaire le protocole, les résultats obtenus n'ont pas la même puissance démonstrative qu'un protocole prenant en compte un groupe. L'approche expérimentale qui permet de formuler « sans équivoque » des énoncés de cause à effet entre les variables indépendantes et les variables dépendantes demande à ce que les variables indépendantes soient contrôlées et les sujets assignés de manière aléatoire dans les conditions (groupes) de l'étude. Le modèle le plus simple d'une étude contrôlée est la comparaison d'un groupe traité à un groupe non traité, les deux groupes étant choisis de manière aléatoire (tirage au sort des sujets). Cependant, la validité d'une étude contrôlée peut être compromise par des erreurs liées aux sujets, à l'expérimentateur ou aux mesures.

Causes d'erreur

Erreurs liées aux sujets

L'histoire des sujets, et plus particulièrement des incidents spécifiques qui surviennent entre les points de mesure, modifie les résultats en lieu et place de l'intervention. La maturation (croissance, vieillissement) est également un facteur qui peut influer sur les performances des sujets en lieu et place de l'intervention.

Recrutement et sélection des sujets : erreurs d'échantillonnage *(systematic error, sample bias)*

Un expérimentateur peut ne sélectionner que des sujets qui sont susceptibles de répondre à un traitement favori. Ou encore la variabilité des sujets peut être telle qu'ils ne sont pas comparables les uns aux autres

Protocoles et échelles d'évaluation en psychiatrie et psychologie

(différences dans la composition des groupes comparés), ce qui conduit à repréciser des critères d'inclusion et d'exclusion des sujets dans l'expérimentation. La sélection des sujets peut ne pas représenter la cible définie par l'expérimentation. Ou encore la population cible souhaitée n'est pas représentative pour répondre aux questions posées. Ou bien la population accessible ne représente pas suffisamment la population cible. Enfin, le recrutement effectué ne représente pas suffisamment la population accessible du fait d'un protocole de recrutement biaisé. C'est donc en améliorant le protocole et les critères d'inclusion et d'exclusion par rapport à la nature des questions posées que ces erreurs pourront être minimisées.

Nombre de sujets et effets statistiques : l'erreur aléatoire *(random error)*

Un nombre trop faible de sujets ayant des changements de faible amplitude, ou des résultats positifs mais en fréquence insuffisante, peut amener à conclure à une absence d'effets, qui apparaîtront avec un plus grand nombre de sujets. D'où la nécessité d'un calcul préalable du nombre de sujets nécessaires à l'essai pour mettre en évidence des différences entre deux ou plusieurs groupes (puissance statistique).

Il peut y avoir des changements *statistiquement significatifs*, sans que pour la plupart des sujets il y ait véritablement un changement dans leur vie ou leurs problèmes psychopathologiques. Ce qui pose la question de la validation sociale des mesures que l'on utilise et des seuils à partir desquels, en fonction de critères précis, on peut dire qu'il y a un changement important pour la vie du sujet.

Attentes des sujets

Les sujets, en fonction d'informations préalables ou d'attitudes personnelles anciennes, peuvent avoir des préjugés favorables ou défavorables vis-à-vis de la situation thérapeutique ou expérimentale proposée. Ainsi, les sujets du groupe contrôle peuvent recevoir des informations au sujet de l'intervention (diffusion du traitement) et agir comme le groupe expérimental. Ou inversement, les sujets du groupe contrôle perdent leur motivation (effet de démoralisation) et fonctionnent moins bien qu'un groupe contrôle « normal ». Le prestige d'une institution peut influencer le comportement, comme l'a montré Milgram (1974) dans une expérience célèbre où des sujets présentant un type particulier de personnalité soumise à l'autorité (« *authoritarian* ») obéissaient à une autorité scientifique leur demandant d'administrer des chocs électriques (heureusement simulés) à des sujets expérimentaux. D'une manière moins spectaculaire, on a pu montrer que le décor, le style relationnel et le prestige augmentaient l'attraction thérapeutique. Ces attentes qui peuvent être positives, mais aussi négatives, sont des composantes de l'effet placebo.

Erreurs liées à l'expérimentateur

Elles entrent aussi dans la composition des effets placebos. Les croyances et les convictions des expérimentateurs peuvent influencer les résultats, et ce aussi bien en psychologie humaine qu'animale, comme l'ont montré Rosenthal (1966) et Rosenthal et Rosnow (1975).

Des expérimentateurs « naïfs ou jeunes » avaient à réaliser une expérience d'apprentissage chez des rats. Ils étaient divisés en trois groupes :

- un groupe était supposé avoir des rats « brillants » intellectuellement ;
- un deuxième groupe croyait recevoir des rats « stupides » ;
- dans un troisième groupe, l'expérimentateur ne recevait pas d'information sur l'intelligence des rats.

Le groupe « brillant » apprit plus vite que le groupe « stupide », alors que le groupe sans information à l'expérimentateur obtint des résultats intermédiaires.

Un autre exemple peut être tiré de Rosenhan (1973). Cet auteur a en effet montré, à une époque où les critères de schizophrénie étaient encore flous aux États-Unis, que des psychologues simulant des troubles schizophréniques étaient admis dans des hôpitaux psychiatriques et que, bien qu'ayant un comportement normal durant leur hospitalisation, ils conservaient le même diagnostic établi par des psychiatres (faux positifs) et bien que les faux malades aient passé leur temps à prendre des notes sur leur expérience... Inversement, l'annonce d'envoi de faux patients amena des diagnostics de « supercherie » alors qu'aucun faux malade ne fut envoyé (faux négatifs).

Erreurs liées à la mesure

Le rôle de la mesure qui peut en elle-même entraîner des changements (mesures réactives) ou à l'inverse être très peu sensible au changement, ou encore provoquer des aggravations, doit être pesé et autant que possible éliminé. Il est possible d'aborder l'erreur sur la mesure par une méthodologie spéciale en psychologie. Ainsi, l'effet de la pratique des mesures peut être contrôlé en comparant un groupe avec prétest et post-test (G1) à un groupe avec seulement un post-test (G2).

Tirage au sort	G1 Prétest	Intervention	Post-test
	G2	intervention	Post-test

Plan de Solomon

Solomon (1949) a ainsi proposé un plan expérimental comparant plusieurs groupes, qui est considéré comme celui donnant le meilleur contrôle possible, mais est peu appliqué en clinique. Le protocole n'est réellement applicable que s'il existe une seule différence entre groupe expérimental et témoin. Solomon (1949) a étudié ce protocole en l'appliquant à l'isolement des organismes de leur environnement.

Protocole de Solomon appliqué à l'isolement des organismes de leur environnement habituel

	Condition expérimentale	
	Isolement	Pas d'isolement
Prétest/Post-test	I	III
Pas de prétest/Post-test	II	IV

Études contrôlées

Ces quelques considérations sur les effets du recrutement, l'effet placebo, les attentes des sujets et des expérimentateurs et les effets de la mesure nous amènent à souligner l'importance des protocoles de groupe et des précautions élémentaires qui doivent les accompagner.

Tirage au sort et groupe contrôle

Le tirage au sort des sujets à qui est attribué soit un traitement, soit une condition contrôle (absence d'intervention, pseudo-intervention, traitement placebo) est un prérequis pour pouvoir ensuite les comparer statistiquement.

Groupe contrôle dans les essais psychopharmacologiques

L'effet placebo doit être utilisé en fonction non seulement des bénéfices scientifiques mais aussi des risques encourus. Dans un domaine comme celui de la dépression, on aurait plutôt tendance à comparer un groupe recevant un antidépresseur de référence à un groupe recevant l'antidépresseur étudié. Bien que ce protocole soit généralement admis, il ne contrôle pas l'effet placebo qui est important chez les déprimés ambulatoires non mélancoliques. Le problème de l'effet placebo est difficile à résoudre. Toujours dire aux sujets qu'ils risquent de tirer un placebo, comme il est recommandé dans les bonnes pratiques cliniques, peut représenter un biais important de sélection des sujets. Marlatt et Rosnow (1981) ont proposé un protocole particulier pour résoudre ce problème : le protocole équilibré avec placebo (*balanced placebo design*). Nous le reproduisons, bien que ce protocole ne soit guère utilisé.

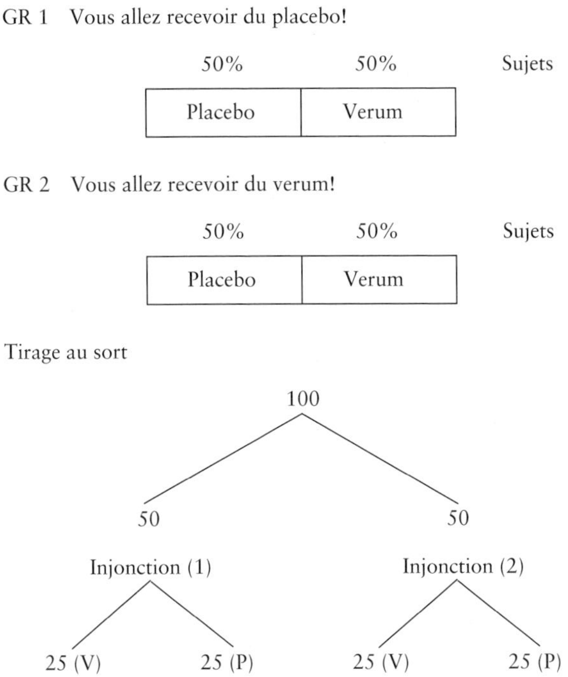

Protocole avec placebo équilibré.
(D'après Marlatt et Rosenow, 1981).

Groupe contrôle dans les essais contrôlés concernant les psychothérapies

Plusieurs solutions ont été proposées pour résoudre le problème du placebo en psychothérapie (Cottraux, 1990).

- Le groupe « liste d'attente » est le plus facile à mettre en place mais les sujets de ce groupe peuvent ne pas supporter d'attendre un traitement actif. Il ne permet pas d'éliminer les effets simples de la prise en charge.
- Le groupe « attention-placebo », comportant un contact minimum avec un thérapeute qui n'utilise pas les éléments supposés actifs de la thérapie que l'on veut tester, permet d'éliminer les effets simples de prise en charge. On peut en rapprocher le groupe de conseil et de discussion placebo.
- Le contrôle par une pseudo-thérapie pose aussi des problèmes éthiques et pratiques : en effet il est difficile de trouver une pseudo-thérapie parfaitement inerte et qui ne contient pas d'éléments qui se recoupent avec la thérapie à l'étude. Ainsi on peut opposer une pseudo-thérapie de « contemplation » qui s'opposerait à la « relaxation », mais elle peut avoir en elle-même un effet relaxant.
- La thérapie par écrit, sur bande magnétique ou ordinateur a été proposée. Elle permet de donner des messages thérapeutiques ou placebo

présentés de façon identique, mais elle supprime aussi l'un des éléments essentiels de l'approche psychothérapique : la relation et son adaptation au cas individuel. De plus, les facteurs relationnels spécifiques et non spécifiques peuvent se retrouver dans la présentation du programme par un spécialiste, ou par une institution plus ou moins prestigieuse, ou un auteur plus ou moins célèbre et crédible. Enfin elle peut se révéler « active » et suffisante comme le montre la prolifération des ouvrages destinés aux patients (bibliothérapie).

- Une antithérapie pose un problème éthique dans la mesure où le groupe contrôle qui reçoit, par exemple, l'anti-exposition dans une étude sur les obsessions-compulsions risque de s'aggraver. On ne doit pas également informer le patient de ce caractère antithérapeutique, ce qui est maintenant contraire à la loi. L'antithérapie pose surtout un problème de crédibilité car les patients « cultivés » risquent de se rendre compte du fait qu'ils ont tiré au sort la condition contrôle. Nous avons ainsi comparé l'anti-exposition associée à la fluvoxamine opposée à l'exposition associée au placebo, et la fluvoxamine associée à l'exposition dans les troubles obsessionnels compulsifs (Cottraux et al., 1990). Beaucoup de patients ont compris à la lecture d'ouvrages de thérapie comportementale qu'ils avaient tiré la condition contrôle et qu'ils devaient donc surtout compter sur le médicament.
- La meilleure solution est d'utiliser d'autres formes de psychothérapie comme contrôle. La psychothérapie contrôle ne doit pas comporter les éléments thérapeutiques supposés actifs dans la psychothérapie à l'étude. Mais la comparaison d'une thérapie de référence à la thérapie testée pose des problèmes d'interprétation, dans la mesure où la nouvelle thérapie risque d'avoir une prime à la nouveauté. En général on utilisera une thérapie inerte quant au principe théorique ou thérapeutique testé. Pour pallier les limites de chacun des groupes contrôles proposés, il est conseillé d'évaluer la croyance des patients et des thérapeutes dans les traitements (actifs ou contrôles).

Double aveugle

Les sujets, comme ceux qui les mesurent, ne doivent pas savoir sous quel traitement ou condition expérimentale ils sont ; dans le simple aveugle, l'expérimentateur est au courant, mais pas le patient. Le double aveugle est possible en cas de comparaison d'une thérapie à elle-même, associée soit à un médicament actif, soit à un placebo lorsque l'évaluateur est indépendant des traitements. Cependant, on ne pourra conclure que sur la comparaison de l'interaction entre placebo et psychothérapie d'une part, et l'interaction d'un médicament et de la psychothérapie de l'autre.

Évaluation indépendante du traitement

L'évaluation et la mesure doivent être non seulement aveugles, mais indépendantes de la « thérapeutique » ou de la mise en œuvre d'une procédure expérimentale. Autrement dit, l'évaluation est réalisée par une personne qui ne participe pas au traitement, qu'il soit psychopharmacologique ou psychothérapique.

Standardisation de la mesure

Les procédures de mesure doivent être uniformisées, et les différents évaluateurs corrélés par des séances d'harmonisation.

Types de protocoles de groupe

Trois grands types de protocoles de groupe peuvent être utilisés : le plan à groupes indépendants (il y a autant de groupes que de traitements) ; le plan à groupes dépendants (les groupes peuvent recevoir tous les traitements mais dans des séquences différentes) et le plan combiné (mélange des deux).

Plan à groupes indépendants

Protocole de groupes parallèles

Dans celui-ci, les sujets sont distribués au hasard dans deux ou n conditions expérimentales. Nous présentons un schéma général de protocole randomisé en double aveugle qui peut être utilisé aussi bien pour la prévention que le traitement.

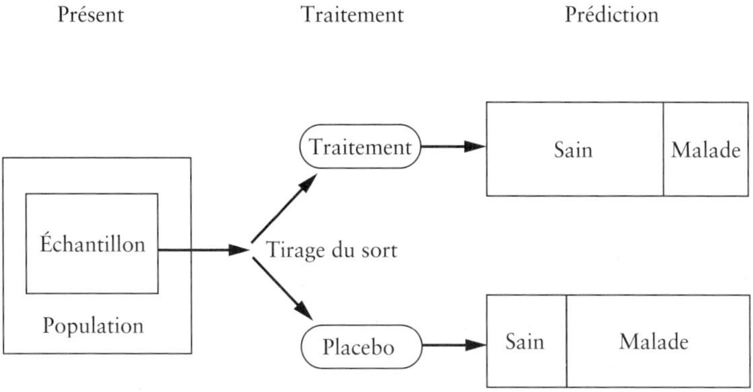

Essai randomisé en double aveugle : prévention d'une maladie.

Protocole de sujets appariés

On peut comparer deux groupes en appariant chaque sujet avec un autre sujet en fonction d'une troisième variable qui peut affecter la variable dépendante à l'étude. Par exemple, on peut comparer les effets d'un médicament et d'un placebo sur la mémoire, en appariant les sujets quant à leur score aux épreuves de l'échelle d'intelligence pour adultes de Wechsler. On peut aussi rechercher les effets d'un médicament sur la dépression en appariant les sujets quant à l'âge, le genre ou les données socio-économiques.

Stratification

On peut stratifier chacun des groupes randomisés en répartissant dans chacun des groupes autant de sujets présentant un critère. Ainsi, dans une étude comparant acupuncture, thérapie comportementale, placebo et liste d'attente, nous avons inclus dans chaque groupe la même proportion de sujets ayant ou non un fumeur à domicile (Cottraux et al., 1983).

Plan factoriel

Il peut consister en des protocoles de mesures répétées où les sujets d'un groupe sont évalués en différentes occasions correspondant à des traitements ou des conditions expérimentales différentes, présentées dans le même ordre pour tous les sujets (protocole T × S = temps × sujets). Mais le plus souvent, il s'agit de protocoles mixtes comparant des groupes indépendants et des sujets qui ont des mesures répétées dans le temps (Meyers et Grossen, 1978). Il existe un facteur fixe : la randomisation en deux groupes par exemple, et un facteur répété : les mesures sont passées de deux à n fois par l'ensemble des sujets. Ils sont analysés par des méthodes spécifiques d'analyse de variance à un ou plusieurs facteurs dont au moins un facteur répété. Voici le résumé de la méthodologie d'une étude contrôlée dans le trouble obsessionnel compulsif (Cottraux et al., 1990).

Au moment de l'étude, deux traitements s'avéraient efficaces dans le trouble obsessionnel compulsif (TOC) : les antidépresseurs et la thérapie comportementale (exposition avec prévention de la réponse, EPR). L'objectif de l'étude a été de montrer l'efficacité d'un nouvel antidépresseur versus un placebo, les deux groupes recevant une thérapie comportementale ; un troisième groupe nous a permis l'étude du nouvel antidépresseur associé à l'anti-exposition. Les patients ont été sélectionnés selon les critères diagnostiques du DSM-III, ont accepté de ne rien prendre ou faire durant 15 jours avant le début de l'étude et de recevoir un traitement par tirage au sort. Trois groupes de sujets ont été constitués :

- groupe 1 (n = 20 sujets) : fluvoxamine et anti-exposition. Le but de l'anti-exposition était d'éliminer toute exposition aux stimuli anxiogènes, sachant que c'est une variable importante dans la thérapie comportementale. Il était demandé aux patients d'éviter l'angoisse en ritualisant autant de fois que nécessaire et de laisser faire le médicament ;

- groupe 2 (n = 20 sujets) : fluvoxamine et EPR (combinaison des deux traitements supposés actifs) ;
- groupe 3 (n = 20 sujets) : placebo et EPR.

Il aurait fallu un quatrième groupe (placebo et anti-exposition) pour avoir un double aveugle sur tous les groupes. En effet, seuls les groupes 2 et 3 ont permis le double aveugle pour la psychopharmacologie. Dans le groupe 1, l'évaluateur savait que les sujets recevaient l'antidépresseur (simple aveugle). Un groupe placebo et anti-exposition posait un problème éthique (ne rien faire) et finalement beaucoup de sujets ont appris qu'ils avaient une « thérapie placebo » dans le groupe fluvoxamine anti-exposition. Les trois groupes de sujets ont été comparés en prétest (avant les traitements) sur les données démographiques, les symptômes TOC, la dépression et autres données. Ils étaient comparables sur l'ensemble des données relevées en prétest. Ensuite, nous avons effectué des comparaisons entre les trois groupes après les traitements (comparaison intergroupes) et pour chaque groupe entre le pré- et le post-test (comparaison intragroupes).

Plan à groupes dépendants

Protocole à mesures répétées intragroupes

Il correspond à un protocole où les sujets ont successivement le traitement A et le traitement B.

A	B

Dans ce cas se pose le problème d'un effet d'*ordre* où la phase A va influencer la phase B.

Protocole en cross-over : protocole en chassé croisé

Pour remédier aux limitations de ce protocole séquentiel, on peut mettre en œuvre un protocole dit en chassé-croisé (cross-over) selon la forme suivante qui intervertit l'ordre des traitements, ce qui contrôle l'effet d'ordre. Mais l'influence de la phase A sur B ou B sur A (*carry-over effect*) peut persister, ce qui amène parfois à utiliser une période de non-traitement entre les deux ou une phase placebo. Il faut analyser ici deux facteurs : l'ordre et le traitement, ainsi que l'interaction des deux facteurs ordre (1 ou 2) × traitement (A ou B), ce qui permet d'analyser l'effet principal, par exemple l'effet traitement : A > B, toutes phases confondues. On peut ne pas retrouver un effet d'ordre : phase 1 = phase 2, tous groupes confondus. Mais si l'on retrouve une interaction entre l'effet d'ordre et l'effet traitement, l'effet principal A > B sera invalidé :

car A > B seulement si A est premier. Interaction signifie qu'il faut l'action conjointe de deux facteurs pour obtenir un effet statistiquement significatif. Si l'on retrouve A > B, avec phase 1 = phase 2 sans interaction entre l'ordre et le traitement, on peut affirmer que l'effet principal A > B est valide.

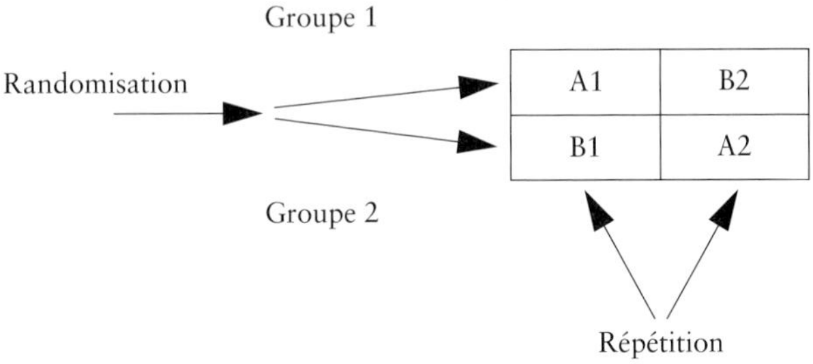

Protocole « en cross-over ».

Protocole « en carré latin »

S'il y a plus de deux traitements, une autre solution est représentée par le protocole dit en « carré latin » (car on désigne les traitements par des lettres latines). Voici un exemple simple selon Spriet et Simon (1978). La première ligne et la première colonne sont en ordre. Le nombre de sujets est égal au nombre de traitements ou à un de ses multiples. Dans l'exemple choisi, trois facteurs sont étudiés : sujets, périodes, traitements (on peut évidemment utiliser des carrés latins plus complexes). Chaque sujet reçoit successivement chacun des trois traitements. Chacun des traitements (A, B, C) est administré à chacune des périodes successives (I, II, III). Des tirages au sort successifs permettent de sélectionner le type de carré latin (s'il en existe plusieurs), la succession des traitements et l'attribution à chacune des lettres (A, B, C) des traitements que l'on désire comparer. Ces protocoles ont l'avantage de diminuer le nombre de sujets nécessaires car tous les sujets ont les trois traitements, mais l'interprétation en est délicate et nécessite une analyse de variance à plusieurs facteurs.

Protocole en carré latin

		Périodes		
		I	II	III
Sujets	1	A	B	C
	2	B	C	A
	3	C	A	B

Étude d'un plan factoriel complexe

Les plans factoriels complexes correspondent à des protocoles avec plus de trois variables indépendantes ; on utilise dans ce cas une méthode qui permet de tester l'influence de chacun des facteurs indépendamment des deux autres et d'analyser les interactions entre les facteurs : analyse de variance à trois facteurs dont un répété. Il est rare que l'on dépasse quatre facteurs dont un répété.

Voici le résumé d'une recherche sur le débit sanguin cérébral de patients obsessionnels avec des rituels de vérification (Cottraux et al., 1996) qui a utilisé un plan factoriel complexe.

Sujets et méthode

Dix patients présentant des rituels de vérification ont été comparés à dix sujets contrôles appariés quant au sexe et à l'âge. Leur débit sanguin cérébral a été étudié avec la caméra à positons (méthode à l'oxygène 15) selon quatre conditions : repos, stimulation auditive avec le contenu des obsessions normales (sujets) ou anormales (patients obsessionnels), stimulation auditive neutre (texte du *Journal officiel*) et repos à nouveau. L'ordre des stimulations obsédantes et neutres était attribué au hasard.

Schéma de l'étude

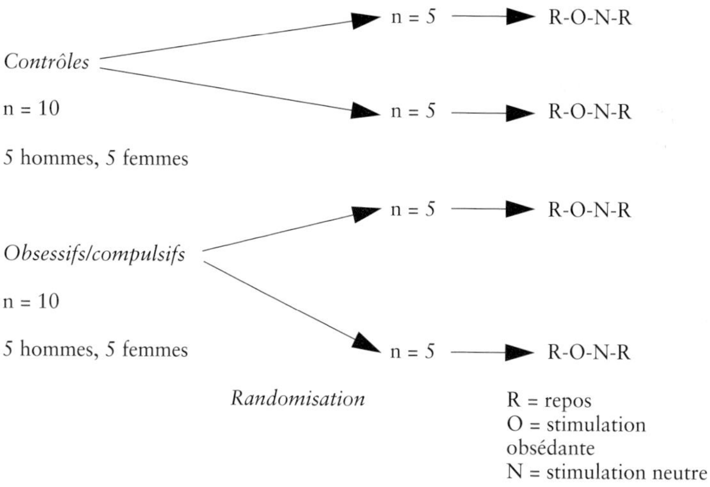

Étude contrôlée du débit sanguin cérébral. Plan factoriel complexe à quatre facteurs : groupe, ordre, stimulation et hémisphère (Cottraux et al., 1996).

Résultats et discussion

Une échelle qui permettait de mesurer l'intensité subjective des obsessions-compulsions a été analysée avec une analyse de variance à deux facteurs groupe (contrôle, obsessionnel) × ordre de stimulation. Les valeurs de repos ont été soustraites des valeurs de stimulation.

L'analyse de cette échelle a montré un seul effet principal : une réponse subjective plus intense aux stimulations obsédantes que neutres dans les deux groupes. Cet effet est valide car il est sans interaction.

De plus, il existait une interaction ordre × groupe : la réponse subjective était plus importante chez les patients obsessionnels que chez les sujets contrôles quand la stimulation obsédante était présentée en premier. Cet effet de surprise de la stimulation obsédante chez les patients obsessionnels, mais non chez les sujets contrôles, est présentée dans le schéma suivant.

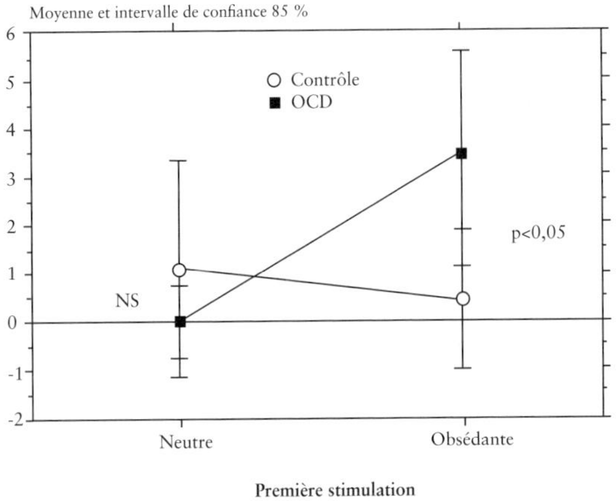

Échelle obsession-compulsion-anxiété. Interaction groupe (obsessionnel, contrôle) × ordre (première ou seconde stimulation) (Cottraux et al., 1996).

En ce qui concerne le débit sanguin cérébral, une analyse de variance à deux facteurs : groupe × hémisphère effectuée au repos, avant toute stimulation, a montré un débit plus élevé chez les obsessionnels que chez les sujets contrôles dans les régions temporales supérieures.

Une analyse de variance à quatre facteurs : groupe (contrôle, patients) × ordre de stimulation (obsédante ou neutre en premier) × hémisphère (droit ou gauche) × condition (stimulation neutre ou obsédante) a été réalisée sur les valeurs du débit sanguin cérébral à l'état de stimulation soustraites des valeurs de repos.

Les sujets contrôles présentaient un débit plus élevé dans le thalamus ($p < 0,05$) et dans le putamen ($p = 0,050$) que les patients obsessionnels. Les obsessionnels tendaient à avoir un débit plus élevé dans les régions temporales supérieures ($p < 0,07$). Quand la stimulation neutre était présentée en premier, les sujets contrôles avaient un débit plus élevé dans le noyau caudé ($p = 0,031$). La stimulation obsédante produisait un débit plus élevé que la stimulation neutre dans les régions orbitofrontales ($p < 0,05$), dans les deux groupes.

Sous stimulation obsédante, les activités temporales supérieures et orbitofrontales étaient corrélées chez les obsessionnels, mais pas chez les sujets contrôles.

Pour conclure, notre étude suggère l'existence d'anomalies spécifiques du traitement de l'information dans les structures temporales et le striatum (thalamus, putamen) des patients obsessionnels présentant des rituels de vérification.

Conclusion

Les études contrôlées demandent l'attribution au hasard des sujets dans chacun des groupes de l'étude et un minimum de précautions pour éviter les biais méthodologiques (erreurs dues aux sujets, à l'expérimentateur ou aux mesures). La méthodologie, et en particulier les traitements, doivent être suffisamment bien décrits pour que d'autres équipes la reproduisent. Trois types de plans sont possibles, et les plans factoriels (simples ou complexes) sont assez utilisés en clinique. Pour plus de développement sur le sujet nous conseillons des ouvrages tels que celui de Vallerand et Hess (2000) ou celui de Cooper et Hedges (1994).

Bibliographie

Cooper, H., Hedges, L.V. (1994). *The handbook of research synthesis*. New York : Russell Safe foundation.

Cottraux, J. (1990). Placebo et psychothérapie. Placebo de psychothérapie. In V. Caillard, M. Marie-Cardine (Eds.), *Le placebo dans les essais thérapeutiques d'antidépresseurs*, FUAG, 102–107.

Cottraux, J., Gérard, D., Cinotti, L., et al. (1996). A controlled PET-scan study of neutral and obsessive auditory stimulations in obsessive-compulsive disorder. *Psychiatry Research*, *60*, 101–112.

Cottraux, J., Harf, R., Boissel, J-P., et al. (1983). Smoking cessation with behavior therapy or acupuncture. A controlled study. *Behaviour Research and Therapy*, *21*, 417–424.

Cottraux, J., Mollard, E., Bouvard, M., et al. (1990). A controlled study of fluvoxamine and exposure in obsessive-compulsive disorder. *International Clinical Psychopharmacology*, *5*, 17–20.

Marlatt, A., Rosnow, T. (1981). The balanced placebo design. *Addictive Behaviors*, *6*, 107.

Meyers, L.S., Grossen, N.E. (1978). *Behavioral research. Theory, procedure and design*. San Francisco : Freeman.

Milgram, S. (1974). *Soumission à l'autorité. Un point de vue expérimental*. Paris : Calmann-Levy.

Rosenhan, D. (1973). On being sane in insane places. *Science*, *179*, 250–258.

Rosenthal, R.L. (1966). *Experimenter effects in behavioral research*. New York : Appleton Century crofts.

Rosenthal, R.L., Rosnow, R. (1975). *Primer of methods for the behavioral sciences*. New York : Wiley.
Solomon, R.L. (1949). An extension of control group design. *Psychological Bulletin, 46*, 137–150.
Spriet, A., Simon, P. (1978). Méthodologie des essais thérapeutiques. VIII plans expérimentaux. *La Revue de Médecine, 12*, 707–712.
Vallerand, R.J., Hess, U. (2000). *Méthodes de recherche en psychologie*. Montréal : Gaëtan Morin.

Chapitre 4
Problèmes d'éthique

Les règles éthiques ont été élaborées ces dernières années et se sont mises en place de manière pratique à travers la diffusion des « bonnes pratiques cliniques » (Spriet et Dupin-Spriet, 1990) et de la loi Huriet. Elles peuvent se résumer comme suit.

Règles éthiques

1. Le protocole doit se donner les moyens méthodologiques et la puissance statistique nécessaire pour apporter un bénéfice réel à la connaissance scientifique, à la thérapeutique et donc aux patients futurs.
2. Les sujets doivent être consentants et informés autant qu'il est possible pour ne pas avoir de biais méthodologiques. Ils doivent recevoir une notice d'information qu'ils conservent chez eux. Ils doivent signer ce consentement informé qui résume les conditions, risques et avantages du protocole. Il ne s'agit en aucun cas d'un contrat.
3. Tout sujet s'aggravant selon des critères préalables à la réalisation de l'étude doit quitter l'étude pour avoir un traitement classique.
4. Un certain nombre de projets excellents sur le papier sont infaisables pour des raisons éthiques, ou du fait des difficultés rencontrées sur le terrain.

Recherches sans bénéfice direct pour le patient

Le bénéfice thérapeutique d'un certain nombre de recherches en psychiatrie n'apparaît pas du tout évident, à court ou moyen terme, même si l'on peut arguer de sa valeur et de sa nécessité à long terme. Nous avons recensé cinq domaines de recherche où tout ou partie des sujets et patients ne bénéficiera d'aucun gain personnel thérapeutique à brève échéance. Chemin faisant, nous signalerons les principaux problèmes rencontrés.

Établissement de critères cliniques

Un certain nombre d'études épidémiologiques ont pour but la comparaison de patients (pathologiques) et de sujets (contrôles normaux) de

Protocoles et échelles d'évaluation en psychiatrie et psychologie

façon à établir des critères contrastés de normalité et de pathologie en vue d'études ultérieures. Ce type de recherche, nécessaire à la détermination de critères cliniques pour les travaux contrôlés sur les effets des thérapeutiques, n'apporte rien dans l'immédiat aux patients qui doivent donc être volontaires et informés. D'autre part, la détermination de seuils pour définir la psychopathologie sera établie par le consensus d'une conférence d'experts ; c'est ainsi que le DSM-IV (DSM : *Diagnostic and Statistical Manual of Mental Disorders*), le DSM-IV-TR et la CIM-10 (CIM : Classification internationale des maladies) sont périodiquement révisés et donc relatifs.

Ce type de recherche risque-t-il d'avoir des effets iatrogéniques et de créer angoisse et psychopathologie par une démarche qui serait trop inquisitrice chez des sujets sains, qui finiraient par se demander où ils se situent sur le continuum normalité-pathologie ?

Il n'existe actuellement pas d'arguments dans la littérature en faveur d'un tel risque. Inversement, le dépistage et le traitement dans un groupe « contrôle » de sujets « normaux » mais en début de décompensation peuvent représenter un bénéfice thérapeutique secondaire d'une étude. De même, une évaluation très poussée des patients au cours d'un projet de ce type peut représenter un approfondissement de la compréhension de leurs problèmes psychopathologiques et parfois entraîner un meilleur traitement.

Validation d'instruments de mesure

Cette technologie, destinée à créer des échelles d'évaluation ou des inventaires de comportement ou de personnalité, pose les mêmes problèmes car elle compare des patients à des sujets contrôles. Les mêmes avantages et inconvénients y sont attachés. On peut en rapprocher les techniques neuropsychologiques qui ont pour but d'étudier le temps de réaction à des stimuli : par exemple, la décision lexicale comparant des stimuli neutres à des stimuli « obsessionnels » chez des patients obsessionnels ou des sujets normaux, ce qui aboutit à étudier les processus inconscients (au sens d'automatique) des sujets ou de patients leurrés par une tache retenant leur attention. Ce type de recherche ne présente pas d'effet iatrogène à notre connaissance et est en général bien accepté (Sauteraud et al., 1995), bien que les buts réels de la recherche ne puissent être révélés.

Détermination de critères biologiques des maladies psychiatriques

L'établissement de la validité, de la sensibilité et de la spécificité des tests biologiques nécessite également de comparer des patients à des contrôles normaux. Un exemple est le test à la dexaméthasone, longtemps considéré comme un marqueur spécifique de la dépression mélancolique. Ce sont des comparaisons extensives contrôles-patients avec analyse des faux positifs et négatifs qui ont permis d'établir que ce test n'avait pas une grande spécificité. Des tests biologiques simples sont bien accueillis par les patients qui acceptent volontiers de participer à la recherche scientifique dans la mesure où elle se limite à quelques ponctions veineuses.

Marqueurs génétiques des maladies mentales

Leur étude nécessite de comparer des patients à des sujets contrôles. Ainsi le typage HLA (*human leucocyt antigen*) ou les autres marqueurs génétiques. Les problèmes, parfois rencontrés, sont des découvertes d'anomalie dans la filiation qui peuvent inquiéter des patients (adultère, enquête sur les origines) pour qui le bénéfice de participer à l'étude est de comprendre les mécanismes de leur maladie, indépendamment de toute retombée thérapeutique.

Physiopathologie des maladies mentales

L'exemple actuel est représenté par les études au moyen de la tomographie à émission de positons. Ainsi ont été étudiées les attaques de panique, les obsessions, les dépressions et les schizophrénies. Un groupe contrôle et un groupe pathologique sont nécessaires pour comparer des débits sanguins cérébraux ou des consommations de glucose en vue d'établir une anatomie fonctionnelle des syndromes psychiatriques. Les patients et les sujets peuvent être enregistrés au repos ou sous l'effet des stimulations auditives ou visuelles. Le secret sur la nature des stimulations fait partie du protocole expérimental qui sinon ne pourrait fonctionner ni être recevable méthodologiquement.

Les problèmes rencontrés sont essentiellement le caractère anxiogène de l'examen pour certains patients présentant des obsessions ou des attaques de panique, la nécessité de faire une fenêtre thérapeutique ou de ne prendre que des patients non médiqués, le caractère fastidieux voire stressant de l'examen, et les dangers très limités statistiquement d'un cathétérisme intra-artériel. L'information précise et écrite sur l'examen et un consentement informé détaillé, l'absence de coercition et un délai de réflexion d'une semaine au moins permettent de respecter les critères éthiques (Cottraux et al., 1996).

Étude des effets des chimiothérapies : le problème du placebo

Les problèmes se concentrent sur les groupes placebos. En effet, l'obligation actuelle de dire qu'une partie des sujets tirés au sort recevra un placebo est certainement plus respectueuse de la liberté du patient, mais elle rend les conclusions plus hasardeuses car elle induit un recrutement particulier de patients qui acceptent de participer à une entreprise scientifique.

On est souvent étonné du taux élevé de l'effet placebo dans certaines études effectuées outre-Atlantique. Cela correspond au fait que les conditions économiques et la protection sociale trop faible aux États-Unis entraînent vers des programmes expérimentaux des sujets démunis, dont c'est la seule chance d'être traités gratuitement, et surtout des professionnels de l'expérimentation, recrutés dans des fondations spécifiques ou des sectes religieuses. Les conclusions tirées s'en ressentent.

Une alternative, soutenue notamment par Sartorius (1990) et l'Organisation mondiale de la santé (OMS), serait de ne faire quasiment que des études par rapport à des produits de référence, d'efficacité démontrée, qui sont maintenant nombreux en psychiatrie.

Cette solution éviterait :

- le jeu de hasard accepté ;
- de faire des expérimentations avec un placebo dans des pays à législation plus souple que le nôtre.

Elle respecte, aussi, le désir thérapeutique des patients et des médecins, mais elle n'a pas la faveur des experts en méthodologie.

Conclusion

La recherche psychopathologique pose donc une série de problèmes à la fois méthodologiques et éthiques. Ces problèmes sont souvent résolus par le consentement informé, encore plus important dans une spécialité où la volonté propre du patient peut être émoussée par la maladie et la soumission à l'autorité. En pratique, il y a moins de problèmes qu'en théorie. Cela tient, peut-être, à un biais de recrutement : aussi bien les sujets sains que les patients qui entrent dans ces projets ont, tout autant que les investigateurs, des croyances personnelles « progressistes ». Ils croient à la valeur de la science et du progrès scientifique. Qui se ressemble, s'assemble. C'est dans ce champ particulier de valeurs partagées que s'effectuera le recrutement et aussi qu'aura lieu les demandes des résultats de l'étude. Sans doute y aurait-il matière à une psychologie du recruteur et du recruté, ainsi que du consentement, pour mieux comprendre les résultats des études contrôlées.

Bibliographie

Cottraux, J., Gérard, D., Cinotti, L., et al. (1996). A controlled PET-scan study of neutral and obsessive auditory stimulations in obsessive-compulsive disorder. *Psychiatry Research, 60*, 101–112.

Sartorius, N. (1990). Les placebos. In V. Caillard, M. Marie-Cardine (Eds.), *Le placebo dans les essais thérapeutiques d'antidépresseurs*, (pp.15–22). FUAG.

Sauteraud, A., Cottraux, J., Michel, F., et al. (1995). Processing of obsessive and guilt words in obsessive-compulsive disorder : a study with lexical decision test. *Behavioural and Cognitive Psychotherapy, 23*, 129–143.

Spriet, A., Dupin-Spriet, T. (1990). *Bonne pratique des essais cliniques des médicaments*. Basel : Karger.

Chapitre 5
L'observance dans les essais cliniques pharmacologiques et psychothérapiques

Définition et modalités cliniques

L'observance thérapeutique (« compliance ») peut se définir comme l'adhérence du sujet ou du patient au plan expérimental : prise de médication, présence aux séances. L'observance peut être considérée comme satisfaisante si le sujet suit la totalité des prescriptions médicales sans modification, adjonction, réduction ou augmentation. L'absence d'observance, au cours d'un essai, peut se présenter de différentes manières. Nous avons isolé dix situations cliniques que nous avons rencontrées avec une plus ou moins grande fréquence, ou qui ont été signalées dans la littérature (Matillon et al., 1980).

- 1. Le sujet diminue les doses.
- 2. Le sujet augmente les doses.
- 3. Le sujet a recours à l'automédication, en prenant les médicaments de quelqu'un d'autre, ou bien en se faisant donner un produit conseillé par le pharmacien, qu'il associe au traitement.
- 4. Le sujet cumule le traitement prescrit avec un traitement antérieur, ou un traitement concurrent, dont à la limite il a oublié de parler, considérant que le traitement va de soi et est banal : ce qui est fréquent pour les prescriptions d'hypnotiques, de benzodiazépines et d'antalgiques courants.
- 5. Le sujet associe, sans le dire à l'évaluateur de l'essai, le traitement chimique prescrit à une psychothérapie, et ne dit pas à son psychothérapeute qu'il est aussi sous chimiothérapie.
- 6. Le sujet associe sans le dire le traitement chimique à une méthode de médecine douce, en considérant que la chimiothérapie traite le symptôme et la médecine douce le terrain : il gagnera donc sur les deux tableaux.
- 7. Le sujet, en général après un effet secondaire initial, ne prend aucun traitement, mais reste dans l'essai.

Protocoles et échelles d'évaluation en psychiatrie et psychologie

• 8. Le sujet substitue un autre traitement au traitement prescrit.
• 9. Par erreur, dans la gestion de l'essai, le patient reçoit le lot de verum, de placebo ou de produit de référence qui ne lui était pas attribué par la randomisation.
• 10. Le patient, qui n'a pas d'effet thérapeutique ou pas d'effet secondaire, comprend qu'il est sous placebo et prend le traitement de manière erratique.

L'observance dans les essais cliniques psychopharmacologiques

Principaux facteurs de non-observance

La nature du problème psychiatrique que présente le patient peut grandement influer sur l'observance : qu'il s'agisse de la méfiance des sujets psychotiques, de la somatisation et de l'hyper-réactivité médicamenteuse des hystériques, de la soumission ambiguë des sujets anxieux et obsessionnels, du nihilisme thérapeutique du déprimé ou la pseudo-confiance suspicieuse de l'hypochondriaque. Cependant, il est difficile d'isoler un profil constant qui entraînerait une absence d'observance, car il s'agit vraisemblablement d'un phénomène multifactoriel, où la pathologie du patient est loin d'être la seule en cause, mais bien plutôt l'ensemble des inter-relations avec le médecin et la médecine. En particulier, l'accumulation antérieure d'échecs thérapeutiques, quelle qu'en soit l'origine, nous semble considérablement diminuer l'observance, dans la mesure où elle crée des attentes négatives : le patient dit souvent « qu'il fait encore une tentative », ce qui sous-entend qu'il n'escompte pas *a priori* un succès.

La confiance dans le médecin, la relation médecin-malade, les attentes positives des patients vis-à-vis d'une méthode et l'image médiatique d'un hôpital ou d'une équipe jouent certainement un très grand rôle dans l'adhérence aux protocoles expérimentaux. En particulier, la capacité du médecin à expliquer et rendre crédible ce qu'il va faire, en s'adaptant au patient, est un élément nécessaire.

De même, chez le patient, la capacité de comprendre est un facteur bien établi d'observance. Cela amène certains protocoles à exclure les sujets qui ne peuvent pas comprendre parfaitement les modalités du traitement et les systèmes d'évaluation.

L'environnement familial et social ainsi que la grande presse, les réseaux parallèles d'information, la lecture d'ouvrages médicaux ou de vulgarisation sur la médecine et les médecins ont certainement un rôle difficile encore à évaluer.

L'intérêt du thérapeute pour l'observance, dans la mesure où les pièges du rigorisme sont évités, peut passer par la remise d'aide-mémoire, de brochures ou de check-lists permettant de rappeler au sujet la prise de médication. C'est un élément reconnu d'observance.

La simplicité du traitement est également un facteur positif. En particulier, la prise unique nocturne d'antidépresseur, en évitant la prise honteuse de psychotropes devant des tiers au moment des repas, a certainement facilité l'observance des patients dépressifs. L'ensemble de ces facteurs psychosociaux, que nous avons présentés d'une manière purement impressionniste, pourrait être résumé d'une manière lapidaire en « attentes positives de résultats » soit spontanées, soit générées par le thérapeute. Cependant, chacun des éléments que nous avons énumérés mériterait une étude particulière pour évaluer son impact sur l'observance des essais en psychiatrie.

Évaluation de l'observance

Aucun moyen n'apparaît totalement fiable pour évaluer l'observance. Malgré le caractère limité des méthodes, elles doivent cependant être mises en œuvre dans tout essai de façon à classer les sujets en très bons, bons, moyens et mauvais observants. À ce classement catégoriel assez arbitraire, il faut ajouter le calcul du pourcentage pour chaque sujet du nombre de prises omises, du nombre de prises en excès et du nombre de jours sans médication. La comparaison de l'observance dans chacun des groupes de l'essai peut ainsi être effectuée. Plusieurs méthodes d'évaluation ont été proposées.

Entretien avec le patient au sujet de l'observance

Il doit être mis en œuvre avec tact et dans une ambiance non répressive et non normative, de façon à éviter des réponses conformes aux désirs de l'expérimentateur. La conformité sociale étant d'obéir aux prescriptions médicales, un expérimentateur trop rigide et autoritaire risque d'obtenir des réponses reflétant plus la désirabilité sociale que la vérité. La meilleure manière d'aborder le problème est de banaliser la non-observance et de commencer l'entretien par une phrase du type : « Beaucoup de gens ont des difficultés à prendre leurs médicaments. Avez-vous oublié de prendre les vôtres ? » Un enregistrement précis, lors de chaque point d'évaluation, peut être fait sur une fiche qui permettra de calculer quotidiennement les comprimés donnés, les comprimés pris et les comprimés restants. La non-observance est définie comme le pourcentage de comprimés non pris soit quotidiennement, soit rapporté à la semaine, soit rapporté à l'intervalle évalué, en fonction de la planification de l'essai. Enfin, l'évaluateur peut quantifier son impression clinique globale sur une échelle en neuf points allant, par exemple, de zéro (= observance totale) à huit (= observance nulle), en passant par quatre (= observance assez respectée). Nous utilisons ces deux méthodes d'évaluation de l'observance dans les essais ambulatoires, en leur associant le compte des médicaments non pris.

Compte des médicaments non pris

Il doit accompagner cette évaluation indirecte à partir des dires du patient, qui doivent être comparés au compte des médicaments. Pour ce faire, il faut remettre au patient le nombre exact de comprimés correspondant à la prescription durant l'intervalle entre deux évaluations. Le patient a pour consigne de rapporter les comprimés restants. Il est préférable de compter les comprimés restants en l'absence du patient, de manière à éviter les inconvénients déjà signalés d'une attitude trop rigoriste. Ce décompte bien que considéré généralement comme une mesure fiable, n'est pas exempt d'incertitudes : les comprimés peuvent avoir été jetés, donnés à d'autres sujets ou utilisés d'une manière différente des modalités de prescription (dose, horaire, etc.). Le fait d'oublier de rapporter les flacons représente aussi une manière indirecte d'évaluer l'observance.

Surveillance des prises par le personnel infirmier

Elle est souvent utilisée en milieu psychiatrique avec les patients psychotiques et de ce fait réticents à la prise de médicament. Cette surveillance, quoique nécessaire, peut renforcer leur suspicion vis-à-vis d'un complot persécutoire, destiné à contrôler leur comportement et dans lequel l'équipe soignante serait impliquée. Aborder le patient sans l'infantiliser, ni participer à son délire est donc nécessaire pour rendre à la situation sa véritable dimension thérapeutique. En tout état de cause, tout psychiatre « institutionnel » sait qu'il existe de nombreuses modalités de ne pas prendre un médicament avalé devant le personnel : recracher ou vomir dans les toilettes sont les plus utilisées. Une autre façon d'inactiver les neuroleptiques est de prendre de fortes quantités de café qui entraînent une précipitation des neuroleptiques dans l'estomac et une élimination digestive rapide : cependant, peu de patients sont au courant de cette possibilité. Un de nos collègues, le docteur Bataille de l'hôpital psychiatrique de Limoux, voulant évaluer l'observance globale d'un groupe de psychotiques, a inventé un système consistant en une boîte à deux compartiments. Dans un compartiment les patients pouvaient jeter les comprimés qu'ils ne prenaient pas et, dans un autre compartiment, les gouttes des médicaments refusés. Le rejet des médicaments avait bien entendu lieu en l'absence du personnel, ce qui permettait une évaluation globale de l'observance thérapeutique du groupe en comptant les comprimés refusés et la quantité de liquide rejetée chaque jour par l'ensemble des patients. Les difficultés d'observance du traitement oral peuvent sans doute expliquer les bons résultats des neuroleptiques retards, indépendamment de leurs vertus pharmacologiques et de leur meilleure diffusion liée à leur voie d'administration, ainsi que l'ont souligné Dufour et al. (1981). Cependant, malgré ces réserves, l'observance apparaît en général meilleure dans les essais en milieu hospitalier que dans les essais effectués avec des patients ambulatoires. Il ne semble pourtant pas y avoir de bonne concordance entre la surveillance des prises et le dosage urinaire du produit (Spriet et Simon, 1978).

Méthodes biologiques d'évaluation de l'observance

Dosage urinaire ou plasmatique des médicaments ou de leurs métabolites actifs

Ces dosages sont surtout intéressants lorsqu'il est possible de doser un paramètre relativement stable qui correspond à l'action à long terme du médicament ; sinon, il faudra utiliser des contrôles au hasard qui ne renseignent que sur la dernière prise. En cas d'erreur et de faux positif, le sujet sera encouragé à ne pas prendre son médicament dans la mesure où il sait que le contrôle est faillible. Dans le cas des antidépresseurs, on sait qu'il existe une fenêtre d'action thérapeutique (Braithwaite, 1980) dont le dosage plasmatique peut être le reflet et représenter une mesure de l'observance. Par exemple, on connaît les taux minima plasmatiques d'action thérapeutique de la clomipramine et de son métabolite, la desméthylclomipramine (Jones et Luscombe, 1976). On peut ainsi étudier la corrélation entre la dose supposée prise, le taux plasmatique, le résultat clinique et les effets secondaires. Le taux plasmatique représente alors une mesure relativement stable de l'observance, puisque le *steady state* est atteint en un mois et nécessite une prise continue pour être maintenu (Stern et al., 1980). De même, il est possible de doser la sérotonine plaquettaire, dont le taux reste effondré parfois plusieurs mois après l'arrêt d'un médicament antidépresseur sérotoninergique. Nous avons utilisé dans un essai portant sur la fluvoxamine versus thérapie comportementale dans le trouble obsessionnel compulsif une telle mesure, bien qu'elle soit globale et indirecte, et ce aussi bien dans le groupe verum que dans le groupe placebo (Cottraux et al., 1987). Cependant, ces méthodes représentent une évaluation assez imprécise de la prise médicamenteuse, étant donné les variations individuelles de la pharmacocinétique et de la relation dose-réponse clinique. Elles sont surtout utiles pour savoir si le patient a eu un effet pharmacologique efficace selon les données habituelles.

Incorporation d'un marqueur dans les médicaments ou le placebo

Un bon marqueur doit être indiscernable par le sujet, n'avoir aucun effet pharmacologique, ne pas présenter d'interaction avec le médicament et ne présenter aucun danger. Plusieurs marqueurs ont été utilisés : le rouge phénol, la fluorescéine, la riboflavine, ou même des traces d'isotope radioactif (Spriet et Simon, 1978). Le dosage urinaire, même effectué au hasard, ne renseignera que sur la dernière prise qui peut avoir été la seule effectuée, ou la seule omise. Ainsi, aucune méthode n'apparaît parfaite. Il faut simplement utiliser plusieurs procédés d'évaluation, simultanément, en fonction des buts, des hypothèses et des conditions pratiques de l'essai.

Observance et interprétation des résultats d'un essai

Si l'observance a été correctement évaluée, il est possible d'en analyser ses corrélations avec les résultats. Un certain nombre d'attitude sont classiques en ce domaine (Spriet et Simon, 1978) :

1. Lorsque deux traitements sont comparés, celui qui a le plus haut taux d'observance, à résultats égaux, apparaît comme le plus acceptable par le plus grand nombre de patients.
2. Si l'observance ne diffère pas selon les traitements, il est possible d'ajuster les comparaisons d'efficacité et de tolérance, en prenant l'observance comme « covariant », dans une analyse de covariance.
3. Dans une comparaison avec le placebo, pour un même niveau de non-observance, le placebo se trouve favorisé.
4. De même, lorsque l'on compare deux traitements, pour un même degré de non-observance, le traitement le moins efficace est favorisé.
5. Les essais peuvent tenir compte des phénomènes d'observance, en éliminant les sujets non observants, ce qui limite la portée d'un essai à un groupe particulier de sujets « observants » et, de ce fait, fera discuter la généralité des conclusions qui peuvent en être tirées. Il est possible également d'opposer, dans l'analyse statistique, les sujets observants aux non observants. En général, on considère comme observants ceux qui ont effectué au moins 75 % des prises. La meilleure solution est de présenter les résultats de plusieurs manières en fonction du degré d'observance défini selon un critère fixé *a priori* dans le rapport final de l'étude.
6. Enfin le nombre de sujets à inclure dans un essai peut être calculé en fonction du nombre escompté *a priori* de sujets non observants.

Observance dans les études comparatives ayant trait aux psychothérapies

La recherche sur les effets et les processus des psychothérapies soulèvent un certain nombre de problèmes méthodologiques qui diffèrent notablement de la recherche pharmacologique, qu'il s'agisse de comparer les psychothérapies entre elles ou de comparer un type de psychothérapie à un groupe contrôle ou à un traitement chimique.

Le premier problème est le nombre de séances de thérapie qui doit être fixé ou se situer dans une fourchette définie *a priori* pour parler d'observance thérapeutique : l'observance serait alors la présence aux séances de thérapie. La recherche sur l'observance se limite donc aux thérapies comportementales, aux thérapies cognitives, aux thérapies psychanalytiques à court terme, ainsi qu'à tout type de thérapie dont on peut fixer le nombre de séances *a priori*.

Une autre façon d'évaluer l'observance peut être retrouvée essentiellement dans les thérapies cognitivo-comportementales où le thérapeute donne un ensemble d'activités à réaliser dans l'intervalle des séances : programme d'exposition aux situations phobogènes et relaxation à domicile pour les sujets phobiques, programme d'activités pour les sujets déprimés. Il a été montré que les résultats sont fonction de l'adhérence à ces programmes d'activités, qui doivent être progressifs et adaptés. L'enregistrement de la réalisation ou des difficultés de réalisation du programme sur un « journal de la thérapie » qui est discuté à chaque séance avec le thérapeute est un élément important de réussite de la thérapie (Marks et al., 1988).

Cependant, étant donné le caractère relationnel de l'observance encore plus accusé que dans les chimiothérapies, il faut définir ce qui est pertinent dans chaque type de psychothérapie. En effet, un maniement de la thérapie et la cohérence du thérapeute avec le modèle thérapeutique proposé au patient peuvent influer sur l'adhérence du patient. Pour ce faire, il a été proposé des check-lists de la compétence du thérapeute dont la nature des interventions, la façon d'organiser un programme d'activités et l'attitude relationnelle sont évaluées sur bande vidéo ou des audiocassettes. Cela a été fait dans le programme collaboratif du NIMH (*National Institute of Mental Health*) comparant thérapie cognitive, thérapie interpersonnelle et chimiothérapie dans la dépression (Elkin et al., 1989).

Un autre problème est celui du groupe contrôle : liste d'attente, groupe attention-placebo avec un contact minime, contact téléphonique espacé, pseudo-thérapie débarrassée des éléments supposés actifs de la psychothérapie dont on veut tester les effets, voire même antithérapie, ont été proposés. L'attribution du groupe contrôle peut entraîner une absence d'observance de la procédure de contrôle et une sortie vers un autre traitement, même si les patients sont assurés d'avoir le traitement de leur choix à la fin de la période contrôle.

Également, le tirage au sort peut influer considérablement sur l'adhérence, dans la mesure où les patients, même s'ils en ont accepté par écrit le principe, risquent de ne participer que mollement à la thérapie qu'ils ne souhaitaient pas avoir au départ ou même de ne pas entrer du tout dans le groupe tiré. Inversement, ceux qui ont eu la thérapie souhaitée risquent d'avoir une meilleure observance et donc de meilleurs résultats. Il faut donc évaluer au départ, avec des échelles, le degré de croyance des patients dans les différents traitements proposés, et le corréler à l'observance et aux résultats.

Pour illustrer notre propos, nous présentons quelques résultats, issus de recherches sur les psychothérapies. Peu d'études systématiques ont été faites sur l'observance, car la plupart des auteurs se sont beaucoup plus intéressés au problème voisin des perdus de vue et à celui des rechutes.

Murphy et al. (1984), dans une étude randomisée en double aveugle comparant tricycliques, thérapie cognitive seule, thérapie cognitive et placebo, thérapie cognitive et tricycliques dans la dépression, ont apporté des précisions intéressantes à ce sujet. Ils ont montré que sur 95 sujets inclus, 8 refusèrent le traitement tiré au sort avant qu'il ne démarre, et 17 abandonnèrent le traitement en cours après quelques semaines. Bien que la proportion de refus des tricycliques fût plus élevée, il n'y avait pas de différence statistiquement significative entre les quatre groupes, qui de ce fait restaient comparables. L'étude ne montra pas de différence de résultats entre les quatre groupes, à la fin de la période thérapeutique ; cependant, après un an de post-cure, les trois groupes qui avaient reçu la thérapie cognitive (avec ou sans tricycliques) avaient un taux moindre et statistiquement significatif de rechutes dépressives que le groupe ayant reçu seulement les tricycliques (Simons et al., 1986). En outre, les patients qui avaient un haut niveau d'autocontrôle eurent de meilleurs résultats avec la thérapie cognitive, tandis que la chimiothérapie avait de meilleurs résultats avec les sujets ayant un bas niveau d'autocontrôle (Simons et al., 1985). Bien que les auteurs n'étudient pas la corrélation de l'autocontrôle avec la présence aux séances de thérapie, ils suggèrent qu'un score élevé d'autocontrôle pourrait signifier une adhésion implicite à la méthode de la thérapie cognitive. Dans la mesure où un sujet croit à ses possibilités d'influencer lui-même son propre comportement, il est déjà acquis aux principes de la thérapie cognitivo-comportementale, qui met l'accent sur la modification des pensées et du comportement dépressif. Inversement, quelqu'un de plus passif et croyant moins à ses possibilités de gérer son propre comportement attendra tout d'une intervention extérieure médicamenteuse.

La nouveauté des thérapies, la célébrité des équipes et le succès qui appelle le succès (le *bandwagon effect* des auteurs américains) sont des éléments d'adhérence, et d'adhésion, souvent invoqués. Mais il n'a pas été clairement démontré dans les thérapies cognitives par rapport aux antidépresseurs tricycliques, ainsi que le soulignent Rush et al. (1977) à propos de leur étude qui avait montré la supériorité de la thérapie cognitive sur le Tofranil® dans des dépressions majeures ambulatoires.

Une étude comparant thérapie comportementale, thérapie analytique et liste d'attente (avec un contact minimum) dans des problèmes névrotiques divers, et qui avait pris comme critère d'exclusion une absence à quatre séances sur les quatorze prévues, n'a pas trouvé de différence d'observance entre thérapie comportementale et thérapie analytique à court terme : aucun patient ne fut exclu de l'étude (Sloane et al., 1975). Cependant, la même étude permet de se poser des questions plus subtiles sur l'adhérence au processus psychothérapique. Les patients en thérapie analytique qui parlaient le plus longtemps, obéissant ainsi à la règle habituelle d'associations libres, obtinrent de meilleurs résultats que ceux qui parlaient le moins (le thérapeute parlant trois fois moins que le patient). En thérapie comportementale, avec donc un thérapeute beaucoup plus loquace (parlant autant que le patient) et sans encouragement aux associations libres, les patients qui parlaient le plus longtemps eurent aussi un meilleur résultat. Il semble donc que l'*expressivité verbale* soit un facteur positif général sur lequel viennent se greffer les diverses méthodes psychothérapiques. Les deux thérapies s'avérèrent égales entre elles et supérieures au groupe contrôle en ce qui concerne l'amélioration des symptômes cibles. La thérapie comportementale était supérieure à la thérapie analytique et au groupe contrôle sur une mesure d'amélioration générale (93 % de sujets « guéris ou améliorés », contre 77 % dans le groupe thérapie analytique, ainsi que le groupe contrôle). Bien qu'il n'y ait pas eu de différence entre les trois groupes dans la comparaison des taux d'amélioration d'une échelle mesurant l'ajustement au travail, seul le groupe thérapie comportementale présentait une amélioration statistiquement significative entre le prétest et le post-test. Ce qui pourrait suggérer une bonne adhérence aux programmes d'activités, proposés en dehors des séances, par les comportementalistes.

Conclusion

L'observance thérapeutique a donc été beaucoup plus étudiée et codifiée dans le domaine des chimiothérapies que dans celui, plus complexe, des psychothérapies. Cependant, dans la mesure où les psychothérapies peuvent être clairement définies, c'est une variable à prendre en compte systématiquement. Il serait certainement intéressant d'arriver à une prédiction de l'observance pour éviter des inclusions inutiles dans les essais, ou la mise au point de nouvelles méthodes permettant d'augmenter l'adhérence. Cela justifierait des recherches plus poussées sur les facteurs psychosociaux de l'observance.

Bibliographie

Braithwaite, R. (1980). The role of plasma level monitoring of tricyclic antidepressant drugs as an aid to treatment. Ciba Foundation Symposium 74 (new serie). Drug concentrations in neuropsychiatry. Experta Medica, New York, pp. 167–197.

Cottraux, J., Flachaire, E., Renaud, B., Sluys, M. (1987). Dosage de la sérotonine plaquettaire dans les obsessions-compulsions. *La Presse Médicale, 16*, 590.

Dufour, H., Hatzimanolis, J., Yzombard, G., et al. (1981). Place des neuroleptiques d'action prolongée (N.A.P) dans le traitement au long cours de psychoses. *Psychologie Médicale, 13*, 1559–1580.

Elkin, I., Shea, T., Watkins, J., et al. (1989). National Institute of Mental Health Treatment of Depression Collaborative Research Program. General effectiveness of treatments. *Archives of General Psychiatry, 46*, 971–983.

Jones, R.B., Luscombe, D.K. (1976). Plasma levels of clomipramine and its N-desmethylmetabolite following oral administration of clomipramine in man. *British Journal of Pharmacology, 57*, 4308–4315.

Marks, I., Lelliott, P., Basoglu, M., et al. (1988). Clomipramine, self-exposure and therapist aided exposure in obsessive-compulsive ritualisers. *The British Journal of Psychiatry, 152*, 522–534.

Matillon, Y., Biron, A., Allombert, F. (1980). Enquête de consommation médicamenteuse. Place de l'automédication et de l'observance médicamenteuse. *Lyon Médical, 11*, 661–667.

Murphy, G.E., Simons, A.D., Wetzel, R.D., Lustman, P.J. (1984). Cognitive therapy and pharmacotherapy. Singly and together in the treatment of depression. *Archives of General Psychiatry, 41*, 33–41.

Rush, A.J., Beck, A.T., Kovacs, M., Hollon, S. (1977). Comparative efficacy of cognitive therapy and pharmacotherapy in the treatment of depressed outpatients. *Cognitive Therapy and Research, 1*, 17–37.

Simons, A.D., Lustman, P., Wetzel, R.D., Murphy, G.E. (1985). Predicting response to cognitive therapy of depression : the role of learned resourcefulness. *Cognitive Therapy and Research, 9*, 79–89.

Simons, A.D., Murphy, G.E., Levine, J.L., Wetzel, R.D. (1986). Cognitive therapy and pharmacotherapy for depression. Sustained improvement over one year. *Archives of General Psychiatry, 43*, 43–48.

Sloane, R.B., Staples, F., Cristol, A.H., et al. (1975). *Psychotherapy versus behavior therapy*. Cambridge, Massachusetts : Harvard University Press, 264 pages.

Spriet, A., Simon, P. (1978). Méthodologie des essais thérapeutiques. X. L'adhérence au traitement ou observance. *La Revue de Médecine, 15*, 885–888.

Stern, R., Marks, I., Mawson, D., Luscombe, D. (1980). Clomipramine and exposure for compulsive rituals. II. Plasmalevels, side effects and outcome. *The British Journal of Psychiatry, 136*, 161–166.

Chapitre 6
Sélection des mesures

Les études contrôlées comme les protocoles de cas individuels demandent que le clinicien ou le chercheur sachent sélectionner des mesures qui leur permettent de valider ou d'infirmer les hypothèses théoriques.

Caractéristiques des mesures

Mesures normatives

Certaines échelles d'évaluation peuvent se référer à des *normes*. D'autres permettent de différencier les sujets ; ainsi, le questionnaire des peurs de Marks et Mathews différencie les sujets phobiques des sujets contrôles et des sujets obsessionnels. La mesure peut ainsi être mise en rapport avec la moyenne d'un groupe et éventuellement étalonnée par rapport à la moyenne en étudiant les écarts par rapport à la moyenne, ce qui permet de situer l'individu par rapport au groupe.

Mesures ipsatives

Si, en revanche, on mesure l'intensité de l'anxiété et de l'évitement phobique dans des circonstances précises avec l'échelle PPAG (phobies, attaques de panique et anxiété généralisée) de Cottraux, c'est un phénomène qu'on enregistre dans son intensité et les résultats d'un sujet ne sont comparables qu'à ceux qu'il donnera lui-même ultérieurement, avec ou sans traitement (échelle ipsative). On peut évidemment regrouper 50 sujets mesurés avec cette échelle pour avoir une appréciation globale d'un groupe, sans avoir cependant la certitude qu'un changement de trois points chez un individu correspondra à un changement de trois points chez un autre. La mesure ne peut pas être en toute rigueur confrontée à la moyenne d'un groupe, mais en référence à une norme individuelle définie par la confrontation de plusieurs mesures du même individu ou du même groupe. La norme est intra-individuelle.

Protocoles et échelles d'évaluation en psychiatrie et psychologie

Mesures solipistes

Cattell (1944) distingue des mesures ipsatives et normatives les mesures solipistes qui ne peuvent être rapportées à aucun point de référence, ni à une norme de groupe, ni à aucune norme intra-individuelle (De Bonis, 1989).

Types de mesure

Il existe plusieurs types de mesure :

- les mesures biologiques ;
- les mesures psychophysiologiques ;
- les tests de niveau (quotient intellectuel, par exemple) ;
- les tests projectifs (Rorschach, TAT – *thematic apperception test*) adaptés à la recherche psychodynamique ;
- les questionnaires de personnalité. Ils peuvent mesurer une dimension de la personnalité tel le perfectionnisme. Ils peuvent mesurer également des dimensions fondamentales de la personnalité comme le fait l'inventaire de personnalité de Eysenck qui étudie le rapport entre l'introversion et l'extraversion (Eysenck et Eysenck, 1971 ; Bouvard, 2009) ;
- les échelles d'évaluation. Selon Pichot (1965, 1974), elles sont différentes des tests (tests de niveau ou tests projectifs). En effet, les tests représentent une situation standardisée expérimentale qui sert de stimulus à un comportement. Ce comportement est évalué par comparaison statistique à celui d'autres individus placés dans la même situation, permettant de classer le sujet examiné soit quantitativement, soit typologiquement, alors que les échelles d'évaluation cherchent à apprécier le comportement du sujet dans une situation semi-standardisée (entretien, observation simple ou répétée). De l'observation va dériver un jugement quant à la *présence*, l'*intensité* et/ou la *fréquence* des comportements ou des symptômes relevés par l'observateur.

Les échelles d'évaluation demandent parfois un cotateur entraîné afin d'harmoniser la cotation à la cotation standard. Pour devenir un cotateur expert, des entraînements sont réalisés à partir de l'observation d'une bande vidéo, puis les réponses sont comparées et discutées jusqu'à obtenir un indice de fidélité inter-juges satisfaisant. Dans ce cas, il s'agit d'échelles d'*hétéro-évaluation* qui s'opposent aux échelles d'*auto-évaluation* qui sont, elles, remplies par le sujet lui-même. Nous donnerons des exemples de ces deux types d'échelles.

Propriétés des échelles d'évaluation

Échelle nominale

Une échelle nominale est simplement une dénomination ou une règle de classification qui permet de différencier les groupes d'événements.

L'axe I du DSM-IV représente une échelle nominale permettant de classer les phénomènes psychopathologiques selon des regroupements syndromiques.

Échelle ordinale

En plus du fait que différents nombres reflètent différentes choses, les choses mesurées peuvent être mises en ordre ou rangées le long d'une dimension « plus grand ou plus petit que », il s'agit donc du rang dans une distribution.

Échelle d'intervalle

Différents nombres reflètent différentes choses (mesures nominales). Les choses mesurées peuvent être rangées ou ordonnées selon une dimension (mesures ordinales). Les intervalles entre les points adjacents de l'échelle sont de valeur égale (intervalle), par exemple le thermomètre, mais il n'y a pas de zéro absolu : zéro degré Fahrenheit représente seulement un niveau arbitraire.

Échelle de proportion (ou de rapport)

En plus de vérifier les propriétés d'une échelle nominale, d'une échelle ordinale ou d'une échelle d'intervalle, il y a un point absolu ou un zéro fixé, ce qui permet de dire qu'on va deux fois plus vite ou que l'on passe deux fois plus de temps, etc.

Les mesures qualitatives sont nominales. Les mesures quantitatives sont soit ordinales, soit d'intervalle, soit de proportion. Étant donné la nature des données recueillies en psychopathologie, il s'agit soit d'échelles ordinales, car l'on ne peut guère aller au-delà du simple classement des scores obtenus sur une dimension, soit d'échelles d'intervalle lorsque le constructeur de l'échelle met au point des indices d'intensité et les vérifie.

Qualités métrologiques des échelles d'évaluation

Elles sont appréciées au cours d'études sur des populations pathologiques en les comparant à des groupes témoins et en répétant dans le temps les mesures. Nous allons brièvement définir la validité et la fidélité puis nous évoquerons la sensibilité. Le lecteur intéressé par cet aspect théorique trouvera dans la bibliographie des ouvrages de référence (Anastasi, 1982 ; Beech et Harding, 1994 ; Bernier, 1985 ; Kline, 1993).

Validité

La question de la validité peut se poser pour le score global obtenu sur une échelle ou pour le score de chaque item (chaque question) de l'échelle. Dans ce dernier cas, la recherche de corrélation des items entre eux par l'analyse factorielle s'avère nécessaire. Pour la note globale, la comparaison de groupes témoins à des groupes présentant la pathologie que l'échelle est supposée mesurer est en général utilisée. Il existe plusieurs formes de validité et nous donnerons une brève définition des principales.

Validité faciale

Elle correspond à la compréhension de l'item pour la population concernée. Autrement dit, en lisant le libellé des items, le sujet sait qu'il s'agit d'un questionnaire sur la dépression par exemple.

Validité de contenu

Une échelle est valide si elle mesure ce qu'elle est supposée mesurer et rien d'autre. La validité se définit comme la capacité de l'outil à évaluer ce qu'il est censé évaluer. La validité de contenu se réfère au jugement subjectif que l'outil mesure ce qu'il est sensé mesurer (Anastasi, 1982).

Validité factorielle

L'analyse factorielle serait une méthode pour construire des questionnaires homogènes et unifactoriels. Suivant les auteurs, elle est classée dans la fidélité ou la validité. En fait, elle révèle la structure des items et permet de les regrouper en sous-ensembles. Ces regroupements d'items représentent des facteurs dont le nom est donné par les items regroupés : par exemple, l'échelle d'Hamilton a trois principaux facteurs : ralentissement, somatisation et anxiété. Les facteurs représentent des dimensions fondamentales sous-jacentes à la symptomatologie. La stabilité factorielle doit être établie à travers différents groupes de sujets. Actuellement, la tendance est d'utiliser une méthode factorielle de confirmation en utilisant des logiciels tels qu'AMOS, par exemple, après une analyse factorielle exploratoire.

En général, l'idéal pour un constructeur est d'avoir un outil unidimensionnel car plus les dimensions sont nombreuses, moins le score total est pertinent. Il faut également savoir que, pour effectuer une analyse factorielle, il faut inclure au moins cinq sujets par item (Everitt, 1975) et même, selon des critères plus draconiens, à la fois au moins cinq sujets par item et au moins une centaine de sujets. En effet, il est impossible d'affirmer la stabilité d'une structure factorielle avec un effectif trop faible.

Validité de critère

La validité de critère permet de vérifier la performance obtenue au questionnaire par rapport à un critère. La plus utilisée en clinique est la méthode des groupes contrastés. Elle consiste à comparer les résultats obtenus par un groupe de sujets présentant le trait évalué par le questionnaire aux résultats d'un groupe qui ne l'a pas. En général, on compare le groupe à l'étude à la fois à un groupe contrôle « sain » et à un groupe pathologique différent de celui du groupe à l'étude.

Validité prédictive

C'est la possibilité d'émettre un pronostic (réussite scolaire) à partir de résultats obtenus en début d'année par exemple.

Validité concourante

On parle de validité concourante lorsqu'on compare les résultats du questionnaire ou de l'échelle d'évaluation aux résultats d'autres instruments du même type déjà validés. Elle se calcule par la corrélation de l'instrument à d'autres formes de mesure des mêmes variables. Par exemple, un nouvel outil dans la mesure des obsessions-compulsions pourra être comparé à l'échelle d'obsession compulsion de Yale Brown de Goodman.

Validité de construit (ou théorique)

La validité de construit s'établit progressivement par l'accumulation des données concernant la validité convergente et la validité discriminante (ou divergente). La validité convergente peut se définir comme la recherche de corrélation entre deux outils évaluant le même construit (ou domaine). La validité discriminante peut se définir comme l'absence de corrélation entre deux outils appartenant théoriquement à des construits différents. De nombreux outils d'évaluation sont destinés à évaluer des traits hypothétiques (ou construits) tels que, par exemple, la dépression, l'autonomie ou la sociotropie.

Fidélité

Fidélité inter-juges

Un même résultat doit être obtenu par deux observateurs utilisant le même instrument au même moment (ou sur la même bande vidéo). Une bonne corrélation n'est obtenue, en général, que par des cotations simultanées de patients « live » ou en vidéo avec discussions pour préciser et réduire les divergences conceptuelles aussi bien que rectifier les erreurs d'observation ou les ambiguïtés involontaires de l'échelle. La fidélité inter-juges est donc représentée par la corrélation (coefficient kappa) obtenue par plusieurs observateurs avec le même instrument et en cotant les mêmes patients.

Stabilité temporelle ou fidélité test-retest

Toutes les conditions externes étant égales, la répétition d'une mesure doit donner le même résultat. La fidélité test-retest consiste à répéter l'évaluation sur les mêmes sujets mais à des temps différents sans qu'aucune procédure thérapeutique ne soit intervenue. La stabilité du questionnaire sera d'autant plus grande que le coefficient de corrélation est élevé.

Consistance interne ou homogénéité

Elle correspond à une corrélation des différents items entre eux ainsi qu'à une corrélation avec la note totale. On peut utiliser la corrélation entre les items pairs d'une part et les items impairs d'autre part pour juger de la consistance interne (*split half reliability*). La consistance interne permet de vérifier que les différents items mesurent bien la même chose. Différentes techniques peuvent être utilisées, en particulier le coefficient alpha de Cronbach.

Les psychologues recherchent essentiellement la fidélité et la validité de leurs outils d'évaluation. Les chercheurs qui utilisent les échelles d'évaluation pour tester une nouvelle thérapeutique s'intéressent également à la sensibilité de l'outil.

Sensibilité

Elle se définit comme la finesse discriminative de l'outil d'évaluation. La sensibilité interindividuelle représente la capacité de l'instrument à discriminer des individus différents. La sensibilité intra-individuelle est la capacité de l'instrument à détecter des différences chez un même sujet au cours de mesures répétées. Fidélité et sensibilité sont inverses l'une de l'autre et s'opposent en fonction des instruments, des buts de la recherche et des populations étudiées.

Étapes de validation transculturelle

Vallerand (1989) a décrit les sept étapes à respecter lors de l'utilisation d'un outil venant d'une autre culture. La première étape est la préparation de versions préliminaires. Elle consiste à traduire en français le questionnaire trouvé en langue anglaise (par exemple), puis à demander à une autre personne de traduire la version française en anglais. La deuxième étape consiste à examiner les versions préliminaires et à produire une version expérimentale. La traduction de la version française en anglais est ainsi comparée à la version anglaise originale et les ajustements faits entre les différentes traductions. La troisième étape est celle de prétest. Elle consiste à vérifier que les items de la version expérimentale sont clairs et rédigés sans ambiguïté. Deux techniques peuvent être utilisées : la technique du sondage (demander l'opinion du sujet interrogé) ou la technique du test-retest (à deux moments différents, le sujet répond de manière identique si les items sont clairs). La quatrième étape est l'étude la validité concourante (corrélation forte attendue entre le questionnaire à l'étude et un critère évaluant le même concept). La cinquième étape consiste à s'intéresser à la fidélité (consistance interne et fidélité test-retest). Pour la consistance interne, une valeur variant de 0,70 à 0,85 est idéale alors que pour la fidélité test-retest une valeur de 0,60 (un mois d'intervalle) est satisfaisante selon Vallerand (1989). Par ailleurs, « les notes obtenues avec les versions françaises peuvent difficilement excéder les valeurs de la version originale. (...) Les indices de fidélité de la version originale imposent une limite supérieure aux indices pouvant être obtenus par la version validée en français. » (Vallerand, 1989, p. 673). Ainsi, si un questionnaire en anglais n'a pas un coefficient de consistance interne satisfaisant, la version française ne peut prétendre à plus. La sixième étape est la recherche de la validité de construit. Au niveau de la structure, l'analyse factorielle exploratoire essaie de reproduire la structure originale, et l'analyse factorielle confirmatoire vérifie l'adéquation de la structure trouvée au modèle de la version originale. Puis la validité convergente et discriminante est recherchée. Enfin, l'ultime étape consiste en l'établissement de normes.

Conclusion

Pour conclure, il est préférable de sélectionner peu de mesures, mais des mesures variées qui reflètent toutes les nuances des phénomènes cliniques observés, tout en laissant la place à l'imprévisible. Le risque d'une trop grande confiance dans les échelles est de ne prendre en compte que les dimensions qu'elles représentent, alors que d'autres phénomènes imprévus pourraient apparaître. La traduction d'un questionnaire demande de suivre une procédure avec au minimum une traduction renversée et une vérification des qualités psychométriques de la nouvelle version du questionnaire.

Bibliographie

Anastasi, A. (1982). *Psychological testing*. New York : Collier, Mac Millan.

Bouvard, M. (2009). *Questionnaires et échelles d'évaluation de la personnalité* (3e édition). Paris : Masson.

Beech, J.R., Harding, L. (1994). *Tests, mode d'emploi. Guide de Psychométrie*. Paris : Éditions du Centre de psychologie appliquée.

Bernier, J.J. (1985). *Théorie des tests, principe et techniques de base*. Québec : Gaétan Morin.

Cattell, R.B. (1944). Psychological measurement normative, ipsative, interactive. *Psychological Review, 51*, 292–303.

De Bonis, M. (1989). Critique méthodologique des modèles de personnalité. *Confrontations Psychiatriques, 30*, 313–329.

Everitt, B.S. (1975). Multivariate analysis : the need for data, and other problems. *The British Journal of Psychiatry, 126*, 237–240.

Eysenck, H.J., & Eysenck, S.B. (1971). *Inventaire de personnalité d'Eysenck*. Traduction et adaptation de K. Ganasia. Paris, CPA.

Kline, P. (1993). *The handbook of Psychological testing*. London : Routledge.

Pichot, P. (1965). Méthodologie générale des tests mentaux. *Bulletin de Psychologie, 239*, 13–15, 819-844.

Pichot, P. (1974). Les échelles d'évaluation. *Actualités Psychiatriques, 4*, 21–25.

Vallerand, R.J. (1989). Vers une méthodologie de validation transculturelle de questionnaires psychologiques : implications pour la recherche en langue française. *Psychologie Canadienne, 30*, 662–680.

Partie II

Sélection d'échelles d'évaluation et de questionnaires

Martine Bouvard

L'homme est la mesure de toute chose.
Protagoras

Le regroupement des outils d'évaluation présentés dans cette seconde partie a été effectué selon les catégories diagnostiques du DSM ou l'âge des sujets. Nous rappelons cependant qu'un thérapeute peut avoir besoin d'évaluer l'intensité de la dépression dans le cas d'un trouble anxieux ou de l'anxiété en médecine comportementale par exemple. Il reste donc au clinicien ou au chercheur le choix des outils d'évaluation en fonction de chaque patient ou de chaque protocole de recherche. Pour chacun des outils cités, nous présentons une fiche signalétique qui donne des informations sur l'auteur, le traducteur si nécessaire, le domaine d'application, le mode de passation, la cotation et les études de validation. Les données normatives ont été rapportées en fonction de leur disponibilité, de préférence sur la version française, ou à titre indicatif, sur la version anglaise. Nous rappelons à ce propos que la traduction d'un questionnaire ou d'une échelle en français demande la reproduction des études de validation sur une population d'origine française. Les principales références bibliographiques sont données à la fin de chaque fiche. Nous présenterons dans les pages suivantes une sélection d'échelles et questionnaires les plus utilisés et les mieux validés, recouvrant les principaux problèmes psychopathologiques. Malheureusement, nous avons dû nous limiter à quelques outils dans chaque catégorie. Nous avons également dû sélectionner les études de validation et ne présenter que les résultats les plus importants. Dans quelques cas, malgré nos recherches, nous n'avons pu identifier les traducteurs et adaptateurs de l'outil d'évaluation. Nous les prions de bien vouloir nous excuser et de nous faire part de toute erreur ou omission. À ce sujet nous remercions les personnes qui nous signalent nos erreurs et nous encourageons les lecteurs à nous faire part de leurs remarques. Un certain nombre d'échelles et de questionnaires sont disponibles chez des éditeurs spécialisés ; nous ne les avons pas reproduits. Mais pour tout outil d'évaluation cité dans cet ouvrage, nous avons établi une fiche signalétique qui en donne les principales caractéristiques.

Dans cette partie, nous avons essayé de réaliser un guide des principales mesures disponibles actuellement. Au total, 62 échelles ou questionnaires (dont 13 nouveaux) ont été retenus, parmi lesquels on trouvera des outils originaux ou des traductions non publiées. Les échelles et questionnaires sont présentés sous les rubriques suivantes :

- agoraphobie et attaques de panique ;
- anxiété et anxiété généralisée ;
- phobie sociale et compétence sociale ;
- trouble obsessionnel compulsif ;
- stress post-traumatique ;
- troubles de l'humeur ;
- troubles psychotiques ;
- troubles sexuels et problèmes de couple ;
- médecine comportementale ;
- troubles des conduites alimentaires ;
- addiction ;
- personnes âgées.

Chapitre 7
Agoraphobie et attaques de panique

Dans ce chapitre, deux types d'outils sont présentés. D'une part, des questionnaires nomothétiques (le questionnaire des peurs par exemple), d'autre part des outils ipsatifs tels le test comportemental d'évitement ou l'échelle d'évaluation des phobies, attaques de panique et anxiété généralisée. Ces deux derniers outils ne permettent de comparer le sujet qu'à lui-même et donc sont très utiles pour la réalisation de la ligne de base d'un protocole de cas unique. Les questionnaires nomothétiques nous permettent de comparer le sujet à d'autres sujets ou à des normes (ici l'agoraphobie et les attaques de panique). Plus précisément, le questionnaire de mobilité permet de mieux situer le sujet dans le domaine de l'agoraphobie. Le questionnaire des cognitions agoraphobiques et celui des sensations corporelles sont plus centrés sur les pensées émises lors d'une attaque de panique ou d'une crise agoraphobe.

1. Questionnaire des peurs (Marks et Mathews) : *dépistage et évaluation du traitement.*
2. Inventaire de mobilité (Chambless) : *évaluation de l'évitement de situations agoraphobes et aide à la planification du traitement.*
3. Échelle d'évaluation des phobies, attaques de panique et anxiété généralisée (Cottraux) : *objectifs thérapeutiques.*
4. Test comportemental d'évitement (Marks) : *capacité du sujet à affronter les situations redoutées.*
5. Questionnaire des cognitions agoraphobiques (Chambless) : *pensées catastrophiques associées à la peur de la peur.*
6. Questionnaire des sensations corporelles (Chambless) : *évaluation des sensations physiques associées à l'agoraphobie et aux attaques de panique.*

Protocoles et échelles d'évaluation en psychiatrie et psychologie

Notice d'information

1. Questionnaire des peurs (*Fear Questionnaire*)[1]

Applications

Le questionnaire des peurs a pour objectif d'évaluer brièvement les problèmes phobiques les plus fréquemment rencontrés en clinique. Il permet d'évaluer également l'anxiété et la dépression associées aux phobies. C'est l'instrument le plus utilisé pour évaluer l'efficacité du traitement des sujets agoraphobes et phobiques sociaux en clinique comportementale et cognitive.

Mode de passation

Il s'agit d'un questionnaire composite que le sujet peut remplir en 5 minutes. Il comprend deux parties :

- une *partie normative* formée des items fermés. Elle comprend, comprenant elle-même trois parties :
  - une liste de phobies de 15 items (items 2 à 16) subdivisée en 5 items d'agoraphobie, 5 items de phobie du sang et des blessures et 5 items de phobie sociale ;
  - un questionnaire d'anxiété dépression (items 18 à 22) ;
  - un item mesurant la gêne consécutive au comportement phobique (item 24) ;
- une *partie descriptive* regroupe quelques items : l'item 1 permet au sujet de décrire et d'évaluer de 0 à 8 la phobie principale qu'il veut traiter ; l'item 17 permet d'ajouter une phobie non comprise dans la liste des 15 items fermés ; l'item 23 permet de décrire et d'évaluer tout sentiment désagréable ressenti par le patient qui ne serait pas dans la liste fermée des 5 items d'anxiété dépression.

Cotation

Chaque item phobique est coté de 0 à 8 en fonction de l'évitement (de 0 : n'évite pas à 8 : évite toujours). Chaque item d'anxiété-dépression est coté de 0 à 8 en fonction de la souffrance (de 0 : ne souffre pas du tout à 8 : souffre extrêmement).

Dépouillement de la partie normative

Le score total du comportement phobique s'obtient en additionnant les notes des items 2 à 16 (étendue de 0 à 120).

Le score d'agoraphobie s'obtient en additionnant les notes des items 5, 6, 8, 12 et 15.

---

1. Marks I.M. et Mathews A.M. (1979), traduction : Cottraux J. (1985).

Le score de phobie du sang et des blessures s'obtient en additionnant les notes des items 2, 4, 10, 13 et 16.

Le score de phobie sociale s'obtient en additionnant les notes des items 3, 7, 9, 11 et 14.

Le score total de la dépression et de l'anxiété s'obtient en additionnant les notes des items 18 à 22.

Le score de gêne est obtenu directement (étendue de 0 à 8).

Études de validation

Elles ont surtout été réalisées sur des populations cliniques (Marks et Mathews, 1979 ; Cohen et al., 1984 ; Arrindell et al., 1984 ; Mavissakalian, 1986 ; Van Zuuren, 1988 ; Heimberg et al., 1990 ; Oei et al., 1991 ; Gelernter et al., 1991 ; Cox et al., 1991, 1996 ; Cox, 1993). Moins d'études rapportent des résultats sur des sujets contrôles (Arrindell et al., 1984 ; Mizes et Crawford, 1986 ; Cox et al., 1991). La version française a été étudiée (Cottraux et al., 1987) sur quatre groupes de sujets (46 sujets agoraphobes, 34 sujets phobiques sociaux, 45 sujets obsessionnels et 55 sujets contrôles) appariés pour le sexe, l'âge et le niveau d'études. La fidélité test-retest des trois échelles de phobies, du total phobie, du total anxiété-dépression et de l'item gêne est assez bonne quelles que soient la population et la version (anglaise, française ou hollandaise) (Marks et Mathews, 1979 ; Arrindell et al., 1984 ; Cottraux et al., 1987). La consistance interne a été étudiée sur des populations anxieuses ou contrôles et apparaît satisfaisante (Arrindell et al., 1984 ; Van Zuuren, 1988 ; Cox et al., 1991 ; Cox, 1993 ; Oei et al., 1991). La validité de critère montre que l'échelle d'agoraphobie différencie les sujets agoraphobes d'autres sujets anxieux et de sujets contrôles. De même, l'échelle de phobie sociale différencie les sujets phobiques sociaux d'autres sujets anxieux et de sujets contrôles (Marks et Mathews, 1979 ; Cottraux et al., 1987 ; Van Zuuren, 1988 ; Cox et al., 1991 ; Oei et al., 1991). L'échelle de phobie du sang et des blessures n'a pas été validée par cette technique. Il semblerait que les sujets agoraphobes aient des scores plus élevés que les sujets phobiques sociaux sur cette échelle (Cottraux et al., 1987 ; Oei et al., 1991). Le score total phobie, le total anxiété dépression et l'item gêne apparaissent peu valides pour différencier les sujets anxieux entre eux. Les validités convergente et discriminante ont été peu étudiées. La structure factorielle est stable à travers les pays et les populations (Marks et Mathews, 1979, Arrindell et al., 1984 ; Cottraux et al., 1987 ; Oei et al., 1991 ; Cox, 1993 ; Cox et al., 1996). L'échelle de phobies se subdivise en agoraphobie, phobie du sang et phobie sociale. Le quatrième facteur est un facteur d'anxiété dépression. Les corrélations entre les quatre facteurs sont basses à modérées (de 0,25 à 0,59) selon les études (Arrindell et al., 1984 ; Oei et al., 1991 ;

Cox, 1993). La sensibilité au changement des échelles d'agoraphobie et de phobie sociale a été démontrée dans quatre études (Cohen et al., 1984 ; Cottraux et al., 1987 ; Heimberg et al., 1990 ; Gelernter et al., 1991).

Normes

Version anglaise

Fourchette des moyennes (écarts types)

• *Sujets contrôles*

Échelle d'agoraphobie	Échelle de phobie du sang et des blessures	Échelle de phobie sociale	Échelle d'anxiété dépression
De 4,85 (5,09) à 7,89 (5,44)	De 7,34 (6,01) à 12,9 (7,9)	De 8,81 (6,09) à 12,8 (6,2)	De 6,86 (6,17) à 8,95 (6,65)

Source : d'après Mizes et Crawford (1986) et Cox et al. (1991).

• *Sujets agoraphobes.* Échelle d'agoraphobie : hommes de 13,84 (9,68) à 29,2 (5,4) ; femmes de 17,53 (10,86) à 30,9 (5,7).
• *Sujets phobiques sociaux.* Échelle de phobie sociale : hommes de 21,40 (5,44) à 24,4 (8,0) ; femmes de 15,94 (8,69) à 23,4 (8,4) (Van Zuuren, 1988 ; Oei et al., 1991 ; Cox et al., 1991 ; Cox, 1993).

Version française (Cottraux et al., 1987 ; Bouvard, 1986)

	Moy. (écart type)	**1er quartile**	**Médiane**	**3e quartile**
Score d'agoraphobie				
Sujets agoraphobes	27,47 (9,35)	22	28	34
Sujets phobie sociale	10,50 (7,52)	5	9	15
Sujets contrôles	4,58 (6,42)	0	2	7
Score de phobie du sang				
Sujets contrôles	8,09 (7,59)	2	6	12
Score de phobie sociale				
Sujets phobie sociale	23,32 (6,64)	19	22	29
Sujets agoraphobes	14,91 (9,07)	7	14	18
Sujets contrôles	7,27 (6,11)	2	5	10

Conclusion

Les quatre dimensions théoriques, agoraphobie, phobie du sang, phobie sociale et anxiété-dépression du questionnaire des peurs ont été démontrées. La fidélité test-retest et la consistance interne des quatre dimensions sont satisfaisantes. Seules les échelles d'agoraphobie et de phobie sociale apparaissent valides, différenciant la pathologie en question d'autres troubles anxieux. L'échelle de phobie du sang et des blessures reste à étudier au niveau de la validité de critère. L'échelle d'anxiété-dépression et l'échelle de gêne n'apparaissent pas spécifiques des troubles anxieux.

2. Inventaire de mobilité (*Mobility Inventory*)[2]

Applications

L'inventaire de mobilité permet au thérapeute de planifier les thérapies des sujets agoraphobes du fait du grand nombre de situations évoquées. Il donne également une évaluation de l'évitement lorsque le sujet est seul ou lorsqu'il est accompagné. En règle générale, l'évitement est toujours plus important lorsque le sujet est seul. Le questionnaire original comprenait également une évaluation de l'anxiété associée aux situations. Chambless n'a finalement gardé que l'évaluation de l'évitement car la corrélation entre l'évitement et l'anxiété est en général forte. Cependant, pour un sujet sans aucun évitement, il peut être intéressant de n'évaluer que l'anxiété : consulter alors l'article princeps (Chambless et al., 1985). De leur côté Swinson et al. (1992) ont proposé d'évaluer la mobilité de l'individu agoraphobe avec ou sans médicament et donné des consignes modifiées de l'outil original (l'évitement lorsque le sujet est accompagné est remplacé par l'évitement lorsqu'il prend un médicament). L'inventaire de mobilité possède enfin une dernière question évaluant le nombre des attaques de panique. Les qualités psychométriques de cette question étudiées par Chambless et al. (1985) n'étant pas satisfaisantes, elle est actuellement considérée comme une partie descriptive.

Mode de passation

Le sujet doit indiquer le degré d'évitement de 26 situations (les items 12 et 18 sont doubles) lorsqu'il est seul puis lorsqu'il est accompagné (25 situations) selon une échelle en 5 points (de 1 = n'évite jamais à 5 = évite toujours). Le dernier item (n° 25) est un item libre. Plus le total est haut, plus l'évitement est grand.

---

2. Chambless D.L. (1985), traduction : Stephenson R. et al., adaptation : Bouvard M.

Cotation

Évitement seul(e)

Le total est la moyenne des items remplis (somme des notes obtenues divisée par le nombre d'items remplis). Nous donnons à titre indicatif la composition des trois facteurs de l'échelle d'évitement seul (Stephenson et al., 1997) :

- évitement des endroits publics : items 1, 2, 3, 4, 5, 6, 8, 13, 21, 23 et 24 ;
- évitement des espaces restreints : items 7, 9, 10, 11, 12, 19, 20, 22, 25 et 26 ;
- évitement des transports publics : items 14, 15, 16, 17 et 18.

Évitement accompagné(e)

C'est la même procédure. Le score de l'inventaire de mobilité (IM) est invalidé si plus de 5 items ne sont pas cotés. L'item 25 étant libre, il n'est pas compris dans le score total. La composition factorielle de l'échelle d'évitement accompagné est relativement semblable à celle de l'échelle d'évitement seul.

Le nombre et l'intensité des attaques de panique sont obtenus directement.

Études de validation

Elles ont été réalisées sur des populations cliniques (Chambless et al., 1985 ; Kwon et al., 1990 ; Swinson et al., 1992 ; Cox et al., 1993 ; Arrindell et al., 1995) ou normales (Chambless et al., 1985). La version francophone a été étudiée sur des sujets agoraphobes et des étudiants (Stephenson et al., 1997). La consistance interne de l'évitement seul ou accompagné est satisfaisante, quelle que soit la version (Chambless et al., 1985 ; Swinson et al., 1992 ; Stephenson et al., 1997). La fidélité test-retest (30 jours) des versions anglaise et française est satisfaisante sur une population agoraphobe et contrôle (Chambless et al., 1985 ; Stephenson et al., 1997). La fidélité test-retest (1 an) est également satisfaisante pour l'échelle d'évitement seul (de 0,70 à 0,85) ; elle varie de 0,53 à 0,70 pour l'échelle d'évitement accompagné (Rodriguez et al., 2007) sur des sujets agoraphobes. La validité de critère montre que les deux scores d'évitement différencient les sujets agoraphobes de sujets contrôles (Chambless et al., 1985 ; Stephenson et al., 1997). La validité convergente avec le score d'agoraphobie du questionnaire des peurs varie entre 0,44 et 0,58 pour l'évitement accompagné et entre 0,58 et 0,82 pour l'évitement seul (Chambless et al., 1985 ; Kwon et al., 1990 ; Swinson et al., 1992 ; Stephenson et al., 1997). L'évitement seul est donc plus proche du questionnaire des peurs comme attendu. La validité discriminante est satisfaisante avec les autres phobies du questionnaire des peurs puisque les corrélations sont plus faibles que celles obtenues avec le score d'agoraphobie de ce même questionnaire (Kwon et al., 1990 ; Stephenson et al., 1997). Les corrélations des deux échelles d'évitement avec l'inventaire de dépression de Beck varient de 0,27 à 0,51 (Chambless et al., 1985 ; Swinson et al., 1992 ; Stephenson et al., 1997). La structure factorielle apparaît relativement stable sur une population agoraphobe et pratiquement similaire pour les deux échelles, évitement seul ou évitement accompagné. L'inventaire de mobilité possède trois facteurs : endroits publics, espaces clos et espaces ouverts (Cox et al., 1993 ; Arrindell et al., 1995 ; Rodriguez et al., 2007). L'étude de la version hollandaise (Arrindell et al., 1995) retrouve pratiquement le même résultat que la version anglaise (Cox et al., 1993 ; Rodriguez et al., 2007). Les résultats de ces études sont de plus similaires à l'étude princeps de Kwon et al. (1990), à la différence que les espaces ouverts et les espaces publics appartenaient à un seul facteur dans cette dernière. La version francophone (Stephenson et al., 1997) montre également une structure tridimensionnelle : le premier facteur est pratiquement identique aux autres études, l'ordre des facteurs est ensuite inversé (transports publics = endroits fermés) et quelques items ne sont pas dans les mêmes dimensions. La sensibilité au changement du questionnaire a été montrée (Chambless et al., 1985).

Normes

Fourchette des moyennes (écarts types)

Version anglaise

	Sujets contrôles	Sujets agoraphobes
Évitement seul(e)	1,07 (0,08)	De 2,64 (0,91) à 3,35 (1,06)
Évitement accompagné(e)	1,25 (0,24)	De 2,05 (0,81) à 2,64 (0,9)

Source : d'après Chambless et al. (1985), Cox et al . (1993) et Swinson et al. (1992).

Version francophone

	Étudiants	Sujets agoraphobes
Évitement seul(e)	1,20 (0,42)	De 2,53 (0,74) à 2,66 (0,85)
Évitement accompagné(e)	1,58 (0,61)	De 3,37 (0,89) à 3,87 (0,75)

Source : d'après Stephenson et al. (1997).

Conclusion

L'intérêt de l'inventaire de mobilité est de fournir une liste assez complète des situations agoraphobes permettant de repérer les problèmes spécifiques des patients. Le questionnaire possède de bonnes qualités psychométriques (version anglaise et version francophone). L'étude de la validité souligne que c'est la composante évitement du trouble panique avec agoraphobie qu'évalue l'inventaire de mobilité. Les trois facteurs des deux échelles témoignent de l'aspect multidimensionnel de l'évitement agoraphobe.

3. Échelle d'évaluation des phobies, attaques de panique et anxiété généralisée (PPAG)[3]

Applications

Cet instrument simple permet d'évaluer les trois grands types d'anxiété, à savoir les phobies, les attaques de panique et l'anxiété généralisée. Cette échelle peut être répétée pour obtenir une ligne de base. Elle a été modifiée pour répondre aux critères diagnostiques du DSM-IV.

Mode de passation

Il s'agit d'un outil qui peut être utilisé comme une échelle d'auto-évaluation ou d'hétéro-évaluation. L'évaluateur doit définir les deux principales situations phobogènes qui représentent un handicap tel que leur amélioration par la thérapeutique changerait la vie du sujet. Ces deux situations phobiques doivent être définies avant que le sujet ou l'évaluateur ne cote l'item 1 ou 2. Une parfaite compréhension des trois types d'anxiété doit être également établie entre le patient et l'évaluateur avant de coter les items.

Cotation

Cette échelle comprend 5 scores qui prennent en compte la semaine écoulée :

- phobie 1 (de 0 à 8) ;
- phobie 2 (de 0 à 8) ;
- fréquence des attaques de panique (de 0 à 8) ;
- nombre de symptômes du trouble panique au sens du DSM-IV (de 0 à 13) ;
- intensité de l'anxiété généralisée (de 0 à 8).

Deux items qualitatifs permettent de vérifier si le patient présente ou continue de présenter les critères du DSM-IV du trouble panique en tenant compte du mois écoulé.

3. Cottraux J. (1993).

Étude de validation

Il s'agit plutôt d'une mesure ipsative du comportement phobique où chaque sujet est comparable à lui-même. L'échelle PPAG apparaît sensible au changement thérapeutique en ce qui concerne les scores de phobies, panique et anxiété généralisée chez 81 sujets agoraphobes traités par une thérapie cognitivo-comportementale (Cottraux, 1986).

4. Test comportemental d'évitement (*Behavioural Avoidance Test*)[4]

Applications

Le test comportemental d'évitement évalue l'intensité de l'évitement de situations phobiques (ou de situations provoquant des rituels), ainsi que l'intensité du malaise du patient dans ces situations.

Mode de passation

Le thérapeute ou l'évaluateur détermine avec le patient les quatre situations phobiques (ou provoquant des rituels) à partir des deux phobies principales prises comme cibles de traitement (ou des quatre rituels ou pensées obsédantes prises comme objectifs thérapeutiques). Il est important de souligner que les quatre situations à affronter sont décidées après un accord entre le thérapeute et le patient. Il est demandé ensuite au patient de se placer réellement dans les situations décrites, en présence du thérapeute ou seul, et d'évaluer le malaise qu'il ressent sur une échelle de 0 à 8 (0 : pas de malaise ; 8 : très grand malaise ou évitement total).

Cotation

Le test comportemental d'évitement comprend deux scores :

- le score de l'évitement qui se calcule en additionnant le nombre de réponses négatives (non = 1 point) ;
- le score du malaise qui se calcule en additionnant les quatre notes des réponses « malaise ». Coter 8 au malaise si l'évitement de la situation est total.

Études de validation

Il s'agit plutôt d'une mesure ipsative du comportement phobique ou obsessionnel compulsif. Aucune donnée normative n'est possible. Dans une étude contrôlée sur des sujets obsessionnels compulsifs (Cottraux et al., 1993), la seule différence à un an de suivi, entre les sujets ayant un bon résultat thérapeutique et ceux qui ne s'étaient pas améliorés, se

4. Marks I.M. et al., traduction : Cottraux J. (1985).

situait au niveau du test comportemental d'évitement. Au prétest, les sujets améliorés affrontaient plus les situations redoutées que les sujets non améliorés, autrement dit les sujets non répondeurs avaient un score d'évitement plus élevé au départ. Dans une autre étude contrôlée sur des sujets agoraphobes recevant une thérapie comportementale et cognitive associée ou non à du Buspar® (Cottraux et al., 1995), il apparaît que les sujets sortis prématurément du traitement ont un score de malaise et d'évitement significativement plus élevé que ceux qui terminent le traitement.

Conclusion

La capacité à affronter les situations redoutées apparaît être une variable thérapeutique importante pour le maintien en thérapie comportementale.

5. Questionnaire des cognitions agoraphobiques (*Agoraphobic Cognitions Questionnaire*)[5]

Applications

C'est une liste de pensées concernant les conséquences négatives de l'anxiété ou de la panique. Autrement dit, il s'agit d'une liste de pensées irrationnelles sur les possibles conséquences de l'anxiété ou de la panique.

Mode de passation

Le questionnaire des cognitions agoraphobiques (QCA) comprend 14 items. Le sujet cote la fréquence avec laquelle la pensée arrive lorsqu'il est anxieux sur une échelle en 5 points, de 1 : « cette pensée n'arrive jamais », à 5 : « cette pensée arrive tout le temps ».

Cotation

Le score total est la somme des notes obtenues à chacun des items. Il se subdivise en deux sous-scores :

- le score des inquiétudes sociales et comportementales (items 6, 8, 9, 11, 12, 13 et 14) ;
- le score des inquiétudes physiques (items 1, 2, 3, 4, 5, 7 et 10).

Certaines études divisent le score total par le nombre d'items (n = 14).

Études de validation

Elles ont été réalisées sur des populations cliniques (Chambless et al., 1984 ; Chambless et Gracely, 1989 ; Arrindell, 1993) ou des populations

5. Chambless D.L. (1984), traduction : Cottraux J.

contrôles (Chambless et al., 1984). La version française a été étudiée sur 115 sujets agoraphobes, 54 sujets obsessionnels et 72 sujets contrôles normaux appariés pour l'âge, le sexe et le niveau d'études (Bouvard et al., 1998). Une version franco-canadienne a été étudiée sur des sujets agoraphobes et des étudiants (Stephenson et al., 1999). La consistance interne du total et des deux sous-échelles est satisfaisante, quelle que soit la version (anglaise, francophone ou hollandaise) (Chambless et al., 1984 ; Arrindell, 1993 ; Bouvard et al., 1998 ; Stephenson et al., 1999). La fidélité test-retest (un mois au moins) sur une population agoraphobe est également satisfaisante (Arrindell, 1993 ; Stephenson et al., 1999). La validité de critère a montré que le QCA (score total) différenciait les sujets agoraphobes de sujets contrôles (Chambless et al., 1984 ; Bouvard et al., 1998 ; Stephenson et al., 1999) et les sujets agoraphobes de sujets obsessionnels (Bouvard et al., 1998). Dans la mesure où le score total ne semblait pas différencier les sujets agoraphobes des sujets phobiques sociaux, Chambless a proposé de ne s'intéresser qu'aux sous-scores. Il apparaît alors que le score des inquiétudes sociales et comportementales ne différencie pas les sujets anxieux et dépressifs. De même, il ne différencie pas les sujets agoraphobes des sujets obsessionnels (Bouvard et al., 1998). Les femmes auraient un score significativement plus élevé que les hommes à cette échelle. Le score des inquiétudes physiques différencie les sujets agoraphobes et ceux qui ont des attaques de panique des sujets anxieux (sujets phobiques sociaux, obsessionnels compulsifs et anxieux généralisés) et des sujets dépressifs. Mais les sujets agoraphobes ne se différencient pas de ceux qui ont seulement des attaques de panique (Chambless et Gracely, 1989). La version française vérifie ces résultats. Ainsi le score des inquiétudes physiques serait spécifique aux sujets ayant des attaques de panique et une agoraphobie alors que le score des inquiétudes sociales serait un facteur plus général des troubles anxieux, voire des troubles dépressifs. La validité convergente et discriminante avec le questionnaire des peurs de Marks, l'inventaire de mobilité, le questionnaire des sensations corporelles de Chambless et l'inventaire de personnalité d'Eysenck montrent que les deux sous-échelles du QCA sont des composants différents de la peur de la peur. Elles ont des corrélations différentes avec ces différents instruments (Arrindell, 1993). La structure factorielle apparaît relativement stable quelle que soit la version (Chambless et al., 1984 ; Arrindell, 1993 ; Bouvard et al., 1998 ; Stephenson et al., 1999). Cependant, elle diffère très légèrement des dimensions théoriques postulées. En effet, l'item 7 appartient au facteur des inquiétudes sociales et comportementales d'après les analyses exploratoires. Il est à noter que, dans les deux études francophones, l'item 1 n'a pas une saturation satisfaisante. La version française montre une excellente sensibilité au changement (Bouvard et al., 1998).

Normes

Version anglaise (Chambless et Gracely, 1989 ; Arrindell, 1993)

Fourchette des moyennes (écarts types)

Dimensions théoriques	Sujets agoraphobes
QCA inquiétudes sociales et comportementales	De 17,04 (5,92) à 19,13 (6,61)
QCA inquiétudes physiques	De 10,89 (4,18) à 13,72 (4,60)

Version française (Bouvard et al., 1998)

Dimensions théoriques	Sujets agoraphobes	Contrôles
QCA inquiétudes sociales et comportementales	16,12 (5,60)	11,96 (4,86)
QCA inquiétudes physiques	14,07 (5,00)	8,50 (2,05)

Score total (somme sur 14)

Chambless et al., 1984	Stephenson et al., 1999	
Sujets agoraphobes : 2,32 (0,07)	Sujets agoraphobes : 2,68 (0,58)	Étudiants contrôles : 1,77 (0,54)

Conclusion

Les deux échelles du QCA seraient des composants de la peur de la peur avec le questionnaire des sensations corporelles. Seule l'échelle des inquiétudes physiques serait spécifique aux sujets ayant des attaques de panique avec ou non une agoraphobie. L'échelle des inquiétudes sociales et comportementales ne différencie pas les groupes anxieux entre eux. La fidélité test-retest et les coefficients de consistance interne sont satisfaisants. Les validités convergente et discriminante demandent des études complémentaires.

6. Questionnaire des sensations corporelles (*Body Sensations Questionnaire*)[6]

Applications

Le questionnaire des sensations corporelles (QSC) évalue la peur des sensations physiques associées à l'anxiété.

6. Chambless D.L. (1984), traduction : Lachance S.

Mode de passation

Il s'agit d'une liste de 17 items que le sujet cote sur une échelle de 5 points (de 1 = pas effrayé à 5 = extrêmement effrayé).

Cotation

À l'origine, le score total était la moyenne des résultats obtenus sur les différents items, ce qui permettait des non-réponses (maximum : 3). Actuellement la tendance est de donner comme score total la somme des réponses aux 17 items (Arrindell, 1993).

Études de validation

Elles ont été réalisées sur des groupes cliniques (Chambless et al., 1984 ; Chambless et Gracely, 1989 ; Arrindell, 1993) et des groupes contrôles (Chambless et al., 1984). La version francophone a été étudiée sur deux groupes de sujets agoraphobes et un groupe contrôle d'étudiants (n = 223) (Stephenson et al., 1998). La consistance interne est satisfaisante, quelle que soit la version (anglaise, francophone ou hollandaise) (Chambless et al., 1984 ; Chambless et Gracely, 1989 ; Arrindell, 1993 ; Stephenson et al., 1998). La fidélité test-retest a été étudiée sur des sujets agoraphobes avec des intervalles et des indices différents ; elle apparaît assez satisfaisante à travers les différentes versions (Chambless et al., 1984 ; Arrindell, 1993 ; Stephenson et al., 1998). La validité de critère montre que le QSC différencie les sujets agoraphobes des sujets normaux d'une part (Chambless et al., 1984 ; Stephenson et al., 1998), d'autres sujets anxieux (phobiques sociaux, anxieux généralisés, attaques de panique et obsessionnels compulsifs) et de sujets dépressifs d'autre part (Chambless et Gracely, 1989). Cependant une autre étude (Fleming et Faulk, 1989) n'a pas répliqué la différenciation entre les sujets agoraphobes et les sujets présentant seulement des attaques de panique. La validité convergente a été recherchée avec des questionnaires qui évaluent des plaintes somatiques ou cognitives. Elle varie de 0,50 à 0,55 avec les deux sous-échelles du questionnaire des cognitions agoraphobiques ; elle est égale à 0,62 avec le score total ; elle varie de 0,31 à 0,36 avec l'inventaire de dépression de Beck (Chambless et al., 1984 ; Stephenson et al., 1998). La validité discriminante a été établie avec des questionnaires qui évaluent l'évitement. Elle varie entre 0,19 et 0,29 pour les trois scores de phobie du questionnaire des peurs de Marks et Mathews ; elle est de 0,15 à 0,48 avec les trois scores de l'inventaire de mobilité de Chambless (Arrindell, 1993 ; Stephenson et al., 1998). La structure factorielle ne retient qu'un seul facteur sur une population agoraphobe hollandaise (Arrindell, 1993) et trois facteurs (somatique, cardiaque et psychosensoriel) sur une population agoraphobe francophone (Stephenson et al., 1998), ce qui pose la question de la stabilité factorielle du questionnaire. L'intérêt du QSC serait de prédire l'évitement phobique : plus les peurs corporelles sont grandes et plus l'évitement phobique est important (Arrindell, 1993).

Normes

Fourchette des moyennes (écarts types)

Version anglaise

- Population générale de 1,52 (0,58) à 1,80 (0,59) (Chambless et al., 1984).
- Population agoraphobe de 3,02 (0,85) à 3,42 (1,1) (Chambless et al., 1984 ; Chambless et Gracely, 1989).

Version francophone

- Population agoraphobe de 3,18 (0,77) à 3,43 (0,86) (Stephenson et al., 1998).
- Étudiants (n = 223) : 2,01 (0,68).

Conclusion

Le QSC serait avec les deux échelles du questionnaire des cognitions agoraphobiques un composant de la peur de la peur. Des analyses factorielles de confirmation seront nécessaires pour établir le nombre de dimensions. D'autres études psychométriques sont également nécessaires pour connaître sa validité discriminative et sa validité de construit.

Présentation des outils d'évaluation

1. Questionnaire des peurs

Nom :	Âge :	Sexe :	Date :

1) *Veuillez choisir un chiffre dans l'échelle ci-dessous : il permet de chiffrer à quel point vous évitez par peur (ou du fait de sensations ou sentiments désagréables) chacune des situations énumérées ci-dessous. Ensuite, veuillez écrire le nombre choisi dans la case correspondant à chaque situation.*

0	1	2	3	4	5	6	7	8
n'évite pas		évite un peu		évite souvent		évite très souvent		évite toujours

1. Principale phobie que vous voulez traiter (décrivez-la à votre façon, puis cotez-la de 0 à 8).	
2. Injections et interventions chirurgicales minimes.	
3. Manger et boire avec les autres.	
4. Aller dans les hôpitaux.	
5. Faire seul(e) des trajets en bus ou en car.	
6. Se promener seul(e) dans des rues où il y a foule.	
7. Être regardé(e) ou dévisagé(e).	
8. Aller dans des magasins remplis de monde.	
9. Parler à des supérieurs hiérarchiques ou à toute personne exerçant une autorité.	
10. Voir du sang.	
11. Être critiqué(e).	
12. Partir seul(e) loin de chez vous.	
13. Penser que vous pouvez être blessé(e) ou malade.	
14. Parler ou agir en public.	
15. Les grands espaces vides.	
16. Aller chez le dentiste.	
17. Toute autre situation qui vous fait peur et que vous évitez (décrivez-la puis cotez-la de 0 à 8).	

Ne pas remplir				
	AG	SA-B	SOC	Total

2) *Maintenant veuillez choisir dans l'échelle ci-dessous un chiffre qui montrera à quel degré vous souffrez de chacun des problèmes énumérés ci-dessous, puis inscrivez ce chiffre dans la case correspondante.*

0	1	2	3	4	5	6	7	8
ne souffre pas du tout		souffre un peu		souffre vraiment		souffre beaucoup		souffre extrêmement

18. Sentiment d'être malheureux ou déprimé.	
19. Sentiment d'être irritable ou en colère.	
20. Se sentir tendu ou paniqué.	
21. Avoir l'esprit tourmenté de pensées inquiétantes...	
22. Sentir que vous ou votre environnement (choses, personnes) sont irréels ou étranges.	
23. Autres sentiments pénibles (décrivez-les) :	

Total | |

3) *À combien évaluez-vous actuellement la gêne que représente dans votre vie votre comportement phobique ? Veuillez entourer un chiffre dans l'échelle ci-dessous et le reporter dans cette case :*

0	1	2	3	4	5	6	7	8
pas de phobies		légèrement gênant		nettement gênant		très gênant		extrêmement gênant

2. Inventaire de mobilité pour l'agoraphobie

Nom :	Date :

Veuillez indiquer jusqu'à quel point vous évitez les situations et les endroits suivants en raison de l'anxiété ou des malaises qu'ils provoquent. Évaluez votre degré d'évitement lorsque vous êtes avec un(e) ami(e) en qui vous avez confiance et lorsque vous êtes seul(e). Indiquez votre niveau d'évitement en utilisant l'échelle suivante.

1. Je n'évite jamais.
2. J'évite rarement.
3. J'évite une fois sur deux.
4. J'évite la plupart du temps.
5. J'évite toujours.

Vous pouvez au besoin utiliser des nombres intermédiaires (par exemple, 3,5 ou 4,5).

Inscrivez le chiffre approprié pour chaque endroit ou situation sous les deux conditions suivantes : lorsque vous êtes accompagné(e) et lorsque vous êtes seul(e). Si une situation ne s'applique pas à vous, ne répondez pas.

Endroits ou situations	**Accompagné(e)**	**Seul(e)**
1. Cinémas		
2. Supermarchés		
3. Salles de cours		
4. Magasins à rayons (moyenne à grande surface)		
5. Restaurants		
6. Musées		
7. Ascenseurs		
8. Amphithéâtres ou stades		
9. Stationnements intérieurs		
10. Endroits élevés (quelle hauteur, etc.)		
11. Espaces clos (par exemple : tunnel)		
12. Espaces vastes a) À l'extérieur (par exemple : champs, rues larges, cours)		
b) À l'intérieur (par exemple : grandes pièces, salles d'attente)		
13. Voyager en autobus		
14. Voyager en train		
15. Voyager en métro		
16. Voyager en avion		
17. Voyager en bateau		
18. Conduire ou voyager en automobile a) Habituellement		
b) Sur les autoroutes		
19. Être dans une file d'attente		

Endroits ou situations	Accompagné(e)	Seul(e)
20. Traverser des ponts		
21. Réceptions, rassemblements		
22. Marcher dans la rue		
23. Rester seul(e) à la maison	NSP	
24. Être éloigné(e) de la maison		
25. Autre (spécifiez) :......		

Nous définissons une attaque de panique comme suit :
- *1. un haut niveau d'anxiété accompagné de :*
- *2. fortes réactions physiques (palpitations cardiaques, transpiration, spasmes musculaires, étourdissements, nausées) ;*
- *3. une diminution passagère des capacités à planifier, penser ou raisonner ;*
- *4. et un désir intense d'échapper à la situation.*

Une attaque de panique ne se définit donc pas uniquement par une forte anxiété ou de la peur.

Veuillez indiquer le nombre d'attaques de panique survenues dans les sept derniers jours :..........

3. Échelle d'évaluation des phobies, attaques de panique et anxiété généralisée

Nom :	Prénom :	
Âge :	Sexe :	Date :

PHOBIES

Définir avec le sujet les deux principales situations phobogènes. Leur guérison changerait considérablement la vie du sujet.

Phobie I :...

Phobie II :...

Évaluer l'intensité de votre angoisse et votre degré d'évitement pour la phobie I et la phobie II en cochant la case correspondante. Utiliser l'échelle centrale qui va de 0 à 8. Ne cocher qu'un seul barreau de l'échelle pour chacune des deux phobies.

Phobie I		Phobie II
	0. Pas de malaise dans cette situation	
	1.	
	2. Je me sens mal à l'aise mais n'évite pas la situation	
	3.	
	4. J'ai nettement peur et tendance à éviter la situation	
	5.	
	6. J'ai une peur intense de la situation et je l'évite autant que possible	
	7.	
	8. J'ai extrêmement peur de la situation et je l'évite toujours	

ATTAQUES DE PANIQUE SPONTANÉE

1) Avez-vous ressenti la semaine passée des attaques de panique spontanées dans lesquelles vous vous sentiez soudain terrorisé(e) sans raison apparente. Ces attaques surviennent en dehors des situations que vous évitez habituellement. Elles sont de courte durée : une minute à 2 heures au maximum. Le maximum d'intensité est atteint en moins de 10 minutes.

Cocher ci-dessous :

0. Jamais	
1.	
2. Au moins une fois	
3.	
4. Quelquefois	
5.	
6. Une fois par jour	
7.	
8. Plusieurs fois par jour	

2) Au cours de ces attaques de panique avez-vous ressenti les phénomènes suivants :

	Oui	Non
1. Souffle coupé, étouffement		
2. Étourdissement, instabilité, évanouissement		
3. Palpitations, cœur accéléré		
4. Tremblements ou secousses musculaires		
5. Transpiration		
6. Sensation d'être étranglé(e)		
7. Nausée ou gêne abdominale		
8. Étrangeté, irréalité de vous-même ou du monde extérieur		
9. Engourdissement, picotements		
10. Chaleur, frissons, chaud, froid		
11. Douleur, gêne thoracique		
12. Peur de mourir		
13. Peur de devenir fou ou de commettre un acte incontrôlé		

Total oui

3) Avez-vous ressenti de telles attaques de panique spontanées aux moins quatre fois durant les 4 dernières semaines ? Cocher la case choisie :

OUI	NON

4) Une au moins de ces attaques a été suivie par une période d'au moins un mois de la peur persistante d'avoir une autre attaque. Cocher la case choisie :

OUI	NON

ANXIÉTÉ GÉNÉRALISÉE

À quel point vous avez ressenti constamment une angoisse, une tension, une insomnie, un manque de concentration ou de l'agitation au cours de la semaine dernière ? Ne pas coter ici les phobies, les rituels ou les paniques, mais l'anxiété constamment présente : le *bruit de fond de l'anxiété.*

Cocher ci-dessous :

0. Pas de problème	
1.	
2. Léger problème	
3.	
4. Problème modéré	
5.	
6. Problème sévère	
7.	
8. Handicap sévère	

4. Test comportemental d'évitement

Nom :	Date :	Semaine :

Pour évaluer ce que vous pouvez faire en ce moment, voulez-vous essayer de réaliser les tâches suivantes ? Si vous ne pouvez y arriver du tout, cocher la case NON. Si vous pouvez y arriver, la case OUI. Marquez ensuite dans la case située en dessous de la case NON, un chiffre entre 0 et 8 correspondant à votre niveau de malaise vis-à-vis de cette tâche. Utilisez l'échelle ci-dessous :

0	1	2	3	4	5	6	7	8
pas de malaise		malaise léger		malaise modéré		malaise marqué		très grand malaise évitement total

Tâche 1

Activité... OUI ☐ 0

Pouvez-vous le faire ? NON ☐ 1

Quel malaise cela provoque-t-il chez vous (coter entre 0 et 8) ? ☐

Tâche 2

Activité.. OUI ☐ 0

Pouvez-vous le faire ? NON ☐ 1

Quel malaise cela provoque-t-il chez vous (coter entre 0 et 8) ? ☐

Tâche 3

Activité.. OUI ☐ 0

Pouvez-vous le faire ? NON ☐ 1

Quel malaise cela provoque-t-il chez vous (coter entre 0 et 8) ? ☐

Tâche 4

Activité.. OUI ☐ 0

Pouvez-vous le faire ? NON ☐ 1

Quel malaise cela provoque-t-il chez vous (coter entre 0 et 8) ? ☐

Ne rien écrire ici

Total	
Évitement (0-4)	**Malaise (0-32)**

5. Questionnaire des cognitions agoraphobiques (Chambless)[7]

« Chaque fois que je ressens de l'angoisse ou de l'anxiété, il m'arrive de penser que… »

	1	**2**	**3**	**4**	**5**
	Jamais	**Parfois**	**Souvent**	**Très souvent**	**Tout le temps**
1. Je vais vomir.					
2. Je vais mourir.					
3. Je dois avoir une tumeur cérébrale.					

7. Chambless D.L. et al. (1984), adaptation francophone après comparaison des traductions : Bouvard M.

	1 Jamais	2 Parfois	3 Souvent	4 Très souvent	5 Tout le temps
4. Je vais faire une crise cardiaque.					
5. Je vais mourir d'étouffement.					
6. Je vais agir de manière ridicule.					
7. Je vais devenir aveugle.					
8. Je vais perdre le contrôle de moi-même.					
9. Je vais faire du mal à quelqu'un.					
10. Je vais faire une attaque cérébrale.					
11. Je vais devenir fou (folle).					
12. Je vais me mettre à hurler.					
13. Je vais me mettre à bafouiller ou parler.					
14. Je serai paralysé(e) par la peur.					

Score :...............

6. Questionnaire des sensations corporelles

Nom :..	Date :..
Voici une liste de sensations physiques spécifiques qui peuvent apparaître lorsque vous êtes nerveux ou dans une situation que vous redoutez. Veuillez inscrire jusqu'à quel point vous êtes effrayé(e) par ces sensations en utilisant l'échelle à cinq points qui va de « pas effrayé(e) » à « extrêmement effrayé(e) ». Veuillez compléter chacun des énoncés. **1.** Pas effrayé(e) ou inquiet(e) par cette situation. **2.** Parfois effrayé(e) par cette situation. **3.** Modérément effrayé(e) par cette situation. **4.** Très effrayé(e) par cette situation. **5.** Extrêmement effrayé(e) par cette situation.	
....	1. Palpitations cardiaques
....	2. Pression ou serrement au niveau de la poitrine
....	3. Engourdissement des bras ou des jambes
....	4. Sensation de picotement dans le bout des doigts
....	5. Engourdissement d'une autre partie du corps
....	6. Se sentir à bout de souffle
....	7. Étourdissements
....	8. Vision troublée ou déformée
....	9. Nausées
....	10. Avoir l'estomac serré
....	11. Sensation d'avoir l'estomac noué
....	12. Avoir la gorge serrée
....	13. Avoir les jambes molles
....	14. Être en sueur
....	15. Avoir la gorge sèche
....	16. Se sentir désorienté(e) et confus(e)
....	17. Se sentir séparé(e) de son corps, seulement partiellement présent
....	18. Autres... Veuillez décrire :................................. ....

Bibliographie

Questionnaire des peurs ***(Fear Questionnaire)***

Arrindell, W.A., Emmelkamp, P.M.G., Van der Hende, J. (1984). Phobic dimensions : I reliability and generalizability across samples, gender and nations. *Advances in Behaviour Research and Therapy, 6*, 207–254.

Bouvard, M. (1986). Intérêts et limites des méthodes d'évaluation des thérapies comportementales chez les patients obsessionnels. Thèse de 3e cycle, Psychologie, Lyon.

Cohen, S.D., Monteiro, W., Marks, I.M. (1984). Two year follow up of agoraphobics after exposure and imipramine. *The British Journal of Psychiatry, 144*, 276–281.

Cottraux, J., Bouvard, M., Messy, P. (1987). Validation et analyse factorielle d'une échelle de phobies. La version française du questionnaire des peurs de Marks et Mathews. *Encéphale, XIII*, 23–29.

Cox, B.J. (1993). Confirmatory factor analysis of the Fear Questionnaire in panic disorder with agoraphobia. *Journal of Consulting and Clinical Psychology, 61*, 235–237.

Cox, B.J., Parker, J.D.A., Swinson, R.P. (1996). Confirmatory factor analysis of the Fear Questionnaire with social phobia patients. *The British Journal of Psychiatry, 168*, 497–499.

Cox, B.J., Swinson, R.P., Shaw, B.F. (1991). Value of the Fear Questionnaire in differentiating agoraphobia and social phobia. *The British Journal of Psychiatry, 159*, 842–845.

Gelernter, C.S., Uhde, T.W., Cimbolic, P., et al. (1991). Cognitive behavioral and pharmacological treatments of social phobia. *Archives of General Psychiatry, 48*, 938–945.

Heimberg, R.G., Dodge, C.S., Hope, D.A., et al. (1990). Cognitive behavioral group treatment for social phobia : comparison with a credible placebo control. *Cognitive Therapy and Research, 14*, 1–23.

Marks, I.M., Mathews, A.M. (1979). Brief standard self rating for phobic patients. *Behavioural Research Therapy, 17*, 263–267.

Mavissakalian, M. (1986). The Fear Questionnaire. *Behavioural Research Therapy, 24*, 83–85.

Mizes, J.C., Crawford, J. (1986). Normative values on the Marks and Mathews Fear Questionnaire : a comparison as a function of age and sex. *Journal of Psychopathology and Behavioral Assessment, 8*, 253–262.

Oei, T.P.S., Moyle, A., Evans, L. (1991). Validity and clinical utility of the Fear Questionnaire for anxiety disorder patients. *Journal of Consulting and Clinical Psychology, 3*, 391–397.

Van Zuuren, F.J. (1988). The Fear Questionnaire : some data on validity, reliability and layout. *The British Journal of Psychiatry, 153*, 659–662.

Inventaire de mobilité ***(Mobility Inventory)***

Arrindell, W.A., Cox, B.J., Van der Ende, J., Kwee, M.G.T. (1995). Phobic dimensions, II cross national confirmation of the multidimensional structure underlying the Mobility Inventory. *Behavioural Research Therapy, 33*, 711–724.

Chambless, D.L., Caputo, G.C., Jasin, S.E., et al. (1985). The Mobility Inventory for agoraphobia. *Behavioural Research Therapy, 23*, 35–44.

Cox, B.J., Swinson, R.P., Kuch, K., Reichman, J.T. (1993). Dimensions of agoraphobia assessed by the Mobility Inventory. *Behavioural Research Therapy, 31*, 427–431.

Kwon, S.M., Evans, L., Oei, T.P.S. (1990). Factor structure of the Mobility Inventory for agoraphobia : a validational study with Australian samples of agoraphobic patients. *Journal of Psychopathology and Behavioral Assessment, 12*, 365–374.

Rodriguez, B.F., Pagano, M.E., Keller, M.B. (2007). Psychometric characteristics of the Mobility Inventory in a longitudinal study of anxiety disorders : replicating and exploring a three component solution. *Journal of Anxiety Disorders, 21*, 752–761.

Stephenson, R., Marchand, A., Lavallee, M.C. (1997). Validation de l'Inventaire de Mobilité pour l'agoraphobie auprès de la population québécoise francophone. *Science et Comportement, 26*, 35–58.

Swinson, R.P., Cox, B.J., Shulman, I.D., et al. (1992). Medication use and the assessment of agoraphobic avoidance. *Behavioural Research Therapy, 30*, 563–568.

Échelle d'évaluation des phobies, attaques de panique et anxiété généralisée (PPAG)

Cottraux, J. (1986). Où en est la recherche en thérapie comportementale ? *Psychologie Médicale, 13*, 23–29.

Cottraux, J., Bouvard, M., Messy, P. (1987). Validation et analyse factorielle d'une échelle de phobies. La version française du questionnaire des peurs de Marks et Mathews. *Encéphale, XIII*, 23–29.

Test de comportement d'évitement *(Behavioural Avoidance Test)*

Cottraux, J., Mollard, E., Bouvard, M., Marks, I. (1993). Exposure therapy, Fluvoxamine, or combination treatment in obsessive compulsive disorder : one year follow up. *Psychiatry Research, 49*, 63–75.

Cottraux, J., Note, I.D., Cungi, C., et al. (1995). Cognitive behavior therapy combined with buspirone or placebo in agoraphobia : a double-bind study with a one year follow up. *The British Journal of Psychiatry, 167*, 635–641.

Questionnaire des cognitions agoraphobiques *(Agoraphobie Cognition Questionnaire)*

Arrindell, W.A. (1993). The fear of fear concept : evidence in favour of multidimentionality. *Behavioural Research Therapy, 31*, 507–518.

Bouvard, M., Cottraux, J., Talbot, F., et al. (1998). Cross-cultural validation of the Agoraphobic cognitions questionnaire, 1998. *Psychotherapy and Psychosomatics, 67*, 249–253.

Chambless, D.L., Caputo, G.C., Bright, P., Gallagher, R. (1984). Assessment of fear of fear in agoraphobics : the Body Sensations Questionnaire and the Agoraphobic Cognitions Questionnaire. *Journal of Consulting and Clinical Psychology, 152*, 1090–1097.

Chambless, D.L., Gracely, E.J. (1989). Fear of fear and the anxiety disorders. *Cognitive Therapy and Research, 13*, 9–20.

Stephenson, R., Marchand, A., Lavallée, M.C. (1999). A Canadian French adaptation of the agoraphobic cognitions questionnaire : cross-cultural validaten and sender differences. *Scandinav Journal of Behaviour Therapy, 29*, 1–19.

Questionnaire des sensations corporelles *(Body Sensation Questionnaire)*

Arrindell, W.A. (1993). The fear of fear concept : evidence in favour of multidimentionality. *Behavioural Research Therapy, 31*, 507–518.

Chambless, D.L., Caputo, G.C., Bright, P., Gallagher, R. (1984). Assessment of fear of fear in agoraphobics : the Body Sensations Questionnaire and the Agoraphobic Cognitions Questionnaire. *Journal of Consulting and Clinical Psychology, 152*, 1090–1097.

Chambless, D.L., Gracely, E.J. (1989). Fear of fear and the anxiety disorders. *Cognitive Therapy and Research, 13*, 9–20.

Fleming, B., Faulk, A. (1989). Discriminating factors in panic disorder with or without agoraphobia. *Journal of Anxiety Disorders, 3*, 209–219.

Stephenson, R., Marchand, A., Lavallee, M.C. (1998). Validation du questionnaire des sensations physiques auprès de la population canadienne française. *Encéphale, XXIV*, 415–425.

CHAPITRE 8
Anxiété et anxiété généralisée

Dans ce chapitre, nous présentons des outils spécifiques au trouble de l'anxiété généralisée, tels le questionnaire sur les inquiétudes du Penn State ou le questionnaire des domaines d'inquiétude, et des outils destinés à évaluer l'intensité de l'anxiété tels l'échelle d'appréciation de l'anxiété d'Hamilton, l'inventaire d'anxiété état-trait de Spielberger et l'inventaire d'anxiété de Beck.

1. Échelle d'appréciation de l'anxiété d'Hamilton (Hamilton) : *intensité de l'anxiété.*
2. Questionnaire sur l'inquiétude et l'anxiété (Dugas) : *évaluation des critères diagnostiques du trouble de l'anxiété généralisée.* Outil de dépistage en population générale.
3. Questionnaire sur les inquiétudes du Penn State (Meyer) : *évaluation du trouble de l'anxiété généralisée*, mesure standard de ce trouble anxieux.
4. Questionnaire des domaines d'inquiétude (Tallis) : *évaluation du contenu des inquiétudes du trouble de l'anxiété généralisée.*
5. Inventaire d'anxiété état-trait (Spielberger) : *évaluation de l'anxiété état et de l'anxiété trait.* La version française est disponible aux Éditions du Centre de psychologie appliquée.
6. Inventaire d'anxiété de Beck (Beck) : *intensité de l'anxiété ou plus précisément fréquence des symptômes physiques de l'anxiété.* La version française n'est pas disponible à la publication.

Notice d'information

1. Échelle d'appréciation de l'anxiété d'Hamilton (*Hamilton Rating Scale Anxiety*)[1]

Applications

C'est l'échelle d'anxiété la plus utilisée. Elle a été conçue pour être utilisée chez des patients ayant un diagnostic d'anxiété afin d'évaluer la sévérité de l'anxiété (Pellet, 1993).

1. Hamilton M. (1969), traduction : Pichot P.

Protocoles et échelles d'évaluation en psychiatrie et psychologie

Mode de passation

Cette échelle comporte 14 items que va coter un évaluateur après un entretien clinique classique. D'après P. Pichot, la note 0 correspond à l'absence de manifestation des symptômes, la note 1 correspond à des manifestations d'intensité légère, la note 2 à des manifestations d'intensité moyenne, la 3 à des manifestations d'intensité forte et la 4 à des manifestations d'intensité extrême, véritablement invalidantes. La note 4 ne doit être attribuée qu'exceptionnellement à des malades ambulatoires. La cotation est déterminée par la symptomatologie actuelle, c'est-à-dire le comportement au cours de l'entretien ou des symptômes d'une durée maximale d'une semaine.

Cotation

La note globale est la somme des notes obtenues à chacun des items. Il est possible d'avoir deux notes partielles : une note d'anxiété psychique (somme des items 1, 2, 3, 4, 5, 6 et 14) et une note d'anxiété somatique (somme des items de 7 à 13).

Études de validation

Elles ont été faites sur des populations cliniques (Hamilton, 1969 ; Gjerris et al., 1983 ; Bech et al., 1989, 1992 ; Bech, 1988 ; Maier et al., 1988 ; Beck et Steer, 1991). La version française a aussi été étudiée sur des populations cliniques (Von Frenckell, 1980 ; Pichot et al., 1981 ; Bobon et Lecomte, 1981 ; Duizabo, 1984 ; Lepine et al., 1985). La fidélité inter-juges varie de 0,73 à 0,93 pour la version anglaise (Hamilton, 1969 ; Gjerris et al., 1983 ; Maier et al., 1988). La recherche des critères d'homogénéité par le modèle de Rasch a montré qu'ils ne peuvent être trouvés pour le score total et les deux facteurs, ce qui poserait le problème de l'utilisation de ces scores (Bech et al., 1992).

La validité de critère montre que l'échelle d'Hamilton est un indice de sévérité de l'anxiété sans toutefois différencier les diagnostics de l'anxiété. Chez des patients dépressifs, elle ne permet pas de différencier les sujets dépressifs anxieux des sujets dépressifs non anxieux (Maier et al., 1988). En général, la structure factorielle (à deux facteurs) décrite par Hamilton (1969) est retrouvée (Bech, 1988 ; Beck et Steer, 1991). Les résultats de la version française réalisée sur une population anxieuse confirment dans l'ensemble les résultats d'Hamilton (Pichot et al., 1981). La validité convergente a été étudiée avec l'échelle de gravité de l'anxiété de Covi (corrélation de 0,63 à 0,75) et l'inventaire d'anxiété de Beck (corrélation à 0,56 ; Maier et al., 1988 ; Beck et Steer, 1991). La validité discriminante avec deux échelles de dépression est égale à 0,67 avec la *Montgomery and Asberg Depression Rating Scale*

(MADRS) (Lépine et al., 1985) et à 0,53 avec la *Bech Rafaelsen Melancolia Scale* (Gjerris et al., 1983). Ainsi l'association anxiété-dépression nuit à la discrimination de l'échelle. La sensibilité de l'échelle au changement est excellente chez des sujets anxieux ou dépressifs (Maier et al., 1988 ; Duizabo, 1984).

Normes

D'après Bech et al. (1989) :
- de 0 à 5 = pas d'anxiété ;
- de 6 à 14 = anxiété mineure ;
- 15 et plus = anxiété majeure.

Conclusion

L'échelle d'anxiété d'Hamilton est très largement utilisée du fait de sa grande sensibilité au changement. Elle permet d'évaluer l'intensité de l'anxiété du sujet par un évaluateur. Elle possède une bonne fidélité inter-juges. Cependant, le score total comme les deux dimensions n'ont pas une consistance interne satisfaisante selon Bech et al. (1992). Son autre inconvénient est que certains items n'ont pas été suffisamment définis par Hamilton. Pour y remédier, Bech et al. ont mis au point un manuel de cotation traduit en français (Masson, 1989).

2. Questionnaire sur l'inquiétude et l'anxiété[2]

Applications

Ce questionnaire permet d'évaluer les critères diagnostiques du trouble de l'anxiété généralisée (TAG) selon le DSM-IV. Il est très rapidement rempli, ce qui en fait un outil de choix dans la population générale pour repérer l'un des troubles anxieux les plus fréquents.

Mode de passation

La première question demande aux gens de rapporter leurs principaux thèmes d'inquiétude. Ensuite, chacun des critères diagnostiques est évalué. Il comprend six items que le sujet cote sur une échelle en neuf points, de 0 à 8.

Cotation

Pour recevoir un diagnostic TAG à ce questionnaire, l'individu doit reconnaître au moins un thème d'inquiétude typique du trouble et répondre au moins « 4 » à tous les autres items sauf aux six items somatiques. Pour ces items, le sujet devra répondre au moins « 4 » à trois de ces items.

2. Dugas M.J. et al. (1995).

Études de validation

Le questionnaire a été administré à des étudiants et des sujets présentant un trouble d'anxiété généralisée (Dugas et al., 2001). La spécificité et la sensibilité du questionnaire ont été recherchées sur des sujets non cliniques et des sujets cliniques. Parmi les étudiants (n=68) qui ont un score faible au Penn State, aucun ne répond aux critères diagnostiques du TAG évalués par le questionnaire sur l'inquiétude et l'anxiété (QIA). Chez les 68 étudiants qui ont un score au Penn State dans le dernier quartile (m=59,8), 78,1 % répondent aux critères du TAG évalués par le QIA. Dans une seconde étude, sur les 19 sujets diagnostiqués TAG au moyen d'un entretien semi-structuré, 17 répondent aux critères diagnostiques du TAG au QIA ; inversement, parmi les 19 sujets classés non cliniques, un seul présente les critères diagnostiques TAG au QIA. Le questionnaire d'inquiétude et d'anxiété semble donc posséder une sensibilité et une spécificité honorable. La fidélité test-retest a été calculée sur des étudiants (64 jours) et est satisfaisante. D'autres études devront compléter cette étude princeps.

Conclusion

L'intérêt de ce questionnaire est surtout d'aider les médecins, voire les spécialistes de la gestion du stress, à repérer dans leur public les sujets présentant un trouble de l'anxiété généralisée.

3. Questionnaire sur les inquiétudes du Penn State (*Penn State Worry Questionnaire*)[3]

Applications

Ce questionnaire, *Penn State Worry Questionnaire* (QIPS), évalue les intrusions cognitives ou les inquiétudes excessivement irréalistes, constituant les principaux symptômes du trouble de l'anxiété généralisée. Il permet d'évaluer la fréquence et l'intensité de l'inquiétude sans cependant identifier le sujet des inquiétudes du patient. Il a été traduit et étudié dans de nombreuses cultures.

Mode de passation

Il s'agit d'un questionnaire comprenant 16 items que le sujet cote sur une échelle de 1 à 5.

Cotation

Le score de 5 items doit être inversé pour la correction (n° 1, 3, 8, 10 et 11). Il suffit ensuite d'additionner les notes obtenues aux 16 items (étendue de 16 à 80).

3. Meyer T.J. et al. (1990), traduction : Letarte H. et al. (1991).

Études de validation

Les qualités psychométriques du QIPS ont été résumées par Molina et Borkovec (1994). Les études de validation ont été réalisées sur des étudiants (Meyer et al., 1990 ; Davey, 1993) puis sur des patients présentant un TAG et des sujets ayant un autre trouble anxieux (Meyer et al., 1990 ; Brown et al., 1991). La version française a été étudiée au Québec sur des groupes d'étudiants (Ladouceur et al., 1992 ; Gosselin et al., 2001), des consultants d'un hôpital général (Freeston et al., 1994) et des sujets anxieux (sujets présentant un TAG et sujets ayant d'autres troubles anxieux) (Ladouceur et al., 1999 ; Gosselin et al., 2001). Le questionnaire sur les inquiétudes du Penn State possède une consistance interne satisfaisante, quelle que soit la version. La fidélité test-retest (2 à 10 semaines) de la version anglaise calculée sur différents groupes d'étudiants est bonne, de même que celle de la version francophone (intervalle de 4 semaines), calculée sur des sujets non cliniques (Gosselin et al., 2001), et celle de la version allemande, réalisée sur des étudiants avec un intervalle de 4 semaines (Stober, 1998). La validité de critère est également satisfaisante : le QIPS différencie les sujets ayant un trouble de l'anxiété généralisée des autres sujets anxieux et des sujets contrôles, quelle que soit la version (Meyer et al., 1990 ; Brown et al., 1991 ; Ladouceur et al., 1999 ; Fresco et al., 2003). La validité concourante a été mise en évidence dans la version allemande : la corrélation est égale à 0,55 avec l'opinion des pairs (Stober, 1998). La validité convergente a été étudiée en particulier avec les inventaires d'anxiété de Spielberger et de Beck. Elle est satisfaisante : l'anxiété et l'inquiétude sont corrélées, mais restent indépendantes l'une de l'autre (Meyer et al., 1990 ; Ladouceur et al., 1992 ; Dugas et al., 1997 ; Gosselin et al., 2001). La version française corrèle avec trois questionnaires évaluant les croyances dysfonctionnelles associées au trouble d'anxiété généralisée : le questionnaire d'intolérance à l'incertitude (r = 0,68), le questionnaire d'évitement cognitif (r = 0,53) et le questionnaire pourquoi s'inquiéter (r = 0,46) dans une population d'étudiants (Gosselin et al., 2001). Les trois échelles de conscience de soi de Fenigstein ont des corrélations de 0,26 à 0,38 avec le QIPS sur un groupe d'étudiants (Meyer et al., 1990). À noter que la corrélation est modérée (0,57) avec le questionnaire d'obsession-compulsion de Sanavio (Freeston et al., 1994). La validité discriminante avec l'inventaire de dépression de Beck est relativement satisfaisante. Elle varie de – 0,10 sur un groupe de sujets ayant un trouble de l'anxiété généralisée à 0,53 sur des étudiants (Meyer et al., 1990 ; Dugas et al., 1997) ; elle est égale à 0,20 sur des sujets anxieux (Gosselin et al., 2001). Le nombre de dimensions (facteurs) dans la version anglaise a été l'objet d'un débat. Une première analyse factorielle de confirmation (Fresco et al., 2002) réalisée sur 788 étudiants est en faveur de deux facteurs de second ordre, le premier regroupant les items positifs (engagement dans l'inquiétude) et le second étant composé des cinq items négatifs (absence d'inquiétude). Cette solution en deux facteurs (items positifs et items négatifs) a été retrouvée chez des étudiants américains (Carter et al., 2005). Brown (2003) a contesté l'intérêt d'un facteur portant sur l'absence d'inquiétude. Son étude porte sur 1 200 patients anxieux et l'analyse de confirmation est en faveur d'un seul facteur. L'analyse factorielle exploratoire de la version française ne retient qu'un facteur général (Ladouceur et al., 1992 ; Gosselin et al., 2001) et confirme les résultats de la version anglaise (Brown et al., 1991 ; Brown, 2003). Enfin, deux analyses factorielles de confirmation, l'une sur une autre version française (Gana et al., 2002) et des sujets adultes non cliniques, l'autre sur une version norvégienne (Pallensen et al., 2006), sont en faveur d'un facteur général et de deux facteurs de second ordre (items positifs et items négatifs). La sensibilité au changement est bonne (Meyer et al., 1990).

Normes

Version anglaise

Les valeurs moyennes (écarts types) à retenir, pour des sujets sélectionnés à partir d'un entretien structuré, sont :

- sujets non anxieux (n = 2 130) : 43,81 (11,32) ;
- sujets atteints de TAG (n = 174) : 67,66 (8,86) (Molina et Borkovec, 1994).

Version française

Fourchette des moyennes (écarts types) :

- étudiants canadiens de 44,52 (11,97) à 47,13 (10,14) (Ladouceur et al., 1992, 1999) ;
- sujets contrôles non cliniques : 32,9 (8,1) ;
- sujets présentant un TAG de 62,55 (9,06) à 65,0 (10,2) (Ladouceur et al., 1992, 1999 ; Gosselin et al., 2001).

En définitive, pour interpréter les résultats, on considère les étendues de réponses suivantes (Brillon, 2001) :

- score normal : entre 35 et 55 ;
- possibilité de TAG : entre 55 et 75.

Conclusion

Le QIPS est considéré comme l'outil standard de l'évaluation du trouble de l'anxiété généralisée. Les qualités psychométriques sont satisfaisantes. Il différencie les sujets présentant un TAG des sujets souffrant d'un autre trouble anxieux. Les items négatifs entraînent la présence d'un second facteur que certains considèrent comme dû à la méthode de cotation, et surtout peu pertinent au niveau clinique. L'unidimensionnalité se retrouve dans le facteur général.

4. Questionnaire des domaines d'inquiétude[4]

Applications

Le questionnaire évalue les différents thèmes des inquiétudes du sujet anxieux et donc constitue un outil intéressant pour le thérapeute. La version anglaise (Tallis et al., 1992) est composée de cinq domaines d'inquiétude (25 items). À l'origine, ce questionnaire était destiné au sujet normal ; un sixième domaine (social et politique) n'étant pas pertinent pour les sujets présentant un trouble d'anxiété généralisée a été abandonné. Dans la version française, il est remplacé par le domaine de la menace physique ; cette version comprend donc six domaines.

Mode de passation

Dans la version française, les 30 items sont cotés par le sujet sur une échelle de zéro (pas du tout) à quatre (extrêmement).

Cotation

La note globale est la somme des notes obtenues à chaque item. Les items sont divisés en six sous-échelles pour la version française :

- relation avec les autres : items 4, 19, 22, 24 et 28 ;
- manque de confiance : items 2, 12, 18, 21 et 23 ;
- futur sans objectif : items 3, 5, 9, 15 et 26 ;
- incompétence au travail : items 7, 16, 20, 29 et 30 ;
- menace financière : items 1, 8, 10, 13 et 14 ;
- menace physique : items 6, 11, 17, 25 et 27.

Nous rappelons que la version internationale ne comprend que les cinq premiers domaines (25 items).

Études de validation

Elles ont été réalisées sur des étudiants pour la version anglaise (Davey, 1993) et la version allemande (Stober, 1998 ; Stober et Joormann, 2001a). La version francophone a été administrée à des étudiants (Dugas et al., 1995) et à des sujets cliniques et non cliniques (Ladouceur et al., 1998, 1999). La consistance interne de la version à 25 items est supérieure ou égale à 0,90 (Davey, 1993 ; Stober et Joormann, 2001). La fidélité test-retest a été mise en évidence dans la version allemande : elle est égale à 0,85 pour un intervalle de 4 semaines (Stober, 1998). La validité convergente avec le Penn State varie de 0,62 à 0,67 pour la version anglaise. Elle a été calculée pour la version anglaise avec l'inventaire

4. Beck et al. (1988), traduction : Freeston M.H. et al. (1994).

d'anxiété état-trait de Spielberger ; elle est égale à 0,71 (Davey, 1993). Le questionnaire a de fortes corrélations avec l'anxiété mais aussi avec la dépression puisque la corrélation est égale à 0,59 avec l'inventaire de dépression de Beck (Stober et Joormann, 2001a). La validité concourante est égale à 0,49 avec l'opinion des pairs pour la version allemande (Stober, 1998). Une analyse factorielle de confirmation retrouve les cinq domaines dans la version allemande (Joormann et Stober, 1997). La consistance interne de la version francophone est également satisfaisante puisque supérieure à 0,90. La fidélité test-retest est également satisfaisante (r = 0,85) pour un intervalle d'un mois. La validité convergente avec le Penn State est égale à 0,57 (Dugas et al., 1995). La version française différencie les sujets présentant un TAG des sujets contrôles et des sujets présentant un autre trouble anxieux (Ladouceur et al., 1999). Cependant le questionnaire ne différencie pas les sujets classés TAG selon des questionnaires des sujets cliniques diagnostiqués TAG (Ladouceur et al., 1998), de même qu'il ne différencie pas les sujets ayant un TAG comme diagnostic primaire des sujets ayant un diagnostic TAG secondaire à un autre trouble anxieux (Ladouceur et al., 1999).

Stober et Joormann (2001b) ont proposé une version réduite à 10 items (2 items pour chacun des cinq domaines). Cette version possède une bonne consistance interne et corrèle à 0,97 avec la version à 25 items. Nous donnons les items retenus pour les lecteurs intéressés : items 22 et 24 (relation avec les autres) ; items 12 et 21 (manque de confiance) ; items 5 et 26 (futur sans objectif) ; items 7 et 20 (incompétence au travail) ; items 10 et 13 (menace financière). La version réduite retient donc les items 5, 7, 10, 12, 13, 20, 21, 22, 24 et 26.

Normes

Version allemande (version initiale à 25 items)

Étudiantes (n = 180) : 29,41 (14,70) (Stober et Joorman, 2001).

Version française (version à 30 items)

Sujets anxieux et non cliniques :
- sujets TAG (n = 24) : 56,9 (22,0) ;
- sujets ayant un autre trouble anxieux (n = 38) : 44,3 (21,8) ;
- sujets contrôles (n = 20) : 21,1 (16,1) (Ladouceur et al., 1999).

Conclusion

Les principales qualités psychométriques de la version française ont été établies. Nous rappelons l'intérêt clinique de l'outil pour le thérapeute. La version française présentée comprend un domaine différent (menace physique) par rapport à la version internationale qui retient seulement cinq domaines d'inquiétude.

5. Inventaire d'anxiété état-trait (*State Trait Anxiety Inventory*)[5]

L'inventaire d'anxiété état-trait est l'adaptation du *State Trait Anxiety Inventory* (STAI) forme Y. Il est destiné à évaluer d'une part l'anxiété trait et d'autre part l'anxiété état. L'anxiété état se rapporte à l'anxiété ressentie à un moment particulier. L'anxiété trait serait l'estimation de la tendance habituelle du sujet à être anxieux. Le STAI a été traduit dans de nombreuses langues et a bénéficié de nombreuses études. Les qualités psychométriques de la version française ont été établies par M. Bruchon-Schweitzer et I. Paulhan (Spielberger, 1993). Les données françaises ont été établies sur des adultes exerçant une profession, des étudiants et des lycéens pour les groupes contrôles et sur des sujets en situation spécifique tels une hospitalisation pour des adultes ou un contrôle des connaissances scolaires pour des lycéens. D'une façon générale, les femmes ont des notes plus élevées que les hommes, ce qui n'est pas observé avec les sujets américains. Les sujets français présentent également des moyennes plus élevées que les sujets américains pour l'anxiété trait.

L'inventaire anxiété état-trait permet d'identifier des sujets anxieux au sein de divers groupes. Il représente plus une mesure de l'intensité de l'anxiété et n'est pas particulièrement lié à un trouble anxieux. Il a été largement utilisé dans l'étude de l'effet de l'anxiété sur les performances, la mémoire et dans des groupes de sujets hospitalisés pour différentes maladies. La traduction française est disponible aux Éditions du Centre de psychologie appliquée (ECPA) (25, rue de la Plaine, 75980 Paris Cedex 20 ; www.ecpa.fr).

6. Inventaire d'anxiété de Beck[6]

Applications

C'est un questionnaire assez utilisé dans l'évaluation de l'anxiété « état ». Il donne une estimation quantitative de l'intensité de l'anxiété associée aux différents troubles mentaux. Les items ont été élaborés à partir des critères diagnostiques du DSM. L'objectif de ses auteurs était de différencier l'anxiété de la dépression dans les troubles mentaux.

Mode de passation

Le sujet coche la fréquence du symptôme pendant les 7 derniers jours sur une échelle de « pas du tout » à « beaucoup ».

5. Spielberger C.D. (1983).
6. Beck et al. (1988), traduction : Freeston M.H. et al. (1994).

Cotation

La cotation de chaque item varie de 0 (pas du tout) à 3 (beaucoup). Il suffit ensuite d'additionner les scores obtenus aux 21 items.

Études de validation

Elles ont été réalisées d'une part sur des sujets présentant différents troubles anxieux et des sujets déprimés (Beck et al., 1988 ; Beck et Steer, 1991 ; Fydrich et al., 1992 ; Steer et al., 1993 ; Enns et al., 1998) et des étudiants (Borden et al., 1991 ; Creamer et al., 1995) pour la version anglaise. La version française a été étudiée sur des étudiants (n=332) et des sujets pris dans des salles d'attente d'hôpitaux généraux (n=474) (Freeston et al., 1994). Le coefficient de consistance interne varie de 0,91 à 0,94 pour la version anglaise (Beck et al., 1988 ; Borden et al., 1991 ; Fydrich et al., 1992 ; Steer et al., 1993 ; Creamer et al., 1995). Il varie entre 0,84 et 0,93 pour la version française (Freeston et al., 1994). La fidélité test-retest est supérieure à 0,70 pour un intervalle d'une semaine (Beck et al., 1988 ; Fydrich et al. 1992). Elle n'atteint pas ce seuil lorsqu'on dépasse cet intervalle aussi bien pour la version anglaise que pour la version française (Fydrich et al., 1992 ; Freeston et al., 1994 ; Creamer et al., 1995). Elle reste cependant supérieure à 0,60, ce qui est honorable pour une mesure d'état. La validité convergente avec l'échelle d'anxiété d'Hamilton varie entre 0,51 et 0,56 (Beck et al., 1988 ; Beck et Steer, 1991). Elle est également satisfaisante avec l'inventaire d'anxiété état-trait de Spielberger puisqu'elle varie de 0,57 à 0,68 pour l'anxiété trait et de 0,47 à 0,64 pour l'anxiété état (Fydrich et al., 1992 ; Creamer et al., 1995). La validité discriminante est égale à 0,25 avec l'échelle de dépression d'Hamilton (Beck et al., 1988). Elle varie de 0,48 à 0,63 avec l'inventaire de dépression de Beck (Beck et al., 1988 ; Fydrich et al., 1992 ; Steer et al., 1993 ; Creamer et al., 1995). L'objectif du questionnaire étant de différencier les sujets dépressifs des sujets anxieux, cette propriété a été retrouvée dans une étude (Beck et al., 1988) mais pas dans une autre (Steer et al., 1993) du fait de la comorbidité anxiété-dépression chez la plupart des sujets. Il permet également de différencier des sujets ayant des attaques de panique avec ou sans agoraphobie d'autres sujets anxieux (Fydrich et al., 1992). La structure factorielle a varié entre deux facteurs (Beck et al., 1988 ; Fydrich et al., 1992) et quatre facteurs (Beck et Steer, 1991 ; Steer et al., 1993) sur des groupes de patients. Sur des groupes dits « normaux », la solution à deux facteurs a été retrouvée pour la version anglaise (Creamer et al., 1995) et la version française (Freeston et al., 1994). Plus récemment, une analyse des facteurs (méthode confirmative) a été réalisée sur des patients présentant une dépression majeure (Enns et al., 1998). Elle est en faveur de la solution à quatre facteurs de Beck et Steer (1991) : anxiété subjective (items 4, 5, 9, 10, 14 et 17), anxiété neurophysiologique (items 1, 3,

6, 8, 12, 13 et 19), signes autonomes (items 2, 18, 20 et 21), attaques de panique (items 7, 11, 15 et 16). Ces quatre dimensions permettraient de mieux différencier les sujets ayant un trouble panique, un trouble de l'anxiété généralisée, un trouble obsessionnel compulsif et une phobie sociale (Leyfer et al., 2006).

Normes

Version anglaise

Fourchette des moyennes (écarts types) :
- sujets anxieux : de 22,98 (12,84) à 24,59 (11,41) ;
- étudiants : de 10,75 (9,12) à 13,1 (9,6) (Beck et al., 1988 ; Beck et Steer, 1991 ; Borden et al., 1991 ; Fydrich et al., 1992 ; Creamer et al., 1995).

Les notes seuils pour la version anglaise seraient les suivantes :
- score total de 0 à 9 : normal ou pas d'anxiété ;
- score total de 10 à 18 : anxiété légère à modérée ;
- score total de 19 à 29 : anxiété modérée à sévère ;
- score total de 30 et plus : anxiété sévère (Shear et al., 2000).

Version française

Fourchette des moyennes (écart type) :
- étudiants (n = 332) : de 8,25 (7,18) à 13,02 (9,05) ;
- consultants d'un hôpital général : 9,91 (10,46) (Freeston et al., 1994).

Selon Freeston et al. (1994), un score supérieur à 20 identifie un syndrome anxieux clinique.

Conclusion

L'inventaire d'anxiété de Beck serait surtout sensible à l'anxiété à composante somatique telle que celle des sujets présentant des attaques de panique. Il est très utilisé au niveau international. Les qualités psychométriques sont satisfaisantes. Quatre dimensions témoignent de l'aspect multidimensionnel de l'anxiété pathologique. La version française n'est pas disponible à la publication.

Présentation des outils d'évaluation

1. Échelle d'appréciation de l'anxiété d'Hamilton

Nom :...	Date :......................................
Cotation : 0. Absent 1. Léger 2. Moyen 3 Fort 4. Maximal	

1. *Humeur anxieuse* :.......... Inquiétude - Attente du pire - Appréhension (anticipation avec peur) - Irritabilité
2. *Tension* :.......... Sensations de tension - Fatigabilité - Impossibilité de se détendre - Réaction de sursaut -Pleurs faciles - Tremblements - Sensation d'être incapable de rester en place
3. *Peurs* :.......... Du noir - Des gens qu'on ne connaît pas - D'être abandonné seul - Des gros animaux - De la circulation - De la foule
4. *Insomnie* :.......... Difficultés d'endormissement - Sommeil interrompu - Sommeil non satisfaisant avec fatigue au réveil - Rêves pénibles - Cauchemars - Terreurs nocturnes
5. *Fonctions intellectuelles (cognitives)* :.......... Difficultés de concentration - Mauvaise mémoire
6. *Humeur dépressive* :.......... Perte des intérêts - Ne prend plus plaisir à ses passe-temps - Dépression - Insomnie du matin - Variations de l'humeur dans la journée
7. *Symptômes somatiques généraux (musculaires)* :.......... Douleurs et courbatures dans les muscles - Raideurs musculaires - Sursauts musculaires - Secousses cloniques - Grincements des dents - Voix mal assurée
8. *Symptômes somatiques généraux (sensoriels)* :.......... Tintements d'oreilles - Vision brouillée - Bouffées de chaleur ou de froid - Sensations de faiblesse - Sensations de picotements
9. *Symptômes cardiovasculaires* :.......... Tachycardie - Palpitations - Douleurs dans la poitrine - Battement des vaisseaux - Sensations syncopales - Extrasystoles
10. *Symptômes respiratoires* :.......... Poids sur la poitrine ou sensation de constriction - Soupirs - Sensations d'étouffement - Dyspnée
11. *Symptômes gastro-intestinaux* :.......... Dyspepsie : douleur avant ou après le repas, sensations de brûlure, ballonnement, pyrosis, nausées, vomissements, creux à l'estomac Difficultés pour avaler - Vents - « Coliques » abdominales - Borborygmes - Diarrhée - Perte de poids - Constipation
12. *Symptômes génito-urinaires* :.......... Mictions fréquentes - Urgence de la miction - Aménorrhée - Ménorragies - Apparition d'une frigidité - Éjaculation précoce - Absence d'érection - Impuissance
13. *Symptômes du système nerveux autonome* :.......... Bouche sèche - Accès de rougeur - Pâleur - Vertiges - Tendance à la sudation - Céphalée de tension - Horripilation

14. *Comportement lors de l'entretien* :.......... *Général* Tendu, non à son aise - Agitation nerveuse : des mains, tripote ses doigts, serre les poings, tics, serre son mouchoir - Instabilité, va-et-vient - Tremblement des mains - Front plissé - Faciès tendu - Augmentation du tonus musculaire - Respiration haletante - Pâleur faciale *Physiologique* Avale sa salive - Éructations - Tachycardie au repos - Rythme respiratoire à plus de 20/min - Réflexes tendineux vifs - Tremblement - Dilatation pupillaire - Exophtalmie - Sudation - Battements des paupières
Total général :..........

2. Questionnaire sur l'inquiétude et l'anxiété

1. Quels sont les sujets à propos desquels vous vous inquiétez le plus souvent ?

a)..	d)...
b)..	e)...
c)..	f)...

2. Est-ce que vos inquiétudes vous semblent *excessives* ou *exagérées* ? (Encerclez le chiffre correspondant.)

0	1	2	3	4	5	6	7	8
Aucunement excessives				**Modérément excessives**				**Complètement excessives**

3. Durant les derniers 6 mois, combien de jours avez-vous été troublé(e) par des inquiétudes excessives ? (Encerclez le chiffre correspondant.)

0	1	2	3	4	5	6	7	8
Jamais				**1 jour sur 2**				**Tous les jours**

4. Est-ce que vous avez de la difficulté à contrôler vos inquiétudes ? Par exemple, lorsque vous commencez à vous inquiéter à propos de quelque chose, avez-vous de la difficulté à vous arrêter ? (Encerclez le chiffre correspondant.)

0	1	2	3	4	5	6	7	8
Aucune difficulté				**Difficulté modérée**				**Difficulté extrême**

5. Durant les derniers 6 mois, avez-vous souvent été troublé(e) par une ou l'autre des sensations suivantes lorsque vous étiez inquiet(ète) ou anxieux(se) ? (Cotez chaque sensation à l'aide de l'échelle.)								
0	1	2	3	4	5	6	7	8
Aucunement				**Modérément**				**Très sévèrement**

———	Agité(e), surexcité(e) ou avoir les nerfs à vif
———	Facilement fatigué(e)
———	Difficulté à se concentrer ou blanc de mémoire
———	Irritabilité
———	Tensions musculaires
———	Problèmes de sommeil (difficulté à tomber ou rester endormi(e) ou sommeil agité et insatisfaisant)

6. À quel point est-ce que l'anxiété ou l'inquiétude interfère avec votre vie, c'est-à-dire votre travail, activités sociales, famille, etc. ? (Encerclez le chiffre correspondant.)								
0	1	2	3	4	5	6	7	8
Aucunement				**Modérément**				**Très sévèrement**

3. Questionnaire sur les inquiétudes du Penn State[7]

Veuillez utiliser l'échelle ci-dessous pour exprimer jusqu'à quel point chacun des énoncés suivants vous correspond (écrivez le numéro vous représentant en tête de chacun des énoncés).				
1	2	3	4	5
Pas du tout caractéristique	Un peu caractéristique	Assez caractéristique	Très caractéristique	Extrêmement caractéristique

....	1. Si je n'ai pas assez de temps pour tout faire, je ne m'en inquiète pas.
....	2. Mes inquiétudes me submergent.
....	3. Je n'ai pas tendance à m'inquiéter à propos des choses.
....	4. Plusieurs situations m'amènent à m'inquiéter.

7. The Penn State Worry Questionnaire. Meyer T.J., Miller M.L., Metzger R.L. & Borkovec T.D. (1990). Development and validation of the Penn State Worry Questionnaire. *Behaviour Research and Therapy*, 28, 487-495. (Tous droits réservés, Université Laval, 1991. Traduit par Hélène Letarte, Mark H. Freeston & Robert Ladouceur.)

....	5. Je sais que je ne devrais pas m'inquiéter, mais je n'y peux rien.
....	6. Quand je suis sous pression, je m'inquiète beaucoup.
....	7. Je m'inquiète continuellement à propos de tout.
....	8. Il m'est facile de me débarrasser de pensées inquiétantes.
....	9. Aussitôt que j'ai fini une tâche, je commence immédiatement à m'inquiéter au sujet de toutes les autres choses que j'ai encore à faire.
....	10. Je ne m'inquiète jamais.
....	11. Quand je ne peux plus rien faire au sujet d'un souci, je ne m'en inquiète plus.
....	12. J'ai été un inquiet tout au long de ma vie.
....	13. Je remarque que je m'inquiète pour certains sujets.
....	14. Quand je commence à m'inquiéter, je ne peux plus m'arrêter.
....	15. Je m'inquiète tout le temps.
....	16. Je m'inquiète au sujet de mes projets jusqu'à ce qu'ils soient terminés.

4. Questionnaire des domaines d'inquiétude[8]

SVP lisez attentivement chaque énoncé et choisissez un des chiffres ci-dessous afin d'indiquer à quel point vous vous inquiétez au sujet du contenu de chaque énoncé. Inscrivez votre réponse sur la ligne (———) à côté du numéro de l'énoncé.

0. Pas du tout
1. Un peu
2. Modérément
3. Beaucoup
4. Extrêmement

Je m'inquiète du fait…

1.	....	que je manquerai d'argent
2.	....	que je ne peux pas exprimer mes opinions ou être affirmatif(ve)

8. Tous droits réservés. The Worry Domains Questionnaire, Tallis, F., Eysenck, M., Mathews, A. In A questionnaire for the measurement of nonpathological worry. *Personality and Individual Differences*, *199*, *13*, 161-168. Traduction : Michel Dugas, Mark H. Freeston, Hélène Letarte, Éliane Léger, Josée Rhéaume, Robert Ladouceur, Université Laval, 1993.Dugas, M., Letarte, H., Rhéaume, J., et al. (1994). Worry and problem solving: evidence of a specific relationship. *Journal of Cognitive Therapy and Research*, *19*, 109-120.

3.	....	que mes perspectives d'emploi ne sont pas bonnes
4.	....	que ma famille sera fâchée contre moi ou désapprouvera un de mes actes
5.	....	que je ne réaliserai jamais mes ambitions
6.	....	que j'aurai le SIDA ou une autre maladie incurable
7.	....	que je ne tiendrai pas à jour ma charge de travail
8.	....	que des problèmes financiers limiteront mes vacances et mes voyages
9.	....	que je n'ai pas de concentration
10.	....	que je ne suis pas capable de me payer des choses
11.	....	que je vais mourir
12.	....	que je me sens incertain(e) de moi
13.	....	que je n'ai pas les moyens de payer les factures
14.	....	que mes conditions de vie sont inadéquates
15.	....	que la vie puisse n'avoir aucun sens
16.	....	que je ne travaille pas assez fort
17.	....	que je serai attaqué(e), agressé(e) ou violé(e)
18.	....	que les autres ne m'approuveront pas
19.	....	que je trouve difficile de maintenir une relation stable
20.	....	que je laisse du travail inachevé
21.	....	que je manque de confiance
22.	....	que je ne suis pas attrayant(e)
23.	....	que je pourrais paraître ridicule
24.	....	que je perdrai des ami(e)s intimes
25.	....	que je puisse tomber malade ou être obligé(e) d'aller à l'hôpital
26.	....	que je n'ai pas réalisé grand-chose
27.	....	que je vais vieillir
28.	....	que je ne suis pas aimé(e)
29.	....	que je serai en retard pour un rendez-vous
30.	....	que je fais des erreurs au travail

Bibliographie

Échelle d'appréciation de l'anxiété de Hamilton ***(Hamilton Rating Scale Anxiety)***

Bech, P. (1988). Rating scales for mood disorders : applicability, consistency and construct validity. *Acta Psychiatrica Scandinavica, 78*, Suppl. 345, 45–55.

Bech, P., Kastrup, M., Rafaelsen, O.J. (1989). *Échelles d'anxiété, de manie, de dépression, de schizophrénie.* Paris : Masson.

Bech, P., Allerup, P., Maier, W., et al. (1992). The Hamilton Scale and the Hopkins symptom checklist (SCL 90) across national validity study in patients with panic disorders. *The British Journal of Psychiatry, 160*, 206–211.

Beck, A.T., Steer, R.A. (1991). Relationship between the Beck Anxiety Inventory and the Hamilton Anxiety Rating Scale with anxious outpatients. *Journal of Anxiety Disorders, 5*, 213–223.

Bobon, D.P., Lecomte, J. (1981). Proposition de regroupement des manifestations de l'anxiété mesurées par l'échelle de Hamilton. *Les Feuillets Psychiatriques de Liège, 14/4*, 469–476.

Duizabo, P.H. (1984). Étude multicentrique extensive de 177 observations de sujets anxieux traités par le Clotiazepam. *Journal de Psychiatrie Biologique et Thérapeutique, 13*, 26–36.

Gjerris, A., Bech, P., Bojholm, S., et al. (1983). The Hamilton Anxiety Scale. Evaluation of homogeneity and inter observer reliability in patients with depressive disorders. *Journal of Affective Disorders, 5*, 163–170.

Hamilton, M. (1969). Diagnosis and rating of anxiety. *The British Journal of Psychiatry, Special Publication, 3*, 76–79.

Lepine, J.P., Godchau, M., Brun, P., Lemperiere, T. (1985). Évaluation de l'anxiété et de la dépression chez des patients hospitalisés dans un service de médecine interne. *Annales Médico-psychologiques, 143*, 175–189.

Maeir, W., Buller, R., Philipp, M., Haiser, I. (1988). The Hamilton Anxiety Scale : reliability, validity and sensivity to change in anxiety and dépressive disorders. *Journal of Affective Disorders, 14*, 61–68.

Pellet, J. (1993). L'échelle d'anxiété de Hamilton. In J., Guelfi, *L'évaluation clinique standardisée en psychiatrie* (pp. 297–302, t. 1). Boulogne, Éditions médicales Pierre Fabre.

Pichot, P., Pull, C.B., Von Frenckell, R., Pull, M.C. (1981). Une analyse factorielle de l'échelle d'appréciation de l'anxiété de Hamilton. *Psychiatria Fennica*, 183–189.

Von Frankell, R. (1980). Reparamétrisation et analyse de l'échelle d'anxiété de M. Hamilton. *Psychologie Médicale, 12*, 2769–2772.

Questionnaire sur l'inquiétude et l'anxiété

Dugas, M.J., Freeston, M.H., Provencher, M.D., et al. (2001). Le questionnaire sur l'inquiétude et l'anxiété : validation dans des échantillons non cliniques et cliniques. *Journal de Thérapie Comportementale et Cognitive, 11*, 31–36.

Questionnaire sur les inquiétudes du Penn State ***(Penn State Worry Questionnaire)***

Brillon, P. (2001). *Instruments d'évaluation des troubles anxieux : caractéristiques et usage.* Montréal : Les Presses de l'Hôpital du Sacré Cœur de Montréal.

Brown, T.A. (2003). Confirmatory factor analysis of the Penn State Worry Questionnaire : multiple factors or method effects ? *Behaviour Research and Therapy, 41*, 1411–1426.

Brown, T.A., Antony, M.M., Barlow, D.H. (1991). Psychometric prosperties of the Penn State Worry Questionnaire in a clinical anxiety disorders sample. *Behaviour Research and Therapy, 30*, 33–37.

Carter, M.M., Sbrocco, T., Miller, O., et al. (2005). Factor structure, reliability, and validity of the Penn State worry questionnaire : differences between African-American and White-American college students. *Journal of Anxiety Disorders, 19*, 827–843.

Davey, G.C.L. (1993). A comparison of three worry questionnaires. *Behaviour Research and Therapy, 31*, 51–56.

Dugas, M., Freeston, M.H., Ladouceur, R. (1997). Intolerance of uncertainty and problem solving orientation in worry. *Cognitive Therapy and Research, 21*, 593–606.

Freeston, M.H., Ladouceur, R., Rheaume, J., et al. (1994). Self report of obsessions and worry. *Behaviour Research and Therapy, 32*, 26–36.

Fresco, D.M., Heimberg, R.G., Mennin, D.S., Turk, C.L. (2002). Confirmatory factor of the Penn State Questionnaire. *Behaviour Research and Therapy, 40*, 313–323.

Fresco, D.M., Mennin, D.S., Heimberg, R.G., et al. (2003). Using the Penn State worry questionnaire to identify individuals with generalized anxiety disorder : a receiver operating characteristic analysis. *Journal of Behavior Therapy and Experimental Psychiatry, 34*, 283–291.

Gana, K., Martin, B., Canouet, M.D., et al. (2002). Factorial structure of a French version of the Penn State worry questionnaire. *European Journal of Psychological Assessment, 18*, 158–164.

Gosselin, P., Dugas, M., Ladouceur, R. (2001). Évaluation des inquiétudes : validation d'une traduction française du Penn State Worry Questionnaire. *Encéphale, XXVI*, 475–484.

Ladouceur, R., Dugas, M.J., Freeston, M.H., et al. (1999). Specificity of generalized anxiety disorder symptoms and processes. *Behavior Therapy, 30*, 191–207.

Ladouceur, R., Freeston, M.H., Dumond, J., et al. (1992). The Penn State Worry Questionnaire : psychometric prosperties of a French translation. *Paper presented at the Annual Convention of the Canadian Psychological Association*, Quebec City Canada, June 1992.

Meyer, T.J., Miller, M.L., Metzger, R.L., Borkovec, T.D. (1990). Development and validation of the Penn State worry questionnaire. *Behaviour Research and Therapy, 28*, 487–495.

Molina, S., Borkovec, T.D. (1994). The Penn State Worry Questionnaire : psychometric properties and associated characteristics. In G.C.L., Davey, F., Tallis (eds.), *Worrying : perspectives on theory, assessment and treatment* (pp. 265–283). Chichester, John Wiley and Sons, Ltd.

Pallesen, S., Nordhus, I.H., Carlstedt, B., et al. (2006). A Norwegian adaptation of the Penn State worry questionnaire : factor structure, reliability, validity and norms. *Scandinavian Journal of Psychology, 47*, 281–291.

Stober, J. (1998). Reliability and validity of two widely-used worry questionnaires : self-report and self-peer convergence. *Personality and Individual Differences, 24*, 887–890.

Questionnaire des domaines d'inquiétude

Davey, G.C.L. (1993). A comparison of three worry questionnaires. *Behaviour Research and Therapy, 31*, 51–56.

Dugas, M.J., Letarte, H., Rhéaume, J., et al. (1995). Worry and problem solving : evidence of a specific relationship. *Cognitive Therapy and Research, 19*, 109–120.

Joormann, J., Stober, J. (1997). Measuring facets of worry : a Lisrel analysis of the worry domains questionnaire. *Personality and Individual Differences, 5*, 827–837.

Ladouceur, R., Blais, F., Freeston, M.H., Dugas, M.J. (1998). Problem solving and problem orientation in generalized anxiety disorders. *Journal of Anxiety Disorders, 12*, 139–152.

Ladouceur, R., Dugas, M.J., Freeston, M.H., et al. (1999). Specificity of generalized anxiety disorder symptoms and processes. *Behavior Therapy, 30*, 191–207.

Stober, J. (1998). Reliability and validity of two widely-used worry questionnaires : self-report and self-peer convergence. *Personality and Individual Differences, 24*, 887–890.

Stober, J., Joormann, J. (2001a). Worry, procrastination and perfectionism : differentiating amount of worry, pathological worry, anxiety and depression. *Cognitive Therapy and Research, 25*, 49–60.

Stober, J., Joormann, J. (2001b). A short-form of the Worry Domains Questionnaire : construction and factorial validation. *Personality and Individual Differences, 31*, 591–598.

Tallis, F., Eysenck, M., Mathews, A. (1992). A questionnaire for the measurement of nonpathological worry. *Personality and Individual Differences, 13*, 162–168.

Inventaire d'anxiété état-trait *(State Trait Anxiety Inventory)*

Spielberger, C.D. (1993). *Inventaire d'anxiété état-trait forme Y*. Paris : Éditions du Centre de psychologie appliquée.

Inventaire d'anxiété de Beck

Beck, A.T., Epstein, N., Brown, G., Steer, R.A. (1988). An inventory for measuring clinical anxiety : psychometric properties. *Journal of Consulting and Clinical Psychology, 56*, 893–897.

Beck, A.T., Steer, R.A. (1991). Relationship between the Beck Anxiety Inventory and the Hamilton Anxiety Rating Scale with anxious outpatients. *Journal of Anxiety Disorders, 5*, 213–223.

Borden, J.W., Peterson, D., Jackson, E.A. (1991). The Beck Inventory in nonclinical samples : initial psychometric properties. *Journal of Psychopathology and Behavioral Assessment, 13*, 345–356.

Creamer, M., Foran, J., Bell, R. (1995). The Beck Inventory in a non-clinical sample. *Behaviour Research and Therapy, 33*, 477–485.

Enns, M.W., Cox, B.J., Parker, J.D.A., Guertin, J.E. (1998). Confirmatory factor analysis of the Beck Anxiety and Depression Inventories in patients with major depression. *Journal of Affective Disorders, 47*, 195–200.

Freeston, M.H., Ladouceur, R., Thibodeau, N., et al. (1994). L'inventaire d'anxiété de Beck : propriétés psychométriques d'une traduction française. *Encéphale, XX*, 47–55.

Fydrich, T., Dowdall, D., Chambless, D.L. (1992). Reliability and validity of the Beck Anxiety Inventory. *Journal of Anxiety Disorders, 6*, 55–61.

Leyfer, O.T., Ruberg, J.L., Woodruff-Borden, J. (2006). Examination of the utility of the Beck Anxiety Inventory and its factors as a screener for anxiety disorders. *Journal of Anxiety Disorders, 20*, 444–458.

Shear, M.K., Feske, U., Brown, C., et al. (2000). Anxiety disorders measures. In *Handbook of psychiatric mesures* (pp. 549–589). American Psychiatric Association, Washington.

Steer, R.A., Raniery, W.F., Beck, A.T., Clark, D.A. (1993). Further evidence for the validity of the Beck Anxiety Inventory with psychiatric out patients. *Journal of Anxiety Disorders, 7*, 195–205.

Chapitre 9
Phobie sociale et compétence sociale

Dans le domaine de la phobie sociale, l'échelle d'affirmation de soi de Rathus que nous avions présentée dans les premières éditions de cet ouvrage n'est plus guère utilisée dans la littérature internationale. La première raison de cet abandon est que la transformation de la cotation donnée par Rathus n'est pas homogène dans la littérature ; or, cette diversité de la transformation de la cotation initiale rend impossible la comparaison des différentes études psychométriques réalisées. La seconde raison est que certains items ne permettent pas la différence entre agressivité et affirmation de soi. Nous présentons à sa place l'échelle de phobie sociale de Liebowitz qui est devenue le standard du domaine au niveau international. L'intérêt du questionnaire des conduites interpersonnelles est de donner une information sur quatre dimensions de l'affirmation de soi (expression d'une limitation personnelle par exemple), mais son inconvénient est d'être trop long à remplir (pour certains thérapeutes). Enfin, le test d'auto-évaluation des pensées en interaction sociale (TAPIS) met l'accent sur les pensées inhibitrices ou facilitatrices dans l'interaction sociale.

- Questionnaire des peurs (Marks et Mathews) : *dépistage et évaluation du traitement* (voir chapitre 7, « Agoraphobie et attaques de panique »).
- Échelle d'évaluation des phobies, attaques de panique et anxiété généralisée (Cottraux) : *objectifs thérapeutiques* (voir chapitre 7, « Agoraphobie et attaques de panique »).
- Test comportemental d'évitement (Marks) : *capacité du sujet à affronter les situations redoutées* (voir chapitre 7, « Agoraphobie et attaques de panique »).

1. Échelle de phobie sociale (Liebowitz) : évaluation globale de la phobie sociale par le clinicien, *outil standard de la phobie sociale.*
2. Questionnaire des conduites interpersonnelles (Arrindell) : *évaluation multidimensionnelle de l'affirmation de soi et aide à la planification du traitement.*

3. TAPIS : test d'auto-évaluation des pensées en interaction sociale (Glass) : *pensées positives ou inhibitrices en interaction sociale.*

Notice d'information

1. Échelle de phobie sociale de Liebowitz (*Liebowitz Social Anxiety Scale*)[1]

Applications

L'échelle de phobie sociale a pour objectif d'évaluer la phobie sociale selon deux dimensions théoriques, des situations de performance et des situations d'interaction sociale en demandant au sujet de coter l'angoisse puis l'évitement de chacune des situations. Autrement dit, cette échelle permet d'évaluer la peur et l'évitement des interactions sociales et des situations de performance. Actuellement, c'est l'instrument le plus utilisé dans les études de psychopharmacologie et les études contrôlées.

Plusieurs versions ont été réalisées. La plus ancienne comportait 12 items de performance et 12 items d'interaction sociale. Dans la version actuelle, l'item 21 est devenu un item de performance, ce qui porte à 13 le nombre d'items de performance et à 11 celui des interactions sociales.

Mode de passation

L'intérêt de l'échelle de phobie sociale est qu'elle est remplie par un évaluateur. Des consignes précises et un entraînement pour l'entretien ne sont pas nécessaires d'après l'auteur. Le clinicien cote les items de performance et les items d'interaction sociale selon une échelle d'anxiété et une échelle d'évitement en fonction des réponses du sujet. Des précisions peuvent être demandées pour chaque item.

Cotation

L'anxiété et l'évitement du sujet dans chaque situation sont évalués séparément sur deux échelles de cotation. Pour l'anxiété, l'échelle est de 0 (aucune) à 3 (sévère), alors que pour l'évitement, elle est de 0 (jamais, 0 %) à 3 (habituel, 67-100 %).

Plusieurs scores sont possibles. Le plus utilisé est le score total qui totalise les notes de l'échelle d'anxiété et les notes de l'échelle d'évitement des 24 items (étendue de 0 à 144).

D'autres scores peuvent être considérés : le score de performance et le score d'interaction sociale. Le score de l'échelle de performance

1. Liebowitz M.R. (1987), traduction : Lepine J.P., Cardot H. ; adaptation : Bouvard M.

(13 items) totalise les notes obtenues à l'évitement et à l'anxiété pour les items de performance. Les items de performance sont les suivants : 1, 2, 3, 4, 6, 8, 9, 13, 14, 16, 17, 20 et 21. Le score de l'échelle d'interaction sociale (11 items) totalise les notes obtenues à l'évitement et à l'anxiété pour les items d'interaction sociale.

Il est également possible d'obtenir des scores séparés d'anxiété et d'évitement pour les items de performance, ainsi que pour les items d'interaction sociale. Autrement dit, ces quatre sous-scores sont : l'anxiété et l'évitement des performances, l'anxiété sociale et l'évitement social.

Études de validation

Elles sont peu nombreuses et ont été réalisées essentiellement sur des patients phobiques sociaux (Heimberg et al., 1999 ; Safren et al., 1999). La première version (12 items de performance et 12 items d'interaction) a été étudiée sur des sujets français, des sujets phobiques sociaux et des sujets contrôles (Yao et al., 1999).

Le coefficient de consistance interne de la version anglaise pour le score total est égal à 0,96. Il varie entre 0,81 et 0,96 pour chacune des sous-échelles citées précédemment (Heimberg et al., 1999). La validité convergente avec d'autres mesures de l'anxiété sociale montre un fort degré de convergence. La corrélation est à 0,73 avec le questionnaire *Social Interaction Anxiety Scale*, une mesure de l'anxiété en situation sociale. Elle est égale à 0,61 avec le *Social Phobia Scale*, une mesure d'anxiété lors de l'observation par les autres, et à 0,63 avec l'échelle de phobie sociale du questionnaire des peurs (Heimberg et al., 1999). La validité discriminante a été étudiée avec deux mesures de dépression et une échelle d'anxiété. Elle est égale à 0,52 avec l'échelle de dépression d'Hamilton et à 0,48 avec l'échelle d'anxiété d'Hamilton. Elle est égale à 0,39 avec l'inventaire de dépression de Beck. Ces corrélations ont été obtenues chez des groupes de sujets phobiques sociaux avant traitement, ce qui pourrait expliquer les résultats obtenus (Heimberg et al., 1999). Quelques preuves sont en faveur de la validité discriminante des échelles d'interaction sociale et de performance. Les deux échelles de performance sont plus corrélées avec le questionnaire *Social Phobia Scale* qu'avec le questionnaire *Social Interaction Anxiety Scale*, alors que c'est l'inverse pour les échelles d'interaction sociale (Heimberg et al., 1999). La structure factorielle de l'échelle calculée sur 382 sujets phobiques sociaux au moyen d'une méthode factorielle de confirmation retient quatre facteurs sur chacune des échelles d'évitement et d'anxiété : l'interaction sociale (items 5, 7, 10, 11, 12, 18, 19 et 21), le fait de parler en public (items 2, 6, 15, 16 et 20), être observé par les autres (items 1, 9, 13 et 17) et manger et boire en public (items 3 et 4) (Safren et al., 1999). Quelques items ayant des saturations dans plusieurs facteurs ont été écartés. Enfin, la sensibilité au changement est satisfaisante dans deux études (Heimberg et al., 1999 ; Levin et al. 2002).

L'étude de la version française montre que l'échelle de phobie sociale de Liebowitz différencie bien des sujets phobiques sociaux de sujets contrôles, que ce soit pour le score d'anxiété ou pour le score d'évitement (Yao et al., 1999). L'échelle d'anxiété corrèle à 0,80 avec l'échelle d'évitement. Elle est corrélée significativement avec l'échelle de phobie sociale du questionnaire des peurs (r = 0,67) et avec les pensées négatives du TAPIS (r = 0,58). La corrélation avec les pensées positives du TAPIS est non significative (r = –0,22), de même qu'avec l'inventaire de dépression de Beck (r = 0,20) ou l'échelle de dépression-anxiété du questionnaire des peurs (r = 0,33). L'échelle d'évitement reproduit ces résultats. La version française est également sensible au changement (Yao et al., 1999).

Une étude récente sur des sujets phobiques sociaux (n = 175) s'est intéressée à une version questionnaire de l'échelle de phobie sociale de Liebowitz (Baker et al., 2002). Il apparaît que les deux versions (échelle remplie par le clinicien ou par le patient) sont fortement corrélées (de 0,78 à 0,85 en fonction des différentes échelles). La version questionnaire possède une bonne stabilité temporelle (fidélité test-retest égale à 0,83 sur 12 semaines). Le total a une consistance élevée (0,95) ; cette dernière varie de 0,79 à 0,92 en fonction des échelles. Les résultats de la validité convergente et discriminante sont comparables à ceux trouvés avec la version remplie par le clinicien, les résultats de la sensibilité au changement également. La structure factorielle à quatre facteurs n'est pas totalement satisfaisante (méthode factorielle de confirmation), et une solution à cinq facteurs est proposée par les auteurs (méthode exploratoire). Une seconde étude de confirmation sur des consultants d'une unité hospitalière (Oakman et al., 2003) retient une solution à quatre facteurs. : interaction sociale (items 5, 7, 10, 11, 12, 14, 18, 19, 21, 22, 23 et 24), parler en public (items 2, 6, 15, 16 et 20) ; manger et boire (items 3 et 4), observation (items 1, 8, 9, 13 et 17). Cette solution est presque comparable à celle trouvée par Safren et al. (1999)

Normes

Dans la mesure où les dimensions sont encore en discussion, nous ne donnerons que le résultat du score total de l'échelle.

Version anglaise

Sujets phobiques sociaux (n = 382) : 67,2 (27,5) (Heimberg et al., 1999).

- phobie sociale modérée : 56-65 ;

- phobie sociale marquée : 65-80 ;
- phobie sociale sévère : 80-95 ;
- phobie sociale très sévère : plus de 95 (d'après Liebowitz, 1987).

Pour la version échelle d'évaluation comme pour la version questionnaire, une note de 30 permet de différencier des sujets contrôles de sujets phobiques sociaux ; une note de 60 permet de différencier des sujets ayant une phobie sociale généralisée de sujets ayant une phobie sociale non généralisée (Mennin et al., 2002 ; Rytwinski et al., 2009).

Conclusion

L'échelle de phobie sociale représente une alternative intéressante aux questionnaires de phobie sociale. Les qualités psychométriques de l'échelle sont cependant à vérifier, notamment la fidélité inter-juges et la fidélité test-retest, ou à poursuivre (validité de construit). La version questionnaire de l'échelle de Liebowitz semble avoir des propriétés semblables à la version échelle d'évaluation.

La version que nous présentons est celle de J.-P. Lepine, légèrement modifiée, pour donner une version francophone.

2. Questionnaire des conduites interpersonnelles (*Scale for Interpersonal Behavior*)[2]

Applications

Le questionnaire des conduites interpersonnelles (QCI) s'adresse aux sujets phobiques sociaux. Il fournit deux types d'information : la probabilité du sujet à s'engager dans une réponse assertive (performance) et le degré de gêne lorsque le sujet réalise la situation décrite (gêne). Chaque score global se subdivise en quatre dimensions qui peuvent mettre en évidence un déficit spécifique du sujet.

Mode de passation

Le sujet évalue chaque item sur deux échelles de 5 points, l'une pour la gêne (« êtes-vous tendu(e) ? », de pas du tout à énormément), l'autre pour la probabilité qu'il réalise la situation décrite (« le faites-vous ? », de jamais à toujours).

Cotation

Le score global de l'échelle de gêne est la somme des notes obtenues à chaque item (de 1 = pas du tout à 5 = énormément). Le score global de l'échelle de performance est la somme des notes obtenues à chaque item (de 1 = jamais à 5 = toujours). Les quatre sous-scores sont :

2. Arrindell W.A. (1984), traduction : Boisvert J.M.

- I=exposer des sentiments négatifs et défense de ses droits : 2, 7, 9, 10, 15, 22, 25, 28, 31, 33, 34, 39, 41, 48 et 50 (15 items) ;
- II=expression d'une limitation personnelle : 4, 11, 12, 13, 17, 18, 23, 30, 36, 40, 42, 46, 47 et 49 (14 items) ;
- III=initiative de l'assertivité : somme des items 1, 3, 5, 26, 27, 32, 38, 44 et 45 (9 items) ;
- IV=donner et recevoir des compliments : 6, 8, 16, 19, 21, 24, 37 et 43 (8 items).

Quatre items (n° 14, 20, 29 et 35) n'appartiennent à aucune de ces dimensions mais entrent dans le calcul des scores totaux. Plus le score de gêne est haut, plus le sujet sera invalidé. Plus le score de performance est haut, moins le sujet sera invalidé.

Études de validation

Elles ont été réalisées sur des populations contrôles (Arrindell et al., 1985, 1990a, 1999 ; Bridges et al., 1991) et des populations cliniques (Arrindell et al., 1985, 1988 ; Mersch et al., 1989). La version française a été étudiée sur 166 sujets ayant des troubles de l'assertivité et 150 sujets contrôles comparables pour l'âge, le sexe et le niveau d'étude (Bouvard et al., 1999). Les sujets cliniques se subdivisent en sujets phobiques sociaux (n=115) et sujets présentant un trouble de la personnalité évitante (n=51). La consistance interne de l'échelle de gêne et de l'échelle de performance a été étudiée sur des populations contrôles et des sujets anxieux sur les différentes versions. Pour le score total de l'échelle de gêne et les quatre sous-échelles, elle varie de 0,80 à 0,97. Pour le score total de l'échelle de performance et les quatre sous-échelles, elle varie de 0,68 à 0,93 (Arrindell et al., 1985, 1988 ; Bridges et al., 1991 ; Bouvard et al., 1999). La fidélité test-retest (20 à 40 jours) est meilleure pour l'échelle de gêne que pour l'échelle de performance, mais les valeurs restent satisfaisantes quelle que soit la version. La validité de critère montre que les deux échelles différencient bien les sujets phobiques sociaux des sujets normaux, quelle que soit la version (Arrindell et al., 1985 ; Bouvard et al., 1999). Seule l'échelle de gêne différencie les sujets phobiques sociaux de consultants psychiatriques (Arrindell et al., 1985). Cependant, dans la version française, les deux scores totaux et toutes les sous-échelles, sauf une (sous-échelle IV dans les deux dimensions), différencient les sujets phobiques sociaux des sujets présentant une personnalité évitante, ces derniers ayant des scores plus pathologiques comparés aux sujets phobiques sociaux (Bouvard et al., 1999). Les validités convergente et discriminante ont été bien établies par Arrindell. Le QCI corrèle avec l'échelle de phobie sociale du questionnaire des peurs, avec le *Wolpe Lazarus Assertiveness Scale* (Arrindell et al., 1990b). Il n'est pas corrélé à l'agressivité ou aux peurs non sociales du questionnaire des peurs (agoraphobie et phobie du sang). L'échelle de gêne est plus corrélée à l'échelle de conscience de soi publique de Fenigstein qu'à l'échelle de conscience de soi privée ; elle est corrélée négativement à une haute estime de soi. L'échelle de performance n'est corrélée avec aucune de ces trois échelles. De la même manière, l'échelle de gêne est plus corrélée à l'anxiété et à la dépression que l'échelle de performance. La version française retrouve ces résultats en ce qui concerne le questionnaire des peurs, l'estime de soi et la dépression. L'analyse factorielle a été réalisée sur des groupes différents de sujets hollandais (119 sujets agoraphobes, 253 sujets psychiatriques, 412 étudiants, 250 sujets contrôles, 556 sujets travaillant dans des bureaux). La structure factorielle est globalement comparable, donc stable à travers les groupes (Arrindell et al., 1985, 1999). Cette structure factorielle a été retrouvée dans la version anglaise à partir d'un vaste groupe (n = 2 375) d'étudiants (Arrindell et al., 2001). L'étude de la version anglaise (Arrindell et al., 2001) montre que les scores aux différentes échelles du QCI ne sont pas très fortement influencés par l'âge, le genre et la race ethnique. Les étudiants américains ne se différencient pas des étudiants hollandais sur les échelles de performance ; en revanche, ils ont un score plus élevé sur les échelles de gêne. La corrélation du total de l'échelle de gêne est négative (–0,53) avec le total de l'échelle de performance, comme attendu (Arrindell et al., 1988). La sensibilité au traitement a été montrée pour la version hollandaise et française (Bouvard et al., 1999 ; Mersch et al., 1989).

Normes

Version hollandaise (Arrindell et al., 1984, 1987)

Sujets normaux : moyenne (écart type)

Échelle de gêne				
Total	Sous-total I	Sous-total II	Sous-total III	Sous-total IV
98,55 (25,10)	33,64 (9,14)	24,29 (7,19)	18,49 (6,02)	15,46 (5,02)
Échelle de performance				
Total	Sous-total I	Sous-total II	Sous-total III	Sous-total IV
152,81 (23,21)	41,22 (7,71)	49,11 (7,93)	28,13 (5,31)	21,96 (5,37)

Sujets phobiques sociaux

Échelle de gêne				
Total	Sous-total I	Sous-total II	Sous-total III	Sous-total IV
143,23 (30,97)	46,10 (10,98)	33,50 (9,25)	29,66 (6,80)	23,06 (6,35)
Échelle de performance				
Total	**Sous-total I**	**Sous-total II**	**Sous-total III**	**Sous-total IV**
138,34 (21,90)	37,94 (7,43)	46,01 (6,73)	23,11 (5,11)	20,33 (5,60)

Version française (Bouvard et al., 1999)

Sujets normaux : moyenne (écart type)

Échelle de gêne				
Total	Sous-total I	Sous-total II	Sous-total III	Sous-total IV
104,05 (31,83)	34,85 (11,11)	26,59 (8,91)	18,87 (6,78)	16,47 (6,16)
Échelle de performance				
Total	**Sous-total I**	**Sous-total II**	**Sous-total III**	**Sous-total IV**
155,22 (22,37)	42,09 (7,99)	49,37 (7,28)	28,58 (5,48)	23,15 (4,65)

Sujets phobiques sociaux (n = 115)

Échelle de gêne				
Total	Sous-total I	Sous-total II	Sous-total III	Sous-total IV
153,51 (32,49)	58,18 (10,45)	37,16 (9,45)	30,06 (6,75)	24,11 (7,02)
Échelle de performance				
Total	**Sous-total I**	**Sous-total II**	**Sous-total III**	**Sous-total IV**
135,88 (22,35)	36,01 (7,86)	45,39 (7,36)	23,77 (5,38)	20,45 (4,39)

Conclusion

Cet instrument est multidimensionnel. Il permet au thérapeute de repérer les déficits spécifiques du patient. La structure factorielle apparaît stable et justifie le calcul des quatre dimensions. L'échelle de gêne semble plus spécifique aux sujets phobiques sociaux.

3. TAPIS : test d'auto-évaluation des pensées en interaction sociale (*Social Interaction Self Statement Test*)[3]

Applications

Ce questionnaire est destiné à évaluer la fréquence des pensées facilitatrices (pensées positives) ou inhibitrices (pensées négatives) dans le contexte des relations hétérosociales.

Mode de passation

Les consignes initiales de l'auteur étaient de réaliser un jeu de rôle d'interaction sociale avec une personne du sexe opposé et de faire remplir le questionnaire ensuite. Dodge et al. (1988) puis Heimberg (1994) ont modifié cette consigne. Ils demandent au sujet de répondre au questionnaire en référence à des situations récentes, vécues dans sa vie quotidienne. Pour chaque énoncé, le sujet indique la fréquence à laquelle est survenue chaque pensée.

Cotation

La cotation s'effectue par le biais d'une échelle de 5 points (de 1 = je n'ai presque jamais eu cette pensée à 5 = j'ai très souvent cette pensée). Le questionnaire comprend deux scores :

- les pensées positives : additionner les items 2, 4, 6, 9, 10, 12, 13, 14, 17, 18, 24, 25, 27, 28 et 30 ;
- les pensées négatives : additionner les 15 autres items (étendue de 15 à 75).

Études de validation

Elles ont été réalisées soit sur des populations étudiantes (Zweig et Brown, 1985 ; Glass et al., 1982), soit sur des populations phobiques sociales (Beidel et al., 1985 ; Dodge et al., 1988). La version française a été étudiée sur un groupe de sujets phobiques sociaux (n = 95) et un groupe de sujets contrôles composé d'étudiants et de personnel médical (n = 87) (Yao et al., 1998). Les deux échelles, positive et négative, possèdent une consistance interne satisfaisante, quelle que soit la version. Toutes les études recensées (Glass et al., 1982 ; Beidel et al., 1985 ; Zweig et Brown, 1985 ; Dodge et al., 1988 ; Yao et al., 1998) ont montré que les sujets anxieux sociaux ont peu de verbalisations positives et beaucoup de verbalisations négatives par rapport aux sujets non anxieux. Seule l'échelle négative différencie deux types de sujets

3. Glass et al.C.R. (1982), traduction : Cottraux J.

phobiques sociaux : les sujets ayant peur de l'interaction sociale ont de plus hauts scores que les sujets ayant peur de parler en public (Dodge et al., 1988). Dans l'étude française (Yao et al., 1998), les femmes rapportent plus de pensées (négatives et positives) que les hommes. Cependant, lorsqu'on compare les hommes et les femmes dans chacun des groupes, on s'aperçoit que seule l'échelle négative différencie le genre et seulement dans le groupe de sujets phobiques sociaux. Il semblerait que la dépression joue un rôle dans l'expression des pensées négatives aussi bien chez les étudiants que chez les patients phobiques sociaux. Plus la pensée négative est fréquente, plus elle est associée à l'état dépressif (Bruch et al., 1993). La corrélation entre les deux échelles du TAPIS est négative et va de –0,47 (Glass et al., 1982) à –0,67 (Dodge et al., 1988). En ce qui concerne la validité convergente, les autoverbalisations sont significativement corrélées aux jugements des partenaires et de juges sur les performances lors d'un jeu de rôle d'interaction (Glass et al., 1982). L'échelle négative corrèle modérément avec l'anxiété, la peur de l'évaluation négative de Watson et la conscience de soi publique de Fenigstein (Dodge et al., 1988 ; Glass et Furlong, 1990). L'échelle positive montre des corrélations plus faibles, voire non significatives, avec les questionnaires que nous venons de citer. La version française retrouve ces résultats, à savoir que l'échelle négative présente de meilleures corrélations avec la phobie sociale, l'anxiété, voire la dépression que l'échelle positive (Yao et al., 1998). Ainsi, l'échelle négative corrèle avec l'évitement (0,63) et l'anxiété (0,63) de l'échelle de phobie sociale de Liebowitz. Elle corrèle à 0,68 avec l'échelle de phobie sociale du questionnaire des peurs et à 0,34 avec la version abrégée de l'inventaire de dépression de Beck. La corrélation la plus élevée de l'échelle positive est avec la version abrégée de l'inventaire de dépression de Beck ($r = -0,33$).

La validité discriminante a été peu étudiée. La version anglaise du TAPIS apparaît sensible au changement thérapeutique dans les phobies sociales (Heimberg, 1994) et ce quel que soit le type de traitement (Chambless et Hope, 1996). Dans la version française, seule l'échelle négative du TAPIS apparaît sensible au changement thérapeutique.

Normes

Fourchette des moyennes (écarts types)

Version anglaise

Étudiants peu anxieux :

- TAPIS positif de 46,1 (8,4) à 54,95 (7,05) ;
- TAPIS négatif de 33,32 (8,27) à 41,5 (9,0) (Glass et al., 1982 ; Zweig et Brown, 1985).

Sujets phobiques sociaux :
- TAPIS positif : 36,21 (11,44) ;
- TAPIS négatif : 54,75 (12,68) (Dodge et al., 1988).

Version française (Yao et al., 1998)
Sujets phobiques sociaux (n=95) :
- TAPIS positif : 35,62 (7,69) ;
- TAPIS négatif : 55, 15 (9,15).

Sujets contrôles (n=87) :
- TAPIS positif : 48,31 (8,63) ;
- TAPIS négatif : 30,54 (8,72) (Yao et al., 1998).

Conclusion

Les conditions d'application du TAPIS doivent être signalées. En effet, d'après Glass et Arnkoff (1994), le TAPIS a été développé pour les pensées après une situation d'interaction. Les résultats pourraient changer suivant les consignes (vie réelle, jeu de rôle ou situation imaginée). Il semblerait que l'échelle négative soit mieux prédictive de l'anxiété sociale que l'échelle positive. Il reste à établir la fidélité test-retest du questionnaire.

Nous présentons la traduction de J. Cottraux, mais une traduction québécoise est également disponible (J.-M. Boisvert).

Présentation des outils d'évaluation

1. Échelle de phobie sociale de Liebowitz

Nom :.. Date :.......................................

	Anxiété	**Évitement**
	0. Aucune 1. Légère 2. Moyenne 3. Sévère	0. Jamais 1. Occasionnel (0-33 %) 2. Fréquent (33-66 %) 3. Habituel (67-100 %)
1. Téléphoner en public.		
2. Participer au sein d'un petit groupe.		
3. Manger dans un lieu public.		
4. Boire en compagnie dans un lieu public.		
5. Parler à des gens qui détiennent une autorité.		

	Anxiété	Évitement
6. Jouer ou donner une représentation ou une conférence.		
7. Aller à une soirée.		
8. Travailler en étant observé.		
9. Écrire en étant observé.		
10. Contacter par téléphone quelqu'un que vous ne connaissez pas très bien.		
11. Parler à des gens que vous ne connaissez pas très bien.		
12. Rencontrer des inconnus.		
13. Uriner dans les toilettes publiques.		
14. Entrer dans une pièce alors que tout le monde est déjà assis.		
15. Être le centre d'attention.		
16. Prendre la parole à une réunion.		
17. Passer un examen.		
18. Exprimer votre désaccord ou votre désapprobation à des gens que vous ne connaissez pas très bien.		
19. Regarder dans les yeux des gens que vous ne connaissez pas très bien.		
20. Faire un compte rendu à un groupe.		
21. Essayer de « draguer » quelqu'un (rencontrer quelqu'un dans le but d'avoir une relation amoureuse).		

	Anxiété	Évitement
22. Rapporter des marchandises dans un magasin.		
23. Donner une soirée.		
24. Résister aux pressions d'un vendeur insistant.		
TOTAL		

2. Questionnaire des conduites interpersonnelles[4]

Nom :...................................... Date :..

Indiquer à quel degré les propositions suivantes sont caractéristiques ou descriptives de votre comportement en inscrivant un chiffre dans la colonne de gauche et dans celle de droite pour chaque proposition.

ÊTES-VOUS TENDU(E) ?		LE FAITES-VOUS ?
1. Pas Du Tout **2.** Un Peu **3.** Moyennement **4.** Beaucoup **5.** Énormément		**1.** Jamais **2.** Rarement **3.** Parfois **4.** D'habitude **5.** Toujours
....	1. Commencer une conversation avec un(e) étranger(ère).	....
....	2. Dire à quelqu'un qui vous interrompt que vous trouvez cela désagréable.	....
....	3. Parler à un groupe de personnes d'une expérience que vous avez vécue.	....
....	4. Demander à quelqu'un de vous expliquer quelque chose que vous n'avez pas compris.	....

4. Publié avec la permission de l'éditeur. L'utilisation de ce questionnaire pour la recherche ou dans des buts diagnostics sans la permission écrite de l'éditeur ou de l'auteur est interdite. Veuillez adresser vos demandes à : Swets & Zeitlinger B.V., Heereweg 347, 2161 CA Lisse, The Netherlands.

ÊTES-VOUS TENDU(E) ?		LE FAITES-VOUS ?
....	5. Donner une opinion différente de celle de la personne avec qui vous parlez.	....
....	6. Recevoir un compliment sur votre apparence personnelle.	....
....	7. Dire à un(e) ami(e) ou à une connaissance qu'il (elle) a fait quelque chose qui vous ennuie.	....
....	8. Dire à quelqu'un que vous l'aimez.	....
....	9. Dire « non » à une demande d'un supérieur hiérarchique.	....
....	10. Demander à des gens de tenir compte du fait que vous avez peur de quelque chose.	....
....	11. Maintenir votre opinion devant un(e) ami(e) qui n'est pas d'accord avec vous.	....
....	12. Admettre que vous avez tort.	....
....	13. Regarder la personne avec qui vous parlez.	....
....	14. Inviter une connaissance à vous accompagner à un événement social (par exemple une soirée, un apéritif).	....
....	15. Dire à quelqu'un que vous pensez qu'il (elle) a été injuste envers vous.	....
....	16. Dire à quelqu'un que vous l'appréciez.	....
....	17. Refusez une consommation, en particulier si on vous l'offre à plusieurs reprises.	....

ÊTES-VOUS TENDU(E) ?		LE FAITES-VOUS ?
....	18. Dire à une personne qui vous a fait une critique vraie qu'elle a raison.	....
....	19. Accepter un compliment à propos de quelque chose que vous avez fait.	....
....	20. Accepter l'invitation de quelqu'un à l'accompagner à un événement social.	....
....	21. Commencer une conversation avec un homme ou une femme que vous trouvez attrayant(e).	....
....	22. Dire « non » à une demande d'une personne que vous aimez.	....
....	23. Discuter une critique de quelqu'un à propos de quelque chose que vous avez fait.	....
....	24. Dire que vous êtes heureux(se) de vous être fait dire qu'on vous aime.	....
....	25. Demander à une connaissance de vous aider dans un travail.	....
....	26. Exprimer votre opinion au cours d'une conversation avec des étrangers(ères).	....
....	27. Vous joindre à la conversation d'un groupe de personnes.	....
....	28. Demander à des gens de vous remettre ce qu'ils vous ont emprunté.	....

ÊTES-VOUS TENDU(E) ?		LE FAITES-VOUS ?
....	29. Inviter une connaissance à aller prendre un verre.	....
....	30. Accepter l'offre de quelqu'un qui veut vous aider.	....
....	31. Refuser de donner de l'argent à quelqu'un qui fait une collecte.	....
....	32. Maintenir votre opinion face à une personne qui a une opinion très ferme.	....
....	33. Demander à une personne d'arrêter de faire une chose qui vous dérange (par exemple dans un restaurant ou un cinéma).	....
....	34. Protester quand quelqu'un passe devant vous dans une file d'attente.	....
....	35. Donner votre opinion à quelqu'un qui en connaît plus que vous sur le sujet.	....
....	36. Demander à quelqu'un si vous l'avez blessé.	....
....	37. Dire que vous aimez que des gens expriment qu'ils vous apprécient.	....
....	38. Donner votre opinion à un supérieur hiérarchique.	....
....	39. Refuser des marchandises ou des services insatisfaisants (par exemple, dans un magasin ou dans un restaurant).	....

ÊTES-VOUS TENDU(E) ?		LE FAITES-VOUS ?
....	40. Dire à une personne à quel point vous êtes heureux (se) de ce qu'elle a fait pour vous.	....
....	41. Discuter avec des gens de votre impression qu'ils essaient de vous éviter.	....
....	42. Dire que vous êtes désolé(e) alors que vous avez fait une erreur.	....
....	43. Dire à quelqu'un que vous êtes très satisfait(e) de quelque chose que vous avez fait.	....
....	44. Expliquer votre philosophie de la vie.	....
....	45. Vous présenter à quelqu'un pour faire connaissance.	....
....	46. Demander à quelqu'un de vous indiquer la bonne direction.	....
....	47. Demander à quelqu'un de critiquer quelque chose que vous avez fait.	....
....	48. Refuser de prêter quelque chose à un proche.	....
....	49. Admettre que vous connaissez peu de choses sur un sujet en particulier.	....
....	50. Insister pour que quelqu'un fasse sa part dans un travail commun.	....

3. Test d'auto-évaluation des pensées en interaction sociale (TAPIS)[5]

Nom :....................................... Prénom :.......................................
Date :.......................................

Instructions

Il est évident que les gens pensent de manière variée quand ils rencontrent différentes personnes. Vous trouverez ci-dessous une liste de pensées que vous avez eues personnellement, à certains moments, avant, pendant ou après une rencontre sociale. Lisez attentivement chaque question et veuillez évaluer avec quelle fréquence vous avez eu des pensées identiques à celles de la liste avant, pendant et après une rencontre sociale. Utilisez l'échelle suivante pour évaluer la fréquence des ces pensées :

1. Presque Jamais
2. Rarement
3. Parfois
4. Souvent
5. Très Souvent

Cochez le chiffre choisi dans la case correspondante :

	Presque jamais 1	Rarement 2	Parfois 3	Souvent 4	Très souvent 5
1. Quand je ne trouve rien à dire, je sens que je deviens anxieux(se).					
2. Je n'ai aucune difficulté à parler aux personnes du sexe opposé.					
3. J'espère ne pas me ridiculiser.					

5. Glass C.R. et al. (1982). Self-statement questionnaire. *Cognitive Therapy and Research*, 6, 37-45.

	Presque jamais 1	Rarement 2	Parfois 3	Souvent 4	Très souvent 5
4. Je commence à me sentir à l'aise.					
5. J'ai réellement peur de ce que peuvent penser de moi les personnes du sexe opposé.					
6. Pas de soucis, pas de peur, pas d'anxiété.					
7. Je meurs de peur.					
8. Il ou elle ne va pas s'intéresser à moi.					
9. Peut-être que je peux le (la) mettre à l'aise en faisant les premiers pas.					
10. Au lieu de me faire du souci, je peux imaginer le meilleur moyen de le (la) connaître.					

	Presque jamais 1	Rarement 2	Parfois 3	Souvent 4	Très souvent 5
11. Je ne me sens pas à l'aise pour rencontrer les personnes du sexe opposé, et de ce fait les choses risquent de mal tourner.					
12. Et alors ? Le pire qui puisse arriver est que je ne lui plaise pas.					
13. Il (elle) veut autant me parler que je veux lui parler.					
14. Ce sera une bonne occasion.					
15. Si je « foire » cette conversation, je vais réellement perdre toute confiance en moi.					
16. Ce que je vais dire va paraître probablement stupide.					
17. Qu'est-ce que j'ai à perdre ? Cela vaut la peine d'essayer.					

	Presque jamais 1	Rarement 2	Parfois 3	Souvent 4	Très souvent 5
18. La situation n'est pas facile mais je peux la prendre bien en main.					
19. Oh… Je ne veux pas faire cela !					
20. Je serai blessé(e) s'il (elle) ne me répond pas.					
21. Je dois absolument lui faire bonne impression ou bien je vais me sentir très mal.					
22. Je suis un(e) idiot(e) plein(e) d'inhibitions.					
23. De toute façon, je vais probablement échouer lamentablement.					
24. Je ne peux rien avoir bien en main.					
25. Même si les choses ne vont pas bien ce n'est pas une catastrophe.					

	Presque jamais 1	Rarement 2	Parfois 3	Souvent 4	Très souvent 5
26. Je me sens maladroit et stupide ; il ou elle va sûrement le remarquer.					
27. Nous avons probablement beaucoup de choses en commun.					
28. Peut-être que l'on va très bien s'entendre.					
29. J'espère que je pourrais partir et éviter toute la situation.					
30. Ah ! Envoie promener la prudence !					

Bibliographie

Échelle de phobie sociale de Liebowitz ***(Liebowitz Social Anxiety Scale)***

Baker, S.L., Heinrichs, N., Kim, H.J., Hofmann, S.G. (2002). The Liebowitz social anxiety scale as a self-report instrument : a preliminary psychometric analysis. *Behaviour Research and Therapy, 40*, 701–715.

Heimberg, R.G., Horner, K.J., Juster, H.R., et al. (1999). Psychometric properties of the Liebowitz social anxiety scale. *Psychological Medicine, 29*, 199–212.

Levin, J.B., Marom, S., Gur, S., et al. (2002). Psychometric properties and three proposed subscales of a self-report version of the Liebowitz social anxiety scale translated into Hebrew. *Depression and Anxiety, 16*, 143–151.

Liebowitz, M.R. (1987). Social phobia. *Modern Problems in Pharmacopsychiatry, 22*, 141–173.

Mennin, D.S., Fresco, D.M., Heimberg, R.G., et al. (2002). Screening for social disorder in the clinical setting : using the Liebowitz social anxiety scale. *Journal of Anxiety Disorders, 16*, 661–673.

Oakman, J., van Ameringen, M., Mancini, C., et al. (2003). A confirmatory factor analysis of a self-report version of the Liebowitz social anxiety scale. *Journal of Clinical Psychology, 59*, 149–161.

Rytwinski, N.K., Fresco, D.M., Heimberg, R.G., et al. (2009). Screening for social anxiety disorder with the self-report version of the Liebowitz social anxiety scale. *Depression and Anxiety, 26*, 34–38.

Safren, S.A., Heimberg, R.G., Horner, K.J., et al. (1999). Factor structure of social fears : the Liebowitz social anxiety scale. *Journal of Anxiety Disorders, 13*, 253–270.

Yao, S.N., Note, I., Fanget, F., et al. (1999). L'anxiété sociale chez les phobiques sociaux : validation de l'échelle d'anxiété sociale de Liebowitz (version française). *Encéphale, XXV*, 429–435.

Questionnaire des conduites interpersonnelles ***(Scale for Interpersonal Behavior)***

Arrindell, W.A., Bridges, K.R., van der Ende, J., et al. (2001). Normative studies with the Scale for Interpersonal Behavior (SIB) : II. US Students. A cross-cultural comparison with Dutch data. *Behaviour Research and Therapy, 39*, 1461–1479.

Arrindell, W.A., De Groot, P.M., Walburg, S.I.G. (1984). *De schaal voor interpersoonlijk gedrag*. Lisse, The Netherlands : Swets et Zeitlinger B.V.

Arrindell, W.A., Hafkenscheid, A., Senderman, R., Van Ooijen, N. (1987). Instrumenteel onderzoek. *Nederlands Tijdschrift Voor de Psychologie, 42*, 414–420.

Arrindell, W.A., Sanderman, R., Hageman, W.J., et al. (1990a). Correlates of assertiveness in normal and clinical samples : a multidimensional approach. *Advances in Behaviour Research and Therapy, 12*, 153–282.

Arrindell, W.A., Sanderman, R., Ranchor, A. (1990b). The scale for interpersonal behavior and the Wolpe Lazarus assertiveness scale : a correlational comparison in a non clinical sample. *Personality and Individual Differences, 11*, 509–513.

Arrindell, W.A., Sanderman, R., Van der Molen, H.T., et al. (1988). The structure of assertiveness : a confirmatory approach. *Behaviour Research and Therapy, 26*, 337–339.

Arrindell, W.A., Van der Ende, J. (1985). Cross sample invariance of the structure of self reported distress and difficulty in assertiveness. *Advances in Behaviour Research and Therapy, 7*, 205–243.

Arrindell, W.A., Van der Ende, J., Stewart, R., Lingsma, M.M. (1999). Normative studies with the Scale for Interpersonal Behaviour (SIB) : I. Nonpsychiatric social skill trainees. *Personality and Individual Differences, 27*, 417–431.

Bouvard, M., Arrindell, W.A., Guérin, J., et al. (1999). Psychometric appraisal of the Scale for Interpersonal Behavior (SIB) in France. *Behaviour Research and Therapy, 37*, 741–762.

Bridges, K.R., Sanderman, R., Breukers, P., et al. (1991). Sex differences in assertiveness of the US version of the scale for interpersonal behavior (SIB). *Personality and Individual Differences, 12*, 1239–1243.

Mersch, P.P.A., Emmelkamp, P.M.G., Bogels, S.M., Van der Sleen, J. (1989). Social phobia : individual response patterns and the effects of behavioral and cognitive interventions. *Behaviour Research and Therapy, 27*, 421–434.

TAPIS : test d'auto-évaluation des pensées en interaction sociale ***(Social Interaction Self Statement Test)***

Beidel, D.C., Turner, S.M., Dancu, C.V. (1985). Physiological, cognitive and behavioral aspects of social anxiety. *Behaviour Research and Therapy, 23*, 109–117.

Bruch, M.A., Mattia, J.I., Heimberg, R.G., Holt, C.S. (1993). Cognitive specificity in social anxiety and depression : supporting evidence and qualifications due to affective confounding. *Cognitive Therapy and Research, 17*, 1–21.

Chambless, D.L., Hope, D.A. (1996). Cognitive approaches to the psychopathology and treatment of social phobia. In P.M., Salkovskis, *Frontiers of cognitive therapy* (pp. 345-382). New York: The Guilford Press.

Dodge, C.S., Hope, D.A., Heimberg, R.G., Becker, R.E. (1988). Evaluation of the social interaction self statement test with a social phobic population. *Cognitive Therapy and Research, 12*, 211–222.

Glass, C.R., Arnkoff, D.B. (1994). Validity issues in self statement measures of social phobia and social anxiety. *Behaviour Research and Therapy, 32*, 255–267.

Glass, C.R., Furlong, M. (1990). Cognitive assessment of social anxiety : affective and behavioral correlates. *Cognitive Therapy and Research, 14*, 365–384.

Glass, C.R., Merluzzi, T.V., Biever, J.L., Larsen, K.H. (1982). Cognitive assessment of social anxiety : development and validation of a self statement questionnaire. *Cognitive Therapy and Research, 6*, 37–55.

Heimberg, R.G. (1994). Cognitive assessment strategies and the measurement of outcome of treatment for social phobia. *Behaviour Research and Therapy, 32*, 269–280.

Yao, S.N., Cottraux, J., Mollard, E., et al. (1998). The French version of the Social Interaction Self-Statement Test (SISST) : a validation and sensitivity study in social phobics. *Behavioural and Cognitive Psychotherapy, 26*, 247–259.

Zweig, D.R., Brown, D.S. (1985). Psychometric evaluation of a written stimulus presentation format for the Social Interaction Self Statement Test. *Cognitive Therapy and Research, 9*, 285–295.

CHAPITRE 10
Trouble obsessionnel compulsif

L'évaluation du trouble obsessionnel compulsif a été le sujet de réflexion de nombreux cliniciens et chercheurs. Nous n'avons pas présenté la liste des activités compulsives de Marks dans cette réédition car, ne portant que sur des rituels de lavage et de vérification, elle n'est plus utilisée au niveau international. Les outils d'évaluation présentés dans ce chapitre nous paraissent réunir les meilleures qualités psychométriques. Les quatre rituels cibles et l'échelle d'évaluation des obsessions sont considérés comme des mesures ipsatives utiles dans la ligne de base d'un protocole de cas unique.

1. Inventaire de Padoue (Sanavio) : *évaluation des obsessions et des compulsions de lavage/vérification et des ruminations.*
2. Échelle d'obsession-compulsion de Yale Brown (Goodman) : « *mesure standard* » *actuelle des obsessions-compulsions.*
3. Liste de pensées obsédantes (Bouvard) : *pensées obsédantes de lavage, de vérification et de responsabilité.*
4. Les quatre rituels cibles (Marks) : *objectifs thérapeutiques.*
5. Échelle d'évaluation des obsessions (Marks) : *objectifs thérapeutiques.*
6. Test comportemental d'évitement (Marks) : *capacité du sujet à affronter les situations redoutées* (voir chapitre 7, « Agoraphobie et attaques de panique »).

Notice d'information

1. Inventaire de Padoue (*The Padua Inventory*)[1]

Applications

L'inventaire de Padoue permet d'évaluer les obsessions et les compulsions ouvertes (lavage et vérification) et mentales (contrôle affaibli sur les activités mentales et inquiétude sur le contrôle des conduites motrices). Nous présentons la version originale à 60 items.

1. Sanavio E. (1988), traduction : Freeston M.H.

Mode de passation

Il s'agit d'un questionnaire que le sujet évalue en fonction de la fréquence avec laquelle la pensée survient en lui (échelle en 5 points de 0 : pas du tout, à 4 : extrêmement). Plus le total est élevé et plus la pathologie est importante.

Cotation

Le score global est composé de la somme des notes obtenues aux 60 items. Sanavio préconise également de calculer les quatre dimensions qu'il a retenues à partir de 1 000 sujets italiens issus de la population générale.

- facteur 1 : contrôle affaibli sur les conduites mentales ; somme des items 11, 26, 27, 28, 29, 30, 31, 32, 33, 34, 35, 36, 37, 38, 43, 44 et 59. Pour obtenir le score moyen du facteur 1, il suffit de diviser le total par 17 ;
- facteur 2 : contamination ; somme des items 1, 2, 3, 4, 5, 6, 7, 8, 9, 10 et 60. Diviser le total par 11 pour obtenir le score moyen du facteur « contamination » ;
- facteur 3 : vérification ; somme des items 18, 19, 20, 21, 22, 23, 24 et 25. Diviser le total par 8 pour obtenir le score moyen du facteur « vérification » ;
- facteur 4 : inquiétude sur le contrôle moteur ; somme des items 46, 47, 49, 53, 54, 55 et 57. Diviser le total par 7.

Les 17 items restants ne contribuent pas suffisamment à la structure factorielle et ne sont donc retenus que dans le score total.

Études de validation

Elles ont été réalisées sur des échantillons issus de la population générale (Sanavio, 1988 ; Sternberger et Burns, 1990 ; Van Oppen, 1992 ; Kyrios et al., 1996) et des échantillons de sujets cliniques (Sanavio, 1988 ; Sternberger et Burns, 1990 ; Shafran, 1995 ; Van Oppen et al., 1995a, 1995b ; Burns et al., 1996). La version française a été étudiée sur des étudiants et des consultants d'un hôpital québécois (Freeston et al., texte inédit), des sujets contrôles et des sujets obsessionnels compulsifs (Kaiser et Bouvard, 2009 ; Kaiser et al., 2009). La fidélité test-retest des versions italienne, anglaise et hollandaise (au moins un mois) varie de 0,78 à 0,93 (Sanavio, 1988 ; Van Oppen, 1992 ; Burns et al., 1996 ; Kyrios et al., 1996). La consistance interne est supérieure à 0,90 quelle que soit la version (Sanavio, 1988 ; Sternberger et Burns, 1990 ; Van Oppen, 1992 ; Kyrios et al., 1996 ; Kaiser et Bouvard, 2009). La validité de critère montre que l'inventaire de Padoue différencie les sujets présentant un trouble obsessionnel compulsif (TOC) d'autres sujets anxieux et de sujets normaux, au moins en ce qui concerne la version italienne et anglaise (Sanavio, 1988 ; Burns et al., 1996). Dans la version française (Kaiser et al., 2009), les sujets contrôles obtiennent un score statistiquement différent des sujets TOC. Lorsqu'on s'intéresse aux catégories de rituels (sujets laveurs, vérificateurs ou ruminateurs), l'échelle de contamination différencie bien les sujets laveurs des deux autres catégories ; l'échelle de vérification différencie bien les sujets vérificateurs des deux autres catégories ; en revanche, l'échelle de contrôle affaibli sur les conduites mentales et l'échelle d'inquiétudes sur le contrôle mental ne différencient pas les sujets ruminateurs des deux autres catégories de sujets.

La validité convergente varie entre 0,68 et 0,74 avec le *Maudsley Obsessive Compulsive Inventory* (MOCI) (Sanavio, 1988 ; Sternberger et Burns, 1990 ; Van oppen, 1992 ; Kyrios et al., 1996). Elle est également satisfaisante avec l'échelle d'obsession-compulsion du *Symptom Checklist* de Dérogatis (SCL 90-R). La validité discriminante a été étudiée avec le névrosisme (r = 0,60) de l'inventaire de personnalité d'Eysenck, des questionnaires d'anxiété et de dépression (questionnaire des peurs, échelles d'anxiété et de dépression de la SCL 90-R, inventaire de dépression de Beck) (Sanavio, 1988 ; Sternberger et Burns, 1990 ; Van Oppen, 1992 ; Kyrios et al., 1996). Pour la dépression par exemple, la validité varie de 0,55 à 0,61. Ces résultats, presque aussi élevés que ceux de la validité convergente, posent question. La validité factorielle retient deux facteurs comportementaux et deux facteurs cognitifs (Sanavio, 1988 ; Sternberger et Burns, 1990 ; Van Oppen, 1992 ; Kyrios et al., 1996 ; Freeston et al., texte inédit) sur des échantillons normaux. Cependant, la composition des deux facteurs comportementaux (lavage et vérification) semble plus stable à travers les études que la composition des facteurs cognitifs. Les deux facteurs comportementaux de lavage et de vérification ont une validité convergente satisfaisante avec les dimensions de lavage et de vérification du MOCI (Sternberger et Burns, 1990 ; Van Oppen, 1992). Le premier facteur cognitif, contrôle affaibli sur les activités mentales, possède une faible validité discriminante par rapport aux inquiétudes du Penn State (Freeston et al., 1994a). Van Oppen et al. (1995b) ont proposé une solution à cinq facteurs sur trois groupes de sujets dont deux groupes cliniques (sujets présentant un TOC, sujets ayant d'autres troubles anxieux et des sujets issus de la population générale). Les quatre premiers facteurs sont comparables aux études réalisées sur des populations normales, le cinquième facteur regroupe des items autour du thème de la précision. Cela a été confirmé par Shafran (1995) sur un groupe de sujets obsessionnels compulsifs anglais. Ainsi, le facteur précision-ordre serait spécifique des sujets présentant un trouble obsessionnel compulsif. Une dernière analyse exploratoire en facteurs réalisée sur des étudiants (Kaiser et Bouvard,

2009) retient trois facteurs (contrôle affaibli sur les conduites mentales, vérification, contamination et inquiétudes sur le contrôle moteur). Une analyse en facteurs de confirmation établie sur des étudiants est en faveur de cette solution (Kaiser et Bouvard, 2009) plutôt que la solution en quatre facteurs de Sanavio (1988) ou la solution en cinq facteurs de van Oppen et al. (1995a). La sensibilité au changement thérapeutique est satisfaisante (Van Oppen et al., 1995a).

Van Oppen et al. (1995b), Burns et al. (1996) et Freeston et al. (texte inédit) ont proposé de réduire le questionnaire de façon à le rendre applicable à la clinique d'une part, et à mieux le différencier des soucis de la vie quotidienne d'autre part. La version abrégée de Van Oppen et al. (1995b) comprend un total de 41 items répartis en cinq facteurs. Le total de cette version abrégée différencie des sujets obsessionnels compulsifs de sujets anxieux (attaques de panique et phobiques sociaux) et de sujets contrôles. La révision de l'inventaire de Padoue par Burns et al. (1996) avait pour objectif de mieux différencier les sujets TOC de sujets ayant un trouble de l'anxiété généralisée. Ils ont sélectionné 39 items en cinq catégories. Cette version abrégée améliore effectivement la différenciation entre le trouble obsessionnel compulsif et le trouble de l'anxiété généralisée. L'analyse en facteurs a confirmé la structure théorique retenue. La version abrégée de Freeston et al. (texte inédit) comprend 40 items répartis en quatre facteurs.

Le problème est qu'il n'existe actuellement pas de consensus sur la réduction de l'inventaire de Padoue ; dans cette attente, la version initiale à 60 items est conservée.

Normes

Les données sur les sujets italiens ont montré une différence en fonction de l'âge et du genre (Sanavio, 1988). Elles apparaissent plus élevées que les données obtenues dans les autres pays.

Version italienne

Sujets contrôles		Sujets TOC (n=75)	
Hommes (n=489)	Femmes (n=478)	Homme	Femme
53, 6 (27,7)	62,5 (29,2)	83,6 (34,8)	98,6 (32,3)

Source : Sanavio (1988).

Version anglaise (Sternberger et Burns, 1990 ; Kyrios et al., 1996)

- Étudiants hommes : De 42,08 (26,27) à 43,8 (27,8).
- Femmes : De 41,01 (25,40) à 41,06 (24,8).

Version française (Kaiser et Bouvard, 2009 ; Kaiser et al., 2009)

- Sujets TOC : 85,46 (35,70).
- Sujets contrôles : 16,27 (15,54).
- Étudiants : 34,3 (23,6).

Conclusion

L'inventaire de Padoue apparaît intéressant dans l'évaluation du trouble obsessionnel compulsif. L'échelle de vérification comme l'échelle de contamination apparaissent spécifiques, alors que les deux échelles de contrôle affaibli et d'inquiétudes ne différencient pas les sujets ruminateurs de sujets laveurs et de sujets vérificateurs. Il est très utilisé dans les études internationales ; il sera nécessaire d'améliorer les qualités des deux échelles d'obsessions et compulsions mentales. Pour répondre aux exigences de la clinique et aux résultats de la recherche, une version abrégée semble nécessaire.

2. Échelle d'obsession-compulsion de Yale Brown (*Yale Brown Obsessive Compulsive Scale*)[2]

Applications

Cette échelle (YBOCS) se présente comme un entretien semi-structuré. Elle permet d'obtenir une mesure de la sévérité des symptômes obsessionnels sans être biaisée par la présence ou l'absence d'un type particulier d'obsession ou de compulsion, autrement dit sans tenir compte du contenu des symptômes. Non seulement la YBOCS est une aide précieuse à la thérapie, mais elle est devenue la mesure standard actuelle du trouble obsessionnel compulsif.

Mode de passation

Le clinicien donne tout d'abord la définition des obsessions et des compulsions au patient. Puis il fait une enquête à l'aide d'une liste d'obsessions et de rituels passés ou actuels. L'évaluateur définit ensuite les trois principales obsessions, les trois principaux rituels et les trois principales situations actuellement évitées par le patient. Ces symptômes définis, l'évaluation de la YBOCS proprement dite commence. L'échelle comprend 10 items qui mesurent cinq dimensions pour les obsessions et pour les compulsions. Ces dimensions sont la durée, la gêne apportée dans la vie quotidienne, l'angoisse, la résistance et le degré de contrôle exercé par le sujet sur ses obsessions ou ses compulsions. L'évaluation finale de ces 10 items dépend du jugement du clinicien à partir des propos du patient. L'échelle comprend en outre neuf autres échelles indépendantes les unes des autres, dont une échelle « évitement », qui sont

2. Goodman W. et al. (1989), traduction : Mollard E.

considérées comme heuristiques (Mollard et al., 1989 pour la version française complète).

Cotation

L'étude des qualités psychométriques porte sur les 10 premiers items de l'échelle, à savoir les 5 items d'obsession et les 5 items de compulsion, ainsi que sur leur total. Chaque item est coté de 0 : pas de symptôme, à 4 : symptôme extrême. Le score total (étendue de 0 à 40) se subdivise en score d'obsession (items 1 à 5) et score de compulsion (items 6 à 10). Il suffit d'additionner les notes obtenues.

Études de validation

Elles ont porté essentiellement sur des groupes de sujets présentant un trouble obsessionnel compulsif (TOC) (Goodman et al., 1989a, 1989b, 1989c ; Kim et al., 1990 ; Woody et al., 1995 ; Steketee et al., 1996) et des groupes d'étudiants (Steketee et al., 1996). La version française a été administrée à 46 sujets ayant un TOC et 25 sujets contrôles (Bouvard et al., 1992). La fidélité inter-juges pour le total et les deux sous-échelles est excellente (Goodman et al., 1989a ; Woody et al., 1995). La fidélité test-retest a été calculée sur des sujets présentant un TOC (Kim et al., 1990 ; Woody et al., 1995) et sur des sujets contrôles (Steketee et al., 1996). Elle est globalement satisfaisante pour le score total et la sous-échelle de compulsion. Pour la sous-échelle d'obsession, le résultat est moins satisfaisant sur des sujets contrôles. Ainsi, elle est égale à 0,55 (intervalle d'une semaine) dans l'étude de Steketee et al. (1996). Il est probable que ce résultat puisse être dû au caractère variable des obsessions dans la population contrôle. La consistance interne de l'échelle varie de 0,69 à 0,91 pour le total sur des sujets présentant un TOC (Goodman et al., 1989a ; Woody et al., 1995). Elle varie de 0,78 à 0,88 chez des étudiants pour le total et les deux sous-échelles (Steketee et al., 1996). Pour la version française (Bouvard et al., 1992), seul le coefficient du total a été recherché (alpha = 0,96). L'étude de Woody et al. (1995) a montré que les items « résistance » diminuent la consistance interne et qu'ils corrèlent faiblement avec le total, contrairement à l'item « évitement » de la partie considérée comme heuristique. La version anglaise différencie un groupe de sujets TOC de sujets contrôles et d'autres sujets anxieux (Rosenfeld et al., 1992). Steketee et al. (1996) ont montré également que l'échelle différenciait les sujets TOC d'un groupe mixte de sujets cliniques. La version française différencie les sujets obsessionnels compulsifs des sujets normaux (Bouvard et al., 1992). Pour la version française, la validité convergente du total est satisfaisante avec la liste des activités compulsives de Marks et la liste des pensées obsédantes de Bouvard (Bouvard et al., 1992). La validité convergente de la version anglaise est satisfaisante avec le CGIOCS (*Clinical Global Impression Obsessive Compulsive Scale*), une version de l'échelle d'impression clinique globale pour les sujets obsessionnels, et avec une échelle globale d'obsession compulsion du NIMH. Elle est modérée avec l'inventaire d'obsession compulsion du Maudsley (MOCI) (Goodman et al., 1989b ; Woody et al., 1995). La validité discriminante est beaucoup moins satisfaisante. L'échelle de Goodman est en particulier assez corrélée avec la dépression. Trois études montrent des corrélations modérées entre la YBOCS et des mesures de dépression (Bouvard et al. 1992 ; Goodman et al., 1989b ; Woody et al., 1995). La séparation des sujets obsessionnels en sujets dépressifs et sujets non dépressifs n'améliore pas la spécificité de la YBOCS par rapport à la dépression (Woody et al., 1995). La validité discriminante avec des mesures d'anxiété est plus satisfaisante (Goodman et al., 1989b ; Woody et al., 1995). La structure factorielle a été réalisée sur un groupe de sujets TOC avec une méthode confirmative. Elle retient les deux dimensions théoriques, à savoir les obsessions et les compulsions (McKay et al., 1995). Ce résultat a été contesté par Amir, Foa et Coles (1997) dans une étude également de confirmation (404 sujets TOC). Ils ont proposé deux facteurs : le premier facteur « perturbation » regroupe les deux items de gêne (items 2 et 7) et les deux items d'angoisse (items 3 et 8) ; le second facteur « sévérité des symptômes » regroupe les trois autres items d'obsession et de compulsion. Cependant, cette dernière composition factorielle a été jugée moins satisfaisante que la répartition « obsessions » et « compulsions » dans une version hollandaise (Arrindell et al., 2002). L'étude de Deacon et Abramowitz (2005), après avoir testé les différents modèles de regroupement des items de la YBOCS en facteurs, propose une solution en deux facteurs : (i) sévérité qui regroupe la durée, la gêne dans la vie quotidienne et l'angoisse des obsessions et des compulsions (items 1-3 et 6-8) ; (ii) résistance/contrôle qui regroupe les autres items de l'échelle (items 4, 5, 9 et 10). L'étude de la validité indique que ce second facteur participerait moins à l'évaluation de l'intensité des symptômes TOC que le premier facteur. Enfin, l'étude de Storch et al. (2005) a comparé les cinq modèles de composition factorielle de la YBOCS. Le modèle qui obtient les meilleurs indices est la répartition en obsessions et en compulsions suivie par le modèle de Deacon et Abramowitz (2005). La sensibilité au changement thérapeutique a été établie quelle que soit la version (Goodman et al., 1989c ; Bouvard et al., 1992). D'après Taylor (1998), la YBOCS serait plus sensible que les autres mesures tels la liste des activités compulsives ou le MOCI.

Des équipes ont cherché à réaliser une version questionnaire de la YBOCS pour des raisons financières évidentes (Rosenfeld et al., 1992 ;

Steketee et al., 1996 ; Sauteraud et al., 1999). L'ensemble des études réalisées sur la version anglaise est discuté dans le chapitre de Taylor (1998) consacré à l'évaluation du TOC. Les trois études qui comparent une version entretien et une version questionnaire rapportent des coefficients de corrélation satisfaisants entre les deux méthodes. Pour la liste des obsessions et des compulsions, les sujets TOC rapportent plus de symptômes dans la version questionnaire (Steketee et al., 1996). Une version questionnaire française a été également réalisée et corrèle à 0,81 avec la version entretien sur 50 sujets TOC (Sauteraud et al., 1999). Il sera donc nécessaire d'harmoniser les différentes versions questionnaires et de répliquer ces premiers résultats avec plus de sujets.

Normes

Un score de 16 ou plus a été retenu pour sélectionner des sujets dans le cadre des études contrôlées. Les sujets TOC ont en général un score total moyen de 25 et les sujets normaux un score total inférieur à 8 (Shear et al., 2000).

Nous donnons à titre indicatif les résultats obtenus sur la version française :

Moyenne (écart type)	
Sujets TOC (n=46)	Sujets contrôles (n=25)
26,48 (4,97)	3,96 (2,84)

Conclusion

L'un des avantages de la YBOCS est d'être indépendante du contenu des symptômes et de permettre ainsi la comparaison de sujets appartenant à des catégories d'obsessions et de compulsions différentes en ce qui concerne la sévérité des symptômes. L'un de ses inconvénients est qu'elle demande un entraînement à la cotation sur au moins deux bandes vidéo. Par ailleurs, la résistance aux obsessions va à l'encontre des principes d'exposition et de la prévention de la réponse couramment utilisés dans le traitement des sujets ruminateurs (Freeston et al., 1994b). Woody et al. (1995) ont suggéré de supprimer les items « résistance » et d'inclure l'item « évitement » dans le calcul du total de l'échelle. Deacon et Abramowitz (2005) préconisent de ne pas retenir les items de résistance et de contrôle dans l'évaluation de la sévérité du TOC. La répartition en un facteur des obsessions et un facteur des compulsions semble être la meilleure solution factorielle. La YBOCS reste la mesure standard du TOC sous sa forme d'échelle d'évaluation. Une révision des items résistance et contrôle nous apparaît nécessaire.

3. Liste de pensées obsédantes (LPO)[3]

Applications

Ce questionnaire vise à évaluer les pensées les plus fréquentes trouvées chez les sujets obsessionnels compulsifs.

Mode de passation

Il s'agit d'un questionnaire comprenant 28 items fermés et un item libre (n° 29). Chaque item est coté par le patient de 0 à 4 en ce qui concerne le degré de perturbation ressentie [de 0 : je ne suis pas du tout troublé(e) par cette pensée, à 4 : je suis en permanence troublé(e) par cette pensée].

Cotation

Le score global est composé de la somme des notes obtenues aux 28 items fermés. Deux couples d'items ont pour objectif de vérifier la cohérence des réponses des sujets. Ce sont les items 2 et 8 ayant trait à l'ordre des objets et les items 19 et 26 reflétant la pensée de faire du mal aux autres sans raison. Des notes trop différentes à ces deux couples d'items permettraient de mettre en doute la validité des réponses du sujet.

Études de validation

L'étude préliminaire de la version française a porté sur 80 sujets : trois groupes de sujets pathologiques (obsessionnels, phobiques, dépressifs) et un groupe contrôle, appariés pour le sexe, l'âge et le niveau d'études (Bouvard et al., 1989). La LPO est apparue fidèle, test-retest à 15 jours (r = 0,80) sur la population contrôle avec une bonne consistance interne et une validité satisfaisante. Les qualités psychométriques de la LPO ont été répliquées sur un plus grand échantillon. Trois groupes ont été comparés : un groupe de sujets obsessionnels (n = 122), un groupe de sujets agoraphobes (n = 61) et un groupe contrôle (n = 80) appariés pour le sexe et pour l'âge (Bouvard et al., 1997). La LPO différencie les sujets obsessionnels des sujets agoraphobes et des sujets contrôles. L'analyse en composantes principales réalisée sur les patients obsessionnels révèle un premier facteur de vérification/perfectionnisme-ordre, un deuxième facteur de responsabilité/peur de faire mal aux autres et un troisième facteur de lavage/contamination. Cette structure factorielle est retrouvée avec les sujets contrôles et les sujets agoraphobes. La version islandaise (Smari et al., 1994) a confirmé la validité de critère de la version française. Ils ont établi par ailleurs la validité convergente de la LPO avec le MOCI et l'inventaire de Padoue. La validité discriminante est

3. Bouvard M. (1989).

satisfaisante avec l'inventaire d'anxiété de Spielberger. La version réduite de la liste des activités compulsives (Steketee et Freund, 1993) corrèle à 0,58 avec la version anglaise de la LPO. La version réduite de l'inventaire de Padoue (Freeston et al., texte inédit) possède une corrélation à 0,78 avec la LPO sur une population contrôle. La validité convergente de la LPO avec le questionnaire des situations courantes de Rhéaume est à 0,35 (Rhéaume et al., 1995). La sensibilité au changement thérapeutique n'a pas été vérifiée. Nous donnons à titre indicatif la composition factorielle :

- facteur 1 : somme des items 2, 3, 8, 11, 13, 21, 22, 24, 25 et 28 ;
- facteur 2 : somme des items 4, 5, 6, 7, 9, 10, 15, 16, 17, 19 et 26 ;
- facteur 3 : somme des items 1, 12, 14, 18, 20, 23 et 27.

Normes

Fourchette des moyennes (écarts types)

Version française : moyenne (écart type)

- Sujets TOC de 45,09 (19,46) à 53,86 (14,69).
- Sujets contrôles de 9,30 (7,41) à 12,19 (10,51) (Bouvard et al., 1989, 1997).

Autres versions

- Sujets TOC : 31,2 (16,8) (Smari et al., 1994).
- Sujets contrôles : de 7,90 (7,70) à 19,73 (13,04) (Steketee et Freund, 1993 ; Frost et al., 1993 ; Smari et al., 1994).

Conclusion

La LPO apparaît fidèle et valide. Elle est courte, ce qui est un avantage avec les sujets TOC. D'autres études devront vérifier la structure factorielle. Son intérêt est de mettre en évidence des sous-échelles de vérification, de responsabilité et de lavage qu'il reste à étudier sur les trois catégories principales du trouble obsessionnel compulsif. Son inconvénient est de mêler des rituels avec des croyances dysfonctionnelles et des pensées intrusives.

4. Les quatre rituels cibles (*Four Target Rituals*)[4]

Applications

Ils permettent d'évaluer les quatre principaux rituels avant thérapie et après thérapie. Les quatre rituels peuvent représenter les buts thérapeutiques spécifiques aux thérapies cognitives et comportementales et sont

4. Marks I.M. et al. (1980), traduction : Cottraux J. et al. (1985).

décidés au cours de l'analyse comportementale entre le thérapeute et le patient.

Mode de passation

Une évaluation du temps et du malaise est donnée pour chaque rituel. Le temps passé chaque jour pour l'ensemble des rituels incluant les quatre principaux est demandé (temps global des rituels). Ces différentes évaluations peuvent être remplies par le sujet ou un évaluateur.

Cotation

Un score de gêne et de durée est donné pour chaque rituel. Il suffit d'additionner les scores de gêne et de durée pour avoir les notes globales. Le temps passé à l'ensemble des rituels est donné directement.

Études de validation

Le caractère ipsatif ne permet pas de réaliser des études de validation. La sensibilité au changement a été montrée pour le score de gêne, pour le score de durée des quatre rituels cibles et pour le temps passé à l'ensemble des rituels sur des sujets obsessionnels compulsifs (Cottraux et al., 1990).

5. Échelle d'évaluation des obsessions[5]

Applications

Elle permet d'avoir des mesures répétées en ce qui concerne la durée des obsessions et l'intensité du malaise ressenti par le patient. La détermination des quatre idées obsédantes se fait après un entretien clinique et accord entre le patient et le thérapeute.

Mode de passation

Cette échelle peut être remplie par le patient ou par un évaluateur.

Cotation

Un score de gêne et de durée est donné pour chaque obsession.

Études de validation

Le caractère ipsatif ne permet pas de réaliser des études psychométriques ; cependant la réduction des scores est un indice d'amélioration du patient (protocole de cas individuel).

5. Marks I.M. et al. (1977), traduction : Cottraux J. et al. (1985).

Présentation des outils d'évaluation

1. Inventaire de Padoue[6]

Les énoncés suivants réfèrent à des pensées et des comportements qui peuvent survenir tous les jours dans la vie de chacun. Pour chacun des énoncés, choisir la réponse qui semble le mieux vous décrire, en tenant compte du degré de perturbation que ces pensées ou comportements peuvent vous causer. Cotez vos réponses comme suit :

0	1	2	3	4
Pas du tout	Peu	Moyennement	Beaucoup	Extrêmement

....	1. Je sens que mes mains sont sales quand je touche de l'argent.
....	2. Je pense qu'un contact, même léger, avec des sécrétions corporelles (transpiration, salive, urine, etc.) peut contaminer mes vêtements ou me nuire de quelque façon.
....	3. J'éprouve de la difficulté à toucher un objet quand je sais que des étrangers ou d'autres personnes l'ont touché.
....	4. J'éprouve de la difficulté à toucher les déchets ou les choses sales.
....	5. J'évite d'utiliser les toilettes publiques parce que j'ai peur d'attraper des maladies ou d'être contaminé(e).
....	6. J'évite d'utiliser les téléphones publics parce que j'ai peur d'attraper des maladies ou d'être contaminé(e).
....	7. Je lave mes mains plus souvent et plus longtemps que nécessaire.
....	8. Parfois, je dois me laver ou me nettoyer simplement parce que je crois qu'il est possible que je sois sale ou contaminé(e).
....	9. Si je touche à quelque chose que je crois contaminée, je dois immédiatement me laver ou me nettoyer.
....	10. Si un animal me touche, je me sens sale et je dois immédiatement me laver ou changer mes vêtements.
....	11. Quand des doutes et des inquiétudes me viennent à l'esprit, je ne peux pas me reposer avant d'en avoir discuté avec une personne rassurante.
....	12. Quand je parle, j'ai tendance à répéter les mêmes choses et les mêmes phrases plusieurs fois.

6. Tous droits réservés. Sanavio, E. (1988). Obsessions and compulsions : The Padua Inventory. *Behaviour Research and Therapy*, 26, 169-177. Traduction et adaptation : Freeston M.H., Ladouceur R., Letarte H, Thibodeau N et Gagnon F., Université Laval, 1991.

....	13. J'ai tendance à demander aux gens de répéter les mêmes choses plusieurs fois de suite même si j'ai bien compris ce qu'ils disaient la première fois.
....	14. Je me sens obligé(e) de suivre le même ordre lorsque je m'habille, me déshabille et me lave.
....	15. Avant d'aller me coucher, je dois faire certaines choses dans un certain ordre.
....	16. Avant d'aller au lit, je dois suspendre ou plier mes vêtements d'une façon spéciale.
....	17. Je sens que je dois répéter certains chiffres sans aucune raison.
....	18. Je dois faire les choses plusieurs fois avant de penser qu'elles sont faites correctement.
....	19. J'ai tendance à vérifier les choses plus souvent que nécessaire.
....	20. Je vérifie et revérifie les robinets, le four, la cuisinière et les interrupteurs de lumière même après les avoir fermés.
....	21. Je retourne à la maison vérifier les portes, fenêtres, tiroirs, etc., pour m'assurer qu'ils sont correctement fermés.
....	22. Je vérifie continuellement en détail les formulaires, documents, chèques, etc., pour être certain(e) de les avoir remplis correctement.
....	23. Je reviens continuellement en arrière pour voir si les allumettes, les cigarettes, etc., sont bel et bien éteintes.
....	24. Quand je manipule de l'argent, je le compte et le recompte plusieurs fois.
....	25. Avant de mettre une lettre à la poste, je la vérifie avec soin à plusieurs reprises.
....	26. J'éprouve de la difficulté à prendre des décisions, même pour des choses sans importance.
....	27. Parfois, je doute d'avoir fait des choses même si je sais les avoir faites.
....	28. J'ai l'impression que je ne serai jamais capable d'expliquer clairement mes pensées, surtout quand je parle de choses importantes qui me touchent.
....	29. Après avoir fait quelque chose avec soin, j'ai l'impression de l'avoir mal faite ou de ne pas l'avoir finie.
....	30. Je suis quelquefois en retard parce que je m'attarde à faire certaines choses plus souvent que nécessaire.
....	31. Je me crée des problèmes et des doutes au sujet de la plupart des choses que je fais.
....	32. Quand je commence à penser à certaines choses, je deviens obsédé(e) par celles-ci.

....	33. Des pensées déplaisantes me viennent à l'esprit contre ma volonté et je ne peux pas m'en débarrasser.
....	34. Des blasphèmes ou des mots obscènes et grossiers me viennent à l'esprit et je ne peux pas m'en débarrasser.
....	35. Mes pensées prennent leurs propres directions et j'éprouve de la difficulté à être attentif(ve) à ce qui se passe autour de moi.
....	36. J'imagine des conséquences catastrophiques comme le résultat de mon inattention ou d'erreurs mineures que j'ai faites.
....	37. Je pense ou me fais longtemps du souci au sujet du mal que j'aurais pu faire à quelqu'un sans m'en apercevoir.
....	38. Quand j'entends parler d'un désastre, je pense que d'une manière ou d'une autre, c'est de ma faute.
....	39. Sans raison, il m'arrive de m'inquiéter longuement au sujet d'une blessure ou d'une maladie que je pourrais avoir.
....	40. Parfois je commence à compter des objets sans raison.
....	41. J'ai l'impression que je dois me souvenir de numéros sans aucune importance.
....	42. Quand je lis, j'ai l'impression d'avoir manqué des passages importants et de devoir les relire au moins deux à trois fois.
....	43. Je me préoccupe de me souvenir de choses sans importance et je fais des efforts pour ne pas les oublier.
....	44. Quand une pensée ou un doute me vient à l'esprit, je dois examiner tous les aspects et je ne peux m'arrêter tant que je ne l'ai pas fait.
....	45. Dans certaines situations, j'ai peur de perdre le contrôle et d'avoir des gestes embarrassants.
....	46. Quand je regarde en bas d'un pont ou d'une fenêtre très élevé, je ressens l'impulsion de me lancer dans le vide.
....	47. Quand je vois un train s'approcher, je pense parfois que je pourrais me jeter sous ses roues.
....	48. À certains moments, je suis tenté(e) d'enlever vivement mes vêtements en public.
....	49. Quand je conduis un véhicule, je me sens parfois poussé(e) à frapper quelqu'un ou quelque chose.
....	50. Voir des armes m'excite et m'amène à avoir des pensées violentes.
....	51. Je deviens contrarié(e) et inquiet(ète) à la vue de couteaux, poignards et autres objets pointus.
....	52. Je ressens parfois quelque chose en moi qui me pousse à avoir des gestes vraiment insensés et contre ma volonté.
....	53. Je ressens parfois le besoin de briser ou d'endommager des choses sans aucune raison.

....	54. Je me sens parfois poussé(e) à voler quelque chose appartenant à quelqu'un d'autre, même si cette chose m'est complètement inutile.
....	55. Je ressens parfois une irrésistible tentation de voler quelque chose à l'épicerie.
....	56. Je me sens parfois poussé(e) à blesser des enfants ou des animaux sans défense.
....	57. Je crois que je dois effectuer des gestes particuliers ou marcher d'une certaine manière.
....	58. Dans certaines situations, je me sens parfois poussé(e) à trop manger même si j'en deviens malade.
....	59. Quand j'apprends qu'il y a eu un suicide ou un crime, je me sens longtemps bouleversé(e) et j'éprouve de la difficulté à arrêter d'y penser.
....	60. Je me crée des soucis inutiles à propos des microbes et des maladies.

2. Échelle d'obsession-compulsion de Yale Brown (YBOCS)

Nom :........................	Prénom :.............................
Date de l'examen :..................	Nom de l'examinateur :...............

Consignes pour l'utilisation

Avant d'engager l'entretien avec les questions, donnez au patient une définition des « obsessions » et des « compulsions » comme suit :

• Les obsessions sont des idées pénibles, des pensées, des images ou des désirs impulsifs qui vous viennent à l'esprit d'une manière répétitive. Elles peuvent vous sembler apparaître contre votre volonté. Vous pouvez aussi les trouver répugnantes, reconnaître qu'elles sont dénuées de sens ou estimer qu'elles ne correspondent pas du tout à votre personnalité. Elles sont souvent source d'angoisse. »

• Les compulsions, d'un autre côté, sont des comportements ou des actes que vous vous sentez obligé(e) d'accomplir, même si vous les reconnaissez comme dénués de sens ou excessifs. Parfois, vous essayez de résister et de ne pas les faire, mais cela s'avère souvent difficile. Vous pouvez ressentir une anxiété qui ne diminuera pas tant que l'acte n'est pas accompli. »

Je vais vous donner quelques exemples d'obsessions-compulsions :

• « Un exemple d'obsession serait la pensée récurrente ou le désir impulsif de faire gravement mal physiquement à vos enfants, même si vous ne l'aviez jamais voulu. »

• « Un exemple de compulsion serait le besoin de vérifier le verrou de la porte d'entrée six fois avant de pouvoir quitter la maison. Si la plupart des compulsions sont des comportements observables, d'autres sont des actes mentaux inobservables comme une vérification silencieuse, ou la nécessité de vous répéter des phrases qui n'ont pas de sens, chaque fois que vous avez une mauvaise pensée. »

« Avez-vous des questions à poser sur le sens de ces deux mots ? » (*si non, continuez*)

En cas de mesures répétées, il n'est pas nécessaire de donner à nouveau ces définitions et ces exemples au patient dans la mesure où l'on est sûr qu'il les a bien compris. Il peut être suffisant de lui rappeler que les obsessions sont des pensées et les compulsions des actes, que l'on se sent obligé de faire, actes ou rituels mentaux.

Demandez au patient d'énumérer les obsessions et les compulsions qu'il a couramment afin d'établir une liste de symptômes cibles. Utilisez la *check-list* des obsessions-compulsions pour vous aider à identifier les symptômes actuels. Il est également utile de bien identifier des symptômes anciens dans la mesure où ils peuvent apparaître lors d'évaluations ultérieures. Après avoir identifié les obsessions et les compulsions, ordonnez-les sur la feuille répertoriant les symptômes cibles en fonction de critères cliniques facilement discernables (par exemple, répartissez les compulsions cibles en vérification et lavage). Notez les éléments pertinents des symptômes afin qu'ils puissent être plus facilement repérés (par exemple, quand on répertorie les vérifications, spécifiez ce que le patient vérifie). Assurez-vous bien de noter les symptômes les plus importants, par exemple ceux qui feront l'objet principal de l'évaluation. De toute façon, le score final pour chaque item devra refléter une évaluation composite de l'ensemble des obsessions et des compulsions du patient.

Le cotateur doit vérifier si les comportements rapportés sont des symptômes obsessionnels compulsifs authentiques et non des symptômes d'un autre trouble tel que la phobie simple ou la paraphilie (déviations sexuelles).

Le diagnostic différentiel entre certains tics moteurs complexes et certaines compulsions (par exemple impliquant le toucher) peut être difficile, voire impossible. Dans de tels cas, il est particulièrement important de fournir une description précise des symptômes cibles et d'être homogène lors de cotations ultérieures.

Une évaluation séparée de la sévérité du tic effectuée à l'aide d'un instrument de cotation spécifique des tics peut être nécessaire dans de tels cas.

Quelques items présents dans la liste de symptômes de la YBOCS tels que la trichotillomanie sont actuellement classés dans le DSM-IV-TR comme des symptômes d'un trouble du contrôle des impulsions.

Il est important de noter que l'utilisation de l'échelle YBOCS pour des troubles autres que le trouble obsessionnel compulsif défini dans le DSM-IV-TR reste encore à valider.

Cependant, lors de l'utilisation de la YBOCS pour l'évaluation de la sévérité de symptômes ne faisant pas strictement parti du trouble obsessionnel compulsif (par exemple la trichotillomanie), la pratique courante est d'effectuer la cotation à deux reprises, une fois pour les symptômes obsessionnels compulsifs « classiques » et, dans un second temps, pour les symptômes pouvant être éventuellement reliés au trouble obsessionnel compulsif.

De cette façon, on obtient deux scores séparés, l'un pour la sévérité des symptômes obsessionnels compulsifs et l'autre pour la sévérité des symptômes pour lesquels la relation avec le trouble obsessionnel compulsif n'est pas certaine.

En cas d'évaluations répétées, revoyez les obsessions cibles et éventuellement modifiez-les avant de coter l'item 1 ; faites de même pour les compulsions avant de coter l'item 6. Veuillez noter les scores sur la dernière page.

YBOCS : liste des symptômes

Cocher tous les symptômes du patient, mais veuillez marquer les symptômes principaux par un « P » (le cotateur doit s'assurer que les symptômes sont des symptômes TOC authentiques et non des symptômes d'un autre trouble tel que la phobie simple ou l'hypochondrie). Les symptômes marqués d'un astérisque peuvent être ou ne pas être des symptômes TOC.

Actuelle	Passée	Obsession à thème agressif
....	....	Peur de se faire du mal
....	....	Peur de faire du mal aux autres
....	....	Images de violence ou d'horreur
....	....	Peur de laisser échapper des obscénités ou des insultes
....	....	Peur de faire quelque chose d'autre qui met dans l'embarras*
....	....	Peur d'agir sous une impulsion non voulue (par exemple, de poignarder un ami)
....	....	Peur de voler des choses
....	....	Peur de blesser d'autres personnes par négligence (par exemple, provoquer ou subir un accident de la voie publique)
....	....	Peur que quelque chose d'autre de terrible puisse arriver par sa faute (par exemple, le feu, un cambriolage)
....	....	Autres :..

Actuelle	Passée	Obsessions de contamination
....	....	Préoccupation ou dégoût liés aux déchets ou aux sécrétions corporels (par exemple l'urine, les selles, la salive)
....	....	Préoccupation liée à la saleté ou aux microbes
....	....	Préoccupation excessive liée aux éléments contaminants dans l'environnement (par exemple, l'amiante, les radiations ou les déchets toxiques)
....	....	Préoccupation excessive liée aux éléments touchant la maison (par exemple, les détergents ou les solvants)
....	....	Préoccupation excessive à l'égard des animaux (par exemple, insectes)
....	....	Préoccupation liée aux substances ou résidus collants
....	....	Préoccupé(e) à l'idée d'être malade à cause d'un agent contaminant
....	....	Préoccupé(e) à l'idée de communiquer une maladie aux autres (agressivité)
....	....	Préoccupé(e) simplement par le malaise qu'il ressentirait à la suite d'une contamination
....	....	Autres :..
Actuelle	**Passée**	**Obsessions sexuelles**
....	....	Pensées, images ou impulsions perverses ou interdites à propos de la sexualité
....	....	Le contenu a trait à des enfants ou à l'inceste
....	....	Le contenu a trait à l'homosexualité*
....	....	Comportement sexuel envers les autres (agressivité)
....	....	Autres :..
Actuelle	**Passée**	**Obsessions de collection et d'accumulation**
....	....	(À distinguer des collections et attrait pour les objets ayant une valeur sentimentale ou monétaire)
Actuelle	**Passée**	**Obsessions religieuses**
....	....	Préoccupation liée aux sacrilèges ou aux blasphèmes
....	....	Préoccupation excessive liée au bien/mal, ou à la moralité
....	....	Autres :..

Actuelle	Passée	Obsessions de symétrie, d'exactitude et d'ordre
....	....	Accompagnées d'une pensée magique (par exemple, préoccupation liée à l'idée que sa mère puisse avoir un accident si les choses ne sont pas rangées en place)
....	....	Non accompagnées d'une pensée magique
Actuelle	**Passée**	**Obsessions diverses**
....	....	Besoin de savoir ou de se souvenir
....	....	Peur de dire certaines choses
....	....	Peur de ne pas dire exactement ce qu'il faut
....	....	Peur de perdre des choses
....	....	Images parasites (neutres)
....	....	Sons, mots ou musiques parasites et dénués de sens
....	....	Gêné(e) par certains sons/bruits*
....	....	Nombres qui portent bonheur ou malheur
....	....	Attribution de significations spéciales aux couleurs
....	....	Peurs superstitieuses
....	....	Autres :...
Actuelle	**Passée**	**Obsessions compulsions somatiques**
....	....	Préoccupation liée aux maladies*
....	....	Préoccupation excessive liée à une partie du corps ou à son apparence (par exemple, dysmorphobie)*
....	....	Autres :...
Actuelle	**Passée**	**Compulsions de lavage-nettoyage**
....	....	Lavage des mains ritualisé ou excessif
....	....	Soins corporels ritualisés ou excessifs (douche, bain, brossage des dents)
....	....	Nettoyage d'objets appartenant à la maison ou non
....	....	Autres mesures pour éviter ou supprimer le contact avec des éléments contaminants
....	....	Autres :...
Actuelle	**Passée**	**Compulsions de vérification**
....	....	Vérifier les portes, les serrures, la cuisinière, les appareils ménagers, le frein à main dans la voiture, etc.
....	....	Vérifier que rien ne risque de faire du tort aux autres

....	....	Vérifier que rien ne risque de faire du tort à soi-même
....	....	Vérifier que rien de catastrophique n'est/ne va arrivé(er)
....	....	Vérifier l'absence d'erreur
....	....	Vérifications en rapport avec les obsessions somatiques
....	....	Autres :..
Actuelle	**Passée**	**Rituels de répétition**
....	....	Re-relecture ou ré-écriture
....	....	Répétition d'activités routinières (par exemple sortir/entrer, se lever/s'asseoir, etc.)
....	....	Autres :..
Actuelle	**Passée**	**Compulsions ayant pour thème le fait de compter**
....	....	
Actuelle	**Passée**	**Compulsions d'ordre/de rangement**
....	....	
Actuelle	**Passée**	**Compulsions de collection**
....	....	(À distinguer des collections et de l'intérêt pour les objets de valeur sentimentale ou monétaire, par exemple : lire soigneusement du courrier sans valeur, empiler les vieux journaux, trier les ordures, collectionner les objets inutiles)
Actuelle	**Passée**	**Compulsions diverses**
....	....	Rituels mentaux (autres que vérifier ou compter)
....	....	Besoin excessif de faire des listes
....	....	Besoin de dire, de demander ou de confesser
....	....	Besoin de toucher, tapoter ou frotter*
....	....	Rituels impliquant un clignement d'yeux ou un regard fixe*
....	....	Mesures (non des vérifications) pour éviter : de se faire du mal __ ; de faire du mal aux autres __ ; des conséquences catastrophiques __
....	....	Comportements alimentaires ritualisés*
....	....	Comportements superstitieux
....	....	Trichotillomanie*
....	....	Autres comportements d'auto-agression ou d'automutilation
....	....	Autres :..

YBOCS : liste de symptômes cibles[7]

Obsessions
1. ....
2. ....
3. ....

Compulsions
1. ....
2. ....
3. ....

Évitement
1. ....
2. ....
3. ....

« Je vais vous poser quelques questions sur vos obsessions. » (Veuillez faire référence aux obsessions cibles du patient.) Noter les scores sur la feuille récapitulative.

1. Durée des pensées obsédantes	
« *Combien de temps durent les pensées obsédantes ?* » Lorsque les obsessions surviennent d'une manière intrusive, brève et intermittente, il est parfois impossible d'évaluer leur durée en termes d'heures. Dans ce cas, estimez la durée en fonction de la fréquence de leur survenue. Prenez aussi bien en considération la fréquence de survenue de la pensée, que le nombre d'heures dans la journée qui sont affectées par cette pensée. Demandez : « *Combien de fois la pensée obsédante arrive-t-elle ?* » Assurez-vous d'exclure les ruminations et les préoccupations qui, contrairement aux obsessions, sont égo-syntoniques et rationnelles (mais exagérées).	0. Nulle 1. Légère (moins d'une heure par jour) ou survenue occasionnelle (pas plus de huit fois par jour) 2. Moyenne (1 à 3 heures par jour) ou survenue fréquente (plus de huit fois par jour, mais la journée se passe la plus grande partie du temps sans de la obsession) 3. Importante (plus de 3 heures par jour, jusqu'à 8 heures par jour) ou survenue très fréquente (plus de huit fois par jour et occupant une très grande partie de la journée) 4. Extrêmement importante (supérieure à 8 heures par jour, ou envahissement pratiquement constant) ; pensées tellement nombreuses que l'on ne peut les compter et il est très rare de passer une heure dans la journée sans que plusieurs pensées ne surviennent

7. Yale-Brown Obsessive Compulsive Scale du Dr. Goodman, Clinical Neuroscience Research Unit, Connecticut Mental Ealth Center, 34, Park Street, New Haven, CT, 06508, États-Unis.

2. Gêne liée aux pensées obsédantes	
« *Dans quelle mesure vos pensées obsédantes vous gênent-elles dans votre vie sociale ou professionnelle ? Y a-t-il des choses qu'il vous est impossible de faire à cause de ces pensées obsédantes ?* » (si actuellement le patient ne travaille pas, essayez d'évaluer de combien sa performance serait amoindrie s'il travaillait)	0. Nulle 1. Légère, faible gêne dans les activités sociales ou professionnelles, mais l'efficacité globale du patient n'est pas altérée 2. Moyenne, nette gêne dans les activités sociales et professionnelles mais le patient peut encore faire face 3. Importante, cause une altération réelle des activités sociales et professionnelles du patient 4. Extrêmement importante : gêne invalidante
3. Angoisse associée aux pensées obsédantes	
« *Quel niveau d'angoisse ces pensées obsédantes créent-elles en vous ?* » Dans la plupart des cas, l'angoisse est synonyme d'anxiété. Cependant, des patients peuvent trouver leurs obsessions « gênantes » mais dénier « l'anxiété ». Ne cotez ici que l'anxiété qui semble déclenchée par les obsessions, non pas l'anxiété généralisée ou l'anxiété liée à d'autres symptômes.	0. Nulle 1. Légère, rare et très peu gênante 2. Moyenne, fréquente et gênante, mais que le patient gère encore assez bien 3. Importante, très fréquente et très gênante 4. Extrêmement importante, pratiquement constante et d'une gêne invalidante
4. Résistance aux pensées obsédantes	
« *Quel effort fournissez-vous pour résister aux pensées obsédantes ?* » « *Essayez-vous souvent de détourner votre attention de ces pensées quand elles vous viennent à l'esprit ?* » (N'évaluez ici que l'effort fourni par le patient pour résister, pas le succès ou l'échec dans le contrôle effectif des obsessions.) L'effort fourni par un patient pour résister à ses pensées obsédantes peut ou non correspondre à sa capacité à les contrôler. Cet item n'est pas une mesure directe de la teneur des pensées qui surviennent ; il mesure plutôt la manifestation de quelque chose de sain, à savoir, l'effort fourni par le patient pour contrecarrer les obsessions. Ainsi, plus un patient essaie de résister, moins cet aspect de son fonctionnement paraîtra altéré.	0. Fait l'effort de toujours résister, ou symptômes si minimes qu'ils ne nécessitent pas qu'on leur résiste 1. Essaie de résister la plupart du temps 2. Fait quelque effort pour résister 3. Cède à toutes les obsessions, sans essayer de les contrôler, mais est quelque peu contrarié de ne pouvoir mieux faire 4. Cède volontiers et totalement à toutes les obsessions

5. Degré de contrôle sur les pensées obsédantes	
« *Quel contrôle exercez-vous sur vos pensées obsédantes ? Dans quelle mesure arrivez-vous à stopper ou à détourner vos pensées obsédantes ?* » (Contrairement à l'item précédent sur la résistance, la capacité du patient à contrôler ses obsessions est plus directement reliée à l'importance des pensées qui surviennent.)	0. Contrôle total 1. Beaucoup de contrôle ; généralement capable de stopper ou de détourner les obsessions avec quelques efforts et de la concentration 2. Contrôle moyen, peut de temps en temps arriver à stopper ou à détourner ses obsessions 3. Peu de contrôle, arrive rarement à stopper ses obsessions, peut seulement détourner son attention avec difficulté 4. Pas de contrôle, semble totalement dépourvu de volonté, rarement capable de détourner son attention de ses obsessions, même momentanément
« Les questions qui suivent concernent vos comportements compulsifs. » (Veuillez faire référence aux compulsions cibles du patient.)	
6. Durée des rituels	
« *Combien de temps passez-vous à faire des rituels ?* » Lorsque ce sont des rituels incluant des activités concernant la vie de tous les jours qui sont principalement présents, demandez : « *Combien de temps vous faut-il de plus qu'à la majorité des gens pour accomplir les activités quotidiennes, du fait de vos rituels ?* » Lorsque les compulsions se présentent comme des comportements brefs, intermittents, il peut paraître impossible d'évaluer le temps passé à les émettre, en termes d'heures. Dans ce cas, estimez la durée en déterminant la fréquence de leur émission. Considérer aussi bien le nombre de fois où les compulsions sont émises que le nombre d'heures par jour parasitées par ces compulsions. Notez le nombre de fois où le comportement compulsif apparaît, et non pas les répétitions ; par exemple, un patient qui va dans la salle de bain vingt fois par jour, à différents moments de la journée pour se laver les mains cinq fois de suite très rapidement, émet des rituels vingt fois par jour, pas cinq fois, ni cent fois (20 × 5). Demandez : « *Quelle est la fréquence de vos rituels ?* » Dans la plupart des cas, les rituels sont des comportements observables (par exemple, lavage des mains), mais il y a des cas où les compulsions ne sont pas observables (par exemple, des vérifications mentales).	0. Nulle 1. Légère (passe moins d'une heure à faire des rituels ou émission occasionnelle de conduites ritualisées pas plus de huit fois par jour) 2. Moyenne (passe de 1 heure à 3 heures par jour à faire des rituels) ou apparition fréquente des conduites ritualisées (plus de huit fois par jour, mais le temps, en majorité, n'est pas envahi par les compulsions) 3. Importante (passe plus de 3 heures et jusqu'à 8 heures par jour à faire des rituels) ou apparition très fréquente des conduites ritualisées (plus de huit fois par jour, la plupart du temps est pris par les compulsions) 4. Extrêmement importante (passe plus de 8 heures par jour à faire des rituels) ou présence pratiquement constante de conduites ritualisées (trop importantes pour être dénombrées ; une heure se passe rarement sans qu'apparaissent plusieurs compulsions)

7. Gêne liée aux rituels	
« *Dans quelle mesure les rituels vous gênent-ils dans votre vie sociale ou professionnelle ? Y a-t-il des choses qu'il vous est impossible de faire à cause de vos rituels ?* » (si actuellement le patient ne travaille pas, essayer d'évaluer de combien sa performance serait amoindrie s'il tenait son emploi)	0. Nulle 1. Légère, faible gêne dans les activités sociales ou professionnelles, mais l'efficacité globale du patient n'est pas altérée 2. Moyenne, nette gêne dans les activités sociales ou professionnelles, mais le patient peut faire face 3. Importante, cause une altération réelle des activités sociales ou professionnelles du patient 4. Extrêmement importante, gêne invalidante
8. Angoisse associée aux rituels	
« *Comment vous sentiriez-vous si l'on vous empêchait de faire votre (vos) rituel(s) ?* » [pause] « *Seriez-vous très anxieux ?* » Évaluez le degré d'angoisse du patient si l'exécution du rituel était soudainement interrompue, sans réassurance en contrepartie. Dans la plupart des cas, mais pas dans tous, le fait de ritualiser réduit l'anxiété. Si, d'après le jugement de l'évaluateur, l'anxiété est effectivement réduite, quand on empêche le patient de faire ses rituels comme décrit ci-dessus, alors demander : « *Donnez-vous un indice de votre anxiété, pendant que vous faites les rituels jusqu'au moment où, satisfait, vous cessez.* »	0. Nulle 1. Légère, seulement légèrement anxieux(se) si on l'empêche de ritualiser ou seulement une légère anxiété pendant l'accomplissement des rituels 2. Moyenne, dit que l'angoisse monterait mais resterait contrôlable si on l'empêchait de ritualiser, ou que l'anxiété augmente mais reste contrôlée pendant qu'il accomplit ses rituels 3. Importante, augmentation très nette et très éprouvante de l'anxiété si les rituels sont interrompus ou augmentation très nette ou très éprouvante de l'anxiété pendant l'accomplissement des rituels 4. Extrêmement importante, anxiété invalidante dès qu'une intervention vise à modifier l'activité ritualisée ou anxiété invalidante pendant l'accomplissement des rituels
9. Résistance aux compulsions	
« *Quel effort fournissez-vous pour résister aux compulsions ?* » N'évaluez ici que l'effort fourni pour résister, pas le succès ou l'échec dans le contrôle effectif des rituels. L'effort du patient pour résister à ses rituels peut ou non correspondre à sa capacité à les contrôler. Cet item n'est pas une mesure directe de gravité des rituels, il évalue plutôt la manifestation de quelque chose de sain, à savoir l'effort fourni par le patient pour contrecarrer les rituels. Ainsi plus le patient essaie de résister, moins cet aspect de son fonctionnement paraîtra altéré. Si les rituels sont très réduits, le patient peut très bien ne pas éprouver le besoin de leur résister. Dans ces cas, on donnera la cote 0.	0. Fait l'effort de toujours résister, ou symptômes si minimes qu'ils ne nécessitent pas qu'on leur résiste 1. Essaie de résister la plupart du temps 2. Fait quelque effort pour résister 3. Cède à tous les rituels, sans essayer de les contrôler, mais est quelque peu contrarié de ne pouvoir mieux faire 4. Cède volontiers et totalement à tous les rituels

10. Degré de contrôle sur les rituels	
« *Quelle est l'intensité de la pulsion qui vous oblige à ritualiser ?* » [pause] « *Quel contrôle pouvez-vous exercer sur les rituels ?* » (contrairement à l'item précédent sur la résistance, la capacité du patient à contrôler ses compulsions est plus directement reliée à l'importance des compulsions)	0. Contrôle total 1. Beaucoup de contrôle, ressent une certaine obligation à accomplir les rituels, mais peut généralement exercer un contrôle volontaire sur cette pression 2. Contrôle moyen, forte obligation à accomplir les rituels, peut la contrôler, mais avec difficulté 3. Peu de contrôle, très forte obligation à accomplir des rituels, doit aller jusqu'au bout de l'activité ritualisée et ne peut différer qu'avec difficulté 4. Aucun contrôle, l'obligation à accomplir les rituels est vécue comme complètement involontaire et irrésistible, ne peut que rarement différer même momentanément l'activité

FICHE RÉCAPITULATIVE					
Veuillez entourer le score adéquat					
	Nul	**Un peu**	**Moyen**	**Important**	**Extrêmement important**
1. Temps passé aux obsessions.	0	1	2	3	4
2. Gêne liée aux obsessions.	0	1	2	3	4
3. Angoisse associée aux obsessions	0	1	2	3	4
	Résiste totalement				**Cède complètement**
4. Résistance	0	1	2	3	4
	Contrôle total	**Beaucoup de contrôle**	**Contrôle moyen**	**Peu de contrôle**	**Pas de contrôle**
5. Contrôle sur les obsessions	0	1	2	3	4
Sous-total Obsessions		Additionner les items 1 à 5			________

	Nul	**Un peu**	**Moyen**	**Important**	**Extrêmement important**
1. Temps passé aux compulsions	0	1	2	3	4
2. Gêne liée aux compulsions	0	1	2	3	4
3. Angoisse associée aux compulsions	0	1	2	3	4
	Résiste totalement				**Cède complètement**
4. Résistance	0	1	2	3	4
	Contrôle total	**Beaucoup de contrôle**	**Contrôle moyen**	**Peu de contrôle**	**Pas de contrôle**
5. Contrôle sur les compulsions	0	1	2	3	4
Sous-total Compulsions		Additionner les items 6 à 10			________
Score total		**Additionner les items 1 à 10**			________

3. Liste des pensées obsédantes

Nom :...........................	Prénom :............................	
Date de l'examen :.........................	Sexe :.................	Âge :..........................

Il se peut que des pensées s'imposent à vous et que vous ne puissiez vous en débarrasser.

Vous trouverez ci-dessous une liste de pensées que nous vous demandons de bien vouloir coter de 0 à 4 selon l'échelle suivante qui mesure le degré de perturbation que vous avez ressenti au cours de la semaine dernière.

0. Je ne suis pas du tout troublé(e) par cette pensée.
1. Je suis peu souvent troublé(e) par cette pensée.
2. Je suis souvent troublé(e) par cette pensée.
3. Je suis très souvent troublé(e) par cette pensée.
4. Je suis en permanence troublé(e) par cette pensée.

1. Je pense que je risque d'être contaminé(e).	
2. Je fais très attention à ce que les objets et les meubles aient toujours la même position.	
3. J'ai peur d'avoir oublié quelque chose aussi je récapitule sans cesse ce que je fais.	
4. Je pense que je suis responsable de ce qui va mal dans le monde.	
5. J'ai besoin d'être pardonné(e).	
6. Je suis préoccupé(e) par la pensée que je pourrai avoir des gestes déplacés en public.	
7. Je me sens responsable de ce qui peut arriver aux autres (accident, maladie).	
8. Je suis préoccupé(e) par le fait que les choses soient en ordre.	
9. Je pense à des mots qui passent et repassent sans cesse dans mon esprit.	
10. Il faut que je dise des mots ou des chiffres pour éviter qu'il n'arrive des catastrophes à d'autres personnes.	
11. Je dois toujours atteindre la perfection.	
12. Je me sens obligé(e) de relaver le linge dès qu'il touche mes vêtements ou qu'il m'échappe des mains.	
13. Je pense avoir oublié de fermer le gaz, l'eau, l'électricité et les portes ; je vérifie.	
14. J'ai l'impression que lorsqu'un objet a été touché, utilisé par quelqu'un d'autre, cet objet est souillé.	
15. Je ne peux voir un couteau ou autre objet dangereux sans être préoccupé(e) par la pensée de blesser les autres.	
16. J'ai l'impression d'avoir causé du tort aux autres.	
17. Je pense que je peux provoquer ma mort ou celle des autres par mes pensées.	

18. Je me sens obligé(e) de laver tout ce qui vient de l'extérieur.	
19. Je suis préoccupé(e) par la pensée que je pourrai faire du mal à quelqu'un, voire le tuer sans le vouloir.	
20. Je me sens obligé(e) de me relaver lorsque j'ai une pensée de contamination ou de saleté.	
21. Je me sens obligé(e) de relire ou de réécrire pour être sûr(e) de ce que j'ai fait.	
22. Je doute de ce que je fais au point de vérifier les choses plus d'une fois.	
23. J'ai l'impression qu'un léger contact avec les sécrétions corporelles (sueur, salive, urine, sperme) est dangereux et peut contaminer mes vêtements et tout ce qui m'appartient.	
24. Je me sens mal à l'aise si je n'ai pas été capable de faire quelque chose exactement comme je l'aurais souhaité.	
25. Je me sens obligé(e) d'enlever la moindre poussière sur les meubles ou par terre dès que je la vois et quel que soit le moment.	
26. J'imagine que je pourrais nuire à moi-même ou aux autres, cette pensée survenant sans aucune raison.	
27. Je suis préoccupé(e) outre mesure par les microbes ou les maladies.	
28. Je me sens obligé(e) de compter mentalement ou d'énumérer certains objets.	
29. Toute autre pensée qui vous perturbe (écrivez-la et donnez-lui une note).	

4. Les quatre rituels cibles

Nom :................................	Date :....................
Rituel 1 :..	
Rituel 2 :..	
Rituel 3 :..	
Rituel 4 :..	

Rituel	1	2	3	4	Totaux
Temps					
Malaise					

Temps		Malaise
L'activité prend à peu près le même temps que pour tout le monde. Pas besoin de répéter ou d'éviter	0	Pas de malaise
	1	
L'activité prend environ deux fois le temps nécessaire à tout le monde, ou doit être répétée deux fois.	2	Léger malaise
	3	
L'activité prend environ trois fois le temps nécessaire à tout le monde, ou doit être répétée trois fois.	4	Malaise modéré
	5	
L'activité prend environ quatre fois le temps nécessaire à tout le monde, ou doit être répétée quatre fois	6	Grand malaise
	7	
L'activité prend environ cinq fois le temps nécessaire à tout le monde, ou doit être répétée cinq fois.	8	Malaise extrême
Veuillez noter dans la case ci-contre le temps passé chaque jour pour l'ensemble des rituels (incluant les quatre principaux).		

Choisissez dans l'échelle ci-dessous le chiffre approprié :

0	1	2	3	4	5	6	7	8
0-5 min	5-15 min	15-45 min	45-75 min	1 h 15-2 h	2-3 h	3-5 h	5-8 h	8 h

5. Échelle d'évaluation des obsessions

Nom :......................................	Date :......................
Obsession 1 :..	
Obsession 2 :..	
Obsession 3 :..	
Obsession 4 :..	

Les échelles ci-dessous vous permettent de chiffrer de 0 à 8 vos obsessions en fonction :

- du temps que vous y passez ;
- de l'intensité des malaises que vous ressentez.

Veuillez donner une note temps et une note malaise à chacune de vos obsessions en utilisant le tableau suivant :

Temps		**Malaise**
0-5 minutes	0	Aucun malaise
5-15 minutes	1	
15-45 minutes	2	Malaise léger
45-75 minutes	3	
75 minutes -2 heures	4	Malaise modéré
2-3 heures	5	
3-5 heures	6	Malaise important
5-8 heures	7	
8 heures ou plus par jour	8	Malaise extrême

Note :

	Obsession 1	**Obsession 2**	**Obsession 3**	**Obsession 4**
Temps	....	....	....	....
Malaise	....	....	....	....

Bibliographie

Inventaire de Padoue ***(The Padua Inventory)***

Burns, G.L., Keortge, S.G., Formea, G.M., Sternberger, L.G. (1996). Revision of the Padua Inventory of obsessive compulsive disorder symptoms : distinctions between worry, obsessions and compulsions. *Behaviour Research and Therapy, 34*, 163–173.

Freeston, M.H., Ladouceur, R., Letarte, H., et al. (texte inédit). Measurement of obsessive compulsive symptoms with the Padua Inventory : replication and extension.

Freeston, M.A., Ladouceur, R., Rhéaume, J., et al. (1994a). Self report of obsessions and worry. *Behaviour Research and Therapy, 32*, 29–36.

Kaiser, B., Bouvard, M. (2009). *Qualités psychométriques de l'Inventaire de Padoue sur un échantillon d'étudiants français. Actes du colloque des 18es Journées de psychologie différentielle*. Rennes : Presses Universitaires de Rennes, 423-427.

Kaiser, B., Bouvard, M., Milliery, M. (2009). Laveurs, vérificateurs, ruminateurs : spécificité des croyances dysfonctionnelles, des obsessions et des compulsions ? *Encéphale* 200909003.

Kyrios, M., Bhar, S., Wade, D. (1996). The assessment of obsessive compulsive phenomena : psychometric and normative data on the Padua Inventory from an Australian non clinical student sample. *Behaviour Research and Therapy, 34*, 85–95.

Sanavio, E. (1988). Obsessions and compulsions : the Padua Inventory. *Behaviour Research and Therapy, 26*, 169–177.

Shafran, R. (1995). The psychometric properties of the Padua Inventory in a British obsessional population. *Poster présenté au Congrès mondial de Thérapie cognitive et comportementale,* Copenhague, 1995.

Sternberger, L.G., Burns, G.L. (1990). Obsessions and compulsions : psychometric properties of the Padua Inventory with an American college population. *Behaviour Research and Therapy, 28*, 341–345.

Van Oppen, P. (1992). Obsessions and compulsions : dimensional structure, reliability, convergent and divergent validity of the Padua Inventory. *Behaviour Research and Therapy, 30*, 631–637.

Van Oppen, P., Emmelkamp, P.M.G., Van Balkom, A.J.L., Van Dick, R. (1995a). The sensitivity to change of measures for obsessive compulsive disorder. *Journal of Anxiety Disorders, 9*, 241–248.

Van Oppen, P., Hoekstra, R.J., Emmelkamp, P.M.G. (1995b). The structure of obsessive compulsive symptoms. *Behaviour Research and Therapy, 33*, 15–23.

Échelle d'obsession compulsion de Yale Brown *(Yale Brown Obsessive Compulsive Scale)*

Amir, N., Foa, E.B., Coles, M.E. (1997). Factor structure of the Yale-Brown Obsessive Compulsive Scale. *Psychological Assessment, 9*, 312–316.

Arrindell, W.A., De Vlaming, I.H., Eisenhardt, B.M., et al. (2002). Cross-cultural validity of the Yale-Brown Obsessive Compulsive Scale. *Journal of Behavior Therapy and Experimental Psychiatry, 33*, 159–176.

Bouvard, M., Sauteraud, A., Note, I., et al. (1992). Étude de validation et analyse factorielle de la version française de l'échelle d'obsession compulsion de Yale Brown. *Journal de Thérapie Comportementale et Cognitive, 2*, 18–22.

Deacon, B.J., Abramowitz, J.S. (2005). The Yale-Brown Obsessive Compulsive Scale : factor analysis, construct validity, and suggestions for refinement. *Journal of Anxiety Disorders, 19*, 573–585.

Freeston, M.H., Ladouceur, R., Thibodeau, N., Gagnon, F. (1994b). La mesure des symptômes obsessifs compulsifs. *Journal de Thérapie Comportementale et Cognitive, 4*, 22–29.

Goodman, W.K., Price, H., Rasmussen, S., et al. (1989a). The Yale Brown Obsessive Compulsive Scale. Part 1 : development use and reliability. *Archives of General Psychiatry, 46*, 1006–1011.

Goodman, W.K., Price, H., Rasmussen, S., et al. (1989b). The Yale Brown Obsessive Compulsive Scale. Part 2 : validity. *Archives of General Psychiatry, 46*, 1012–1016.

Goodman, W.K., Price, H., Rasmussen, S., et al. (1989c). Efficacy of fluvoxamine in obsessive compulsive disorder. *Archives of General Psychiatry, 46*, 36–44.

Kim, S.W., Dysken, M.W., Kuskowski, M. (1990). The Yale Brown Obsessive Compulsive Scale : a relability and validity study. *Psychiatry Research, 34*, 99–106.

McKay, D., Danyko, S., Neziroglu, F., Yaryura-Tobias, J. (1995). Factor structure of the Yale-Brown obsessive compulsive scale : a two-dimensional measure. *Behaviour Research and Therapy, 33*, 865–869.

Mollard, E., Cottraux, J., Bouvard, M. (1989). Version française de l'échelle d'obsession-compulsion de Yale Brown. *Encéphale, XV*, 335–341.

Rosenfeld, R., Dar, R., Anderson, D., et al. (1992). A computer-administrered version of the Yale-Brown obsessive compulsive scale. *Psychological Assessment, 4*, 329–332.

Sauteraud, A., Quintard, B., Lamagnere, F., et al. (1999). Construction et validation d'un questionnaire d'auto-évaluation du trouble obsessionnel compulsif : l'auto-Yale-Brown : structure factorielle, validité convergente, fidélité test-retest. *Communication présentée au congrès de l'AFFORTHECC*, Lyon, 1999.

Shear, M.K., Feske, U., Brown, C., et al. (2000). Anxiety disorders measures. In *Handbook of psychiatric measures*, American Psychiatric Association, Washington, 549–589.

Steketee, G., Frost, R., Bogart, K. (1996). The Yale-Brown obsessive compulsive scale : interview versus self-report. *Behaviour Research and Therapy, 34*, 675–684.

Storch, E.A., Shapira, N.A., Dimoulas, E., et al. (2005). Yale-Brown obsessive compulsive scale : the dimensional structure revisited. *Depression and Anxiety, 22*, 28–35.

Taylor, S. (1998). Assessment of obsessive-compulsive disorder. In R.P., Swinson, M.M., Antony, S., Rachman, M., Ritcher (eds.), *Obsessive compulsive disorder : theory, research and treatment*, (pp. 229-257). New York :The Guilford Press.

Woody, S.R., Steketee, G., Chambless, D.L. (1995). Reliability and validity of the Yale-Brown obsessive-compulsive scale. *Behaviour Research and Therapy, 33*, 597–605.

Liste des pensées obsédantes

Bouvard, M., Cottraux, J., Mollard, E., et al. (1997). Validity and factor structure of the Obsessive Compulsive Thoughts Checklist. *Behavioural and Cognitive Psychotherapy, 25*, 51–66.

Bouvard, M., Mollard, E., Cottraux, J., Guerin, J. (1989). Étude préliminaire d'une liste de pensées obsédantes. Validation et analyse factorielle. *Encéphale, XV*, 351–354.

Freeston, M.H., Ladouceur, R., Letarte, H., et al. Measurement of obessive compulsive symptoms with the Padua Inventory. Replication and extension. Document inédit.

Frost, R.O., Kraisse, M.S., Mac Dahon, M.J., et al. (1993). Compulsivity and superstíciousness. *Behaviour Research and Therapy, 31*, 423–425.

Rheaume, J., Ladouceur, R., Freeston, M.H., Letarte, H. (1995). Inflated responsability and its role in OCD. II. Psychometric studies of a semi idiographic measure. *Journal of Psychopathology and Behavioral Assessment, 16*, 265–276.

Smari, J., Bjarnason, B.A., Porleifsson, K., et al. (1994). Étude psychométrique de la LPO en version islandaise. *Poster présenté aux 22e Journées de l'AFTC*, Paris, 1994.

Steketee, G., Freund, B. (1993). Compulsive activity checklist : further psychometric analyse and revision. *Behavioral Psychotherapy, 21*, 13–25.

Les quatre rituels cibles (*Four Target Rituals*)

Marks, I.M., Stern, R.S., Mawson, D., et al. (1980). Clomipramine and exposure for obsessive compulsive rituals. *The British Journal of Psychiatry, 136*, 1–25.

Cottraux, J., Bouvard, M., Legeron, P. (1985). *Méthodes et échelles d'évaluation des comportements*. Paris : Établissement d'applications psychotechniques.
Cottraux, J., Mollard, E., Bouvard, M., et al. (1990). Controlled study of Fluvoxamine and exposure in obsessive-compulsive disorder. *International Clinical Psychopharmacology*, *5*, 17–30.

Échelle d'évaluation des obsessions

Cottraux, J., Bouvard, M., Legeron, P. (1985). *Méthodes et échelles d'évaluation des comportements*. Paris : Établissement d'applications psychotechniques.
Marks, I.M., Hallam, R.S., Connolly, J., Philpott, R. (1977). *Nursing in behavioural psychotherapy. An advance of clinical role for nurses. Royal College of Nursing of the United Kingdom*. London and Tonbrigde : White Friars Press.

Chapitre 11
Stress post-traumatique

Les trois premiers questionnaires présentés dans ce chapitre sont destinés à l'évaluation de l'état de stress post-traumatique. L'inventaire de détresse péritraumatique, quant à lui, a pour objectif l'évaluation de la détresse ressentie pendant et immédiatement après l'événement traumatique (critère A2 du DSM). Enfin, le questionnaire d'expériences dissociatives péritraumatiques est destiné à évaluer l'expérience de dissociation vécue au cours de l'événement traumatique qui s'est révélée être un facteur de risque pour le développement d'un état de stress post-traumatique.

1. PCLS : version stress de l'échelle de stress post-traumatique (Weathers) : *évaluation de la sévérité du stress post-traumatique.*
2. Échelle modifiée des symptômes traumatiques (Falsetti) : *évaluation de la fréquence des critères du stress post-traumatique et de l'intensité de ces symptômes.*
3. Échelle d'impact de l'événement révisée (Weiss et Marmar) : *évaluation du degré actuel d'impact subjectif d'un événement stressant spécifique.*
4. Inventaire de détresse péritraumatique (Brunet) : *évaluation du critère A2 du stress post-traumatique (DSM-IV).*
5. Questionnaire d'expériences dissociatives péritraumatiques (Marmar, Weiss et Metzler) : *évaluation des expériences dissociatives au cours d'un événement traumatique.*

Notice d'information

1. PCLS : version stress de l'échelle de stress post-traumatique[1]

Applications

L'objectif du questionnaire est d'évaluer les symptômes de l'état de stress post-traumatique selon les critères diagnostiques du DSM-IV. La version présentée a pour objectif d'évaluer un épisode de vie stressant ;

1. Weathers F.W., Litz B.T., Herman D.S., Huska J.A., Keane T.M. (1993), traduction : Cottraux J.

une version destinée aux militaires et une version destinée aux civils en temps de guerre existent également.

Mode de passation

Au début du questionnaire, le sujet doit brièvement décrire l'événement traumatique qu'il a vécu et la date de sa survenue. La PCLS est composée de 17 items représentant les critères diagnostiques du DSM-IV. Il est possible d'évaluer également les trois dimensions théoriques du trouble selon le DSM-IV : la répétition, l'évitement et l'hyperactivité neurovégétative.

Cotation

Le sujet évalue l'intensité de chaque item par rapport à l'événement traumatique et au cours du dernier mois sur une échelle de 1 (pas du tout) à 5 (très souvent). Le score total représente la somme obtenue à chacun des 17 items. Trois sous-échelles peuvent être recherchées et correspondent aux critères B, C et D du DSM-IV :

- dimension de répétition : somme des items de 1 à 5 ;
- dimension d'évitement : somme des items de 6 à 12 ;
- dimension d'hyperactivité neurovégétative : somme des items de 13 à 17.

Études de validation

La version anglaise a été administrée à des groupes de sujets présentant un état de stress post-traumatique suite à la guerre, vétérans mâles du Viêtnam (Weathers et al., 1993), ou suite à un accident de voiture ou une agression sexuelle (Blanchard et al., 1996), et à des sujets consultants de services médicaux (Asmundson et al., 2000). La fidélité test-retest (2 à 3 jours) est égale à 0,96. La consistance interne des trois dimensions théoriques varie de 0,82 à 0,93 (Weathers et al., 1993 ; Blanchard et al., 1996). La consistance interne du total est égale à 0,94 (Blanchard et al., 1996). Weathers et al. (1993) ont comparé le total du questionnaire au résultat dimensionnel obtenu par le SCID-I (SCID : *Structural Clinical Interview Disorders*) : le coefficient kappa est égal à 0,64. La validité convergente avec la CAPS (*Clinician-administred PISD Scale*) est égale à 0,93 (Blanchard et al., 1996). La structure factorielle (méthode confirmative) trouvée sur un groupe de sujets consultants de services médicaux est multidimensionnelle (Asmundson et al., 2000). Quatre facteurs ont été trouvés : le premier facteur correspond au critère B du DSM-IV (répétition), le deuxième facteur évitement comprend deux items du critère C (6 et 7), le troisième facteur émoussement comprend les autres items du critère C et, enfin, le quatrième facteur hyperactivité reprend les items du critère D.

La version française a été administrée à des sujets ayant subi un événement traumatique, des sujets contrôles et des sujets ayant un autre trouble anxieux (Ventureyra et al., 2002 ; Yao et al., 2003). La première étude (Ventureyra et al., 2002) compare 113 sujets ayant subi un événement traumatique et 31 sujets issus de la population générale. Les sujets ayant subi un stress traumatique ont été classés en état de stress post-traumatique (ESPT) aigu (n = 31), chronique (n = 72) ou retardé (n = 9). La consistance interne du total est égale à 0,86 et varie de 0,67 à 0,69 pour chacune des trois sous-échelles. Ces résultats sont donc moins satisfaisants que ceux obtenus avec la version anglaise. La fidélité test-retest (2 semaines) calculée sur un sous-groupe de sujets ayant subi un événement traumatique est égale à 0,80. L'analyse factorielle de type exploratoire (n = 144) retrouve trois facteurs ayant une valeur propre supérieure à un. Cinq items n'ont pas une saturation satisfaisante dans l'un ou l'autre des facteurs. Le facteur 1 est composé de 4 items de la dimension théorique répétition (1, 3, 4 et 5) et d'un item de la dimension théorique d'évitement (7) ; le facteur 2 est seulement composé de deux items (11 et 12) ; enfin, le facteur 3 est composé de 4 items sur 5 de la dimension théorique d'hyperactivité. Autrement dit, la structure factorielle de la version française ne retrouve pas le même nombre de facteurs ; la dimension théorique qui pose le plus problème est la dimension d'évitement puisqu'elle est peu retrouvée dans la version française. Il faudra donc reproduire ces résultats avec un autre groupe de sujets plus homogène. La seconde étude (Yao et al. 2003) permet d'établir la validité de critère de la version française. Elle est satisfaisante : la PCLS différencie le groupe de sujets ayant subi un événement traumatique d'un groupe de sujets contrôles. De plus, elle différencie le groupe présentant un ESPT d'un autre groupe de sujets anxieux. La validité discriminante avec l'échelle d'anxiété d'Hamilton est égale à 0,38, et à 0,50 avec l'échelle d'agoraphobie du questionnaire des peurs. Elle est égale à 0,35 avec l'échelle d'anxiété-dépression du questionnaire des peurs (Ventureyra et al., 2002). La sensibilité du questionnaire est montrée dans un sous-groupe de sujets (n = 24) ayant reçu une thérapie cognitive et comportementale (Yao et al., 2003).

Normes

Version anglaise

- Consultants de services médicaux (n = 349) : 30,14 (12,42) (Asmundson et al., 2000).
- Sujets ayant subi un événement traumatique (n = 40) : 45,8 (16,1) (Blanchard et al., 1996).

Version française

- Sujets ayant subi un événement traumatique (n = 113) : 60,18 (9,4).
- Sujets contrôles (n = 31) : 31,52 (12,1) (Ventureyra et al., 2002).

Note seuil = 44

	Sensibilité	Spécificité
Version anglaise	0,94	0,86
Version française	0,97	0,87

Conclusion

Il faudra continuer l'étude des qualités psychométriques du questionnaire, notamment en comparant des sujets psychiatriques aux sujets présentant un ESPT. Les validités convergente et discriminante sont à établir ainsi que la structure factorielle.

2. Échelle modifiée des symptômes traumatiques[2]

Applications

Ce questionnaire permet d'évaluer à la fois la fréquence et la sévérité de quelques critères diagnostiques du DSM-IV, en particulier les critères B (l'événement traumatique est constamment revécu), C (évitement) et D (symptômes neurovégétatifs).

Mode de passation

L'échelle modifiée des symptômes traumatiques (EMST) comprend 17 items que le sujet évalue en fonction de la fréquence et de l'intensité des symptômes. L'échelle de cotation de la fréquence varie de 0 (pas du tout) à 3 (cinq fois ou plus par semaine). L'échelle de cotation de l'intensité des symptômes (sévérité) varie sur une échelle de A (pas du tout perturbant) à E (extrêmement perturbant). L'échelle de cotation varie de 0 à 4 où la lettre A correspond à la note 0 et la lettre E correspond à la note 4.

Dans la mesure où les 17 items correspondent aux critères du DSM-IV, il est également possible de noter quels critères diagnostiques présentent le sujet en transformant la cotation de chaque item en « oui » ou « non ».

Cotation

Le score total est la somme de l'échelle de fréquence et de l'échelle de sévérité. Deux sous-échelles peuvent être retenues :

- la sous-échelle de fréquence : il suffit d'additionner les notes obtenues à l'échelle de fréquence (colonne de gauche) ;
- la sous-échelle de sévérité : il suffit d'additionner les notes obtenues à l'échelle de sévérité (colonne de droite).

2. Falsetti S.A., Resnick H.S., Resick P.A., Kilpatric D.G. (1992), traduction : Stephenson R., Brillon P., Marchand A., Di Blasio L.

Études de validation

Elles sont peu nombreuses. La version anglaise a été administrée à des sujets contrôles et des sujets présentant différents types de traumatisme (Falsetti et al., 1992). Le coefficient de consistance interne est égal à 0,96 pour les patients et à 0,97 pour les sujets issus de la population générale. La validité concourante serait satisfaisante avec l'échelle de stress post-traumatique du SCID. La version française a été étudiée sur des étudiants (Stephenson et al., 1999). Les coefficients de consistance interne sont tous supérieurs à 0,90. La fidélité test-retest (3 semaines) est satisfaisante pour les deux sous-échelles.

Normes

Version anglaise

	Sujets présentant un ESPT	Sujets contrôles
Sous-échelle de fréquence	23	15
Sous-échelle de sévérité	47	32
Total	71	46

Source : d'après Falsetti et al. (1993).

Version française

Étudiants (n=150)		
Sous-échelle de fréquence	Sous-échelle de sévérité	Total
5,89 (8,47)	22,7 (11,48)	28,6

Source : d'après Stephenson et al. (1999).

Conclusion

Ce questionnaire est encore peu utilisé. Des études complémentaires seront nécessaires pour établir les qualités psychométriques. Il reprend l'évaluation des mêmes critères diagnostiques que la PSLS mais il a été construit à partir des critères diagnostiques du DSM-IV.

3. Échelle révisée d'impact de l'événement[3]

Applications

L'échelle d'impact de l'événement révisée a été réalisée à partir de l'échelle d'impact de l'événement d'Horowitz et al. (1979). Ce questionnaire a été

3. Weiss D.S. et Marmar C.R. (1996), traduction : Brunet A., King S., Weiss D.S. (1998).

développé pour évaluer l'état de stress post-traumatique lié à la guerre, mais il a également été étudié sur des populations civiles. L'échelle d'impact de l'événement se focalise sur deux dimensions de l'état de stress post-traumatique : la dimension répétition et la dimension évitement (15 items). C'est le questionnaire le plus utilisé dans la littérature. L'intérêt de l'échelle d'impact de l'événement révisée que nous présentons est d'évaluer une troisième dimension, l'hyperactivité neurovégétative.

Mode de passation

La version révisée de Weiss et Marmar comprend 22 items. Ils ont ajouté un item d'intrusion et 6 items d'hyperactivité à la version d'Horowitz et al. Le sujet évalue chaque symptôme sur une échelle de 0 (pas du tout) à 4 (extrêmement).

Cotation

Il suffit d'additionner les notes obtenues à chaque item pour obtenir un score total. Trois sous-échelles peuvent être calculées :

- sous-échelle des symptômes intrusifs : items 1, 2, 3, 6, 9, 14, 16 et 20 ;
- sous-échelle des symptômes d'évitement : items 5, 7, 8, 11, 12, 13, 17 et 22 ;
- sous-échelle des symptômes d'hyperactivité neurovégétative : items 4, 10, 15, 18, 19 et 21.

Études de validation

Le questionnaire d'Horowitz et al. (1979) étant le plus utilisé dans le domaine, nous évoquerons brièvement les études de validation de cette version. Elles ont surtout été réalisées sur la version anglaise et avec différents types de victimes (Brillon, 2007) : des victimes de viol avec ou sans état de stress post-traumatique (Cassiday et al., 1992) ; des sujets ayant subi un stress (Horowitz et al., 1979) ; des sujets ayant ou non un état de stress post-traumatique aigu suite à un accident de voiture ou à une agression physique (Smith et Bryant, 2000). Le coefficient de consistance interne du total est égal à 0,86, celui de l'échelle d'intrusion à 0,78 et celui de l'échelle d'évitement à 0,82 (Horowitz et al., 1979). La fidélité test-retest (une semaine) est égale à 0,87 pour le score total, 0,89 pour l'échelle d'intrusion et 0,79 pour l'échelle d'évitement (Horowitz et al., 1979). La validité convergente a été étudiée avec l'échelle du Mississipi (r = 0,53) et avec l'échelle ESPT du MMPI (r = 0,33) (Shear et al., 2000). Dans l'étude de Cassiday et al. (1992), l'échelle d'intrusion différencie bien des sujets victimes de viol ayant un ESPT de sujets victimes de viol n'ayant pas le diagnostic clinique d'ESPT, alors que l'échelle d'évitement ne le fait pas. Dans l'étude de Smith et Bryant (2000), les deux échelles différencient les sujets ayant un ESPT aigu de ceux qui n'en ont pas après un événement traumatique (accident de voiture ou agression). L'échelle montre un indice de sensibilité satisfaisant après une thérapie (Horowitz et al., 1979). La version française a été donnée à des victimes de viol un mois puis 4 mois après leur agression (Brillon et Marchand, 1997).

L'échelle d'impact de l'événement révisée est relativement récente. La version française a été étudiée lors de la crise du verglas (1998), une catastrophe naturelle qui a eu lieu au Canada et au nord est des États-Unis (Brunet et al., 2003). L'échantillon était constitué de 224 femmes enceintes au moment de la tempête. Le coefficient de consistance interne est égal à 0,93 pour le score total. Il est égal à 0,86 pour le score d'intrusion, à 0,86 pour le score d'évitement et à 0,81 pour le score d'hyperactivité. Les sous-échelles sont bien corrélées entre elles. La sous-échelle d'intrusion corrèle à 0,61 avec la sous-échelle d'évitement et à 0,68 avec la sous-échelle d'hyperactivité. La sous-échelle d'évitement corrèle à 0,55 avec la sous-échelle d'hyperactivité. L'analyse en composantes principales retrouve les trois facteurs ; cependant, 6 items n'obtiennent pas les résultats attendus (Brunet et al., 2003). La fidélité test-retest (3 mois) est satisfaisante pour le score total comme pour les trois sous-échelles (Brillon, 2007). Une version hollandaise (Olde et al., 2006) confirme la consistance interne du total et des trois sous-échelles. Elle a été étudiée sur 435 femmes venant d'accoucher. L'échelle d'impact de l'événement révisée corrèle à 0,57 avec une autre échelle d'état de stress post-traumatique. Elle corrèle à 0,44 avec le questionnaire d'expériences dissociatives péritraumatiques et à 0,45 avec le questionnaire d'anxiété de Spielberger. Une analyse en facteurs de confirmation est en faveur de trois facteurs corrélés (les trois sous-échelles théoriques présentées dans la partie cotation). La suppression de l'item 14 améliore les indices de l'analyse de confirmation. À noter que la version initiale (15 items) obtient des indices plus satisfaisants dans l'analyse de confirmation (deux facteurs corrélés correspondant aux sous-échelles de la version initiale).

Normes

Version initiale (15 items) d'Horowitz et al. (1979)

Version anglaise

Smith et Bryant (2000)	Sujets ayant un ESPT aigu (n=26)	Sujets n'ayant pas un ESPT aigu (n=24)
Échelle d'intrusion	23,18 (7,88)	7,35 (7,66)
Échelle d'évitement	21,94 (9,10)	7,18 (7,38)

Cassiday et al. (1992)	Victimes de viol avec ESPT (n=12)	Victimes de viol sans ESPT (n=12)
Échelle d'intrusion	24,25 (7,24)	13,33 (10,73)
Échelle d'évitement	21,92 (2,97)	18,08 (8,37)

Version française (données provisoires)

Brillon et Marchand (1997)	Victimes de viol un mois après	Victimes de viol 4 mois après
Score total	48,4 (11,4)	38,7 (14,9)

Version révisée (22 items)

Pour un état de stress post-traumatique, Brillon (2007) rapporte les données de Brunet et al. :

- de 0 à 39 : symptômes légers ;
- de 40 à 55 : symptômes modérés ;
- de 56 et plus : symptômes sévères.

Conclusion

En ce qui concerne la version initiale d'Horowitz, des données sont disponibles pour différents types de victimes ; cependant, la principale faiblesse de l'outil est de ne pas évaluer la dimension d'hyperactivité neurovégétative. La version révisée de Weiss et Marmar (1996) répare cette lacune. Il faudra toutefois compléter l'étude des propriétés psychométriques de cette version révisée.

4. Inventaire de détresse péritraumatique[4]

Applications

Cet inventaire a été développé pour avoir une estimation quantitative du critère A2 de l'état de stress post-traumatique (ESPT) du DSM-IV confirmant l'importance de la perception d'une menace vitale lors de l'événement. Le questionnaire évalue la détresse ressentie pendant et immédiatement après l'événement traumatique (données rétrospectives).

Mode de passation

L'inventaire de détresse péritraumatique (IDP) comprend 13 items. Le sujet cote chacun d'entre eux en fonction de ce qu'il a ressenti pendant et immédiatement après l'événement critique sur une échelle de 0 (pas du tout vrai) à 4 (extrêmement vrai).

4. Brunet A., Weiss D., Metzler T., Best S. et al. (2000), traduction : Jehel L. et al. (2000).

Cotation

Il suffit d'additionner les notes obtenues à chacun des 13 items pour avoir le score total. Deux sous-échelles peuvent être calculées :

- émotions dysphoriques : items 1, 2, 3, 5, 6, 8 et 12 ;
- perceptions d'une menace vitale : items 4, 7, 9, 10, 11 et 13.

Études de validation

L'étude princeps porte sur la version anglaise du questionnaire (Brunet et al., 2001). L'inventaire a été donné à remplir à 702 officiers de police et à 301 sujets issus de la population générale ayant été exposés à un événement critique. La consistance interne est égale à 0,75 dans le groupe des officiers de police et à 0,76 dans le groupe de sujets de la population civile. La fidélité test-retest est égale à 0,74 pour un intervalle moyen de 391 jours dans un sous-groupe des officiers de police. La structure factorielle retient deux facteurs : émotions négatives (7 items) et « menace de vie perçue et activation de sensations corporelles » (6 items). Les résultats de la validité convergente sont satisfaisants. L'IDP corrèle à 0,59 avec le questionnaire d'expériences dissociatives péritraumatiques, à 0,46 avec l'échelle d'ESPT du Mississipi, à 0,47 avec la sous-échelle d'intrusion de l'échelle d'impact de l'événement forme révisée, à 0,47 avec la sous-échelle évitement et à 0,42 avec la sous-échelle d'hyperactivation de cette même échelle d'impact de l'événement forme révisée (Brunet et al., 2001). Les premiers résultats concernant la validité discriminante montrent que l'IDP a peu de lien avec le support social ou la santé physique. La version française a été étudiée sur 127 sujets consultant dans un centre pour victimes (Jehel et al., 2005). La consistance interne est satisfaisante (0,83), ainsi que la fidélité test-retest à 3 mois (0,79). La validité convergente avec le score de dissociation péritraumatique est égale à 0,53 et à 0,65 avec le score global de la mesure de l'impact d'un événement. Enfin, la structure factorielle retrouve les deux facteurs cités dans l'analyse princeps (méthode exploratoire).

Normes

Les données sont issues de l'échantillon francophone de Jehel et al. (2005).

Échantillon total (n=127)	Femmes	Hommes
25,78 (11,59)	28,5 (9,9)	20,6 (9,9)

Conclusion

Ces premiers résultats sont satisfaisants au niveau psychométrique. Les limites du questionnaire soulignées par les auteurs sont qu'il ne tient pas compte du type de l'événement et du délai entre l'évaluation et l'événement (Jehel et al., 2005). Cet inventaire nous semble pertinent dans l'évaluation de l'ESPT.

5. Questionnaire d'expériences dissociatives péritraumatiques[5]

Applications

C'est une mesure rétrospective de la perception de la dissociation durant et immédiatement après l'événement menaçant. L'objectif est d'évaluer l'intensité de l'état dissociatif au cours d'un événement traumatique.

Mode de passation

Le sujet doit d'abord nommer un événement critique avant de répondre aux 10 items du questionnaire.

Cotation

L'échelle de cotation varie de 1 (pas du tout vrai) à 5 (extrêmement vrai). Il suffit ensuite de faire la somme des notes obtenues aux items et de diviser par le nombre d'items.

Études de validation

Il existe peu d'études de validation. La première étude est celle de Birmes et al. (2005). Deux groupes de sujets francophones se présentant à des services d'urgences ont été étudiés. Les coefficients de consistance interne sont satisfaisants (0,79 et 0,78). La fidélité test-retest (25 jours) est également satisfaisante (0,72). La validité convergente avec l'inventaire de détresse péritraumatique est égale à 0,53 ; elle est égale à 0,46 avec l'échelle révisée d'impact de l'événement.

Normes

- Groupe 1 (n=48) : 2,57 (0,80).
- Groupe 2 (n=42) : 2,24 (0,90).

Conclusion

L'intérêt de connaître l'intensité des symptômes de dissociation au cours de l'événement traumatique est sa valeur pronostique. Une expérience dissociative semble jouer un rôle important dans le développement d'un état de stress post-traumatique. Les qualités psychométriques du questionnaire sont à poursuivre.

---

5. Marmar C.R., Weiss D., Metzler T. (1997), traduction : Brunet A. et al. (2003). Birmes P., Brunet A., Benoit M. et al. (2005).

Présentation des outils d'évaluation

1. PCLS : version stress de l'échelle de stress post-traumatique[6]

Nom :............................	Prénom :..........................	Date :.............................

Instructions

Veuillez trouver ci-dessous une liste de problèmes et de symptômes fréquents à la suite d'un épisode de vie stressant. Veuillez lire chaque problème avec soin puis entourer un chiffre à droite pour indiquer à quel point vous avez été perturbé(e) par ce problème dans le *mois précédent.*

L'événement stressant que vous avez vécu était (décrivez-le en une phrase) : ....

Date de l'événement : ....

	Pas du tout	Un peu	Parfois	Souvent	Très souvent
1. Être perturbé(e) par des souvenirs, des pensées ou des images en relation avec cet épisode stressant.	1	2	3	4	5
2. Être perturbé(e) par des rêves répétés en relation avec cet événement.	1	2	3	4	5
3. Brusquement agir ou sentir comme si l'épisode stressant se reproduisait (comme si vous étiez en train de le revivre).	1	2	3	4	5
4. Se sentir très bouleversé(e) lorsque quelque chose vous rappelle l'épisode stressant.	1	2	3	4	5
5. Avoir des réactions physiques, par exemple, battements de cœur, difficultés à respirer, sueurs lorsque quelque chose vous a rappelé l'épisode stressant.	1	2	3	4	5

6. *PCL-S for DSM-IV*, Weathers F.W., Litz B.T., Huska J.A., & Keane T.M., National Center for PTSD-Behavioral Science Division, 1994.

	Pas du tout	Un peu	Parfois	Souvent	Très souvent
6. Éviter de penser ou de parler de votre épisode stressant ou éviter des sentiments qui sont en relation avec lui.	1	2	3	4	5
7. Éviter des activités ou des situations parce qu'elles vous rappellent votre épisode stressant.	1	2	3	4	5
8. Avoir des difficultés à se souvenir de parties importantes de l'expérience stressante.	1	2	3	4	5
9. Perte d'intérêt dans des activités qui habituellement vous faisaient plaisir.	1	2	3	4	5
10. Se sentir distant ou coupé(e) des autres personnes.	1	2	3	4	5
11. Se sentir émotionnellement anesthésié(e) ou être incapable d'avoir des sentiments d'amour pour ceux qui sont proches de vous.	1	2	3	4	5
12. Se sentir comme si votre avenir était en quelque sorte raccourci.	1	2	3	4	5
13. Avoir des difficultés pour vous endormir ou rester endormi(e).	1	2	3	4	5
14. Se sentir irritable ou avoir des bouffées de colère.	1	2	3	4	5
15. Avoir des difficultés à vous concentrer.	1	2	3	4	5
16. Être en état de super-alarme, sur la défensive ou sur vos gardes.	1	2	3	4	5
17. Se sentir énervé(e) ou sursauter facilement.	1	2	3	4	5
Score total					

2. Échelle modifiée des symptômes traumatiques[7]

*Répondez aux questions suivantes en prenant en considération le ou les événements stressants que vous venez d'indiquer. Le but de ce questionnaire est de mesurer la fréquence et la sévérité des symptômes dans les **2 dernières semaines**. Utilisez l'échelle de fréquence pour indiquer la fréquence des symptômes dans la colonne située à la gauche de chacun des énoncés. Ensuite, à l'aide de l'échelle de sévérité, encercler la lettre qui correspond le mieux à la sévérité de chacun des énoncés.*

Fréquence	*Sévérité*
0. Pas du tout 1. Une fois par semaine ou moins/un 2. petit peu/une fois de temps en temps 3. Deux à quatre fois par semaine/assez/ la moitié du temps Cinq fois ou plus par semaine/beaucoup/presque toujours	A. Pas du tout perturbant B. Un peu perturbant C. Modérément perturbant D. Beaucoup perturbant E. Extrêmement perturbant

Fréquence		**Sévérité**				
....	1. Avez-vous eu des pensées ou des souvenirs pénibles récurrents ou intrusifs concernant l' (les) événement(s) ?	A	B	C	D	E
....	2. Avez-vous eu et continuez-vous à avoir des mauvais rêves ou des cauchemars récurrents concernant l' (les) événement(s) ?	A	B	C	D	E
....	3. Avez-vous vécu l'expérience de soudainement revivre l'événement(s), d'avoir un retour en arrière, d'agir ou de sentir que celui-ci se reproduisait ?	A	B	C	D	E
....	4. Avez-vous été perturbé(e) et continuez-vous à être perturbé(e) de façon intense ÉMOTIONNELLEMENT lorsqu'on vous rappelle l' (les) événement(s) (incluant la date d'anniversaire de l'événement) ?	A	B	C	D	E
....	5. Avez-vous fait et continuez-vous de faire des efforts de façon persistante pour éviter les pensées et les sentiments associés à l' (les) événement(s) ?	A	B	C	D	E

7. *Modified PTSD Symptom Scale*, Falseti S.A., Resick H.S., Resnick P.A., & Kilpatrick D.G. (1993), traduction : Stephenson R., Brillon P, Marchand A., Di Blasio L., Laboratoire d'étude du trauma, UQAM (1995).

Fréquence		Sévérité				
....	6. Avez-vous fait et continuez-vous de faire des efforts de façon persistante pour éviter les activités, les situations ou les endroits qui vous remémorent l' (les) événement(s) ?	A	B	C	D	E
....	7. Y a-t-il des aspects importants de l' (des) événement(s) dont vous ne pouvez toujours pas vous rappeler ?	A	B	C	D	E
....	8. Avez-vous perdu de façon marquée vos intérêts pour vos loisirs depuis l' (les) événement(s) ?	A	B	C	D	E
....	9. Vous êtes vous senti(e) détaché(e) ou coupé(e) des gens autour de vous depuis l' (les) événement(s) ?	A	B	C	D	E
....	10. Avez-vous senti que votre capacité à ressentir vos émotions a diminué (par exemple : incapable d'avoir des sentiments amoureux, sentiment d'être sans émotion, incapacité à pleurer lorsque vous êtes triste, etc.) ?	A	B	C	D	E
....	11. Avez-vous perçu(e) que les plans ou les espoirs futurs ont changé en raison de l' (les) événement(s) (par exemple : plus de carrière, mariage, enfants ou de vie longue) ?	A	B	C	D	E
....	12. Avez-vous eu et continuez-vous d'avoir des difficultés persistantes à vous endormir ou à rester endormi(e) ?	A	B	C	D	E
....	13. Avez-vous été et continuez-vous d'être constamment irritable ou porté à éclater soudainement de colère ?	A	B	C	D	E
....	14. Avez-vous eu et continuez-vous d'avoir des difficultés persistantes à vous concentrer ?	A	B	C	D	E
....	15. Êtes-vous excessivement en état d'alerte (par exemple, vérifier qui est autour de vous, etc.) depuis l' (les) événement(s) ?	A	B	C	D	E
....	16. Avez-vous été plus nerveux(se), plus facilement effrayé(e) depuis l' (les) événement(s) ?	A	B	C	D	E
....	17. Avez-vous eu des réactions PHYSIQUES intenses (par exemple, sueurs, palpitations) lorsqu'on vous rappelle l' (les) événement(s) ?	A	B	C	D	E

3. Échelle révisée d'impact de l'événement

Instructions : voici une liste de difficultés que les gens éprouvent parfois à la suite d'un événement stressant. Lisez chacun des énoncés et indiquez dans quelle mesure ceux-ci s'appliquent à vous pour les *7 derniers jours*. Dans quelle mesure avez-vous été affecté ou bouleversé par ces difficultés ?

0. Pas du tout
1. Un peu
2. Moyennement
3. Passablement
4. Extrêmement

Au cours des 7 derniers jours	**0**	**1**	**2**	**3**	**4**
1. Tout rappel de l'événement ravivait mes sentiments en rapport avec celui-ci.	0	1	2	3	4
2. Je me réveillais la nuit.	0	1	2	3	4
3. Différentes choses m'y faisaient penser.	0	1	2	3	4
4. Je me sentais irritable ou en colère.	0	1	2	3	4
5. Quand j'y repensais ou qu'on me le rappelait, j'évitais de me laisser bouleverser.	0	1	2	3	4
6. Sans le vouloir, j'y repensais.	0	1	2	3	4
7. J'avais l'impression que rien n'était vraiment arrivé ou que ce n'était pas réel.	0	1	2	3	4
8. Je me suis tenu(e) loin de ce qui m'y faisait penser.	0	1	2	3	4
9. Des images de l'événement surgissaient dans ma tête.	0	1	2	3	4
10. J'étais nerveux(se) et je sursautais facilement.	0	1	2	3	4
11. J'essayais de ne pas y penser.	0	1	2	3	4
12. J'étais conscient(e) d'avoir beaucoup d'émotions à propos de l'événement, mais je n'y ai pas fait face.	0	1	2	3	4
13. Mes sentiments à propos de l'événement étaient comme figés.	0	1	2	3	4
14. Je me sentais et je réagissais comme si j'étais encore dans l'événement.	0	1	2	3	4
15. J'avais du mal à m'endormir.	0	1	2	3	4
16. J'ai ressenti des vagues de sentiments intenses à propos de l'événement.	0	1	2	3	4
17. J'ai essayé de l'effacer de ma mémoire.	0	1	2	3	4
18. J'avais du mal à me concentrer.	0	1	2	3	4
19. Ce qui me rappelait l'événement me causait des réactions physiques telles que des sueurs, des difficultés à respirer, des nausées ou des palpitations.	0	1	2	3	4

Au cours des 7 derniers jours	0	1	2	3	4
20. J'ai rêvé de l'événement.	0	1	2	3	4
21. J'étais aux aguets et sur mes gardes.	0	1	2	3	4
22. J'ai essayé de ne pas en parler.	0	1	2	3	4

4. Inventaire de détresse péritraumatique[8]

Instructions : complétez s'il vous plaît les énoncés qui suivent en entourant le nombre qui correspond au mieux à ce que vous avez ressenti pendant et immédiatement après l'événement critique. Si une proposition ne s'applique pas à votre expérience de l'événement, alors entourer la réponse « Pas du tout vrai ».

1	Je me sentais totalement incapable de faire quoi que ce soit.				
	0 *Pas du tout vrai*	*1* *Un peu vrai*	*2* *Assez vrai*	*3* *Très vrai*	*4* *Extrêmement vrai*
2	Je ressentais de la tristesse et du chagrin.				
	0 *Pas du tout vrai*	*1* *Un peu vrai*	*2* *Assez vrai*	*3* *Très vrai*	*4* *Extrêmement vrai*
3	Je me sentais frustré(e) et en colère car je ne pouvais rien faire de plus.				
	0 *Pas du tout vrai*	*1* *Un peu vrai*	*2* *Assez vrai*	*3* *Très vrai*	*4* *Extrêmement vrai*
4	J'avais peur pour ma propre sécurité.				
	0 *Pas du tout vrai*	*1* *Un peu vrai*	*2* *Assez vrai*	*3* *Très vrai*	*4* *Extrêmement vrai*
5	Je me sentais coupable.				
	0 *Pas du tout vrai*	*1* *Un peu vrai*	*2* *Assez vrai*	*3* *Très vrai*	*4* *Extrêmement vrai*
6	J'avais honte de mes réactions émotionnelles.				
	0 *Pas du tout vrai*	*1* *Un peu vrai*	*2* *Assez vrai*	*3* *Très vrai*	*4* *Extrêmement vrai*
7	J'étais inquiet pour la sécurité des autres.				
	0 *Pas du tout vrai*	*1* *Un peu vrai*	*2* *Assez vrai*	*3* *Très vrai*	*4* *Extrêmement vrai*
8	J'avais l'impression que j'allais perdre le contrôle de mes émotions.				
	0 *Pas du tout vrai*	*1* *Un peu vrai*	*2* *Assez vrai*	*3* *Très vrai*	*4* *Extrêmement vrai*

8. Brunet A., Weiss D.S., Best S.R., Metzler T.J., Marmar C.R. (1997), traduction : Jehel L. et al. (2000).

9	J'avais envie d'uriner et d'aller à la selle.				
	0 *Pas du tout vrai*	*1* *Un peu vrai*	*2* *Assez vrai*	*3* *Très vrai*	*4* *Extrêmement vrai*
10	J'étais horrifié(e) par ce que j'avais vu.				
	0 *Pas du tout vrai*	*1* *Un peu vrai*	*2* *Assez vrai*	*3* *Très vrai*	*4* *Extrêmement vrai*
11	J'avais des réactions physiques comme des sueurs, des tremblements et des palpitations.				
	0 *Pas du tout vrai*	*1* *Un peu vrai*	*2* *Assez vrai*	*3* *Très vrai*	*4* *Extrêmement vrai*
12	J'étais sur le point de m'évanouir.				
	0 *Pas du tout vrai*	*1* *Un peu vrai*	*2* *Assez vrai*	*3* *Très vrai*	*4* *Extrêmement vrai*
13	Je pensais que j'allais mourir				
	0 *Pas du tout vrai*	*1* *Un peu vrai*	*2* *Assez vrai*	*3* *Très vrai*	*4* *Extrêmement vrai*

5. Questionnaire d'expériences dissociatives péritraumatiques[9]

Instructions : veuillez répondre aux énoncés suivants en entourant le choix de réponse qui décrit le mieux vos expériences et réactions durant et immédiatement après. Si une question ne s'applique pas à votre expérience, entourez « Pas du tout vrai ».

1. Il y a eu des moments où j'ai perdu le fil de ce qui se passait ; j'étais complètement déconnecté(e) ou je me suis senti(e) comme si je ne faisais pas partie de ce qui se passait.				
1 *Pas du tout vrai*	*2* *Un peu vrai*	*3* *Plutôt vrai*	*4* *Très vrai*	*5* *Entièrement vrai*
2. Je me suis retrouvé(e) comme en « pilotage automatique » ; j'ai réalisé plus tard que je m'étais mis(e) à faire des choses que je n'avais pas activement décidées de faire.				
1 *Pas du tout vrai*	*2* *Un peu vrai*	*3* *Plutôt vrai*	*4* *Très vrai*	*5* *Entièrement vrai*
3. Ma perception du temps était changée ; les choses avaient l'air de se dérouler au ralenti.				
1 *Pas du tout vrai*	*2* *Un peu vrai*	*3* *Plutôt vrai*	*4* *Très vrai*	*5* *Entièrement vrai*

9. Birmes P., Brunet, A., Benoit, M., et al. (2005). Validation of the Peritraumatic Dissociative Experiences Questionnaire self-report version in two samples of French-speaking individuals exposed to trauma. *European Psychiatry, 20*, 145-151. Reproduit avec autorisation (copyright Elsevier).

4. Ce qui se passait me semblait irréel, comme si j'étais dans un rêve, ou regardant un film, ou en train de jouer un rôle.				
1 *Pas du tout vrai*	2 *Un peu vrai*	3 *Plutôt vrai*	4 *Très vrai*	5 *Entièrement vrai*
5. C'est comme si j'étais le (ou la) spectateur(trice) de ce qui m'arrivait, comme si je flottais au-dessus de la scène et l'observais de l'extérieur.				
1 *Pas du tout vrai*	2 *Un peu vrai*	3 *Plutôt vrai*	4 *Très vrai*	5 *Entièrement vrai*
6. Il y a eu des moments où la perception que j'avais de mon corps était déformée ou modifiée. Je me sentais déconnecté(e) de mon propre corps, ou bien il me semblait plus grand ou plus petit que d'habitude.				
1 *Pas du tout vrai*	2 *Un peu vrai*	3 *Plutôt vrai*	4 *Très vrai*	5 *Entièrement vrai*
7. J'avais l'impression que les choses qui arrivaient aux autres m'arrivaient à moi aussi – comme par exemple être en danger alors que je ne l'étais pas.				
1 *Pas du tout vrai*	2 *Un peu vrai*	3 *Plutôt vrai*	4 *Très vrai*	5 *Entièrement vrai*
8. J'ai été surpris(e) de constater après coup que plusieurs choses s'étaient produites sans que je m'en rende compte, des choses que j'aurais habituellement remarquées.				
1 *Pas du tout vrai*	2 *Un peu vrai*	3 *Plutôt vrai*	4 *Très vrai*	5 *Entièrement vrai*
9. J'étais confus(e), c'est-à-dire que par moments j'avais de la difficulté à comprendre ce qui se passait vraiment.				
1 *Pas du tout vrai*	2 *Un peu vrai*	3 *Plutôt vrai*	4 *Très vrai*	5 *Entièrement vrai*
10. J'étais désorienté(e), c'est-à-dire que par moments j'étais incertain(e) de l'endroit où je me trouvais, ou de l'heure qu'il était.				
1 *Pas du tout vrai*	2 *Un peu vrai*	3 *Plutôt vrai*	4 *Très vrai*	5 *Entièrement vrai*

Bibliographie

PCLS : version stress de l'échelle de stress post-traumatique

Asmundson, G.J.G., Frombach, I., McQuaid, J., et al. (2000). Dimensionality of posttraumatic stress symptoms : a confirmatory factor analysis of DSM-IV symptoms clusters and other symptom model. *Behaviour Research and Therapy, 38*, 203–214.

Blanchard, E.B., Jones-Alexander, J., Buckley, T.C., Forneris, C.A. (1996). Psychometric properties of the PTSD checklist (PCL). *Behaviour Research and Therapy, 34*, 669–673.

Ventureyra, V.A.G., Yao, N., Cottraux, J., et al. (2002). The validation of the posttraumatic checklist scale (PCLS) in posttraumatic stress disorder and non-clinical subjects. *Psychotherapy and Psychosomatics, 71*, 47–53.

Weathers, F.W., Litz, B.T., Herman, D.S., et al. (1993). The PTSD checklist : reliability, validity and diagnostic utility. Paper presented at the Annual Meeting of the International Society for Traumatic Stress Studies, San Antonio, October 1993.

Yao, S.N., Cottraux, J., Note, I., et al. (2003). Évaluation des états de stress post-traumatique : validation d'une échelle, la PCLS. *Encéphale, XXIX*, 232–236.

Échelle modifiée des symptômes traumatiques

Falsetti, S.A., Resnick, H.S., Resick, P.A., Kilpatrick, D.G. (1992). Post-traumatic stress disorder : the assessment of frequency and severity of symptoms in clinical and nonclinical samples. Paper presented at the 26th Annual Convention of the Association for Advancement of Behaviour Therapy, 1992, Boston.

Falsetti, S.A., Resnick, H.S., Resick, P.A., Kilpatrick, D.G. (1993). The Modified PTSD symptom scale : a brief self-report measure of posttraumatic stress disorder. *Behaviour Therapist, 16*, 161–162.

Stephenson, R., Marchand, A., Lavallée, M.C., et al. (1999). Translation and transcultural validation of the Modified PTSD Symptom Scale. Poster presented at the XXVIth International Congress of Psychology, 1999, Montréal.

Échelle révisée d'impact de l'événement

Brillon, P. (2007). *Instruments d'évaluation des troubles anxieux : caractéristiques et usage*. Montréal : Les Presses de l'Hôpital du Sacré-Cœur de Montréal.

Brillon, P., Marchand, A. (1997). Survivre à une agression sexuelle : symptomatologie post-traumatique et dépressive. *Revue Québécoise de Psychologie, 18*, 125–146.

Brunet, A., St Hilaire, A., Jehel, L., King, S. (2003). Validation of a French version of the Impact of Event Scale Revised. *Canadian Journal of Psychiatry, 48*, 56–61.

Cassiday, K.L., McNally, R.J., Zeitlin, S.B. (1992). Cognitive processing of trauma cues in rape victims with post-traumatic stress disorder. *Cognitive Therapy and Research, 16*, 283–295.

Horowitz, M., Wilner, N., Alvarez, W. (1979). Impact of event scale : a measure of subjective stress. *Psychosomatic Medicine, 41*, 209–218.

Olde, E., Kleber, R., van der Hart, O., et al. (2006). Childbirth and posttraumatic stress response. A validation study of the Dutch Impact of Event Scale-revised. *European Journal of Psychological Assessment, 22*, 259–267.

Shear, M.K., Feske, U., Brown, C., et al. (2000). Anxiety disorders mesures. In *Handbook of psychiatric measures* (pp. 549-590). American Psychiatric Association.

Smith, K., Bryant, R.A. (2000). The generality of cognitive bias in acute stress disorder. *Behaviour Research and Therapy, 38*, 709–715.

Weiss, D.S., Marmar, C.R. (1996). The impact of Event Scale Revised. In J.P., Wilson, T.M., Keane (eds.), *Assessing psychological trauma and PTSD. A practitioner's handbook*, (pp. 399-411). New York : The Guilford Press.

Inventaire de détresse péritraumatique

Brunet, A., Weiss, D.S., Metzler, T., et al. (2001). The Peritraumatic Distress Inventory : a proposed measure of PTSD criterion A2. *American journal of Psychiatry, 158*, 1480–1485.

Jehel, L., Brunet, A., Paterniti, S., Guelfi, J.D. (2005). Validation de la version française de l'inventaire de détresse péritraumatique. *Canadian Journal of Psychiatry, 50*, 67–71.

Questionnaire d'expériences dissociatives péritraumatiques

Birmes, P., Brunet, A., Benoit, M., et al. (2005). Validation of the Peritraumatic Dissociative Experiences Questionnaire self-report version in two samples of

French-speaking individuals exposed to trauma. *European Psychiatry, 20*, 145–151.

Marmar, C.R., Weiss, D.S., Metzler, T. (1997). The Peritraumatic Dissociative Experiences Questionnaire. In J.P., Wilson, T.M., Keane (eds.), *Assessing psychological trauma and posttraumatic stress disorder*. New York : The Guildford Press.

Chapitre 12
Troubles de l'humeur

Dans ce chapitre, nous avons regroupé d'une part l'évaluation de l'humeur dépressive, de l'état maniaque et du trouble bipolaire et, d'autre part, des outils utiles au thérapeute cognitivo-comportemental. Tous les outils d'évaluation présentés sont utilisés au niveau international. Les échelles d'évaluation ou les questionnaires destinés à évaluer l'intensité de la dépression sont l'échelle de dépression d'Hamilton, l'échelle de dépression de Montgomery et Asberg, et les inventaires de dépression de Beck (Beck-21 et BDI-II). L'échelle de manie de Young a pour objectif d'évaluer les symptômes maniaques tandis que le questionnaire des troubles de l'humeur est destiné à l'évaluation des troubles bipolaires. Enfin le questionnaire des pensées automatiques, l'échelle d'attitudes dysfonctionnelles et l'échelle de désespoir sont plutôt utiles à la thérapie cognitive des états dépressifs selon le modèle de Beck. L'échelle de désespoir occupe une place importante dans l'évaluation du risque suicidaire. En effet, une vision négative de son futur est le meilleur prédicteur d'une tentative de suicide ultérieure.

1. Échelle de dépression d'Hamilton (17 items, Hamilton) : *intensité de la dépression évaluée par un observateur.*
2. Échelle de dépression de Montgomery et Asberg (Montgomery et Asberg) : *évaluation des changements dans l'intensité de la dépression.*
3. Échelle de manie de Young : *évaluation des symptômes maniaques*, une des plus utilisée au niveau international.
4. Questionnaire des troubles de l'humeur (Hirschfeld et al.) : *évaluation des troubles bipolaires.*
5. Questionnaire des pensées automatiques (Hollon et Kendall) : *relevé des pensées automatiques.*
6. Échelle d'attitudes dysfonctionnelles (Weissman et Beck) : *recherche des postulats dépressifs.*
7. Inventaire de dépression de Beck (21 items, Beck) : *intensité de la dépression évaluée par le patient.* La version française n'est pas disponible à la publication.
8. Inventaire de dépression de Beck (2e édition) : *le BDI-II.* La version française est disponible aux Éditions de Centre de psychologie appliquée.

9. Échelle de désespoir (Beck) : *évaluation des attentes par rapport au futur et prédiction du suicide*. La version française n'est pas disponible à la publication.

Notice d'information

1. Échelle de dépression d'Hamilton à 17 items (*Hamilton Rating Scale*)[1]

Applications

Elle a pour objectif d'évaluer les changements d'intensité de la dépression. Elle a été acceptée au niveau international comme l'échelle de la dépression. De nombreuses versions existent ; nous présentons celle à 17 items recommandée par l'auteur lui-même.

Mode de passation

Elle est remplie par l'évaluateur après entretien avec le patient et porte sur la semaine écoulée. Le nombre de questions doit être minimum. Neuf items sont cotés sur une échelle de 5 points, et 8 items sont cotés sur une échelle de 3 points. Les cotations de 0 à 4 correspondent à des symptômes absents, douteux ou non significatifs, légers, moyens ou importants. Les cotations de 0 à 2 correspondent à des symptômes absents, douteux, ou légers, moyens ou importants. Un manuel de cotation a été mis au point par Williams (1988) et traduit par Guelfi (1993).

Cotation

Il suffit d'additionner les scores pour obtenir la note totale. L'item 16 possède une double cotation : perte de poids d'après les dires du patient ou appréciée par pesées ; généralement, la cotation d'après les dires du patient est retenue. Mais, dans certaines études, il peut être important d'évaluer la perte de poids par pesée. L'évaluateur doit choisir une des cotations de 0 à 2 et n'en coter qu'une seule pour le score total.

Études de validation

Les études psychométriques de l'échelle sont nombreuses. La version française a surtout été étudiée sur des sujets dépressifs (Lemperière et al., 1984). La fidélité inter-juges est satisfaisante (Bech et al., 1975 ; Maier et al., 1988 ; Korner et al., 1990). L'homogénéité item-total est moins satisfaisante, exception faite pour 6 items (Bech et al., 1979). Certains auteurs (Bech et al., 1981 ; Maier et al., 1988), après application du modèle de Rasch, pensent qu'il est illusoire d'utiliser la note

1. Hamilton M. (1967).

totale. L'échelle d'Hamilton différencie des sujets dépressifs de sujets contrôles mais elle ne permet pas de différencier les groupes diagnostiques de la dépression (Bech et al., 1979). Sa capacité à différencier différents stades de gravité de la dépression est inférieure à la MADRS (*Montgomery and Asberg Depression Rating Scale*) (en particulier pour les dépressions sévères et modérées) (Lemperière et al., 1984 ; Bech et al., 1975). La validité convergente a été bien étudiée. Elle est satisfaisante avec le jugement clinique, l'inventaire de dépression de Beck et la MADRS (Bech et al., 1975 ; Lemperière et al., 1984 ; Korner et al., 1990). Diverses études ont montré le caractère instable de sa structure factorielle (Maier et al., 1988 ; Cialdella et al., 1989). Une version réduite (6 items) unidimensionnelle, appelée l'échelle de mélancolie, permet de mieux différencier les niveaux modérés et sévères de la dépression (Bech et al., 1986). Ces 6 items composent une partie de l'échelle de mélancolie de Bech-Rafaelsen. Il s'agit des items 1, 2, 7, 8, 10 et 13. La sensibilité au changement est excellente, que le traitement soit psychologique ou pharmacologique (Rush et al., 1977 ; Lemperière et al., 1984).

Normes

Un score de 18 ou plus définit un état dépressif modéré (Korner et al., 1990). D'après Bech et al. (1988) :

- de 0 à 7 : pas de dépression ;
- de 8 à 17 : dépression légère ;
- de 18 à 25 : dépression modérée ;
- de 26 à 52 : dépression sévère.

Conclusion

L'échelle de dépression d'Hamilton n'est pas une échelle de diagnostic mais un bon indicateur de l'intensité globale de la dépression. Elle est suffisamment sensible pour apprécier les changements sous traitement antidépresseur. Une équipe internationale dirigée par le professeur Bech a proposé une grille de cotation consensuelle de l'échelle (Williams, 2001).

2. Échelle de dépression de Montgomery et Asberg (*Montgomery and Asberg Depression Rating Scale*)[2]

Applications

Elle comporte 10 items extraits de la CPRS (Comprehensive Psychiatric Rating Scale) et a été conçue pour étudier les modifications de l'humeur sous l'effet des thérapeutiques. Elle est plus connue et utilisée en France et dans les pays européens.

---

2. Montgomery S. et Asberg A. (1979), traduction : Bobon D.P.

Mode de passation

L'évaluation se fait à partir d'un entretien clinique. L'échelle comprend 10 items cotés de 0 à 6. Seules les valeurs paires sont définies. Les valeurs impaires représentent des états intermédiaires.

Cotation

Il suffit d'additionner les notes obtenues à chaque item.

Études de validation

La version française a essentiellement été étudiée sur des sujets déprimés (Pellet et al., 1980, 1987 ; Lemperière et al., 1984 ; Peyre et al., 1989) et des sujets normaux (Pellet et al., 1986 ; Chazot et al., 1986). La fidélité inter-juges est satisfaisante (Montgomery et Asberg, 1979 ; Pellet et al., 1987 ; Peyre et al., 1989). Elle différencie les sujets dépressifs des sujets non dépressifs et des sujets anxieux (Chazot et al., 1986). Si la MADRS ne permet pas de différencier les groupes diagnostiques de la dépression (Ohayon et Fondarai, 1986), elle apparaît meilleure que l'échelle d'Hamilton et surtout l'inventaire de dépression de Beck dans la différenciation des différents stades de gravité de la dépression (Kearns et al., 1982 ; Lemperière et al., 1984). La validité convergente est satisfaisante avec l'échelle de dépression d'Hamilton et l'inventaire de dépression de Beck (Lemperière et al., 1984 ; Pellet et al., 1987). Elle est également satisfaisante avec l'échelle de ralentissement de Widlocher (Pellet et al., 1986). Une analyse factorielle calculée à partir d'une population dépressive retient un facteur général bien que la saturation des items somatiques soit plus faible que celle des items psychiques (Pellet et al., 1987). La supériorité de la MADRS au changement thérapeutique par rapport à l'échelle de dépression d'Hamilton 17 items trouvée par Montgomery et Asberg n'a pas été confirmée par Lemperière et al. (1984). Elle semblerait cependant avoir une meilleure capacité au changement que la version à 21 items d'Hamilton (Peyre et al., 1989).

Normes

La note seuil de dépression a été fixée à 15. La note d'inclusion pour les essais médicamenteux est classiquement de 21 (Pellet, 1993).

Conclusion

La MADRS est relativement rapide pour évaluer l'intensité de la dépression et apparaît sensible au changement thérapeutique. Nous présentons la traduction de D. Bobon, mais il en existe une autre réalisée par T. Lemperière.

3. Échelle de manie de Young[3]

Applications

L'échelle de manie permet d'évaluer les principaux symptômes maniaques. Elle est courte, ce qui la rend utile en pratique clinique.

Passation

Au cours d'un entretien clinique, l'évaluateur cote chaque item selon la description donnée par le patient de son état durant les 2 derniers jours ou selon l'observation de son comportement durant l'entretien.

Cotation

Le score total est la somme des notes obtenues aux 11 items. Chaque item est évalué sur une échelle en 5 points de 0 (absent) à 4. Une description précise est donnée pour chaque point de l'échelle.

Études de validation

L'échelle de manie de Young a surtout été utilisée dans les études pharmacologiques concernant le trouble bipolaire ou l'état maniaque (Favre et al., 2003). La version française de l'échelle a été étudiée sur deux groupes de patients psychiatriques hospitalisés en état maniaque (Favre et al., 2003). La fidélité inter-juges est excellente dans les deux groupes de sujets (0,92 et 0,91) et comparable à celle trouvée dans l'étude princeps (Young et al., 1978). La validité concourante avec l'échelle d'évaluation de la manie de Bech et al. a été calculée tout au long de l'étude pharmacologique de l'étude genevoise : elle varie de 0,74 (jour 21) à 0,96 (jour 28). La sensibilité au changement thérapeutique est satisfaisante.

Normes

Fourchette des moyennes (écarts types)

Les données sont issues de deux groupes de sujets hospitalisés pour état maniaque (Favre et al., 2003).

Groupe 1 (n=18)			Groupe 2 (n=18)	
Évaluateur A	Évaluateur B	Évaluateur C	Évaluateur A	Évaluateur B
17,6 (7,9)	16,2 (7,2)	15,2 (7,4)	14,4 (5,6)	13,1 (5,8)

Conclusion

D'après Favre et al. (2003), cette échelle présente un intérêt certain pour évaluer les épisodes maniaques accompagnés de dysphorie. Elle

3. Young R.C., Biggs J.T., Ziegler V.E. et al. (1978), traduction : Favre S. et al. (2003).

suit une logique clinique permettant d'évaluer l'humeur du sujet, ses comportements, puis les différents autres symptômes de l'état maniaque. Il faudra cependant continuer l'étude de ses propriétés psychométriques et confirmer sa spécificité dans l'état maniaque.

4. Questionnaire des troubles de l'humeur[4]

Applications

Le questionnaire des troubles de l'humeur a été créé pour améliorer la reconnaissance du diagnostic de trouble bipolaire et faciliter sa différenciation d'avec les autres troubles de l'humeur. Il serait spécifique aux troubles bipolaires (troubles bipolaire I, bipolaire II, cyclothymie et bipolaire non spécifié).

Passation

Il comprend trois parties. Dans la première, le sujet répond à 13 items en oui/non ; la deuxième question demande au sujet si les symptômes rapportés sont survenus au cours de la même période (oui/non) ; enfin, la troisième partie porte sur les répercussions de ces épisodes sur la vie du sujet (de 0 = aucun problème, à 4 = problème sévère).

Cotation

Chaque réponse positive dans la première partie est égale à un point. Pour obtenir un diagnostic de trouble du spectre bipolaire, les sujets doivent avoir un score de 7 et plus à cette première partie. Ils doivent avoir donné une réponse positive à la seconde partie et avoir coché « problème modéré » ou « problème sévère » à la troisième partie (Hirschfeld et al., 2000).

Études de validation

Le questionnaire a été étudié sur des sujets présentant la pathologie (Hirschfeld et al., 2000 ; Miller et al., 2004) et en population générale (Hirschfeld et al., 2003). Les coefficients de consistance interne sont satisfaisants quelle que soit la population. La note seuil de la première partie a été recherchée par rapport à l'entretien semi-structuré SCID-I (Hirschfeld et al., 2000). En population générale, la note seuil de 7 obtient un indice de sensibilité faible (28,1 %) et un indice de spécificité correct (Hirschfeld et al., 2003). L'étude de Miller et al. (2004) montre que le questionnaire obtient une meilleure sensibilité avec des sujets présentant un trouble bipolaire I par rapport à des sujets présentant un trouble bipolaire II ou non spécifié. Enfin, l'étude de la version française

4. Hirschfeld R.A., Williams J.B., Spitzer R.L. et al. (2000), traduction : Weber Rouget B. et Aubry J.M. (2005). Copyright Elsevier. Reproduit avec autorisation.

porte sur des sujets présentant des troubles bipolaires (Weber Rouget et al., 2005). Le coefficient de consistance interne est égal à 0,89. La fidélité test-retest (un mois) est également satisfaisante. Les auteurs retrouvent le résultat de la version anglaise concernant la note seuil, à savoir une excellente capacité à repérer les troubles bipolaires I et une plus faible capacité à repérer les troubles bipolaires II.

Conclusion

Les premières données sur le questionnaire de trouble de l'humeur sont encourageantes. Il est utile pour repérer le diagnostic de trouble bipolaire par rapport au diagnostic de dépression unipolaire.

5. Questionnaire des pensées automatiques (*Automatic Thoughts Questionnaire*)[5]

Applications

Le questionnaire des pensées automatiques (QPA) vise à évaluer le contenu négatif du monologue intérieur des sujets dépressifs. L'identification des pensées automatiques négatives permet ultérieurement de les modifier au cours de la thérapie cognitive d'un état dépressif.

Mode de passation

Il s'agit d'un questionnaire comprenant 30 items évaluant la fréquence des pensées automatiques au cours de la semaine précédente sur une échelle de Likert (1 : pas du tout ; 2 : parfois ; 3 : assez souvent ; 4 : souvent ; 5 : tout le temps).

Cotation

Le score global du questionnaire est obtenu à partir des notes attribuées à chaque item par le sujet (étendue de 30 à 150). Plus le score est élevé et plus le sujet a des pensées automatiques négatives.

Études de validation

Elles ont été réalisées soit sur des étudiants (Hollon et Kendall, 1980 ; Dobson et Breiter, 1983 ; Kwon et Oei, 1992 ; Bruch et al., 1993) soit sur des populations cliniques (Harrell et Ryon, 1983 ; Eaves et Rush, 1984 ; Hollon et al., 1986 ; Dobson et Shaw, 1986 ; Blackburn et al., 1986). La version française a été étudiée sur 193 sujets : 100 sujets dépressifs suivant les critères du DSM-III et 93 sujets contrôles comparables pour le genre et l'âge (Bouvard et al., 1992). Le questionnaire des pensées automatiques possède une consistance interne satisfaisante

5. Hollon S.D. et Kendall P. (1984), traduction : Cottraux J. et al. (1985).

retrouvée dans de nombreuses études et quelle que soit la version. Seule la stabilité (fidélité test-retest) de la version française sur une population contrôle a été établie (15 jours, (R = 0,71). La validité de critère est satisfaisante. Les nombreuses études montrent d'une part que les sujets cliniquement dépressifs, voire les étudiants dépressifs, se différencient des sujets contrôles, et d'autre part que les sujets dépressifs et les étudiants dépressifs se différencient des sujets anxieux. Le QPA en revanche ne différencie pas les groupes nosologiques de la dépression. La validité convergente avec l'échelle d'attitudes dysfonctionnelles a beaucoup été étudiée et apparaît satisfaisante quelle que soit la version. Deux études, une sur la version anglaise, l'autre sur la version française (Blackburn et al., 1986 ; Bouvard et al., 1992), rapportent une validité convergente satisfaisante du QPA avec l'échelle de désespoir de Beck. La validité convergente du QPA a été très étudiée avec l'inventaire de dépression de Beck (21 items). Les résultats se montrent également satisfaisants. Les résultats avec l'échelle de dépression d'Hamilton sont peu nombreux et non cohérents. La validité discriminante a seulement été étudiée avec le questionnaire d'anxiété trait état de Spielberger. La corrélation est à 0,79, ce qui pose le problème de la spécificité des cognitions dépressives par rapport aux cognitions anxieuses. L'analyse factorielle de la version française retient un facteur général (56,89 de la variance expliquée) reflétant le désir de changement et un sentiment d'incapacité (Bouvard et al., 1992) ; cependant, 14 items n'ont pas une saturation satisfaisante sur ce facteur (< 0,30). Hollon et Kendall (1980) avaient, de leur côté, retenu quatre facteurs dont le premier expliquait 45,9 % de la variance. Seize items seulement avaient une saturation satisfaisante dans cette solution. Bryant et Baxter (1997) ont réalisé une analyse factorielle à type de confirmation sur les différentes solutions trouvées dans la version anglaise. La meilleure solution serait un modèle hiérarchique avec un premier super-facteur et les quatre dimensions retenues par Hollon et Kendall. Cependant, ces dimensions seraient corrélées entre elles au lieu d'être indépendantes. La sensibilité au traitement est satisfaisante (Eaves et Rush, 1984 ; Dobson et Shaw, 1986). Par ailleurs, les études s'accordent pour dire que cet outil ne peut différencier des sujets dépressifs guéris de sujets contrôles.

Normes

Fourchette des moyennes (écarts types)

Version anglaise

- Sujets contrôles : de 34,9 (13,4) à 52,6 (18,6) (Hollon et Kendall, 1980 ; Eaves et Rusch, 1984 ; Blackburn et al., 1986 ; Dobson et Shaw, 1986 ; Hollon et al., 1986 ; Kwon et Oei, 1992 ; Bruch et al., 1993).

- Sujets dépressifs : de 82,5 (27,5) à 108,8 (26,3) (Hollon et Kendall, 1980 ; Hollon et al., 1986 ; Harrell et Ryon, 1983 ; Eaves et Rush, 1984 ; Blackburn et al., 1986 ; Dobson et Shaw, 1986 ; Bruch et al., 1993).

Version française (Bouvard M. et al., 1992)

- Sujets contrôles (n = 93) : 46,24 (11,97)
- Sujets dépressifs (n = 100) : 95,7 (23,35).

Conclusion

Le QPA a une consistance interne satisfaisante ; la fidélité test-retest est peu étudiée. Il apparaît valide, différenciant les sujets dépressifs des sujets anxieux et contrôles. La validité convergente semble satisfaisante contrairement à la validité discriminante. La sensibilité de ce questionnaire est excellente.

6. Échelle d'attitudes dysfonctionnelles forme A (*Dysfonctional Attitudes Scale Form A*)[6]

Applications

L'échelle d'attitudes dysfonctionnelles a été créée pour évaluer les attitudes de base ou les postulats silencieux qui seraient à l'origine de la triade négative et des erreurs systématiques de traitement de l'information des sujets dépressifs dans la théorie de Beck. L'étude princeps de Weismann (1980) a permis la création de deux formes parallèles à partir d'un questionnaire à 100 items. La majorité des études a retenu la forme A qui est devenue la plus connue et donc celle que nous avons choisie de présenter.

Mode de passation

Il s'agit d'un questionnaire comprenant 40 items que le sujet cote sur une échelle qui va de « entièrement d'accord » à « entièrement en désaccord », en passant par une cote neutre.

Cotation

La correction différencie deux sortes d'items : les items directs et les items indirects. Les 10 items directs sont cotés de 1 à 7 en partant de la gauche. Ce sont les items 2, 6, 12, 17, 24, 29, 30, 35, 37 et 40. Les 30 autres items sont cotés de 1 à 7 en partant de la droite. Le score total est la somme des notes obtenues à tous les items. Plus le score est élevé, plus le patient a des risques de présenter des attitudes dysfonctionnelles.

---

6. Weissman A.N. et Beck A.T. (1980), traduction : Cottraux J. et al. (1985)

Études de validation

Les études des qualités métrologiques ont été réalisées soit sur des populations d'étudiants (Weismann, 1980 ; Dobson et Breiter, 1983 ; Oliver et Baumgart, 1985 ; Cane et al., 1986 ; Kwon et Oei, 1992), soit sur des populations cliniques (Hamilton et Abramson, 1983 ; Eaves et Rush, 1984 ; Blackburn et al., 1986 ; Hollon et al., 1986 ; Dobson et Shaw, 1986). La version française a été étudiée sur 193 sujets : 100 sujets dépressifs selon les critères du DSM-III et 93 sujets contrôles comparables pour le genre et l'âge (Bouvard et al., 1994). L'échelle d'attitudes dysfonctionnelles forme A possède une consistance interne satisfaisante retrouvée dans de nombreuses études et quelle que soit la version. La fidélité test-retest a été relativement peu étudiée. Une version portugaise donne un coefficient à 0,67 (12 semaines) sur une population contrôle (Gouveia et al., 1986). Nous avons trouvé un coefficient de corrélation à 0,81 sur une population contrôle (15 jours). La validité de critère est satisfaisante : le questionnaire différencie les sujets dépressifs de sujets contrôles et de sujets anxieux. Une étude (Hollon et al., 1986) montre cependant qu'il ne différencie pas les sujets dépressifs des sujets schizophrènes. Par ailleurs, il ne permet pas de différencier les groupes nosologiques de la dépression. La validité convergente est satisfaisante et bien établie avec le questionnaire des pensées automatiques et l'inventaire de dépression de Beck 21 items. Trois études rapportent la validité convergente avec l'échelle de désespoir (Blackburn et al., 1986 ; Ranieri et al., 1987 ; Bouvard et al., 1994). Les résultats sont moins nombreux avec l'échelle de dépression d'Hamilton. La validité discriminante n'a pas été étudiée. L'analyse factorielle de la version française réalisée sur l'ensemble des sujets retient quatre facteurs. Le premier facteur refléterait la recherche de l'estime des autres, le deuxième la capacité d'opposition aux autres, le troisième l'indépendance à l'égard des autres, et le quatrième la recherche de l'approbation des autres. L'analyse factorielle de Cane et al. (1986) portait sur une population contrôle et ne retenait que deux facteurs : l'évaluation des performances et l'approbation par les autres. Bien que différentes en apparence, ces analyses montrent une certaine stabilité autour de la notion de « sociotropie-autonomie ». Les résultats de la littérature sont en faveur d'une sensibilité du questionnaire au changement. De plus, il ne différencie pas les sujets dépressifs guéris de sujets contrôles. L'échelle d'attitudes dysfonctionnelles forme A ne mesurerait donc pas une attitude stable. Cela n'est pas contradictoire avec la théorie de Beck : les schémas sont supposés être latents durant la rémission de l'individu tout en le sensibilisant à certains événements.

Normes

Fourchette des moyennes (écarts types)

Version anglaise

• Sujets contrôles : de 88,12 (26,76) à 130,30 (24,9) (Weissman, 1980 ; Dobson et Breiter, 1983 ; Eaves et Rush, 1984 ; Hollon et al., 1986 ; Dobson et Shaw, 1986 ; Blackburn et al., 1986 ; Kwon et Oei, 1992).
• Sujets dépressifs : de 136,17 (32,29) à 166,7 (44,4) (Hamilton et Abramson, 1983 ; Eaves et Rush, 1984 ; Hollon et al., 1986 ; Dobson et Shaw, 1986 ; Blackburn et al., 1986).

Version française (Bouvard et al., 1994)

• Sujets contrôles (n = 93) : 115,77 (25,94).
• Sujets dépressifs (n = 100) : 173,24 (26,49).

Conclusion

L'échelle d'attitudes dysfonctionnelles possède une consistance interne et une fidélité satisfaisantes. Elle apparaît valide en différenciant les sujets dépressifs des sujets anxieux et contrôles. La stabilité factorielle se retrouve autour de la notion de sociotropie-autonomie, mais le nombre de facteurs varie suivant les études.

Il nous a paru intéressant (Bouvard et al., 1994) de proposer une version réduite afin d'améliorer la structure factorielle en ne gardant que les items corrélant à plus de 0,50 avec les facteurs de notre analyse (suppression des items 6, 14, 17, 18, 21, 23, 25, 33, 36, 37 et 40).

7. Inventaire de dépression de Beck (*Beck Depression Inventory*)[7]

Applications

C'est le questionnaire de la dépression le plus utilisé dans la population adulte. Il donne une estimation quantitative de l'intensité de la dépression. Il a été étudié auprès des personnes âgées et des adolescents. Plusieurs versions existent, la dernière édition date de 1994 et porte le nom de BDI-II (BDI : *Beck Depression Inventory*).

Mode de passation

Il est demandé au sujet de remplir le questionnaire en entourant la lettre qui correspond à la proposition choisie. Il peut entourer dans une série plusieurs numéros, si plusieurs propositions lui conviennent.

7. Beck A.T. (1979), traduction : Bourque P. et Beaudette D.

Cotation

Chaque item est constitué de quatre phrases correspondant à quatre degrés d'intensité croissante d'un symptôme sur une échelle de 0 à 3. Dans le dépouillement, il faut seulement tenir compte de la cote la plus forte choisie pour une même série. La note globale est obtenue en additionnant les scores des 21 items.

Études de validation

Il est illusoire de vouloir citer toutes les études psychométriques : Beck et al., (1988a) ont recensé les principales études après 25 ans d'utilisation. L'outil aurait été utilisé dans plus de 2 000 études empiriques (Richter et al., 1998). La version française a été étudiée à la fois sur des sujets déprimés (Pichot et Lemperière, 1964) et des sujets contrôles (Pichot et Lemperière, 1964 ; Bourque et Beaudette, 1982). Au moins vingt-cinq études d'après Beck et al. (1988) ont recherché la consistance interne. Elle est satisfaisante quel que soit le type de sujets (dépressifs ou non). La fidélité test-retest a été étudiée dans dix études au moins. L'indice est très variable suivant les recherches et le type de sujets ; la stabilité test-retest dépend également de l'intervalle de temps entre les deux passations. Elle est meilleure avec des sujets non psychiatriques qu'avec des sujets psychiatriques (Richter et al., 1998). L'inventaire de dépression de Beck différencie les sujets dépressifs des sujets contrôles (Hamilton et Abramson, 1983 ; Hollon et al., 1986 ; Zimmerman et al., 1986). Certaines études montrent qu'il différencie des sujets dépressifs de sujets anxieux non dépressifs (Bruch et al., 1993 ; Steer et al., 1986). D'autres ne retrouvent pas cette distinction entre l'anxiété et la dépression (Haaga et Solomon, 1993 ; Prud'homme et Baron, 1993). Autrement dit, l'inventaire de dépression de Beck doit être utilisé avec prudence avec des sujets psychiatriques : un score élevé n'est pas toujours synonyme de dépression sévère et peut refléter l'anxiété. Par ailleurs, le questionnaire est incapable de différencier les différents types de dépression (Pichot et Lemperière, 1964 ; Hollon et al., 1986 ; Steer et al., 1986). Enfin, la sévérité de la dépression ne différencie pas de manière significative les gens qui ont des idées suicidaires de ceux qui se suicident (Beck et al., 1985 ; Ellis et Ratliff, 1986 ; Greene, 1989). La validité convergente a été particulièrement bien étudiée avec l'échelle de dépression d'Hamilton (elle varie de 0,46 à 0,86 pour des patients psychiatriques et de 0,60 à 0,83 pour des sujets contrôles). Elle a également été étudiée avec un indice de sévérité du jugement clinique (elle varie de 0,55 à 0,96 pour des patients psychiatriques et de 0,55 à 0,73 pour des sujets contrôles ;

Beck et al., 1988a). L'inventaire de dépression de Beck corrèle de 0,55 à 0,72 avec l'échelle de désespoir (Dixon et al., 1993 ; Strosahl et al., 1992). La structure factorielle varie de deux à six facteurs suivant les groupes de sujets (témoins ou dépressifs) et les études, ce qui pose le problème de la stabilité factorielle du questionnaire (Weckowitz et al., 1967 ; Bourque et Beaudette, 1982 ; Campbell et al., 1984 ; Steer et al., 1986 ; Schotte et al., 1997). Les trois recherches qui utilisent une méthode de confirmation donnent un facteur général (Richter et al., 1998). La sensibilité au changement est bonne (Mac Cranie et Riley, 1992).

Normes

Elles ont été établies par Beck et al. (1988) et demanderaient à être confirmées pour les niveaux de dépression indiqués. La note seuil de 9 est souvent utilisée pour décider de la présence d'un état dépressif.

- < 10 : score normal ;
- de 10 à 18 : dépression légère ;
- de 19 à 29 : dépression modérée ;
- > 30 : dépression sévère.

Conclusion

L'inventaire de dépression de Beck évalue l'intensité de la dépression chez des patients dépressifs. Il n'est pas adéquat pour porter un diagnostic de dépression sans un entretien de dépistage, en particulier dans une population psychiatrique. Par ailleurs, six études dont celles de Zimmerman et al. (1986) et Kendall et al. (1987) ont montré que le classement des étudiants en sujets dépressifs ou non dépressifs avec un seul point de mesure est invalide. La seconde évaluation, quel que soit le temps de l'évaluation, est toujours plus basse que la première. Ainsi, le second point de mesure diminue le risque des dépressions transitoires, mais il n'améliore pas l'hétérogénéité des diagnostics ayant de hauts scores de dépression.

8. Inventaire de dépression de Beck (2e édition) : le BDI-II[8]

Le BDI-II constitue une importante révision de l'inventaire de dépression de Beck. Des items ont été réécrits, quatre items ont été

8. Beck A.T., Steer R.A., & Brown G.K. (1994), traduction : Éditions du Centre de psychologie appliquée (1996).

supprimés et remplacés par quatre autres, et deux items ont été modifiés afin d'évaluer aussi bien l'augmentation que la diminution de l'appétit et du sommeil. Le BDI-II est destiné à évaluer la sévérité de la dépression et à mieux répondre aux critères diagnostiques du DSM-IV. Il peut être donné à partir de l'âge de 16 ans. Le principe de la cotation est le même que celui des versions antérieures. La version anglaise du BDI-II a été étudiée sur 500 patients présentant différentes pathologies et des étudiants (n = 120). La fidélité test-retest (une semaine) est satisfaisante sur un groupe de patients. La validité concourante avec la version antérieure est égale à 0,93. La validité convergente a été étudiée avec l'échelle de désespoir (r = 0,68) et avec l'échelle de dépression d'Hamilton (r = 0,71). La corrélation avec l'inventaire d'anxiété de Beck est égale à 0,60. Une analyse en facteurs de confirmation est en faveur de deux dimensions : une dimension somatique (items 4, 10, 11, 12, 13, 15, 16, 17, 18, 19, 20 et 21) et une dimension cognitive/affective (items 1, 2, 3, 5, 6, 7, 8, 9 et 14) (Joe et al., 2008). Steer et al. (1999) ont vérifié la spécificité de la dimension dépressive évaluée par le BDI-II comparée à la dimension anxieuse évaluée par l'inventaire d'anxiété de Beck : 20 des items du BDI-II ont une saturation satisfaisante avec la dimension dépressive ; seul l'item agitation n'a pas une saturation satisfaisante avec cette dimension.

La version française a été administrée à 96 sujets contrôles et 341 sujets psychiatriques. La consistance interne est satisfaisante. La version française différencie bien les sujets déprimés de sujets contrôles et de sujets anxieux. Les notes seuils sont les suivantes :

- de 0 à 11 : pas de dépression ;
- de 12 à 19 : dépression légère ;
- de 20 à 27 : dépression modérée ;
- > 27 : dépression sévère.

Nous rappelons que ces notes sont seulement des indices de la sévérité de la dépression et qu'elles ne constituent pas un diagnostic clinique. La version française est à se procurer aux Éditions du Centre de psychologie appliquée.

9. Échelle de désespoir ou « échelle H » (*Hopelessness Scale*)[9]

Applications

C'est un questionnaire spécifique du dialogue interne du sujet et plus particulièrement de la vue négative de l'avenir. Le « désespoir »

9. Beck A.T. (1974), traduction : Cottraux J. et al. (1985).

appartient à la triade cognitive qui associe des considérations négatives sur soi, le monde et le futur. L'échelle H est une mesure du pessimisme du sujet dépressif et, indirectement, elle reflète les intentions suicidaires. La vue négative du futur peut cependant ne pas être présente chez un sujet dépressif (Greene, 1989). Autrement dit, le désespoir n'est pas une condition nécessaire à la dépression clinique (Whisman et al., 1995). Linehan et Nielsen (1983) ont également montré que la désirabilité sociale pouvait empêcher un sujet d'avouer son pessimisme, ce qui n'invalide pas la valeur du questionnaire mais doit inciter le clinicien à être prudent.

Mode de passation

Il s'agit d'un questionnaire comportant 20 items. Le sujet attribue un caractère vrai ou faux à chacun des items en cochant la colonne appropriée. La version française est appelée échelle H, de manière à ne pas induire le désespoir (Cottraux, 1993).

Cotation

Neuf items reflètent le pessimisme s'ils sont cotés faux et 11 items le reflètent s'ils sont cotés vrais. On attribue la note 1 aux items 2, 4, 7, 9, 11, 12, 14, 16, 17, 18 et 20 s'ils sont cotés « vrais » et aux items 1, 3, 5, 6, 8, 10, 13, 15 et 19 s'ils sont cotés « faux ».

Études de validation

Ce questionnaire a beaucoup été étudié, en particulier sur des populations cliniques (Beck et al., 1974, 1985, 1990 ; Hamilton et Abramson, 1983 ; Ranieri et al., 1987 ; Blackburn et al., 1986 ; Greene, 1989 ; Young et al., 1992), des populations générales (Greene, 1981) ou étudiantes (Dixon et al., 1993 ; Chang et al., 1994). La version française a été étudiée sur 193 sujets se répartissant en 100 sujets dépressifs selon les critères du DSM-III et 93 sujets contrôles. Les deux groupes de sujets sont comparables pour le seet l'âge (Bouvard et al., 1992). L'échelle H possède une bonne consistance interne quelle que soit la version. La fidélité test-retest (15 jours) a seulement été étudiée sur la version française ; elle est égale à 0,81 sur la population contrôle (Bouvard et al., 1992). La validité de critère est satisfaisante. L'échelle H différencie bien les sujets dépressifs des sujets contrôles et des sujets anxieux. Des études ont montré que lorsque la dépression est contrôlée, la relation entre le désespoir et l'intention suicidaire se maintient, alors que lorsque le désespoir (H) est contrôlé, le lien entre dépression et intention suicidaire disparaît (Dyer et Kreitmen, 1984 ; Beck et al., 1985, 1990). D'après Beck, le score de 9 ou plus serait la note seuil de l'intention suicidaire (16 patients sur 17 qui meurent par suicide ont un score de 9 et plus). Refai et al. (1994) ont confirmé cette note sur une population dépressive âgée. La validité convergente a beaucoup été étudiée avec l'inventaire de dépression de Beck 21 items. Elle apparaît satisfaisante. La corrélation de la version française avec l'inventaire de dépression de Beck (13 items) est moins satisfaisante (R = 0,44). La validité convergente avec le questionnaire des pensées automatiques et l'échelle d'attitudes dysfonctionnelles ont été moins étudiées, mais les résultats sont satisfaisants dans l'ensemble (Blackburn et al., 1986 ; Ranieri et al., 1987 ; Bouvard et al., 1992). La validité discriminante a seulement été étudiée par Beck et al., (1988b) avec l'inventaire d'anxiété de Beck (BAI, *Beck Anxiety Inventory*). La corrélation étant à 0,33, l'échelle H semblerait indépendante du domaine de l'anxiété évaluée par le BAI. Les différentes analyses factorielles (Beck et al., 1974 ; Young et al., 1992 ; Bouvard et al., 1992 ; Chang et al., 1994) mettent en évidence un facteur général. L'échelle H semble donc unidimensionnelle à travers les différentes populations et versions. La sensibilité du questionnaire au changement a été montrée (Hamilton et Abramson, 1983). L'échelle H ne différencie pas les sujets contrôles des dépressifs guéris (Blackburn et al., 1986).

Normes

Fourchette des moyennes (écarts types)

Version anglaise

- Sujets contrôles : de 2,3 (1,8) à 4,45 (3,09) (Hamilton et Abramson, 1983 ; Dixon et al., 1993 ; Chang et al., 1994 ; Blackburn et al., 1986 ; Greene, 1981).
- Patients dépressifs : de 7,87 (6,10) à 15,29 (4,47) (Hamilton et Abramson, 1983 ; Dyer et Kreitman, 1984 ; Ranieri et al., 1987 ; Blackburn et al., 1986 ; Beck et al., 1990).

Version française (Bouvard et al., 1992)

- Sujets contrôles (n = 93) : 5,36 (3,65)
- Sujets dépressifs (n = 100) : 13,05 (4,83)

Conclusion

L'intérêt de ce questionnaire serait sa valeur prédictive dans les tentatives de suicide. Un score élevé représente un meilleur corrélat d'intentions suicidaires que la sévérité clinique de la dépression ou le résultat d'une échelle d'intentionnalité suicidaire. Par ailleurs, les sujets ayant une note élevée auraient une moins bonne réponse thérapeutique avec les prises en charge classiques (Whisman et al., 1995).

Présentation des outils d'évaluation

1. Échelle de dépression d'Hamilton

Nom :............................ Prénom :..
Date :............................ Posologie :..................................17 items (0 à 54)

1.	HUMEUR DÉPRESSIVE (tristesse, sentiment d'être sans espoir, impuissant, autodépréciation) 0. Absent. 1. Ces états affectifs ne sont signalés que si l'on interroge le sujet. 2. Ces états affectifs sont signalés verbalement spontanément. 3. Le sujet communique ces états affectifs non verbalement, par exemple par son expression faciale, son attitude, sa voix et sa tendance à pleurer. 4. Le sujet ne communique pratiquement que ces états affectifs dans ses communications spontanées verbales et non verbales.	....
2.	SENTIMENTS DE CULPABILITÉ 0. Absent. 1. S'adresse des reproches à lui-même, a l'impression qu'il a causé un préjudice à des gens. 2. Idées de culpabilité ou rumination sur des erreurs passées ou sur des actions condamnables. 3. La maladie actuelle est une punition. Idées délirantes de culpabilité. 4. Entend des voix qui l'accusent ou le dénoncent et/ou a des hallucinations visuelles menaçantes.	....
3.	SUICIDE 0. Absent. 1. A l'impression que la vie ne vaut pas la peine d'être vécue. 2. Souhaite être mort ou équivalent ; toute pensée de mort possible dirigée contre lui-même. 3. Idées ou geste de suicide. 4. Tentatives de suicide (coter **4** toute tentative sérieuse).	....
4.	INSOMNIE DU DÉBUT DE LA NUIT 0. Pas de difficulté à s'endormir. 1. Se plaint de difficultés éventuelles à s'endormir, par exemple de mettre plus d'une demi-heure. 2. Se plaint d'avoir chaque soir des difficultés à s'endormir.	....
5.	INSOMNIE DU MILIEU DE LA NUIT 0. Pas de difficulté. 1. Le malade se plaint d'être agité et troublé pendant la nuit. 2. Il se réveille pendant la nuit (coter **2** toutes les fois où le malade se lève du lit – sauf si c'est pour uriner).	....
6.	INSOMNIE DU MATIN 0. Pas de difficulté. 1. Se réveille de très bonne heure le matin, mais se rendort. 2. Incapable de se rendormir s'il se lève.	....

7.	TRAVAIL ET ACTIVITÉS 0. Pas de difficulté. 1. Pensées et sentiments d'incapacité, fatigue ou faiblesse se rapportant à des activités professionnelles ou de détente. 2. Perte d'intérêt dans les activités professionnelles ou de détente – ou bien décrite directement par le malade, ou indirectement par son apathie, son indécision et ses hésitations (il a l'impression qu'il doit se forcer pour avoir une activité). 3. Diminution du temps d'activité ou diminution de la productivité. 3. À l'hôpital, coter **3** si le malade ne passe pas au moins 3 heures par jour à des activités (aide aux infirmières ou thérapie occupationnelle (à l'exclusion des tâches de routine de la salle). 4. A arrêté son travail en raison de sa maladie actuelle. À l'hôpital, coter **4** si le malade n'a aucune autre activité que les tâches de routine de salle, ou s'il est incapable d'exécuter ces tâches de routine sans être aidé.	....
8.	RALENTISSEMENT (lenteur de la pensée et du langage, baisse de la faculté de concentration, baisse de l'activité motrice). 0. Langage et pensées normaux. 1. Léger ralentissement à l'entretien. 2. Ralentissement manifeste à l'entretien. 3. Entretien difficile. 4. Stupeur, entretien impossible.	....
9.	AGITATION 0. Aucune. 1. Crispations, secousses musculaires. 2. Joue avec ses mains, ses cheveux ; absence de repos. 3. Bouge, ne peut rester assis tranquille. 4. Se tord les mains, ronge ses ongles, arrache ses cheveux, se mord les lèvres.	....
10.	ANXIÉTÉ PSYCHIQUE 0. Aucun trouble. 1. Tension subjective et irritabilité (anxiété légère). 2. Se fait du souci à propos de problèmes mineurs (anxiété modérée). 3. Attitude inquiète, apparente dans l'expression faciale et le langage (anxiété sévère). 4. Peurs exprimées sans qu'on pose de questions (anxiété invalidante).	....
11.	ANXIÉTÉ SOMATIQUE 0. Absente. 1. Discrète (troubles gastro-intestinaux, bouche sèche, troubles digestifs, diarrhée, coliques, éructations). 2. Moyenne. 3. Grave (cardiovasculaires : palpitations, céphalées). 4. Frappant le sujet d'incapacité fonctionnelle (troubles respiratoires. hyperventilation, soupirs, pollakiurie, transpiration).	....

12.	SYMPTÔMES SOMATIQUES GASTRO-INTESTINAUX 0. Aucun. 1. Perte d'appétit, mais mange sans y être poussé par les infirmières. 3. Sentiment de lourdeur abdominale. 2. A des difficultés à manger en l'absence d'indications du personnel. Demande ou a besoin de laxatifs, de médicaments intestinaux ou gastriques.	....
13.	SYMPTÔMES SOMATIQUES GÉNÉRAUX 0. Aucun. 1. Lourdeur dans les membres, dans le dos ou la tête. Douleurs dans le dos, céphalées, douleurs musculaires. Perte d'énergie et fatigabilité. 2. Coter 2 au cas où n'importe quel symptôme est net.	....
14.	SYMPTÔMES GÉNITAUX (tels que perte de libido, troubles menstruels) 0. Absents. 1. Légers. 2. Graves.	....
15.	HYPOCONDRIE 0. Absente. 1. Attention concentrée sur son propre corps. 2. Préoccupations sur sa santé. 3. Plaintes fréquentes, demandes d'aide, conviction d'être malade physiquement. 4. Idées délirantes hypocondriaques.	....
16.	PERTE DE POIDS (d'après les dires du malade) 0. Pas de perte de poids. 1. Perte de poids probable liée à la maladie actuelle. 2. Perte de poids certaine (suivant ce que dit le sujet). PERTE DE POIDS (appréciée par pesées) 0. Moins de 500 g de perte de poids par semaine. 1. Plus de 500 g de perte de poids par semaine. 2. Plus de 1 kg de perte de poids par semaine.	....
17.	PRISE DE CONSCIENCE 0. Reconnaît qu'il est déprimé et malade. 1. Reconnaît qu'il est malade, mais l'attribue à la nourriture, au climat, au surmenage, à un virus, à un besoin de repos, etc. 2. Nie qu'il est malade.	....
	Score total	....

2. Échelle de dépression de Montgomery et Asberg

Nom :.. Date :..

Consignes
L'évaluation sera basée sur un entretien clinique avec un interrogatoire allant de questions générales sur les symptômes à des questions plus détaillées qui permettront une appréciation précise de leur sévérité. Le médecin chargé de l'évaluation doit décider si celle-ci doit reposer sur les points de l'échelle bien définis (0, 2, 4, 6) ou sur les points intermédiaires (1, 3, 5). Pour chaque rubrique, cocher le chiffre qui caractérise le mieux l'état du patient.

1.	TRISTESSE APPARENTE Correspond au découragement, à la dépression et au désespoir (plus qu'un simple cafard passager) reflétés par la parole, la mimique et la posture. Coter selon la profondeur et l'incapacité à se dérider. 0. Pas de tristesse. 1. 2. Semble découragé mais peut se dérider sans difficulté. 3. 4. Paraît triste et malheureux la plupart du temps. 5. 6. Semble malheureux tout le temps. Extrêmement découragé.
2.	TRISTESSE EXPRIMÉE Correspond à l'expression d'une humeur dépressive, que celle-ci soit apparente ou non. Inclut le cafard, le découragement ou le sentiment de détresse sans espoir. Coter selon l'intensité, la durée et le degré auquel l'humeur est dite être influencée par les événements. 0. Tristesse occasionnelle en rapport avec les circonstances. 1. 2. Triste ou cafardeux, mais se déride sans difficulté. 3. 4. Sentiment envahissant de tristesse ou de dépression. 5. 6. Tristesse, désespoir ou découragement permanents ou sans fluctuation.
3.	TENSION INTÉRIEURE Correspond aux sentiments de malaise mal défini, d'irritabilité, d'agitation intérieure, de tension nerveuse allant jusqu'à la panique, l'effroi ou l'angoisse. Coter selon l'intensité, la fréquence, la durée et le degré de réassurance nécessaire. 0. Calme. Tension intérieure seulement passagère. 1. 2. Sentiments occasionnels d'irritabilité et de malaise mal défini. 3. 4. Sentiments continuels de tension intérieure ou panique intermittente que le malade ne peut maîtriser qu'avec difficulté. 5. 6. Effroi ou angoisse sans relâche. Panique envahissante.

4.	RÉDUCTION DE SOMMEIL Correspond à une réduction de la durée ou de la profondeur du sommeil par comparaison avec le sommeil du patient lorsqu'il n'est pas malade. 0. Dort comme d'habitude. 1. 2. Légère difficulté à s'endormir ou sommeil légèrement réduit, léger ou agité. 3. 4. Sommeil réduit ou interrompu au moins 2 heures. 5. 6. Moins de 2 ou 3 heures de sommeil.
5.	RÉDUCTION DE L'APPÉTIT Correspond au sentiment d'une perte de l'appétit comparé à l'appétit habituel. Coter l'absence de désir de nourriture ou le besoin de se forcer pour manger. 0. Appétit normal ou augmenté. 1. 2. Appétit légèrement réduit. 3. 4. Pas d'appétit. Nourriture sans goût. 5. 6. Ne mange que si on le persuade.
6.	DIFFICULTÉS DE CONCENTRATION Correspond aux difficultés à rassembler ses pensées allant jusqu'à l'incapacité à se concentrer. Coter l'intensité, la fréquence et le degré d'incapacité. 0. Pas de difficultés de concentration. 1. 2. Difficultés occasionnelles à rassembler ses pensées. 3. 4. Difficultés à se concentrer et à maintenir son attention, ce qui réduit la capacité à lire ou à soutenir une conversation. 5. 6. Incapable de lire ou de converser sans grande difficulté.
7.	LASSITUDE Correspond à une difficulté à se mettre en train ou une lenteur à commencer et à accomplir les activités quotidiennes. 0. Guère de difficultés à se mettre en route. Pas de lenteur. 1. 2. Difficultés à commencer des activités. 3. 4. Difficultés à commencer des activités routinières qui sont poursuivies avec effort. 5. 6. Grande lassitude. Incapable de faire quoi que ce soit sans aide.

8.	INCAPACITÉ À RESSENTIR Correspond à l'expérience subjective d'une réduction d'intérêt pour le monde environnant, ou les activités qui donnent normalement du plaisir. La capacité à réagir avec une émotion appropriée aux circonstances ou aux gens est réduite. 0. Intérêt normal pour le monde environnant et pour les gens. 1. 2. Capacité réduite à prendre plaisir à ses intérêts habituels. 3. 4. Perte d'intérêt pour le monde environnant. Perte de sentiment pour les amis et les connaissances. 5. 6. Sentiment d'être paralysé émotionnellement, incapacité à ressentir de la colère, du chagrin ou du plaisir et impossibilité complète ou même douloureuse de ressentir quelque chose pour les proches parents et amis.
9.	PENSÉES PESSIMISTES Correspond aux idées de culpabilité, d'infériorité, d'auto-accusation, de péché, de remords et de ruine. 0. Pas de pensées pessimistes. 1. 2. Idées intermittentes d'échec, d'auto-accusation ou d'autodépréciation. 3. 4. Auto-accusations persistantes ou idées de culpabilité ou péché précises mais encore rationnelles. Pessimisme croissant à propos du futur. 5. 6. Idées délirantes de ruine, de remords ou péché inexpiable. Auto-accusations absurdes et inébranlables.
10.	IDÉES DE SUICIDE Correspond au sentiment que la vie ne vaut pas la peine d'être vécue, qu'une mort naturelle serait la bienvenue ; idées de suicide et préparatifs au suicide. Les tentatives de suicide ne doivent pas, en elles-mêmes, influencer la cotation. 0. Jouit de la vie ou la prend comme elle vient. 1. 2. Fatigué(e) de la vie, idées de suicide seulement passagères. 3. 4. Il vaudrait mieux être mort. Les idées de suicide sont courantes et le suicide est considéré comme une solution possible mais sans projet ou intention précis. 5. 6. Projets explicites de suicide si l'occasion se présente. Préparatifs de suicide.

3. Échelle de manie de Young[10]

Guide pour attribuer des points aux items : le but de chaque item est d'estimer la sévérité de cette anomalie chez le patient. Lorsque plusieurs descriptions sont données pour un degré particulier de sévérité, une seule description est suffisante pour pouvoir attribuer ce degré.

Les descriptions données sont des guides. On peut les ignorer si c'est nécessaire pour évaluer la sévérité, mais cela doit plutôt être l'exception que la règle.

1.	ÉLÉVATION DE L'HUMEUR 0. Absente 1. Légèrement ou possiblement élevée lorsqu'on l'interroge 2. Élévation subjective nette ; optimiste, plein d'assurance ; gai ; contenu approprié 3. Élevée, au contenu inapproprié ; plaisantin 4. Euphorique ; rires inappropriés ; chante
2.	ACTIVITÉ MOTRICE ET ÉNERGIE AUGMENTÉES 0. Absentes 1. Subjectivement élevées 2. Animé ; expression gestuelle plus élevée 3. Énergie excessive ; parfois hyperactif ; agité (peut être calmé) 4. Excitation motrice ; hyperactivité continuelle (ne peut être calmé)
3.	INTÉRÊT SEXUEL 0. Normal ; non augmenté 1. Augmentation légère ou possible 2. Clairement augmenté lorsqu'on l'interroge 3. Parle spontanément de la sexualité ; élabore sur des thèmes sexuels ; se décrit comme étant hypersexuel 4. Agissements sexuels manifestes (envers les patients, les membres de l'équipe ou de l'évaluateur)
4.	SOMMEIL 0. Ne rapporte pas de diminution de sommeil 1. Dort jusqu'à une heure de moins que d'habitude 2. Sommeil réduit de plus d'une heure par rapport à l'habitude 3. Rapporte un moins grand besoin de sommeil 4. Nie le besoin de sommeil
5.	IRRITABILITÉ 0. Absente 1. Subjectivement augmentée 2. Irritable par moments durant l'entretien ; épisodes récents d'énervement ou de colère dans le service 3. Fréquemment irritable durant l'entretien ; brusque ; abrupt 4. Hostile ; non coopératif ; évaluation impossible

10 . Favre S., Aubry J.M., Gex-Fabry M., et al. (2003). Reproduit avec autorisation.

6.	DISCOURS (DÉBIT ET QUANTITÉ) 0. Pas augmenté 1. Se sent bavard 2. Augmentation du débit ou de la quantité par moments ; prolipar moments 3. Soutenu ; augmentation constante du débit ou de la quantité ; difficile à interrompre 4. Sous pression ; impossible à interrompre ; discours soutenu
7.	LANGAGE – TROUBLE DE LA PENSÉE 0. Absent 1. Circonstanciel ; légère distractivité ; pensées rapides 2. Distractivité ; perd le fil de ses idées ; change fréquemment de sujet ; pensées accélérées 3. Fuite des idées ; réponses hors sujet ; difficile à suivre ; fait des rimes ; écholalie 4. Incohérent ; communication impossible
8.	CONTENU 0. Normal 1. Projets discutables ; intérêts nouveaux 2. Projet(s) particulier(s) ; hyper-religieux 3. Idées de grandeur ou de persécution ; idées de référence 4. Délires ; hallucinations
9.	COMPORTEMENT AGRESSIF ET PERTURBATEUR 0. Absent ; coopératif 1. Sarcastique ; parle fort par moments ; sur la défensive 2. Exigeant : fait des menaces dans le service 3. Menace l'évaluateur ; crie ; évaluation difficile 4. Agressif physiquement ; destructeur ; évaluation impossible
10.	APPARENCE 0. Soignée et habillement adéquat 1. Légèrement négligé 2. Peu soigné ; modérément débraillé ; trop habillé 3. Débraillé ; à moitié nu ; maquillage criard 4. Complètement négligé ; orné ; accoutrement bizarre
11.	INTROSPECTION 0. Présente ; admet être malade ; reconnaît le besoin de traitement 1. Éventuellement malade 2. Admet des changements de comportement, mais nie la maladie 3. Admet de possibles changements de comportement, mais nie la maladie 4. Nie tout changement de comportement

4. Questionnaire des troubles de l'humeur[11]

1.	**Est-ce qu'il y a déjà eu une période au cours de laquelle vous n'étiez pas vraiment vous-même et...**	**OUI**	**NON**
	...vous vous sentiez tellement bien ou accéléré(e), au point que d'autres personnes pensaient que vous n'étiez pas dans votre état habituel ou que le fait d'être tellement accéléré(e) vous attira des ennuis ?		
	...vous vous sentiez tellement irritable que vous avez insulté des gens ou que vous avez déclenché des bagarres ou des disputes ?		
	...vous vous sentiez beaucoup plus sûr(e) de vous que d'habitude ?		
	...vous dormiez beaucoup moins que d'habitude et vous trouviez que cela ne vous manquait pas vraiment ?		
	...vous étiez beaucoup plus loquace ou parliez plus vite que d'habitude ?		
	...les pensées défilaient rapidement dans votre tête ou vous ne pouviez pas ralentir le cours de votre pensée ?		
	...vous étiez si facilement distrait(e) par tout ce qui se passait autour de vous, au point d'avoir de la peine à vous concentrer ou à rester sur une idée ?		
	...vous aviez beaucoup plus d'énergie que d'habitude ? ...vous étiez beaucoup plus actif(ve) ou faisiez bien plus de choses que d'habitude ?		
	...vous étiez beaucoup plus sociable ou ouvert que d'habitude, par exemple, vous téléphoniez à des amis au milieu de la nuit ?		
	...vous étiez beaucoup plus intéressé(e) par la sexualité que d'habitude ?		
	...vous faisiez des choses inhabituelles pour vous ou que d'autres personnes auraient pu considérer comme excessives, stupides ou risquées ?		
	...les dépenses que vous avez faites ont causé des problèmes à vous ou à votre famille ?		
2.	**Si vous avez coché « OUI » à plus d'une question ci-dessus, plusieurs d'entre elles sont-elles survenues au cours de la même période ? *Merci de n'entourer qu'une seule réponse.***		
	OUI	NON	

3.	**À quel point cela vous a-t-il causé des problèmes – comme être dans l'incapacité de travailler ; avoir des problèmes familiaux, financiers ou légaux ; vous impliquer dans des disputes ou des bagarres ? Merci de n'entourer qu'une seule réponse.**			
	Aucun problème	Problème mineur	Problème modéré	Problème sévère

11. Hirschfeld R.A., Williams J.B., Spitzer R.L. et al. (2000), traduction Weber Rouget B. et Aubry J.M. (2005). Copyright Elsevier. Reproduit avec autorisation.

5. Questionnaire des pensées automatiques

Nom :................ Prénom :............ Âge :................ Date :......................

Consigne : vous trouverez ci-dessous une liste de 30 pensées qui peuvent émerger dans l'esprit des gens. Veuillez lire attentivement chaque pensée et indiquer avec quelle fréquence, si c'est le cas, cette pensée a été vôtre durant la dernière semaine. Lisez chacune des 30 pensées attentivement et cochez la colonne correspondante.

	Pas du tout	Parfois	Assez souvent	Souvent	Tout le temps
1. J'ai la plus grande difficulté à faire face au monde.					
2. Je ne suis pas bon.					
3. Pourquoi est-ce que je ne réussis jamais ?					
4. Personne ne me comprend.					
5. J'ai laissé tomber les autres.					
6. Je ne pense pas pouvoir continuer.					
7. J'aimerais être quelqu'un de mieux.					
8. Je suis si faible.					
9. Ma vie ne se déroule pas comme je le souhaite.					
10. Je me déçois moi-même.					
11. Rien n'est bon comme avant.					
12. Je ne puis supporter cela plus longtemps.					
13. Je n'arrive pas à commencer les choses.					
14. Qu'il y a-t-il de mauvais en moi ?					
15. Je souhaite être quelqu'un d'autre.					
16. Je ne puis faire marcher les choses.					
17. Je me déteste.					
18. Je suis sans valeur.					
19. Je souhaite disparaître.					
20. Qu'est-ce qui ne va pas en moi ?					

21. Je suis un perdant.					
22. Ma vie est un gâchis.					
23. Je suis un raté.					
24. Je n'y arriverai pas.					
25. Je suis tellement sans espoir.					
26. Quelque chose doit changer.					
27. Il doit y avoir quelque chose de mauvais en moi.					
28. Mon avenir est lugubre.					
29. Cela ne vaut pas la peine.					
30. Je n'arrive pas à terminer les choses.					

6. Échelle d'attitudes dysfonctionnelles[12]

Nom :.. Date :................

Lisez attentivement chaque affirmation proposée dans ce questionnaire et évaluez à quel point vous êtes d'accord ou en désaccord avec cette affirmation. Pour chaque affirmation, donnez votre réponse en plaçant une croix (X) dans la colonne qui décrit le mieux votre façon de penser. Vous pouvez ne choisir qu'une seule réponse pour chaque affirmation. Du fait que les gens sont différents, il n'y a ni vraie, ni fausse réponse à ces affirmations. Pour décider si une affirmation correspond bien à votre façon de voir, prenez en considération simplement votre façon d'être habituelle.

Exemple :

Affirmation	Entièrement d'accord	Vraiment d'accord	Légèrement d'accord	Neutre	Léger désaccord	Vraiment en désaccord	Entièrement en désaccord
1. Tous les gens sont bien dès que vous les connaissez.							

12. Tous droits réservés. Dysfunctional Attitudes Scale de Weissman A. et Beck, A.T. Article présenté au 51e Congrès de l'Eastern Psychological Association, Hartford, 1980.

Regardez l'exemple ci-dessus. Pour montrer à quel point une phrase décrit votre façon de voir les choses, vous choisissez et cochez une colonne de « Entièrement d'accord » à « Entièrement en désaccord ». Par exemple, la marque (X) faite dans la colonne « Légèrement d'accord » signifie que cette affirmation vous semble vraie mais en partie seulement. Souvenez-vous que votre réponse doit décrire votre façon de penser la plupart du temps.
Veuillez répondre à chaque affirmation selon votre manière de penser la plupart du temps.

	Entièrement d'accord	Vraiment d'accord	Légèrement d'accord	Neutre	Léger désaccord	Vraiment en désaccord	Entièrement en désaccord ?
1. Il est difficile d'être heureux à moins d'être beau (belle), intelligent(e)...							
2. Mon bonheur tient plus à ce que je pense de moi, qu'à ce que les autres pensent de moi.							
3. Je serai diminué(e) dans l'esprit des autres si je fais une erreur.							
4. Si je ne réussis pas tout le temps, les gens ne me respecteront pas.							
5. Prendre même un risque léger est ridicule car perdre est susceptible d'être un désastre.							
6. Il est possible d'obtenir le respect d'autrui sans avoir aucun talent particulier.							
7. Je ne peux être heureux(se) que dans la mesure où la plupart des gens que je connais m'admirent.							
8. Si une personne demande de l'aide, c'est un signe de faiblesse.							
9. Si je ne fais pas aussi bien que les autres, cela signifie que je suis un être humain inférieur.							
10. Si j'échoue dans mon travail, je suis un(e) raté(e).							
11. Si l'on ne peut faire bien quelque chose, c'est inutile de le faire.							
12. C'est bien de faire des erreurs, car l'on peut en tirer des enseignements.							

13. Si quelqu'un est en désaccord avec moi, cela signifie qu'il ne m'aime pas.							
14. Si j'ai un échec partiel, c'est aussi grave que si j'échoue complètement.							
15. Si les autres savaient ce que nous sommes réellement, ils auraient moins de considération pour nous.							
16. Si une personne que j'aime ne m'aime pas, je ne suis rien.							
17. On peut obtenir du plaisir d'une activité quel qu'en soit le résultat.							
18. Les gens devraient avoir des chances raisonnables de succès avant d'entreprendre quoi que ce soit.							
19. Ma valeur en tant que personne dépend grandement de ce que les autres pensent de moi.							
20. Si je ne me fipas les buts les plus élevés dans l'existence, je risque de finir comme une personne de deuxième catégorie.							
21. Pour devenir quelqu'un de valable, je dois être vraiment exceptionnel(le) dans au moins un domaine.							
22. Les gens qui ont de bonnes idées sont plus valables que ceux qui n'en n'ont pas.							
23. Si je fais une erreur, je dois certainement être bouleversé(e).							
24. Ma propre opinion de moi-même est plus importante que l'opinion que les autres ont de moi.							
25. Pour être une personne, bonne, morale et valable, je dois aider quiconque est dans le besoin.							
26. Si je pose une question, j'ai l'air d'être inférieur.							
27. C'est terrible d'être désapprouvé(e) par des personnes importantes pour soi.							
28. Si vous ne pouvez avoir le soutien des autres, vous êtes très certainement triste.							
29. Je peux atteindre des buts importants sans me réduire moi-même en esclavage.							
30. Il est possible à une personne de se faire disputer sans être bouleversé(e).							

31. Je ne peux me fier aux autres car ils pourraient être cruels à mon égard.							
32. Si les autres ne vous aiment pas, vous ne pouvez être heureux.							
33. Il est préférable d'oublier votre propre intérêt pour faire plaisir aux autres.							
34. Mon bonheur dépend plus des autres que de moi.							
35. Je n'ai pas besoin de l'approbation des autres pour être heureux.							
36. Si l'on évite les problèmes, ceux-ci disparaissent.							
37. Je peux être heureux même s'il me manque beaucoup de bonnes choses dans la vie.							
38. Ce que les autres pensent de moi est très important.							
39. Être isolé des autres conduit certainement au malheur.							
40. Je peux trouver le bonheur sans être aimé par quelqu'un d'autre.							
Score total :							

Bibliographie

Échelle de dépression d'Hamilton à 17 items *(Hamilton Rating Scale)*

Bech, P. (1988). Rating scales for mood disorders : applicability, consistency and construct validity. *Acta Psychiatrica Scandinavica, 78,* (*Suppl 345*) 45–55.

Bech, P., Allerup, P., Gram, L.F., et al. (1981). The Hamilton depression scale. Evaluation of objectivity using logistic models. *Acta Psychiatrica Scandinavica, 63,* 290–299.

Bech, P., Bolwig, T.G., Kramp, P., Rafaelsen, O.J. (1979). The Bech Rafaelsen mania scale and the Hamilton depression scale. *Acta Psychiatrica Scandinavica, 59,* 420–430.

Bech, P., Gram, L.F., Dein, E., et al. (1975). Quantitative rating of depressive states. *Acta Psychiatrica Scandinavica, 51,* 161–170.

Bech, P., Kastrup, M., Rafaelsen, O.J. (1986). Mini-compendium of rating scales for anxiety, depression, mania, schizophrenia with corresponding DSM-III syndromes. *Acta Psychiatrica Scandinavica, 326,* (*Suppl*), 1–37.

Cialdella, P.H., Chambon, O., Boissel, J.P., Ravet-Cialdella, E. (1989). La recherche d'une mesure unidimensionnelle de la dépression : à propos de l'échelle de dépression d'Hamilton. *Psychiatrie et Psychobiologie, 4,* 203–210.

Guelfi, J.D. (1993). L'échelle de dépression de Hamilton. In : *L'évaluation clinique standardisée en psychiatrie* (tome 1, pp. 187-194). Boulogne : Éditions Médicales Pierre Fabre.

Hamilton, M. (1967). Development of a rating scale for primary depressive illness. *The British Journal of Social and Clinical Biology, 6,* 278–296.

Korner, A., Nielsen, B.M., Eschen, F., et al. (1990). Quantifying depressive symptomatology : interrater reliability and inter item correlations. *Journal of Affective Disorders, 20*, 143–149.

Lemperière, T., Lepine, J.P., Rouillon, F., et al. (1984). Comparaison de différents instruments d'évaluation de la dépression à l'occasion d'une étude sur l'Athymil 30 mg. *Annales Médico-psychologiques*, 1206–1213.

Maier, W., Philipp, M., Haiser, I., et al. (1988). Improving depression severity assessment. I Reliability, internal validity and sensitivity to change of three observer depression scales. *Journal of Psychiatric Research, 22*, 3–12.

Rush, A.J., Beck, A.T., Kovacs, M., Hollon, S. (1977). Comparative efficacy of cognitive therapy and pharmacotherapy in the treatment of depressed outpatients. *Cognitive Therapy and Research, 1*, 17–37.

Williams, J.B.W. (1988). A structured interview guide for the Hamilton depression rating scale. *Archives of General Psychiatry, 45*, 742–746.

Williams, J.B.W. (2001). Standardizing the Hamilton Depression Rating Scale : past, present, and future. *European Archives of Psychiatry and Clinical Neurosciences, 251*, (Suppl. 2), 11/6–11/12.

Échelle de dépression de Montgomery et Asberg (*Montgomery and Asberg Depression Rating Scale*)

Chazot, L., Pellet, J., Lang, F., et al. (1986). Une échelle d'auto-évaluation de la dépression et des troubles psychiatriques dans un service de médecine. *Psychiatrie et Psychobiologie, I*, 20–27.

Kearns, N.P., Cruick, S., Hank, C.A., et al. (1982). A comparison of depression rating scales. *The British Journal of Psychiatry, 141*, 45–49.

Lemperière, T., Lepine, J.P., Rouillon, F., et al. (1984). Comparaison de différents instruments d'évaluation de la dépression à l'occasion d'une étude sur l'Athymil 30 mg. *Annales Médico-psychologiques, 9*, 1206–1213.

Montgomery, S.A., Asberg, A. (1979). A new depression scale designed to be sensitive to change. *The British Journal of Psychiatry, 134*, 382–389.

Ohayon, M., Fondarai, J. (1986). Évaluation statistique d'une nouvelle échelle de dépression : l'échelle relationnelle. *Annales Médico-psychologiques, 144*, 407–422.

Pellet, J. (1993). L'échelle de dépression de Montgomery et Asberg. In J., Guelfi (Ed.), *L'évaluation clinique standardisée en psychiatrie*, Éditions Médicales Pierre Fabre (tome 1, pp. 201-203).

Pellet, J., Bobon, D.P., Mormant, I., et al. (1980). Étude princeps de validation française de la MADRS, sous-échelle de dépression de la CPRS. Compte rendu du Congrès de Psychiatrie et de neurologie, Reims, 1980, LXXVIIIe session (pp. 297-301). Paris : Masson.

Pellet, J., Decrat, M., Lang, F., et al. (1987). Description d'un échantillon de 300 échelles MADRS portant sur des sujets déprimés. *Annales Médico-psychologiques, 145*, 170–175.

Pellet, J., Faure, F., Lang, F., et al. (1986). Étude de l'échelle de ralentissement sur un échantillon de sujets non ralentis non déprimés. *Psychologie Médicale, 18*, 1017–1020.

Peyre, F., Martinez, R., Calache, M., et al. (1989). Revalidation de l'échelle de dépression de Montgomery et Asberg (MADRS) sur un groupe de 147 patients déprimés hospitalisés. *Annales Médico-psychologiques, 147*, 762–767.

Échelle de manie de Young

Favre, S., Aubry, J.M., Gex-Fabry, M., et al. (2003). Traduction et validation française de l'échelle de manie de Young (YMRS). *Encéphale, XXIX*, 499–505.

Young, R.C., Biggs, J.T., Ziegler, V.E., et al. (1978). A rating scale for mania : reliability, validity and sensitivity. *The British Journal of Psychiatry, 133*, 429–435.

Questionnaire des troubles de l'humeur

Hirschfeld, R.M.A., Williams, J.B.W., Spitzer, R.L., et al. (2000). Development and validation of a screening instrument for bipolar disorder : the Mood Disorder Questionnaire. J Am Psychiatry, *157*, 1873–1875.

Hirschfeld, R.M.A., Holzer, C., Calabrese, J.R., et al. (2003). Validity of the Mood Disorder Questionnaire. *The American Journal of Psychiatry, 160*, 178–180.

Miller, C.J., Klugman, J., Berv, D.A., et al. (2004). Sensitivity and specificity of the Mood Disorder Questionnaire for detecting bipolar disorder. *Journal of Affective Disorders, 81*, 167–171.

Weber Rouget, B., Gervasoni, N., Dubuis, V., et al. (2005). Screening for bipolar disorders using a French version of the Mood Disorder Questionnaire (MDQ). *Journal of Affective Disorders, 88*, 103–108.

Questionnaire des pensées automatiques (*Automatic Thoughts Questionnaire*)

Blackburn, I.M., Jones, S., Lewin, R.J.P. (1986). Cognitive style in depression. *The British Journal of Clinical Psychology, 25*, 241–251.

Bouvard, M., Charles, S., Mollard, E., et al. (1992). Étude de validation et analyse factorielle de la version française du questionnaire des pensées automatiques. *Journal de Thérapie Comportementale et Cognitive, 2*, 25–28.

Bruch, M.A., Mattia, J.I., Heimberg, R.G., Holt, C.S. (1993). Cognitive specificity in social anxiety and depression : supporting evidence and qualifications due to affective confounding. *Cognitive Therapy and Research, 17*, 1–21.

Bryant, F.B., Baxter, W.J. (1997). The structure of positive and negative automatic cognition. *Cognition and Emotion, 11*, 225–258.

Cottraux, J., Bouvard, M., Legeron, P. (1985). *Méthodes et échelles d'évaluation des comportements*. Paris : Établissement d'Applications psychotechniques.

Dobson, K.S., Breiter, H.J. (1983). Cognitive assessment of depression : reliability and validity of three measures. *Journal of Abnormal Psychology, 92*, 107–109.

Dobson, K.S., Shaw, B.F. (1986). Cognitive assessment with major depressive disorders. *Cognitive Therapy and Research, 10*, 13–29.

Eaves, G., Rush, A.J. (1984). Cognitive patterns in symptomatic and remitted unipolar major depression. *Journal of Abnormal Psychology, 93*, 31–40.

Harrell, T.H., Ryon, N.B. (1983). Cognitive behavioral assessment of depression : clinical validation of the ATQ. *Journal of Consulting and Clinical Psychology, 51*, 721–725.

Hollon, S.D., Kendall, P.C. (1980). Cognitive self statements in depression : development of an automatic thoughts questionnaire. *Cognitive Therapy and Research, 4*, 383–395.

Hollon, S.D., Lumry, A., Kendall, P.C. (1986). Specificity of depressogenic cognitions in clinical depression. *Journal of Abnormal Psychology, 95*, 52–59.

Kwon, S.M., Oei, T.P.S. (1992). Differential causal roles of dysfunctional attitudes and automatic thoughts in depression. *Cognitive Therapy and Research, 16*, 309–328.

Échelle d'attitudes dysfonctionnelles forme A (*Dysfonctional Attitudes Scale Form A*)

Blackburn, I.M., Jones, S., Lewin, R.J.P. (1986). Cognitive style in depression. *The British Journal of Clinical Psychology, 25*, 241–251.

Bouvard, M., Cottraux, J., Charles, S., et al. (1994). Étude de validation sur une population française de l'échelle d'attitudes dysfonctionnelles de Weissman et Beck (DAS Forme A). *Journal de Thérapie comportementale et cognitive, 4*, 127–135.

Cane, D.B., Olinger, J.L., Gotlib, I.H., Kuiper, N.A. (1986). Factor structure of the dysfunctional attitude scale in a student population. *Journal of Clinical Psychology, 2*, 307–309.

Cottraux, J., Bouvard, M., Legeron, P. (1985). *Méthodes et échelles d'évaluation des comportements.* Paris : Établissement d'Applications psychotechniques.

Dobson, K., Breiter, H. (1983). Cognitive assessment of depression : reliability and validity of three measures. *Journal of Abnormal Psychology, 92*, 107–109.

Dobson, K., Shaw, B. (1986). Cognitive assessment with major depressive disorders. *Cognitive Therapy and Research, 10*, 13–29.

Eaves, G., Rush, A.S. (1984). Cognitive patterns in symptomatic and remitted unipolar major depression. *Journal of Abnormal Psychology, 93*, 31–40.

Gouveia, J.P., Vaz-Serra, A., Robalo, M., et al. (1986). Dysfunctional attitudes and self concept. Poster presented at the 16th Congress of European Association for Therapy, Lausanne, 1986.

Hamilton, E.W., Abramson, L.Y. (1983). Cognitive patterns and major depressive disorder : a longitudinal study in a hospital setting. *Journal of Abnormal Psychology, 92*, 173–184.

Hollon, S.D., Kendall, P.C., Lumry, A. (1986). Specificity of depressotypic cognitions in clinical depression. *Journal of Abnormal Psychology, 95*, 52–59.

Kwon, S.M., Oei, T.P.S. (1992). Differential causal roles of dysfunctional attitudes and automatic thoughts in depression. *Cognitive Therapy and Research, 16*, 309–328.

Oliver, J.M., Baumgart, E.P. (1985). The dysfunctional attitude scale : psychometric properties and relation to depression in an unselected adult population. *Cognitive Therapy and Research, 9*, 161–167.

Raneiri, W.F., Steer, R.A., Laurence, T.I., et al. (1987). Relationships of depression, hopelessness and dysfunctional attitudes to suicide ideation in psychiatric patients. *Psychological Reports, 61*, 967–975.

Weissman, A. (1980). Assessing depressogenic attitudes : a validation study. *Paper presented at the 51st Annual meeting of the Eastern Psychological Association, Hadford*, 1980.

Inventaire de dépression de Beck (*Beck Depression Inventory*)

Beck, A.T., Rush, A.J., Shaw, B.F., Emery, G. (1979). *Cognitive therapy of depression.* New York : Guilford Press.

Beck, A.T., Steer, R.A., Garbin, M.G. (1988a). Psychometric properties of the Beck depression inventory : twenty five years of evaluation. *Clinical Psychology Review, 8*, 77–100.

Beck, A.T., Steer, A., Kovacs, M., Garrison, B. (1985). Hopelessness and eventual suicide : a 10 year prospective study of patients hospitalized with suicidal ideation. *The American Journal of Psychiatry, 142*, 559–563.

Bourque, P., Beaudette, D. (1982). Étude psychométrique du questionnaire de dépression de Beck auprès d'un échantillon d'étudiants universitaires francophones. *Revue Canadienne des Sciences du Comportement, 14*, 211–218.

Bruch, M.A., Mattia, J.I., Heimberg, R.G., Holt, C.S. (1993). Cognitive specificity in social anxiety and depression : supporting evidence and qualifications due to affective confounding. *Cognitive Therapy and Research, 17*, 1–21.

Campbell, I.A., Burgess, P.H.M., Finch, S.J. (1984). A factorial analysis of BDI scores. *Journal of Clinical Psychology, 40*, 992–996.

Dixon, W.A., Heppner, P.P., Burnett, J.W., Lips, B.J. (1993). Hopelessness and stress : evidence for an interactive modele of depression. *Cognitive Therapy and Research, 17*, 39–52.

Ellis, T.E., Ratliff, R.G. (1986). Cognitive characteristics of suicidal and nonsuicidal psychiatric inpatients. *Cognitive Therapy and Research, 10*, 625–634.

Greene, S.M. (1989). The relationship between depression and hopelessness. *The British Journal of Psychiatry, 154*, 650–659.

Haaga, D.A.F., Solomon, A. (1993). Impact of Kendall, Hollon, Beck., Hammen and Ingram (1987) on treatment of the continuity issue in depression research. Cognitive Therapy and Research, *17*, 314–324.

Hamilton, E.W., Abramson, L.Y. (1983). Cognitive patterns and major depressive disorder : a longitudinal study in a hospital setting. *Journal of Abnormal Psychology, 92*, 173–184.

Hollon, S.D., Lumry, A., Kendall, P.C. (1986). Specificity of depressogenic cognitions in clinical depression. *Journal of Abnormal Psychology, 95*, 52–59.

Kendall, P.C., Hollon, S.D., Beck, A.T., et al. (1987). Issues and recommendations regarding use of the Beck depression Inventory. *Cognitive Therapy and Research, 11*, 289–299.

Mac Cranie, E.W., Riley, W.T. (1992). Hopelessness and persistance of depression in an impatient sample. *Cognitive Therapy and Research, 16*, 699–708.

Pichot, P., Lemperière, T. (1964). Analyse factorielle d'un questionnaire d'auto-évaluation des symptômes dépressifs. *Revue de Psychologie Appliquée, 14*, 15–29.

Prud'Homme, L., Baron, P. (1993). Utility of the Beck Depression Inventory in clinical research : some additional data. *Revue de Psychologie Appliquée, 43*, 311–314.

Richter, P., Werner, J., Heerleins, A., et al. (1998). On the validity of the Beck Depression Inventory. *Psychopathology, 31*, 160–168.

Schotte, C.K.W., Maes, M., Cluydts, R., et al. (1997). Construct validity of the Beck Depression Inventory in a depressive population. *Journal of Affective Disorders, 46*, 115–125.

Steer, R.A., Beck, A.T., Garrison, B. (1986). Applications of the Beck Depression Inventory. In N., Sartorius, A.A., Ben (Eds.), *Assessment of depression* (pp. 121-142). Genève, World Health Organisation.

Strosahl, K., Chiles, J.A., Linehan, M. (1992). Prediction of suicide intent in hospitalised parasuicides : reasons for living, hopelessness and depression. *Comprehensive Psychiatry, 3*, 366–373.

Weckowicz, T.E., Muir, W., Cropley, A.J. (1967). A factor analysis of the Beck inventory of depression. *Journal of Consulting and Clinical Psychology, 31*, 23–28.

Zimmerman, M., Coryell, W., Corenthal, C., Wilson, S. (1986). A self report scale to diagnose major depressive disorder. *Archives of General Psychiatry, 43*, 1076–1081.

Inventaire de dépression de Beck (2e édition)

Inventaire de Dépression de Beck (2e édition). In *Manuel du BDI-II*. (1996). Éditions du Centre de psychologie appliquée, 25 rue de la Plaine, 75980, Paris Cedex 20.

Joe, S., Woolley, M.E., Brown, G.K., et al. (2008). Psychometric properties of the Beck Depression Inventory-II in low-income, African American suicide attempters. *Journal of Personality Assessment, 90*, 521–523.

Steer, R.A., Clark, D.A., Beck, A.T., Ranieri, W.F. (1999). Common and specific dimensions of self-reported anxiety and depression : the BDI-II versus the BDI-IA. *Behaviour Research and Therapy, 37*, 183–190.

Échelle de désespoir ou « échelle H » (*Hopelessness Scale*)

Beck, A.T., Weissman, A., Lesler, D., Trexler, L. (1974). The measurement of pessimism : the hopelessness scale. *Journal of Consulting and Clinical Psychology, 42*, 861–865.

Beck, A.T., Brown, G., Berchick, R.J., et al. (1990). Relationship between hopelessness and ultimate suicide : a replication with psychiatric outpatients. *The American Journal of Psychiatry, 147*, 190–195.

Beck, A.T., Steer, R.A., Kovacs, M., Garrison, B. (1985). Hopelessness and eventual suicide : a 10 year prospective study of patients hospitalized with suicidal ideation. *The American Journal of Psychiatry, 147*, 559–563.

Beck, A.T., Steer, R.A. (1991). Relationship between the Beck Anxiety Inventory and the Hamilton Anxiety Rating Scale with anxious outpatients. *Journal of Anxiety Disorders, 5*, 213-223.

Blackburn, I.M., Jones, S., Lewin, R.J.P. (1986). Cognitive style in depression. *The British Journal of Clinical Psychology, 25*, 241–251.

Bouvard, M., Charles, S., Guerin, J., et al. (1992). Étude de l'échelle de désespoir de Beck (Hopelesness scale). Validation et analyse factorielle. *Encéphale, XVIII*, 237–240.

Chang, E.C., D'Zurilla, T.J., Maydeu-Olivares, A. (1992). Assessing the dimensionality of optimism and pessimism using a multimeasure approach. *Cognitive Therapy and Research, 18*, 143–160.

Cottraux, J. (1993). Échelle H, échelle de désespoir. In J.Guelfi (Ed.), *L'évaluation clinique standardisée en psychiatrie* (tome 1, pp. 269-273). Boulogne : Éditions Médicales Pierre Fabre.

Cottraux, J., Bouvard, M., Legeron, P. (1985). *Méthodes et échelles d'évaluation des comportements*. Paris : Établissement d'Applications psychotechniques.

Dixon, W.A., Heppner, P.P., Burnett, J.W., Lips, B.J. (1993). Hopelessness and stress : evidence for an interactive model of depression. *Cognitive Therapy and Research, 17*, 39–52.

Dyer, J.A.T., Kreitman, N. (1984). Hopelessness, depression and suicidal intent in parasuicide. *The British Journal of Psychiatry, 144*, 127–133.

Greene, S.M. (1989). The relationship between depression and hopelessness. Implications for current theories of depression. *The British Journal of Psychiatry, 154*, 650–659.

Greene, S.M. (1981). Levels of measured hopelessness in the general population. *The British Journal of Clinical Psychology, 20*, 11–14.

Hamilton, E.W., Abramson, L.Y. (1983). Cognitive patterns and major depressive disorder : a longitudinal study in a hospital setting. *Journal of Abnormal Psychology, 92*, 173–184.

Linehan, M.M., Nielsen, S.L. (1983). Social desirability : its relevance to the measurement of hopelessness and suicidal behavior. *Journal of Consulting and Clinical Psychology, 51*, 141–143.

Raneiri, W.F., Steer, R.A., Laurence, T.I., et al. (1987). Relationships of depression, hopelessness and dysfunctional attitudes to suicide ideation in psychiatric patients. *Psychological Reports, 61*, 967–975.

Refai, A.H., George, C.J., Stack, J.A., et al. (1994). Hopelessness in suicide attemption after treatment of major depression in latelife. *The American Journal of Psychiatry, 151*, 1687–1690.

Whisman, M.A., Miller, I.W., Norman, W.H., Weitner, G.I. (1995). Hopelessness depression in depressed inpatients : symptomatology, patients characteristics and outcome. *Cognitive Therapy and Research, 19*, 377–398.

Young, M.A., Helper, I.S., Clark, D.C., et al. (1992). An item response theory evaluation of the Beck Hopelessness scale. *Cognitive Therapy and Research, 16*, 579–587.

Chapitre 13

Troubles psychotiques

Nous ne présenterons pas les échelles globales d'évaluation des symptômes négatifs et des symptômes positifs, telles que la PANSS (*Positive and Negative Syndrome Scale*), l'échelle d'évaluation des symptômes négatifs (SANS, *Scale for Assessment Negative Syndrome*) ou l'échelle d'évaluation des symptômes positifs (SAPS, *Scale for Assessment Positive Syndrome*). La passation de ces échelles requiert l'utilisation des consignes d'un entretien semi-structuré et donc demande beaucoup de pages. Il est également préférable que les évaluateurs suivent un entraînement. Nous avons choisi de présenter un questionnaire portant sur le fonctionnement et l'adaptation sociale de l'individu, une échelle sur les troubles formels de la pensée et une échelle d'évaluation des capacités d'interaction sociale de l'individu.

1. Échelle MRSS *(Morning Rehabilitation Status Scale)* (Affleck et McGuire) : *niveau de fonctionnement de l'individu.*
2. Échelle d'évaluation de la pensée, du langage et de la communication (Andreasen) : *évaluation de la dissociation à travers les troubles du langage.*
3. Évaluation des habiletés à la résolution des problèmes interpersonnels (Donahoe) : *évaluation des compétences sociales internes de traitement de l'information (réception, traitement, émission).*

Le dernier outil ne sera pas présenté dans cet ouvrage du fait qu'il s'appuie sur une cassette vidéo. Nous avons indiqué où les personnes intéressées peuvent se le procurer.

Notice d'information

1. Échelle MRSS *(Morning Rehabilitation Status Scale)*[1]

Applications

Elle est destinée à évaluer l'adaptation sociale du sujet et permet l'évaluation globale du fonctionnement du patient avant et après un programme de réadaptation en fonction de quatre dimensions :

- indépendance/dépendance ;
- activité/inactivité ;

1. Affleck J.W. et McGuire R.J. (1984), traduction : adaptation française de Pomini V.

- intégration sociale/isolement ;
- effets des symptômes présents.

Mode de passation

L'échelle doit être remplie par un professionnel qui connaît bien le patient et qui peut si nécessaire obtenir des renseignements additionnels auprès de l'entourage. Elle porte sur le comportement réellement observé au cours du dernier mois. L'évaluateur doit considérer d'abord le degré 3 et se déplacer vers le haut ou le bas de l'échelle selon que l'état du patient semble être meilleur ou pire que celui décrit par ce degré. Plus le score est haut, plus le patient est inadapté. L'échelle d'évaluation varie de 0 à 7 (0 : pas de problème dans cette dimension, 7 : degré extrême d'incapacité).

Cotation

Chaque dimension peut être considérée. Le total représente la somme des notes obtenues aux quatre dimensions. Plus la note est élevée et plus le patient a besoin d'un programme de réadaptation.

Études de validation

Elles ont été réalisées sur des populations cliniques (Affleck et al., 1984). La version française n'a pas encore été validée. La fidélité inter-juges varie de 0,68 à 0,90 pour 30 sujets et deux évaluateurs. La validité de critère a été étudiée sur des groupes de patients hospitalisés et en hôpital de jour : ceux qui sont hospitalisés ont un total plus élevé que ceux qui sont en hôpital de jour. La validité convergente a montré que des difficultés à communiquer sont associées à des hauts scores en isolement et aux effets des symptômes présents. L'absence de domicile et les difficultés d'adaptation sont associées à la dépendance. L'existence de conduites inappropriées est associée à de mauvais scores à l'échelle « Effets des symptômes actuels » ; enfin, l'indifférence financière est corrélée à l'inactivité. Les corrélations entre les quatre dimensions sont modérées et varient de 0,59 à 0,70. La structure factorielle est unidimensionnelle, et un facteur général « altération du fonctionnement » explique 72 % de la variance. La sensibilité du total de l'échelle apparaît après un programme de réadaptation.

Normes

D'après Affleck et al. (1984), un score de :

- 0 à 8 est un haut niveau de fonctionnement ;
- 9 à 16 est un niveau modéré ;
- 17 à 28 est un niveau bas.

Un score de 12-13 est un niveau crucial au-dessus duquel avoir un emploi, même à mi-temps, apparaît difficile.

Conclusion

Les qualités psychométriques de la version française sont à étudier. L'expérience des auteurs anglais leur fait dire que des patients ayant un score au-dessus de 16 ont des difficultés à vivre dans la communauté, et qu'au-delà de 20 cela est presque impossible. Il est alors intéressant de voir dans quelle dimension ce patient a le plus de difficultés.

2. Échelle d'évaluation de la pensée, du langage et de la communication[2]

Applications

Cette échelle a pour objectif d'opérationnaliser le concept de dissociation à partir de l'étude des troubles du langage.

Mode de passation

La cotation des items est à faire au cours d'un entretien d'abord libre (10 minutes), puis semi-structuré. D'après les consignes d'Andreasen, le patient est autorisé à parler aussi longtemps que possible afin d'observer le discours dans cette condition. Il devra aussi être interrompu à un moment ou à un autre de son discours pour tester sa réaction. Chacun des 18 items est d'abord défini, puis évalué sur une échelle de cotation. Les degrés de l'échelle de cotation ont une définition pour aider l'évaluateur.

Cotation

Les 9 premiers items ont une cotation en quatre points (de 0 à 4), et les autres une cotation en trois points.

Études de validation

La version française (Bazin et al., 2002) a été étudiée sur un groupe de 107 sujets schizophrènes. La fidélité inter-juges du score total est égale à 0,96 et est satisfaisante pour la plupart des 18 items à l'exception de 3 (discours emphatique, discours circonlocutoire, association par assonances). La version américaine a été donnée à des sujets maniaques, schizophrènes et des sujets contrôles (Andreasen et Grove, 1986). La structure factorielle exploratoire de la version française retient cinq facteurs. Le premier facteur (pauvreté du contenu du discours) comprend 6 items, le deuxième (production verbale) comprend 4 items, et le troisième (aspect structuré du langage) seulement 3 items. Les deux derniers facteurs retenus sont composés respectivement de 1 item et de 2 items. Les trois premiers facteurs ont été retrouvés par Andreasen et Grove (1986).

---

2. Andreasen N.C. (1979), traduction : Bazin N., Lefèvre F., Passerieux C., Sarfati Y., Hardy-Baylé M.C.

Normes

Le groupe de sujets schizophrènes obtient une note moyenne de 17 avec un écart type de 9,4.

Conclusion

Il faudra poursuivre l'étude des qualités psychométriques de l'échelle, essentiellement concernant le nombre de dimensions. Son intérêt est de se focaliser sur les troubles du langage. Il a été souligné que ces troubles ne sont pas seulement spécifiques de la schizophrénie, mais peuvent être présents notamment dans les états maniaques.

3. Évaluation des habiletés à la résolution des problèmes interpersonnels (AIPSS, *Assessment of Interpersonal Problem Solving Skills*)[3]

Applications

Ce matériel original (bande vidéo) est destiné à évaluer différents niveaux de la capacité à résoudre des problèmes interpersonnels : réception, traitement de l'information et réponse. Son intérêt est d'évaluer les éventuels déficits, en particulier dans les performances cognitives du sujet concernant la réception et le traitement de l'information. Il s'adresse plus particulièrement aux sujets schizophrènes et évalue les compétences actuelles du sujet dans des situations proches de la vie réelle.

Mode de passation

Le matériel de base est une cassette vidéo comprenant quatorze scènes dont la première est une démonstration non retenue dans l'évaluation. Parmi les treize scènes comptant pour l'évaluation, dix présentent un problème d'interaction et trois ne présentent aucun problème particulier. En général, les situations comprennent deux personnes dont l'une empêche la seconde d'atteindre le but désiré. Le sujet s'identifie à la seconde personne et détermine la nature du problème, trouve une solution appropriée, et accomplit cette solution de façon socialement acceptée et effective. Au début de chaque situation, l'image se fige durant 5 secondes, ce qui permet à l'examinateur d'indiquer la personne avec qui le patient devra s'identifier. L'examinateur arrête le visionnage après chaque scène et pose une série de questions standardisées au sujet de manière à évaluer ses habiletés réceptives (identification du problème et description du problème), ses habiletés de traitement de l'information (solution du problème) et ses habiletés émettrices (performance non verbale, contenu verbal). Les habiletés réceptives et de traitement de

3. Donahoe C.P. (1990), traduction : Favrod J. et Lebigre F.

l'information sont évaluées par des questions qui ne demandent que des réponses verbales brèves et simples. Les habiletés émettrices demandent à ce que l'examinateur engage le sujet dans un jeu de rôle. Le sujet doit jouer la réponse qu'il a imaginée. Des critères spécifiques sont utilisés pour coter les réponses du sujet.

Cotation

L'échelle d'évaluation des habiletés à la résolution des problèmes interpersonnels est composée de six échelles et d'un score total :
1. identification du problème (de 0 à 1) ;
2. définition du problème : les problèmes sont composés d'un but et d'un obstacle. Le patient reçoit 1 point pour chacun de ces éléments (étendue de 0 à 2) ;
3. solution du problème : la bonne réponse doit permettre d'atteindre le but avec un minimum de risque de conséquences négatives. La réponse est cotée « 0 » si elle n'a pas de chances d'atteindre le but ou a des risques de produire des conséquences négatives sérieuses (étendue de 0 à 2) ;
4. performances non verbales lors du jeu de rôle : évaluation de la manière dont c'est dit et fait (ton de la voix, regard, etc.) (étendue de 0 à 2) ;
5. le contenu verbal : évaluation de ce qui est dit et fait (étendue de 0 à 2) ;
6. efficacité globale : elle est cotée en fonction de la réponse du sujet pour atteindre le but en prenant en considération le contenu et la performance. Ce score n'est pas forcément une moyenne de la performance et du contenu. Dans certains cas, le contenu est très important dans, d'autres cas, c'est le contraire (étendue de 0 à 2).

Dix scènes sont donc évaluées selon les six échelles, les trois scènes où il n'y a pas de problème sont seulement cotées sur l'échelle d'identification du problème.

Études de validation

Cet instrument a été testé sur un groupe de patients ambulatoires à Los Angeles (Donahoe et al., 1990). La fidélité test-retest (2 semaines) varie de 0,46 à 0,77 pour les six échelles. La fidélité inter-juges des six échelles varie de 0,76 à 0,88. La consistance interne est satisfaisante (de 0,57 à 0,73). Les corrélations de chaque échelle avec le total varient de 0,75 (identification) à 0,98 (contenu verbal). Les échelles ont des corrélations supérieures ou égales à 0,64 entre elles. La validité de critère montre que l'échelle différencie les sujets schizophrènes des sujets contrôles. Donahoe et al. (1990) ont également testé la validité : la décomposition des compétences sociales en différentes aptitudes est validée par le fait qu'un sujet ayant une incapacité à traiter un problème a une probabilité de 0,83 d'avoir un faible score au contenu verbal. Sullivan et al. (1990) ont montré que les six échelles différenciaient deux groupes de patients, ceux qui ont des rechutes de ceux qui n'en ont pas, un mauvais score étant associé à un moins bon pronostic. La version française (Favrod et al., 1994) a été testée pour l'instant sur une population contrôle ; la fidélité inter-juges est satisfaisante ainsi que la fidélité test-retest. Une autre étude a montré que l'AIPSS différencie des sujets schizophrènes de sujets présentant des troubles affectifs ou anxieux (Farrod et al., 1998). Enfin, la version française possède une excellente sensibilité au traitement (Favrod et al., 2000). Il faudra cependant continuer l'étude des qualités psychométriques de la version française.

Normes

Des études en langue française sont en cours en Suisse (J. Favrod). Pour l'instant, l'outil peut être utilisé dans les groupes d'entraînement aux habiletés sociales en comparant les sujets à eux-mêmes.

Conclusion

Cet outil original nous semble intéressant car, en plus d'être un outil d'évaluation, il donne des indications thérapeutiques. Il permet de repérer l'inaptitude à comprendre les situations, à donner une réponse ou à réaliser la réponse entre autres.

La cassette et le manuel d'utilisation peuvent être commandés à : Socrate Réhabilitation, rue de l'Hôpital, 5-B 6030 Marchienne-au-Pont (Belgique).

Présentation des outils d'évaluation

1. Échelle MRSS *(Morning Rehabilitation Status Scale)*[4]

Patient :.. Date :......................
Évaluateur :...

Cette échelle est principalement destinée à évaluer le fonctionnement de patients psychiatriques qui bénéficient déjà d'un programme de réadaptation ou pour lesquels on songe offrir un tel programme. Elle constitue une mesure globale du degré de réadaptation qui est défini en fonction des dimensions suivantes :

1. indépendance/dépendance ;
2. activité/inactivité ;
3. intégration sociale/isolement ;
4. effets des symptômes présents.

Il est préférable que les évaluations soient faites par un professionnel qui connaît bien le patient et qui pourrait, si nécessaire, obtenir des renseignements additionnels auprès de quelqu'un en mesure de fournir d'autres détails ou d'éclairer certaines attitudes (infirmier, assistant social, parent, etc.).

4. James W. Affleck & Ralph J. McGuire, University of Edinburgh (1984). "The Measurement of Psychiatric Rehabilitation Status", *British Journal of Psychiatry*, *145*, 517-525 (adaptation de la version française : V. Pomini, 1992).

Instructions
Il s'agit d'*évaluer le fonctionnement du patient au cours du dernier mois.* (Ne pas se laisser influencer par le comportement observé en dehors de la période mensuelle considérée.)
Si un *changement de comportement durable* a eu lieu au cours des 2 dernières semaines, *évaluer la nouvelle attitude* sans tenir compte de la période qui la précédait ; *si en revanche le comportement fluctue dans le temps, réaliser une moyenne.*
Considérer d'abord le degré 3 et à partir de ce point se déplacer vers le haut ou vers le bas de l'échelle selon que l'état du patient semble être meilleur ou pire que celui décrit pour ce degré.
Les degrés 2, 4 et 6 représentent des degrés intermédiaires et devraient être utilisés aussi librement que les degrés 1, 3, 5 et 7.
Quand il y a un *doute* par rapport à deux notes adjacentes, *attribuer le degré le plus faible*, c'est-à-dire la note la plus élevée.
C'est le comportement réel plutôt que le comportement potentiel qui doit être considéré pour l'évaluation ; le patient en institution est noté sur son fonctionnement sans tenir compte de ses capacités présumées ou potentielles.
Chaque échelle devrait être évaluée de façon aussi indépendante que possible. Ne pas laisser une note particulièrement bonne ou mauvaise sur une échelle influencer la note sur les autres échelles.

I. Échelle de dépendance
Cette échelle définit dans quelle mesure et à quelle fréquence le patient s'en remet aux autres pour les diverses activités quotidiennes auxquelles il peut être confronté (hygiène personnelle, organisation financière, prise de médicament, organisation des loisirs, etc.). L'aide peut provenir de parents, d'amis, de visites ou d'autres personnes encore. Le patient peut fréquenter un hôpital de jour, être hospitalisé, vivre dans un foyer ou un appartement protégé. L'échelle couvre tous ces niveaux de dépendance. La note doit donc refléter la quantité d'aide fournie exprimée à la fois en termes de fréquence et en termes de services. *Commencer l'évaluation à partir du degré 3 puis entourer le chiffre qui convient.*
0. *Indépendant* – A un endroit où vivre ; sa situation financière est stable. – Ne fait pas de demandes exagérées à son conjoint, ses parents ou amis. – Responsable de sa propre médication et de son hygiène personnelle (sans tenir compte de la qualité des résultats). – Obtient de son médecin de famille la surveillance et les traitements médicaux dont il a besoin.
1. *Dépendant par intermittence* – Ne dépend pas de ses proches outre mesure. – Aide de la part du personnel soignant occasionnelle, irrégulière ou à la demande du patient.
2. *Degré intermédiaire* – Ne dépend pas du personnel soignant excepté qu'il fréquente une clinique de soins continus pour un traitement spécial comme les injections retard. – Aide professionnelle régulière mais peu importante.

3. *Dépendance régulière à l'égard du personnel, de parents ou d'amis* – Aide régulière et assez importante de la part du personnel, de parents ou d'amis. – Vit dans sa propre maison ou dans un logement privé ou subventionné, et il est entendu que le patient assume quelques responsabilités domestiques et financières. – Suivi ambulatoire régulier mais espacé, fréquentation possible d'un centre de jour.
4. *Degré intermédiaire* – A besoin d'un soutien plus soutenu et régulier. – Suivi ambulatoire régulier continu.
5. *Surveillé* – Vit dans un foyer ou dans un pavillon pour personnes autonomes où le personnel s'occupe de toute l'organisation domestique et financière. – Peut vivre à la maison avec un parent qui assume ces responsabilités et qui a peut-être partagé la charge du patient avec le personnel (si par exemple la patiente fréquente un centre de jour).
6. *Degré intermédiaire* – Hospitalisé et attend un transfert ou un congé, mais n'est pas dans un pavillon pour personnes autonomes. – Contrôle, structuration et surveillance des activités et sorties.
7. *Supervision habituelle dans un hôpital* Hospitalisation avec contrôle, structuration et surveillance étroite de la majorité des activités. Cette note peut correspondre à la condition du patient avant l'admission à un programme de réadaptation ou après l'échec d'une tentative de réadaptation.
II. Échelle d'inactivité
Cette échelle évalue la capacité du patient à entreprendre, poursuivre et accomplir de façon satisfaisante les tâches et les activités rattachées aux emplois, aux travaux ménagers et aux loisirs (physiques et intellectuels). Si le patient n'a pas d'emploi, l'initiative dans sa recherche de travail et celle dans d'autres activités devront être considérées. On n'accorde pas une importance particulière à un emploi rémunéré. Le patient est noté d'après l'activité productive et orientée vers un but qu'il déploie tout au long de la journée. Cette échelle évalue donc le taux d'occupation et la réalisation des activités lors de cette occupation. Quand les niveaux d'activité diffèrent dans les différents aspects considérés (travail, loisirs, ménage, etc.), la note attribuée doit refléter le somme d'activités productives et ayant un but précis déployées au cours de la journée. *Commencer l'évaluation à partir du degré 3 puis entourer le chiffre qui convient.*
0. *Assume régulièrement, de façon satisfaisante et sans difficulté les tâches physiques et mentales qui ont pour objectif de s'occuper et de se divertir.*
1. *Inactif de façon intermittente ou inefficace à l'occasion* – Habituellement actif. – Rendement satisfaisant avec à l'occasion des baisses, un besoin de prendre congé ou du repos, ou un abandon des autres activités en cours. – Laisser-aller temporaire ou pertes provisoires de passe-temps ou d'intérêts.
2. *Degré intermédiaire* – Rendement dans une activité suffisant mais minimal souvent au prix de congés ou d'abandon d'activités autres. – Ne peut mener à bien l'ensemble des activités auxquelles le patient est confronté.

3. *Activité diminuée* – Le rendement au travail, dans les travaux ménagers ou lors des loisirs est diminué. – La qualité des activités est moindre à cause d'une diminution de leur durée, de leur vitesse d'accomplissement ou de la responsabilité du patient à leur égard. – Peut avoir un employeur compréhensif, des ententes particulières, ou travailler dans un atelier protégé.
4. *Degré intermédiaire* – Diminution nette du rendement ou de l'initiative dans les activités en général. – Ne peut travailler qu'en atelier protégé.
5. *Activité très limitée ou improductive* – On peut difficilement faire confiance au patient pour ce qui est d'entreprendre ou de finir des travaux. – Le patient a besoin qu'on conclue des ententes avec lui ou qu'on l'encourage à poursuivre des activités. – La participation aux activités proposées est peu engagée. – Les loisirs sont restreints de la même façon.
6. *Degré intermédiaire* – La motivation et le soutien extérieurs sont quasiment indispensables pour l'initiative et la poursuite d'activités. – La participation aux activités, quelles qu'elles soient, est très restreinte.
7. *Inoccupé ou essentiellement inactif* – Est incapable de prendre l'initiative de tâches quotidiennes. La stimulation de l'extérieur est indispensable mais elle se révèle parfois peu efficace. – Ne peut poursuivre des activités qui ont un but précis malgré des encouragements ou contrats.
III. Échelle d'intégration/isolement social
Cette échelle mesure la participation à des rôles, à des relations, à un réseau social et à des échanges. On doit coter la qualité et la fréquence de la participation sociale et du partage. On y arrivera en évaluant dans quelle mesure le patient est à l'aise dans les rapports sociaux (conversation et coopération dans les contacts quotidiens, exécution des tâches ou prise de décision au travail et dans les loisirs, etc.). Le degré de désaccord dans les rapports sociaux quotidiens sera aussi significatif. Le fait d'éviter les nouvelles relations, ce qui limite la personne aux parents et aux anciens amis qui demandent peut-être moins sur le plan émotionnel, devrait être noté. La note doit donc refléter la fréquence des contacts et l'aptitude démontrée dans les rapports sociaux, sans tenir compte d'un présumé potentiel qui pourrait se manifester en d'autres occasions. *Commencer l'évaluation à partir du degré 3 puis entourer le chiffre qui convient.*
0. *Échanges fréquents, satisfaisants et pertinents avec un ensemble varié de personnes*
1. *Difficultés occasionnelles ou circonstancielles* – Peut manquer d'occasions pour les rencontres sociales ou dans certaines situations spécifiques et délimitées ne réagit pas de façon socialement appropriée. – Peut éviter voire refuser certaines relations soutenues, intimes, ou être écarté de ce genre de relations.

2. *Degré intermédiaire* – Manque manifestement d'occasions pour les rencontres sociales. – Évite voire refuse les relations soutenues, intimes, ou est régulièrement écarté de ce genre de relations.
3. *Participation limitée* – Contacts peu fréquents ou maladresse dans les relations sociales. – Ne réagit pas toujours adéquatement aux rencontres sociales de tous les jours ou le fait à un niveau très superficiel. – Peut éviter les nouvelles rencontres. – Les rapports humains peuvent être insatisfaisants et limités aux membres de sa famille, aux vieux amis ou aux compagnons de travail.
4. *Degré intermédiaire* – Peu de participation spontanée mais une participation passive lors de contacts sociaux. – Évite les nouvelles rencontres.
5. *Rapports très restreints* – A des échanges uniquement avec certaines rares personnes (proches parents ou membres du personnel). – N'est habituellement pas communicatif, ne réagit pas, dérange ou fait preuve d'incompétence sociale assez marquée.
6. *Degré intermédiaire* – A des échanges interpersonnels très peu fréquents, même avec le personnel ou l'entourage proche. – Lors des interactions fait preuve d'incompétence sociale marquée.
7. *Très isolé ou rejeté* – Contact interpersonnel quasi nul. – Lors de contacts, cherche le retrait ou fait systématiquement preuve de comportements inadaptés.
IV. Échelle des effets des symptômes actuels
Cette échelle évalue dans quelle mesure la gravité et la constance des symptômes et des handicaps ont un effet sur le style de vie de la personne : il s'agira aussi bien de symptômes positifs (obsessions, hallucinations, déficiences intellectuelles, comportements déplacés ou déviants) ou négatifs (apathie, repli sur soi, ralentissement) que de troubles liés aux effets secondaires des médicaments. Ces symptômes et ces handicaps touchent le patient et ceux avec qui il est en contact ; ils sont évalués d'après les expériences subjectives du patient, d'après les observations cliniques et les questions du personnel qualifié, et d'après le comportement que peuvent observer amis et connaissances. Seuls les symptômes, qu'ils soient ou non associés au diagnostic initial, seront évalués. Il est important d'éviter d'être influencé par un comportement déjà coté ou un diagnostic déjà posé dans une autre échelle (par exemple la dépendance n'est pas nécessairement au même niveau que la symptomatologie). *Commencer l'évaluation à partir du degré 3 puis entourer le chiffre qui convient.*
0. *Aucun symptôme ni signe évident* – Le patient ne montre aucun symptôme et il dit ne pas en avoir. – Cette note est donnée même si le patient est sous médicaments.
1. *Symptômes occasionnels ou peu importants* L'apparence, le comportement et la conversation n'indiquent aucune anormalité mais des symptômes subjectifs occasionnels ou modérés, et des observations du personnel révèlent un faible degré de maladie.

2. *Degré intermédiaire* Situation semblable au degré 3 mais les symptômes ne sont qu'intermittents ou modérés.
3. *Symptômes modérés perceptibles* – Le patient fait état de symptômes ; des observations et questions du personnel ont pu aussi les révéler. – Ces symptômes peuvent être observés par des amis ou par ceux avec qui le patient est en rapport étroit ; ils sont modérés, la vie de tous les jours reste acceptée ou acceptable et continue sans trop de problèmes.
4. *Degré intermédiaire* – Symptômes modérés mais on n'a pas pu compter sur la coopération du patient. – Ces symptômes handicapent certains domaines spécifiques de la vie courante et constituent un problème bien présent.
5. *Symptômes sérieux* – Symptômes très gênants ou très pénibles pour le patient ou ses relations (apathie importante, troubles mnésiques, expériences et idées subjectives anormales, etc.). – Le patient réussit avec difficulté à collaborer à un contrat thérapeutique et on ne peut pas lui faire vraiment confiance dans les ententes conclues avec lui.
6. *Degré intermédiaire* Les symptômes handicapent la majeure partie du temps et/ou la plupart des domaines de la vie courante.
7. *Comportement désorganisé* Les troubles du comportement ou les symptômes sont tellement graves qu'il n'est pas possible d'en venir à des ententes qui peuvent être respectées au sujet de l'organisation de la vie quotidienne du patient.

2. Échelle d'évaluation de la pensée, du langage et de la communication[5]

1. Pauvreté du discours (discours laconique ou pauvreté de la pensée)
C'est la réduction de la quantité de propos spontanés, aboutissant à des réponses brèves, concrètes et non élaborées aux questions. Un complément d'information non explicitement demandé est rarement fourni. Par exemple, à la question « combien d'enfants avez-vous ? », le sujet répond « deux, une fille et un garçon. La fille a 12 ans et le garçon 10 ». « Deux » est tout ce qui est demandé en réponse à la question, le reste de la réponse est une information supplémentaire. Les réponses peuvent être monosyllabiques, et certaines questions peuvent être laissées sans réponse. Confronté à ce type de discours, l'examinateur doit laisser au sujet le temps nécessaire pour élaborer sa réponse et répondre. *Exemple :* l'examinateur : « Pensez-vous qu'il y ait beaucoup de corruption au gouvernement ? » Le patient : « Oui, on dirait. » L'examinateur : « Pensez-vous que D.W. et P.S. ont été justement traités ? » Le patient : « Je ne sais pas. » L'examinateur : « Travailliez-vous juste avant votre entrée à l'hôpital ? » Le patient : « Non. » L'examinateur : « Quel était votre travail antérieur ? » Le patient : « Je ne sais pas. Je n'aime aucune sorte de travail. » L'examinateur : « Jusqu'où avez-vous poursuivi vos études ? » Le patient : « Je suis encore en première. » L'examinateur : « Quel âge avez-vous ? ». Le patient : « 18 ans. »

5. Bazin N. et al. Troubles formels de la pensée. Traduction française. *Encéphale*, 2002, XXVIII, 109-119. Reproduit avec autorisation.

0. Pas de pauvreté de discours. Les réponses sont substantielles et appropriées.
1. Léger. Occasionnellement les réponses ne comportent pas d'informations élaborées mais elles restent appropriées.
2. Moyen. Certaines réponses ne comportent pas une information élaborée de façon appropriée et de nombreuses réponses sont monosyllabiques ou très brèves (« oui », « non », « peut-être », « je ne sais pas », « la semaine dernière »).
3. Sévère. Les réponses font rarement plus de quelques mots. Certaines questions peuvent rester sans réponses.
4. Extrême. Le patient est essentiellement mutique.

2. Pauvreté du contenu du discours (pauvreté de la pensée, alogie, trouble négatif de la pensée formelle)

Bien que les réponses soient suffisamment longues pour que le discours soit normal en quantité, il comporte peu d'informations. Le langage tend à être vague, souvent trop abstrait ou concret, répétitif et stéréotypé. L'examinateur peut remarquer à ce propos que le sujet a parlé un certain temps sans avoir fourni d'information pertinente qui réponde à la question. Inversement, le sujet peut fournir une information suffisante, mais à travers un long discours. Ainsi une longue réponse peut être résumée en une phrase ou deux. Quelquefois, l'examinateur aura l'impression d'un discours « philosophant dans le vide ». *Exclusions :* sont exclus les discours digressifs qui comportent une foule de détails.
Exemple : l'examinateur : « Bon, pourquoi à votre avis les gens croient-ils en Dieu ? » Le patient : « Bien, d'abord parce que, il heu, il est la personne qui, c'est son salut. Il parle et marche avec moi. Et heu, ce que j'en pense, hum, un tas de gens, heu, ne se connaissent pas eux-mêmes. Ils ne savent que, heu, il me semble, la plupart ne savent pas qu'il marche et parle avec eux. Et heu, leur montre le chemin. Je comprends aussi que chaque homme et chaque femme ne va pas dans la même direction. Certains se dirigent différemment. Ils suivent leurs chemins. Le chemin que le Christ veut leur faire prendre. Moi, personnellement, je me dirige heu, en sachant ce qui est juste ou faux. Je ne peux faire que ça, ni plus ni moins. »

0. Pas de pauvreté du contenu du discours.
1. Léger. Certaines réponses sont trop vagues pour être claires ou pourraient être largement réduites.
2. Moyen. Les réponses vagues ou qui pourraient être largement réduites représentent au moins un quart de l'entretien.
3. Sévère. La moitié au moins du discours est composée de réponses vagues ou incompréhensibles.
4. Extrême. L'ensemble du discours est vague, incompréhensible ou pourrait être considérablement réduit.

3. Logorrhée

Augmentation du débit du discours spontané comparativement à ce qui peut être considéré comme étant dans les normes sociales. Le discours est accéléré et difficile à interrompre. Certaines phrases sont laissées en suspens dans la hâte d'aborder une nouvelle idée. Des questions simples qui normalement appellent des réponses brèves sont suivies d'un long discours qui se compte en minutes plus qu'en secondes et qui pourrait même se poursuivre indéfiniment si le patient n'était pas interrompu. Même quand il est interrompu, le patient continue souvent à parler. En général, le sujet parle fort, d'une façon théâtrale. Dans les cas de logorrhée importante, les patients peuvent parler en dehors de toute stimulation extérieure et même si personne ne les écoute. Le discours de ces malades peut être ralenti en cas d'administration de certains psychotropes (phénothiazine, lithium). Dans ce cas, on se basera sur la quantité de mots, le volume sonore et sur l'adéquation du discours à la situation. Quant à l'appréciation « quantitative », un débit supérieur à 150 mots par minute est d'habitude considéré comme accéléré et logorrhéique. Ce trouble peut s'accompagner d'un relâchement des associations, d'une tangentialité ou d'une incohérence de la pensée, tout en restant parfaitement distinct de ces anomalies.

0. Pas de logorrhée.
1. Léger. Légère augmentation du débit, de la cadence et de la tonalité du discours.
2. Moyen. Le sujet met quelques minutes pour répondre à des questions simples ; quelquefois, il se met à parler quand personne ne l'écoute et/ou parle vite et fort...
3. Sévère. Fréquemment, le sujet met plus de 3 minutes pour répondre à des questions simples ; quelquefois, il se met à parler en dehors de toute stimulation externe et/ou il est difficile à interrompre.
4. Extrême. Le malade parle presque sans cesse et ne peut être interrompu et/ou il crie pour couvrir le discours des autres.

4. Distractibilité du discours

Lors d'une conversation ou d'un entretien, le malade s'arrête au milieu d'une phrase ou d'une idée et change de sujet en réponse à un détail de l'environnement comme un livre sur le bureau, l'apparence ou les vêtements du clinicien, etc.
Exemple : « Quand j'ai quitté San Francisco pour aller à..., où avez-vous trouvé cette cravate ? Elle ressemble à quelque chose des années cinquante. J'aime le beau temps de San Diego. Qu'est-ce que c'est comme coquillage sur votre bureau ? Avez-vous déjà fait de la plongée ? »

0. Pas de distractibilité du discours.
1. Léger. Est distrait une fois pendant l'entretien.
2. Moyen. Est distrait deux à quatre fois durant l'entretien.
3. Sévère. Est distrait entre cinq et dix fois au cours de l'entretien.
4. Extrême. Est distrait plus de dix fois au cours de l'entretien.

5. Tangentialité

Façon de répondre à une question de manière indirecte, tangentielle ou inappropriée. La réponse peut avoir un rapport lointain avec la question. Ailleurs, la réponse est totalement « à côté » et n'a aucun rapport avec la question. Auparavant, la tangentialité était assimilée à peu de choses près au relâchement des associations. Ce concept a été en partie redéfini et s'applique maintenant aux seules réponses aux questions et non pas aux transitions du discours spontané.
Exemple : l'examinateur : « Dans quelle ville êtes-vous né ? » Le patient : « Eh bien, c'est une question difficile parce que mes parents... je suis né dans l'Iowa, mais je sais que je blanc et pas noir, donc apparemment je suis né dans le Nord quelque part, mais je ne sais pas où, vous comprenez je ne sais vraiment pas d'où venaient mes ancêtres. Donc, je ne sais pas si je suis irlandais ou français ou scandinave ou... je ne crois pas que je sois polonais, mais je suis peut-être allemand ou gallois ».

0. Aucune tangentialité.
1. Léger. Une réponse éloignée au cours de l'entretien.
2. Moyen. Deux à quatre réponses éloignées au cours de l'entretien.
3. Sévère. Cinq à dix réponses éloignées au cours de l'entretien.
4. Extrême. Plus de dix réponses éloignées au cours de l'entretien ou si fréquemment que l'entretien devient incompréhensible.

6. Déraillement (relâchement des associations, fuite des idées)

Modalité de discours spontané où le locuteur abandonne une idée pour en aborder une autre n'ayant que des rapports lointains avec la première ; quelquefois les idées n'ont aucun rapport. Les thèmes abordés peuvent se juxtaposer sans lien compréhensible ; le patient peut passer sans une logique propre d'un cadre de référence à un autre. Parfois, les idées peuvent avoir entre elles des liens flous ; ailleurs, aucun lien n'est perceptible. Ce type de discours est souvent caractérisé par son aspect « décousu ». La manifestation probablement la plus habituelle de ce trouble est un relâchement lent et progressif des associations, sans rupture abrupte et identifiable du cours de la parole, de telle sorte que le locuteur s'éloigne de plus en plus de son sujet avec chaque nouveau « relâchement » sans être conscient de fournir une réponse qui n'a plus aucun lien avec la question posée. Cette anomalie est fréquemment caractérisée par une utilisation confuse des pronoms.
Bien que les relâchements des associations moins sévères (c'est-à-dire lorsque demeurent des rapports lointains entre les idées) aient parfois été considérés comme de la tangentialité ou de la fuite des idées, dans le contexte de la manie, ces distinctions ne sont pas recommandées parce que les limites de ces concepts sont incertaines. La fuite des idées est une rupture des associations immédiatement apparente dans le contexte de la logorrhée. La tangentialité a été définie comme un phénomène à part dans la mesure où elle se manifeste lors de la réponse immédiate à une question.
Exemple : l'examinateur : « Vous êtes-vous plu à l'université ? » Le patient : « Eh bien, j'aimais certains sujets, eh bien, j'essayais, et le jour suivant en sortant, vous savez, j'ai pris la situation en main, eh bien, j'ai hum, teint mes cheveux, en Californie. Ma colocataire de chambre à la faculté était de Chicago, et elle faisait du droit. On vivait dans un foyer et elle voulait teindre mes cheveux, elle l'a fait, et j'ai eu les larmes aux yeux quand je me suis regardée dans la glace. Vous comprenez j'en étais parfaitement consciente, mais pourquoi les larmes ? ça, je ne peux le comprendre, et vous ? »

0. Aucun relâchement des associations.
1. Léger. Un exemple de relâchement des associations au cours de l'entretien.
2. Moyen. Deux à quatre exemples de relâchement des associations au cours de l'entretien.
3. Sévère. Cinq à dix exemples de relâchement des associations au cours de l'entretien.
4. Extrême. Plus de dix exemples de relâchement des associations au cours de l'entretien ou si souvent que l'entretien devient incompréhensible.

7. Incohérence (salades de mots, schizophasie, jargonaphasie)

Type de discours à certains moments fondamentalement incompréhensible. L'incohérence est imputable à divers mécanismes qui peuvent parfois agir simultanément. Il arrive de repérer des bribes de phrases cohérentes à l'intérieur d'un ensemble globalement incohérent. Parfois, l'incohérence se situe au niveau sémantique, certains mots étant remplacés par d'autres, de telle sorte que le sens général de la phrase est déformé ou annulé. Le choix des mots peut être complètement aléatoire ou n'avoir qu'un rapport lointain avec le contexte. Quelquefois, les conjonctions et les adverbes (« et », « bien que ») ainsi que les articles (« le », « la », « un ») sont omis. Souvent l'incohérence s'accompagne d'un relâchement des associations.
L'incohérence se distingue du relâchement des associations dans la mesure où l'anomalie concerne la construction même des phrases (juxtapositions incohérentes des

mots et des propositions). Dans le relâchement des associations, la perturbation de la construction concerne les grandes unités syntaxiques et c'est la juxtaposition des phrases entre elles qui est source de confusion et d'obscurité.
Ce genre de trouble est relativement rare. Quand il existe, il est souvent sévère. L'incohérence se présente comme une aphasie de Wernicke ou une jargonaphasie. Dans ces cas, le trouble doit être qualifié d'incohérent uniquement si l'histoire de la maladie et les examens complémentaires excluent la possibilité d'un accident vasculaire cérébral et si un bilan d'aphasie se révèle négatif.
Exclure : certains agrammatismes survenant lorsqu'une personne cherche le mot, la phrase ou l'idée juste ne doivent pas être considérés comme des incohérences (par exemple: « mon père, il..., pendant longtemps, eh bien, il a commencé..., il est allé à l'église, et il est devenu..., je dirais que maintenant il est chrétien, parce qu'avant, il avait l'habitude de beaucoup mentir et il n'était pas franc du tout »). Les tournures idiomatiques caractéristiques d'une région ou d'une ethnie particulières, d'une éducation défectueuse ou d'un niveau intellectuel faible ne doivent pas non plus être considérées comme des incohérences.
Exemple 1 : l'examinateur : « Pourquoi pensez-vous que les gens croient en Dieu ? » Le patient : « Euh, parce qu'il faut bien faire quelque chose dans la vie. Cela n'a rien à voir avec le machin de l'évolution, qui n'est plus vrai maintenant. Cela s'est passé il y a longtemps, cela s'est passé il y a des millions d'années, ils ne voulaient pas croire en lui. Au temps où les fidèles de Jésus Christ croyaient en quelque chose les gens croyaient... le Dieu Jéhovah, qu'ils ne croyaient pas tant que ça en Jésus Christ. »
Exemple 2 : l'examinateur : « Eh bien, que pensez-vous des problèmes actuels comme la crise du pétrole ? » Le patient : « Ils sont en train de détruire trop de bétail et de pétrole, juste pour faire du savon. Comme si on avait besoin de savon quand on peut sauter dans une pièce d'eau, et puis quand voulez-vous acheter de l'essence, mes parents ont toujours dit qu'il fallait du soda, mais la meilleure chose à gagner c'est de l'essence et de l'argent. Tant qu'à faire, à faire, il vaut mieux y aller pour vendre des pneus ou des pièces, dénicher des tracteurs, et les garages, eh bien, ils peuvent toujours retaper des épaves, enfin, c'est ça quoi, que j'ai toujours pensé. Alors moi, je ne suis pas allé pour y acheter du soda comme mes parents m'ont dit. J'y suis allé pour de la glace ou des cannettes de coca, on pouvait y aller aussi pour des cigarettes, parce qu'on pouvait y vendre des choses pour en acheter d'autres. C'était un peu sentimental, mais c'est tout ce que je voulais, un peu de sentiments, il n'y avait pas d'autre chose de sentimental, sauf les petits bric-à-brac qui coûtaient trois ou quatre cents francs, pas mal, ou un petit gadget à mettre sur le bureau. »

0. Pas d'incohérence.
1. Léger. Survient une fois au cours de l'entretien.
2. Moyen. Survient deux à quatre fois au cours de l'entretien.
3. Sévère. Survient cinq à dix fois au cours de l'entretien.
4. Extrême. Survient plus de dix fois au cours de l'entretien ou si souvent que l'entretien devient incompréhensible.

8. Pensée illogique

Type de discours qui, compte tenu des prémices, aboutit à des conclusions manifestement erronées ou illogiques. Il peut s'agir de *non sequitur* (le patient établit un lien logique injustifié entre deux propositions inadéquates) ou d'inductions inférentielles erronées. Cette pensée peut amener le patient à certaines conclusions déduites de prémices erronées sans qu'il y ait présence d'idées délirantes.

Exclure : un mode de pensée illogique peut soit être la conséquence de croyances délirantes, soit y aboutir. Quand un mode de pensée illogique survient dans un contexte délirant, il doit être rattaché au cadre général du délire et ne pas être considéré comme un phénomène à part renvoyant à un trouble de la pensée différent. Si un mode de pensée illogique est imputable à des valeurs culturelles ou religieuses particulières ou un déficit intellectuel, il ne devra pas être coté « présent ».
Exemple : « Les parents sont des gens qui vous élèvent. Tout ce qui vous élève peut être un parent. Les parents sont toute chose (matérielle, végétale ou minérale) susceptible d'être source d'enseignements. Les parents sont le monde vivant, toutes choses qui existent. Les rochers ; on peut regarder un rocher et apprendre quelque chose de lui, de telle sorte qu'il devient un parent. »

0. Aucun exemple de pensée illogique.
1. Léger. Un exemple de pensée illogique au cours de l'entretien.
2. Moyen. Deux à quatre exemples de pensée illogique au cours de l'entretien.
3. Sévère Cinq à dix exemples de pensée illogique au cours de l'entretien.
4. Extrême. Plus de dix exemples de pensée illogique au cours de l'entretien ou si fréquemment que l'entretien est incompréhensible.

9. Association par assonances

Particularités d'un discours dans lequel ce sont les sons plutôt que les relations sémantiques et conceptuelles qui semblent gouverner le choix des mots, de telle sorte que le discours devient moins compréhensible et que des termes redondants sont utilisés. En plus des jeux de rythme, ce discours est fait de jeux de mots et la proximité phonétique de certains termes peut engendrer une nouvelle idée.
Exemple : « Je n'essaie pas de me faire entendre, j'essaie de me faire comprendre. Si vous pouvez faire du sens avec du non-sens, alors bonne chance. J'essaie en un sens de faire du sens avec du non-sens. Le sens ne m'intéresse plus, il y a trop de sens uniques, les « cents » m'intéressent. Pour être franc, ce sont les francs qui m'intéressent. »

0. Aucun exemple de pensée illogique.
1. Léger. Une fois au cours de l'entretien.
2. Moyen. Entre deux et quatre fois au cours de l'entretien.
3. Sévère. Entre cinq et dix fois au cours de l'entretien.
4. Extrême. Plus de dix fois au cours de l'entretien ou si souvent que l'entretien devient incompréhensible.

10. Néologisme

Formation de mots nouveaux. Un néologisme se définit comme un mot ou un terme dont le sens et l'étymologie restent incompréhensibles. Parfois le terme de « néologisme » est utilisé pour désigner certains mots incorrectement formés, à partir de racines compréhensibles, par une mauvaise utilisation des conventions de construction des mots. Par soucis de clarté, on devrait alors parler d'approximation de mots. Les néologismes sont assez peu fréquents.
Exemple : « J'étais si en colère que j'ai pris le plat et je l'ai jeté au geshinker. »

0. Absent.
1. Léger. Un néologisme au cours de l'entretien.
2. Moyen. Entre deux et quatre néologismes au cours de l'entretien.
3. Sévère. Plus de cinq néologismes au cours de l'entretien.

11. Approximation de mots

Mots existants mais utilisés dans un sens nouveau ou inhabituel, ou mots nouveaux qui sont développés à partir de règles habituelles de formation des mots. Même si le sens apparaît évident, leur usage semble bizarre ou vieillot (patineur à papier pour un stylo-bille). Parfois les approximations de mots sont basées sur l'utilisation de « mots valises », que le patient utilise dans des sens différents (une montre est appelée un réservoir d'heures, l'estomac un réservoir à nourriture, etc.).

Exclure : les paraphasies sémantiques ou phonémiques ne doivent être incluses ici que si les résultats des tests d'aphasie sont négatifs. Parfois un discours incohérent peut apparaître basé sur de possibles paraphasies sémantiques malgré des résultats négatifs aux tests d'aphasie. Dans de tels cas, on doit considérer qu'il s'agit d'incohérence si les substitutions apparaissent fréquentes, et la catégorie d'approximation de mots doit être restreinte aux cas où les substitutions sémantiques sont relativement rares. Les mots utilisés comme métaphores ne doivent pas être considérés comme des approximations de mots (« je suis une poubelle aux yeux du monde »).

Exemple : « L'Asie du Sud-Est, bien, c'est comme le Moyen-Asie. »

0. Absent.
1. Léger. Une approximation de mot au cours de l'entretien.
2. Moyen. Entre deux et quatre approximations de mot au cours de l'entretien.
3. Sévère. Plus de cinq approximations de mot au cours de l'entretien.

12. Discours circonlocutoire

Terme utilisé pour décrire un discours prenant des voies très indirectes et tardant à atteindre son objectif. Dans ses tentatives d'explication, le patient accumule les détails inutiles et ennuyeux et les remarques annexes. Réponses détaillées et exposé qui durent au minimum plusieurs minutes si le locuteur n'est pas interrompu et instamment pressé d'aller à l'essentiel. Les interlocuteurs reconnaissent souvent ce type de discours à la nécessité d'interrompre le sujet afin qu'il achève le récit de son histoire dans le temps imparti.

Exclure : bien que la pensée circonlocutoire puisse coexister avec la pauvreté du contenu du discours ou la fuite des idées, elle se distingue de la pauvreté du discours par l'abondance des déclarations détaillées inutiles, et de la fuite des idées par la possibilité du sujet d'en venir au fait si on le laisse parler suffisamment longtemps. La pensée circonlocutoire se distingue du relâchement des associations en ce que les détails accumulés demeurent en relation étroite avec une idée originale ou un sujet particulier, susceptibles d'êtres abordés dans la conversation et qui finissent d'ailleurs quelquefois par l'être.

0. Pas de discours circonlocutoire.
1. Léger. Exemples occasionnels, mais si on interrompt le patient en lui demandant d'arriver à l'essentiel il peut le faire rapidement.
2. Moyen. Plusieurs exemples, ou une seule réponse qui dure plus de 5 minutes, ou le patient continue parfois à répondre de façon circonlocutoire malgré les interruptions de l'examinateur.
3. Sévère. Fréquents exemples de pensée circonlocutoire, ou une seule réponse digressive d'une durée supérieure à 15 minutes, où le patient continue presque systématiquement à utiliser un discours digressif malgré les interruptions de l'interlocuteur.

13. Perte du but

Incapacité à suivre un enchaînement d'idées jusqu'à sa conclusion naturelle. Se manifeste habituellement par un discours qui débute sur un sujet puis digresse, sans jamais revenir au sujet initial. Le patient peut ou non s'en apercevoir. La perte de but est souvent associée au déraillement.

0. Pas de perte de but.
1. Léger. Une seule fois, le patient n'a pu poursuivre un sujet jusqu'à sa conclusion naturelle au cours de l'entretien.
2. Moyen. De deux à quatre fois au cours de l'entretien, le patient n'a pas pu poursuivre un sujet jusqu'à sa conclusion naturelle.
3. Sévère. Cinq fois ou plus au cours de l'entretien le patient n'a pu poursuivre un sujet jusqu'à sa conclusion naturelle.

14. Persévération

Persistante répétition de mots, d'idées ou de sujets, de telle sorte que lorsque le patient débute un sujet particulier ou utilise un mot particulier, il y revient sans cesse au cours de son discours.
Exclure : l'utilisation de mots « passe-partout » répétés dans des sens appropriés par rapport à leur signification usuelle. Sont également exclus les mots ou propositions utilisés couramment pour ponctuer une phrase.
Exemple 1 : « Je pense que je vais mettre mon chapeau, mon chapeau, mon chapeau. »
Exemple 2 : l'examinateur : « Dites comment vous vous décrieriez, quel genre de personne êtes-vous ? » Le patient : « Je suis de Marshalltown, Iowa. C'est à 70 miles nord-ouest, nord-est de Des Moines, Iowa. Je suis actuellement en divorce. Je suis en ce moment dans une institution pour malades mentaux à Iowa City, Iowa, qui est à 100 miles de Marshalltown, Iowa. »

0. Pas de persévération.
1. Léger. Répétition persistante d'une série de mots ou d'idées.
2. Moyen. Répétition persistante de deux ou trois séries de mots ou d'idées.
3. Sévère. Répétition persistante de quatre ou plus de quatre séries de mots ou d'idées.

15. Écholalie

Le malade répète en écho les mots ou les phrases de l'examinateur. L'écholalie typique tend à être répétitive et persistante. L'écho est prononcé sur un ton moqueur, marmonné ou encore saccadé. L'écholalie est relativement rare chez l'adulte mais fréquente chez l'enfant.
Exclure : certaines personnes ont l'habitude de répéter les questions en écho, apparemment pour clarifier la question et formuler la réponse. En général, la question est reformulée ou bien seuls les derniers mots sont répétés (à la question « que portiez-vous hier ? » la personne débute sa réponse par « qu'est-ce que je portais hier ? » ou encore par « hier ? »).
Exemple : le médecin dit au malade « j'aimerais parler avec vous quelques minutes » ; le malade répond de façon saccadée « parler avec vous quelques minutes ».

0. Absent.
1. Léger. Écho de mots ou de phrases une seule fois au cours de l'entretien.
2. Moyen. Écho de mots ou de phrases deux à quatre fois au cours de l'entretien.
3. Sévère. Écho de mots ou de phrases cinq fois ou plus au cours de l'entretien.

16. Barrages

Interruption du discours avant qu'une pensée ou une idée n'aient été menées à leur terme. Après une période de silence qui peut durer de quelques secondes à quelques minutes, le patient indique qu'il ne peut se souvenir de ce qu'il était en train de dire ou de ce qu'il voulait dire. Un barrage doit être pris en compte que si le patient indique spontanément qu'il a perdu le fil de sa pensée ou si l'examinateur lui fait préciser les raisons de l'interruption de son discours.

0. Absent.
1. Léger. Un seul barrage au cours de l'entretien.
2. Moyen. Deux à quatre barrages au cours de l'entretien.
3. Sévère. Cinq fois ou plus au cours de l'entretien.

17. Discours empathique

Discours trop empathique ou trop guindé. Il peut sembler suranné, désuet ou pompeux, distant ou obséquieux. Le caractère empathique du discours apparaît généralement dans l'utilisation de mots multisyllabiques (lorsque d'autres choix lexicaux plus simples sont possibles et tout aussi appropriés), dans l'obséquiosité des formulations (« pardonnez-moi madame, pourrais-je me permettre de solliciter de votre part un entretien dans votre bureau, à votre convenance ? »), ou encore dans le caractère trop formel ou trop rigide de la syntaxe (« attendu que le procureur s'est comporté d'inconvenante façon, le médecin s'est comporté comme à l'accoutumée en gentilhomme »).

0. Absent.
1. Léger. Un ou deux exemples de discours empathique au cours de l'entretien.
2. Moyen. Fréquents exemples de discours empathique au cours de l'entretien.
3. Sévère. La majorité du discours spontané ou en réponse aux questions est empathique.

18. Discours autoréférentiel

Trouble au cours duquel le patient ramène à lui le sujet de la discussion lorsque quelqu'un d'autre parle, ou encore rapporte à lui des sujets apparemment neutres dont il parle. Cette caractéristique ne doit pas être en principe évaluée au cours de l'entretien psychiatrique dans la mesure où le sujet est appelé à parler de lui. Cette observation doit avoir lieu au cours d'une conversation informelle sur des sujets neutres et la cotation ne peut être effectuée que dans ces conditions.

Exemple : l'examinateur « quelle heure est-il ? », le patient : « 7 heures. C'est un problème pour moi. Je ne sais jamais quelle heure il est. Peut-être que je devrais mieux suivre l'heure ».

0. Absent.
1. Léger. Une fois au cours d'une conversation de 15 minutes sur des sujets neutres.
2. Moyen. Deux à quatre fois au cours d'une conversation de 15 minutes sur des sujets neutres.
3. Sévère. Cinq fois ou plus au cours d'une conversation de 15 minutes sur des sujets neutres.

SCORE TOTAL :

Bibliographie

Échelle MRSS *(Morning Rehabilitation Status Scale)*

Affleck, J.W., McGuire, R.J. (1984). The measurement of psychiatric rehabiliation status. A review of the needs and a newscale. *The British Journal of Psychiatry, 145*, 517–525.

Échelle d'évaluation de la pensée, du langage et de la communication

Andreasen, N.C. (1979). Thought, language and communication disorders. I. Clinical assessment, definition of terms and evaluation of their reliability. *Archives of General Psychiatry, 36*, 1315–1321.

Andreasen, N.C., Grove, W.M. (1986). Thought, language and communication in schizophrenia : diagnosis and prognosis. *Schizophrenia Bulletin, 12*, 348–358.

Bazin, N., Lefrere, F., Passerieux, C., et al. (2002). Troubles formels de la pensée : traduction de l'échelle d'évaluation de la pensée, du langage et de la communication (Scale for the assessment of Thought, Language and Communication : TLC). *L'Encéphale, XXVIII*, 109–119.

Évaluation des habiletés à la résolution des problèmes interpersonnels *(Assessment of Interpersonal Problem Solving Skills)*

Donahoe, C.P., Carter, M.J., Bloem, W.D., et al. (1990). Assessment of interpersonal problem solving skills. *Psychiatry, 53*, 329–339.

Favrod, J., Caffaro, M., Grossenbacher, B., et al. (2000). Entraînement à la résolution de problèmes interpersonnels avec des personnes atteintes de schizophrénie dans différentes conditions de traitement. *Annales Médico-psychologiques, 158*, 302–311.

Favrod, J., McQuillan, A., Pomini, V., Ferrero, F.P. (1998). Training interpersonal problem-solving skills in French speaking Switzerland. *International Review of Psychiatry, 10*, 30–34.

Favrod, J., Zabala, I., Lebigre, F., McQuillan, A. (1994). Effets d'un programme d'entraînement à la résolution de problèmes interpersonnels avec des patients psychiatriques. *Journal de Thérapie Comportementale et Cognitive, 4*, 6–13.

Sullivan, G., Marder, S.R., Liberman, R.P., et al. (1990). Social skills and relapse history in outpatients schizophrenics. *Psychiatry, 53*, 340–345.

Chapitre 14

Troubles sexuels et problèmes de couple

Dans le domaine des troubles sexuels et problèmes de couple, nous avons opté pour présenter quatre questionnaires sur les troubles sexuels et un seul sur les problèmes de couple. Le questionnaire sur les pensées négatives et les inquiétudes nous a semblé intéressant pour l'approche cognitive, bien que ses qualités psychométriques ne soient pas connues. Le questionnaire sur les relations de couple remplace le Locke-Wallace. Le curriculum vitae conjugal n'est plus présenté, n'ayant pas été repris par une autre équipe et malgré son intérêt.

1. Questionnaire d'excitation sexuelle de la femme (Hoon) : *évaluation des dysfonctions féminines liées à l'activité sexuelle.*
2. Questionnaire d'auto-évaluation. Problèmes masculins (Cottraux) : *évaluation simple et de passation brève de la dysfonction masculine.*
3. Questionnaire d'auto-évaluation. Problèmes féminins (Cottraux) : *évaluation simple et de passation brève de la dysfonction féminine.*
4. Questionnaire sur les pensées négatives et les inquiétudes durant les rapports sexuels (Trudel, Ravart, Turgeon) : cognitions dysfonctionnelles concernant la sexualité.
5. Questionnaire sur les relations de couple (Spanier) : *degré de satisfaction conjugale.*

Notice d'information

1. Questionnaire d'excitation sexuelle (QES) (*Sexual Arousal Inventory*)[1]

Applications

Le QES est utile dans l'évaluation des dysfonctions liées à l'activité sexuelle, que celle-ci se produise seule ou avec un partenaire masculin ou féminin. Il permet d'évaluer l'activation sexuelle de la femme.

1. Hoon E.F. et al. (1976), traduction : Trudel G.

Mode de passation

Pour chacune des questions, la patiente doit évaluer sur l'échelle de sept points la réaction sexuelle qu'elle aurait ou qu'elle pourrait avoir si elle était dans cette situation.

Cotation

Il suffit d'additionner les notes obtenues à chacun des 28 items.

Études de validation

La version anglaise a seulement été étudiée sur des sujets contrôles. Cependant, la cotation est différente de celle que nous avons présentée puisqu'elle varie de 1 à 5, ce qui rend impossible la comparaison avec la version française. La consistance interne est satisfaisante (Derogatis et al., 2000). La version anglaise possède une bonne fidélité test-retest. Sa validité a été démontrée par des corrélations significatives entre le score total et un indice de satisfaction dans la réactivité sexuelle, une mesure de la conscience des changements physiologiques durant l'activation sexuelle, la fréquence des relations sexuelles et la fréquence des orgasmes.

L'étude de validation de la version française a été réalisée sur une population clinique et une population contrôle francophones du Québec (Trudel et al., 1982). Les corrélations item/total sont satisfaisantes pour l'ensemble des items. La validité de critère a été établie en comparant un groupe de femmes ayant des dysfonctions sexuelles et un groupe contrôle (Trudel et al., 1982).

Normes

Version française

Les moyennes (écarts types) sont données à titre indicatif, compte tenu du nombre de sujets :

- groupe des dysfonctions sexuelles (n = 20) : m = 56,35 (23,48) ;
- groupe contrôle (n = 20) : m = 97,10 (17,36).

Conclusion

Ce questionnaire apparaît utile dans les dysfonctions orgasmiques et l'inexcitabilité générale. Il faudra répliquer les études de validation afin d'avoir plus de données sur les groupes cliniques.

2. Questionnaire d'auto-évaluation. Problèmes sexuels masculins[2]

Applications

Ce questionnaire permet d'évaluer les problèmes de la dysfonction sexuelle masculine (auto-évaluation). Étant donné les divergences concernant les critères de dysfonction sexuelle, le clinicien demandera au patient de remplir le questionnaire après lui avoir expliqué ce qu'il entend par éjaculation prématurée, échec de l'érection ou éjaculation retardée.

Mode de passation

Le sujet remplit le questionnaire après explication des critères par le clinicien.

Cotation

Chacun des items est indépendant. Il ne peut être fait de somme car ils représentent chacun une dimension différente des problèmes sexuels dont les corrélations peuvent ensuite être étudiées.

Études de validation

Outil non validé.

3. Questionnaire d'auto-évaluation. Problèmes sexuels féminins[3]

Applications

Ce questionnaire permet d'évaluer les problèmes de la dysfonction sexuelle féminine (auto-évaluation). Étant donné les divergences concernant les critères de dysfonction sexuelle, chaque clinicien demandera à la patiente de remplir le questionnaire après lui avoir expliqué ce qu'il entend par lubrification, coït douloureux, orgasme et vaginisme.

Mode de passation

Le sujet remplit le questionnaire après explication des critères par le clinicien.

Cotation

Chacun des items est indépendant. Il ne peut être fait de somme car ils représentent chacun une dimension différente des problèmes sexuels dont les corrélations peuvent être ensuite étudiées.

Études de validation

Outil non validé.

---

2. Cottraux J. (1985).
3. Cottraux J. (1985).

4. Questionnaire sur les pensées négatives et les inquiétudes durant les rapports sexuels[4]

Applications

Les auteurs se sont inspirés de l'approche de Beck pour relever les pensées négatives et les inquiétudes durant les rapports sexuels.

Mode de passation

Le questionnaire comprend cinq parties : inquiétudes face à soi, inquiétudes face à l'autre, inquiétudes face à la relation, pensées de type « je dois » et « il faut » et autres pensées négatives.

Cotation

Le sujet répond à chacun des 59 items selon une échelle de 0 (jamais) à 5 (toujours). Il suffit ensuite d'additionner les notes obtenues dans chacune des parties :

- inquiétudes face à soi : items 1 à 10 ;
- inquiétudes face à l'autre : items 11 à 33 ;
- inquiétudes face à la relation : items 34 à 38 ;
- les « je dois » et « il faut » : items 39 à 46 ;
- autres pensées négatives : items 47 à 59.

Études de validation

Il n'existe aucune donnée psychométrique pour l'instant (Trudel, 2000). Le thérapeute peut relever les pensées dysfonctionnelles du sujet et lui apprendre à les assouplir.

Conclusion

Le questionnaire sur les pensées négatives et les inquiétudes durant les rapports sexuels a retenu notre attention. L'étude de ses qualités psychométriques est attendue.

5. Questionnaire sur les relations de couple[5]

Applications

Il se présente sous forme de questions à remplir pour chacun des partenaires. Le thérapeute pourra ensuite comparer les réponses des deux partenaires.

Mode de passation et cotation

Le sujet doit tout d'abord donner son degré d'accord à 28 affirmations. Les 15 premières varient de 5 « toujours d'accord » à 0 « toujours en désaccord ». Pour les items 16 à 28, nous avons indiqué l'échelle de cotation dans le questionnaire. Les items 29 et 30 sont des réponses en oui (= 0) ou non (= 1), alors que pour les items 31 et 32, le sujet donne une

4. Trudel G., Ravart M., Turgeon L. (1998).
5. Spanier G.B. Traduit et adapté par Boisvert J.M.

réponse (au choix). Ainsi, pour l'item 31, l'échelle varie de 0 « extrêmement malheureux » à 6 « parfaitement heureux ». La première affirmation de l'item 32 reçoit la note 5, la seconde la note 4, la troisième la note 3, la quatrième la note 2, la cinquième la note 1 et enfin la sixième la note 0. Les items se répartissent en quatre dimensions :

- consensus (degré d'accord du couple en rapport avec les domaines importants de la vie) : items 1, 2, 3, 5, 7, 8, 9, 10, 11, 12, 13, 14 et 15 ;
- satisfaction (degré de satisfaction du couple et degré d'engagement à poursuivre la relation) : 16, 17, 18, 19, 20, 21, 22, 23, 31 et 32 ;
- expression affective (degré de satisfaction en rapport avec l'expression de l'affectivité et de la sexualité) : items 4, 6, 29 et 30 ;
- cohésion (degré d'engagement du couple dans des activités communes) : 24, 25, 26, 27 et 28.

Études de validation

Elles sont résumées dans le livre de Beaudry et Boisvert (1988) mais elles sont rares. Ils considèrent qu'un couple est en difficulté lorsqu'au moins un des partenaires obtient un score total inférieur à 100. Ils rapportent notamment une étude de Québécois francophones (Baillargeon et al., 1986) sur des sujets vivant en couple. Nous donnons à titre indicatif les valeurs de ce groupe contrôle :

- consensus : 49,7 (6,4) ;
- satisfaction : 39,0 (5,8) ;
- cohésion : 16,5 (4,2) ;
- expression affective : 8,4 (2,1) ;
- total : 113,7 (14,9).

Conclusion

Le questionnaire apporte un grand nombre de renseignements au thérapeute et, à ce titre, il nous paraît intéressant lors d'une prise en charge, en plus de permettre une évaluation des relations de couple. Les qualités psychométriques seront à établir.

Présentation des outils d'évaluation

1. Questionnaire sur l'excitation sexuelle (Hoon, Hoon et Wincze)[6]

Statut social (veuillez encercler)

Mariée Veuve Concubine Divorcée Séparée Célibataire

Date de naissance : ....

Années de scolarité : ....

Profession : ....

6. Traduction Trudel, G. (1987).

Les expériences décrites dans cet inventaire peuvent être ou ne pas être sexuellement excitante pour vous. Il n'y a pas de bonnes ou de mauvaises réponses. Lisez chaque item attentivement. Ensuite encerclez le chiffre qui exprime le niveau de stimulation sexuelle que VOUS ressentiriez si vous étiez présentement dans cette situation. Il est important de répondre à tous les items. S'il y a des items pour lesquels vous n'êtes pas certaine de la réponse, encerclez le chiffre qui se rapproche le plus de ce que vous pensez être la réponse exacte. La signification de chaque chiffre est la suivante :

– 1 A un effet incompatible avec l'excitation sexuelle ; c'est impensable, c'est répugnant, ce n'est pas agréable.

0 Ne provoque pas d'excitation sexuelle.

1 Peut-être que cela m'excite sexuellement.

2 Parfois, cela m'excite sexuellement ; légèrement excitant.

3 Habituellement, cela m'excite sexuellement ; modérément excitant.

4 Presque toujours, cela m'excite sexuellement ; très excitant.

5 Cela m'excite toujours sexuellement ; extrêmement excitant.

Répondre à toutes les questions	**Comment vous sentiriez-vous ou comment pensez-vous que vous vous sentiriez si vous étiez en train d'expérimenter chacune de ces situations ?**						
1. Votre partenaire stimule vos organes génitaux avec sa bouche ou sa langue.	– 1	0	1	2	3	4	5
2. Votre partenaire touche vos seins avec ses mains.	– 1	0	1	2	3	4	5
3. Vous regardez votre partenaire nu.	– 1	0	1	2	3	4	5
4. Votre partenaire vous désire avec ses yeux.	– 1	0	1	2	3	4	5
5. Votre partenaire stimule vos organes génitaux avec ses doigts.	– 1	0	1	2	3	4	5
6. Votre partenaire vous touche ou vous embrasse à l'intérieur des cuisses.	– 1	0	1	2	3	4	5
7. Vous caressez les organes génitaux de votre partenaire avec vos doigts.	– 1	0	1	2	3	4	5
8. Vous lisez de la littérature pornographique ou une histoire « sale ».	– 1	0	1	2	3	4	5
9. Votre partenaire vous déshabille.	– 1	0	1	2	3	4	5
10. Vous dansez avec votre partenaire.	– 1	0	1	2	3	4	5

Répondre à toutes les questions	Comment vous sentiriez-vous ou comment pensez-vous que vous vous sentiriez si vous étiez en train d'expérimenter chacune de ces situations ?					
11. Vous avez un rapport sexuel avec votre partenaire.	– 1	0	1	2	3	4	5
12. Votre partenaire touche ou embrasse vos mamelons.	– 1	0	1	2	3	4	5
13. Vous caressez votre partenaire (sans toucher les organes génitaux).	– 1	0	1	2	3	4	5
14. Vous voyez des photos ou diapositives pornographiques.	– 1	0	1	2	3	4	5
15. Vous vous étendez sur le lit avec votre partenaire.	– 1	0	1	2	3	4	5
16. Votre partenaire vous embrasse avec passion.	– 1	0	1	2	3	4	5
17. Vous entendez des sons exprimant le plaisir sexuel durant votre relation sexuelle.	– 1	0	1	2	3	4	5
18. Votre partenaire vous embrasse avec sa langue qui explore.	– 1	0	1	2	3	4	5
19. Vous lisez de la poésie pornographique ou suggestive.	– 1	0	1	2	3	4	5
20. Vous voyez un spectacle d'effeuillage (strip-tease).	– 1	0	1	2	3	4	5
21. Vous stimulez les organes génitaux de votre partenaire avec la bouche ou la langue.	– 1	0	1	2	3	4	5
22. Votre partenaire vous caresse (sans toucher les organes génitaux).	– 1	0	1	2	3	4	5
23. Vous regardez un film pornographique.	– 1	0	1	2	3	4	5
24. Vous déshabillez votre partenaire.	– 1	0	1	2	3	4	5
25. Votre partenaire touche à vos seins avec la bouche et la langue.	– 1	0	1	2	3	4	5
26. Vous faites l'amour dans un endroit nouveau ou peu habituel.	– 1	0	1	2	3	4	5
27. Vous vous masturbez.	– 1	0	1	2	3	4	5
28. Votre partenaire parvient à l'orgasme.	– 1	0	1	2	3	4	5

2. Questionnaire d'auto-évaluation : problèmes sexuels masculins

1. Fréquence actuelle des rapports sexuels :

Nombre par : MOIS / SEMAINE

2. Tentatives de rapports sexuels avec échec de l'érection :

Nombre par : MOIS / SEMAINE

3. Éjaculation prématurée :

Nombre par : MOIS / SEMAINE

4. Éjaculation retardée :

Nombre par : MOIS / SEMAINE

5. Tentatives de rapports sexuels avec réussite (pénétration et éjaculation) :

Nombre par : MOIS / SEMAINE

Reportez dans la case le chiffre choisi :

6. Entente avec le partenaire :

0 1 2 3 4 5 6 7 8

Mésentente totale — Entente parfaite

7. Satisfaction dans les rapports sexuels :

0 1 2 3 4 5 6 7 8

Nulle — Extrême

8. Satisfaction de la partenaire (selon vous) dans les rapports sexuels :

0 1 2 3 4 5 6 7 8

Nulle — Extrême

9. Votre désir sexuel :

0 1 2 3 4 5 6 7 8

Nulle Extrême

10. Votre anxiété vis-à-vis du rapport sexuel :

0 1 2 3 4 5 6 7 8

Nulle Extrême

3. Questionnaire d'auto-évaluation : problèmes sexuels féminins

1. Fréquence actuelle des rapports sexuels :

Nombre par : MOIS / SEMAINE

2. Rapports sexuels ou tentatives de rapports sexuels sans lubrification :

Nombre par : MOIS / SEMAINE

3. Coït douloureux :

Nombre par : MOIS / SEMAINE

4. Coït impossible du fait d'un vaginisme :

Nombre par : MOIS / SEMAINE

5. Nombre de rapports sexuels ayant abouti à un orgasme :

Nombre par : MOIS / SEMAINE

Reportez dans la case le chiffre choisi :

6. Entente avec le partenaire :

0 1 2 3 4 5 6 7 8

Mésentente totale — Entente parfaite [ ]

7. Satisfaction dans les rapports sexuels :

0 1 2 3 4 5 6 7 8

Nulle — Extrême [ ]

8. Satisfaction du partenaire (selon vous) dans les rapports sexuels :

0 1 2 3 4 5 6 7 8

Nulle — Extrême [ ]

9. Votre désir sexuel :

0 1 2 3 4 5 6 7 8

Nulle — Extrême [ ]

10. Votre anxiété vis-à-vis du rapport sexuel :

0 1 2 3 4 5 6 7 8

Nulle — Extrême [ ]

Nom : .... Date : ....

4. Questionnaire sur les pensées négatives et les inquiétudes durant les rapports sexuels

Instructions : lisez chacun des énoncés ci-dessous et indiquez la fréquence de ces pensées durant vos rapports sexuels en utilisant les réponses suivantes :

0. Jamais
1. Rarement
2. Occasionnellement
3. Fréquemment
4. La plupart du temps
5. Toujours

1. Inquiétudes face à moi-même
1. Certaines parties de mon corps ne sont pas attirantes.
2. Je ne suis pas assez bon(ne).
3. Mon corps n'est pas assez « sexy ».
4. Je n'atteindrai pas l'orgasme.
5. Je ne satisferai pas mon/ma partenaire.
6. Je ne parviendrai pas à être excité(e) sexuellement.
7. Je suis anxieux(se).
8. J'ai honte.
9. Je me sens coupable.
10. Je me sens un « objet sexuel ».
2. Inquiétudes face à mon/ma partenaire
11. Tu es trop pressé(e).
12. Tu es trop mécanique.
13. Tu n'es intéressé(e) que par ton propre plaisir.
14. Je me demande à qui tu penses.
15. Je m'inquiète de ta réaction si on arrête.
16. J'ai peur de te décevoir.
17. Combien de temps ça va prendre ?
18. C'est tout ce qui t'intéresse.
19. Ce n'est pas agréable, mais j'ai peur de te le dire.
20. J'aimerais que tu te relaxes.
21. J'ai peur que tu n'atteignes pas l'orgasme.
22. Tu essayes trop fort.
23. J'aimerais que tu aies plus de plaisir.
24. Tu parles trop.
25. Si seulement ce n'était pas si important.
26. Je n'ai pas vraiment de plaisir.
27. Si ce n'est pas parfait, tu vas me laisser.
28. Tu ne m'aimes plus.
29. Tu me « presses », tu veux me « contrôler ».
30. Tu ne me comprends pas.
31. Tu ne sais pas communiquer.
32. Tu me désires moins qu'avant.
33. Tu ne me trouves pas assez attrayant(e).

3. Inquiétudes face à la relation
34. Notre relation est ennuyeuse.
35. Notre relation va se terminer par un échec.
36. Tu ne veux pas t'engager.
37. Nous sommes incompatibles.
38. Nous ne nous aimons pas assez.
4. Les « *je dois* » et « *il faut* »
39. Je ressens que je *dois* faire tout ce que tu veux.
40. Il *faut* que je sois excité(e).
41. Nous *devons* tous les deux réussir.
42. Je *devrais* avoir plus de plaisir.
43. J'ai le sentiment que je *dois* te donner un orgasme.
44. Je *dois* avoir un orgasme.
45. Nous *devons* avoir un orgasme en même temps.
46. Nous *devons* toujours avoir une activité sexuelle parfaitement réussie.
5. Autres pensées négatives ou inquiétudes
47. Je n'ai pas vraiment le goût.
48. Pourquoi dois-je m'y intéresser ?
49. Ça ne marchera pas pour moi.
50. Je devrais laisser tomber.
51. Je le fais seulement pour te faire plaisir.
52. C'est trop d'effort.
53. Je fais ce que j'ai à faire, mais ça ne m'apporte rien.
54. Je suis trop fatigué(e).
55. Si tu penses que tu vas réussir à me donner le goût.
56. Je trouve les activités sexuelles « dégoûtantes ».
57. Je n'aime pas voir les organes génitaux.
58. Ça va faire mal.
59. Je ne suis pas satisfait(e).

5. Questionnaire sur les relations de couple

Instructions : la plupart des couples vivent en désaccord. Veuillez indiquer, en faisant un X dans l'espace approprié, le degré approximatif d'accord ou de désaccord entre vous et votre partenaire dans les domaines suivants. *N'omettez aucun item.*

	Toujours d'accord	Presque toujours d'accord	Parfois en désaccord	Souvent en désaccord	Presque toujours en désaccord	Toujours en désaccord
1. Le budget familial						
2. Les loisirs						
3. La religion						
4. Les marques d'affection						
5. Les amis						
6. Les relations sexuelles						
7. Les conventions sociales						
8. La philosophie de la vie						
9. Les façons d'agir avec les parents ou les beaux-parents						
10. Les objectifs, les buts et ce qu'on trouve important dans la vie						
11. La quantité de temps passé ensemble						
12. Les prises de décisions importantes						
13. Les tâches ménagères						
14. Les intérêts et les activités pendant les temps libres						

15. Les décisions à propos du travail						
	Toujours	La plupart du temps	Souvent	Assez souvent	À l'occasion	Rarement
16. À quelle fréquence avez-vous discuté ou pensé au divorce ?	0	1	2	3	4	5
17. À quelle fréquence vous ou votre partenaire quittez-vous la maison après une dispute ?	0	1	2	3	4	5
18. En général, à quelle fréquence pensez-vous que ça va bien entre vous et votre partenaire ?	5	4	3	2	1	0
19. Vous confiez-vous à votre partenaire ?	5	4	3	2	1	0
20. Vous arrive-t-il de regretter de vous être marié(e) (ou de vivre ensemble) ?	0	1	2	3	4	5
21. À quelle fréquence vous disputez-vous avec votre partenaire ?	0	1	2	3	4	5

22. À quelle fréquence vous et votre partenaire vous « tapez-vous sur les nerfs » ?	0	1	2	3	4	5
	Chaque jour	Presque chaque jour	À l'occasion	Assez souvent	Rarement	Jamais
23. Embrassez-vous votre partenaire ?	4	3	2	1	0	
	Tous	Presque tous	Quelques uns	Très peu	Aucun	
24. Avez-vous des intérêts communs à l'extérieur de la maison ?	4	3	2	1	0	
D'après vous, quelle est la fréquence des situations suivantes dans votre couple ?						
	Jamais	**Moins d'une fois par mois**	**Une ou deux fois par mois**	**Une ou deux fois par semaine**	**Une fois par jour**	**Plus d'une fois par jour**
25. Avoir un échange d'idées stimulant	0	1	2	3	4	5
26. Rire ensemble	0	1	2	3	4	5
27. Discuter calmement	0	1	2	3	4	5
28. Travailler ensemble à un projet	0	1	2	3	4	5
Voici quelques situations où les couples sont parfois d'accord et parfois en désaccord. Indiquez si, oui ou non, ces items ont causé des différences d'opinion ou des problèmes dans votre relation pendant les dernières semaines ?					**OUI**	**NON**
29. Être trop fatigué(e) pour avoir des relations sexuelles					0	1
30. Ne pas manifester d'affection					0	1

31. Les points de la ligne suivante représentent différents degrés de bonheur dans votre relation. Le point central « heureux » représente le degré de bonheur que l'on retrouve dans la plupart des relations. Veuillez encercler le point qui décrit le mieux le degré de bonheur dans votre relation, considérée globalement.						
•	•	•	•	•	•	•
Extrêmement malheureux	Passablement malheureux	Un peu malheureux	Heureux	Très heureux	Extrêmement heureux	Parfaitement heureux

32. Laquelle des phrases suivantes décrit le mieux ce que vous ressentez en rapport avec l'avenir de votre relation :

_____ Je veux désespérément que ma relation réussisse et je ferais tout pour cela.

_____ Je veux beaucoup que ma relation réussisse et je ferai tout ce que je peux pour cela.

_____ Je veux beaucoup que ma relation réussisse et je ferai ma juste part pour cela.

_____ Ce serait bien si ma relation réussissait, et je ne peux pas faire beaucoup plus que ce que je fais actuellement pour cela.

_____ Ce serait bien si ma relation réussissait, mais je refuse de faire plus que ce que je fais actuellement pour cela.

_____ Ma relation ne pourra jamais réussir et je ne peux plus rien y faire.

Bibliographie

Questionnaire d'excitation sexuelle (QES) *(Sexual Arousal Inventory)*

Derogatis, L.R., Fagan, P.J., Strand, J.G. (2000). Sexual disorders measures. In *Handbook of Psychiatric Measures*, American Psychiatric Association, Washington, 631–646.

Trudel, G. (1987). *Les dysfonctions sexuelles. Évaluation et traitement.* Québec : Presses de l'Université du Québec.

Trudel, G., Campbell, M., Daigle, R. (1982). Étude psychométrique du questionnaire d'excitation sexuelle. *Revue Québécoise de Psychologie, 3*, 83–87.

Questionnaire d'auto-évaluation : problèmes sexuels masculins et féminins

Cottraux, J., Bouvard, M., Legeron, P. (1985). *Méthodes et échelles d'évaluation des comportements*. Paris : Établissement d'Applications Psychotechniques.

Questionnaire sur les pensées négatives et les inquiétudes durant les rapports sexuels

Trudel, G. (2000). *Les dysfonctions sexuelles. Évaluation et traitement par des méthodes psychologique, interpersonnelle et biologique* (2e édition). Québec : Presses de l'Université de Québec.

Trudel, G., Ravart, M., Turgeon, L. (1998). Questionnaire sur les pensées négatives durant les rapports sexuels. Texte inédit.

Questionnaire sur les relations de couple

Baillargeon, J., Dubois, G., Marineau, R. (1986). Traduction française de l'Échelle d'ajustement dyadique. *Revue Canadienne des Sciences du Comportement, 18*, 25–34.

Beaudry, M., Boisvert, J.M. (1988). *Psychologie du couple. Quand la science se met à parler d'amour*. Québec : éditions du Méridien.

CHAPITRE 15

Médecine comportementale

Dans ce chapitre, nous présentons plusieurs outils d'évaluation en rapport avec les maladies somatiques. L'échelle de Bortner est un questionnaire du style comportemental de type A, qui a pour objectif de repérer les personnes susceptibles d'avoir des maladies cardiovasculaires. Les trois autres questionnaires sont utilisés dans l'évaluation de la douleur. Enfin, le questionnaire de dépression est spécifique aux troubles somatoformes.

1. Échelle d'auto-évaluation de Bortner : *style comportemental de type A*.
2. Échelles unidimensionnelles : *intensité de la douleur*.
   a. Échelle visuelle analogique (EVA)
   b. Échelle verbale simple (EVS)
   c. Échelle numérique
3. Questionnaire de douleur de Saint-Antoine (Boureau) : évaluation de plusieurs aspects de la douleur.
4. Échelle du comportement douloureux (Boureau) : retentissement de la douleur dans la vie du sujet.
5. Inventaire de dépression de Beck : intensité de la dépression. Une version réduite a été mise au point pour les troubles somatoformes. La version française n'est pas disponible à la publication (voir chapitre 12).

Notice d'information

1. Échelle d'auto-évaluation de Bortner[1]

Applications

Elle a été conçue d'après les travaux de Rosenman et Friedman et vise à évaluer le style comportemental de type A. Le type A se caractérise par un comportement ambitieux, un esprit de compétition, la recherche permanente de réussite sociale et professionnelle, une tendance à l'hyperactivité, une importante hostilité en partie réprimée et l'impression

1. Bortner R.W. (1969), traduction et adaptation : fondation Neumann.

de l'urgence du temps. L'incidence des troubles cardiovasculaires serait plus grande chez le sujet de type A, indépendamment des autres facteurs de risque.

Mode de passation

L'échelle de Bortner se compose de 14 items bipolaires représentant les types A et B, présentés graphiquement sous forme d'une ligne graduée de 24 échelons. Le patient indique par une croix où il se situe entre les deux positions extrêmes de la ligne graduée (ce qui est une adaptation du Bortner par la fondation Neumann). La croix peut être située n'importe où et pas forcément sur les graduations. Pour chaque item la note peut varier de 0 à 24.

Cotation

Pour chaque item, la note 0 correspond au comportement de type B, la note 24 au comportement de type A. Il existe deux sortes d'items. Le type B est à gauche pour les items 2, 5, 7, 11, 12, 13 et 14. La note 0 est donc à gauche pour ces items et à droite pour les autres. La note globale consiste à additionner le score obtenu à chacun des items. Plus le score est élevé, plus le patient appartiendra au type A.

Études de validation

Elles ont essentiellement été réalisées au cours d'enquêtes épidémiologiques sur des sujets masculins en France et en Belgique (Fondation Neumann, 1977, The Belgium French pooling project, 1984 ; Pichot et al., 1977 ; Ebagosti et al., 1984). La fidélité test-retest (intervalle de 10 à 14 mois) est à 0,68, ce qui est un résultat satisfaisant compte tenu du temps entre les deux passations. La consistance interne, vérifiée par la méthode de partage par moitiés (item pair-impair) est un peu basse (0,56). Ce résultat est confirmé par le fait que certains items (1 et 12 en particulier) ne corrèlent pas avec le total (Pichot et al., 1977). Le pourcentage d'accord entre l'échelle de Bortner et l'entretien structuré de Rosenman et Friedman est satisfaisant (71,5 %) d'après le groupe Neumann (1977). Une note élevée au Bortner serait prédictive d'une maladie cardiaque grave. En effet, à l'entrée dans l'enquête, la note au Bortner est plus élevée chez les sujets ultérieurement gravement malades que chez les sujets indemnes ou atteints d'événements mineurs (Ebagosti et al., 1984). La validité discriminante est satisfaisante avec l'inventaire de personnalité d'Eysenck, la corrélation entre le Bortner et l'extraversion ou le névrosisme étant faible (Pichot et al., 1977). Enfin, l'analyse factorielle en composantes principales avec rotation varimax retient trois facteurs qui définissent les traits caractéristiques du style comportemental de type A : facteur 1, urgence du temps ; facteur 2, surinvestissement de la réussite et de l'image du bon travailleur ; facteur 3, ambition (Pichot et al., 1977). La comparaison des analyses factorielles du Bortner et du questionnaire de Jenkins suggère l'existence de facteurs communs, en particulier le facteur rapidité et impatience, et de facteurs spécifiques à chacun des deux instruments (Levy Leboyer, 1987).

Normes

Moyennes (écarts types) :
- Bruxelles (n = 744) : 169,05 (40,08) ;
- Paris (n = 715) : 179,90 (40,01) ;
- Marseille (n = 788) : 184,36 (35,38) (Pichot et al., 1977).

La note globale dans l'échantillon marseillais est plus élevée de manière significative que dans l'échantillon parisien ou belge, résultat dont il faudrait tenir compte dans les enquêtes de dépistage.

Le sujet est déclaré de type A si son score est supérieur à 190 (Étienne et Fontaine, 1992).

Conclusion

L'échelle d'auto-évaluation de Bortner est comparable à l'entretien structuré de Rosenman, tout en étant moins coûteuse en temps d'évaluateur. Elle évalue un facteur psychosocial de risque de maladie cardiovasculaire.

2. Échelles unidimensionnelles de la douleur[2]

Elles sont de trois types : l'échelle visuelle analogique, l'échelle verbale simple et l'échelle numérique. Les échelles « unidimensionnelles » sont rapides et permettent des mesures répétées. Elles sont très utilisées lors de l'étude de l'effet de substance analgésique au cours du temps et pour constituer une ligne de base. Elles donnent un indice de l'intensité de la douleur, mais ne peuvent prétendre à des études psychométriques.

Échelle visuelle analogique (EVA)

L'EVA est une ligne de 100 mm définie à ses extrémités par les termes « aucune douleur » et « douleur maximum imaginable ». Le patient doit indiquer sur la ligne la graduation qu'il juge correspondre à ce qu'il ressent.

---
aucune douleur douleur maximum imaginable

La valeur numérique retenue est la mesure en millimètres à partir du zéro.

2. Boureau F., Koskas-Sergent, A.S. (1988).

Échelle verbale simple (EVS)

Elle est constituée par quatre ou cinq descriptifs hiérarchisés suivant l'intensité de la douleur :

0. douleur absente	Exemple d'échelle verbale en cinq catégories ordonnées
1. douleur faible	
2. douleur modérée	
3. douleur intense	
4. douleur extrême	

Le patient doit choisir le terme qui correspond le plus à sa douleur.

Échelle numérique

Il est demandé au sujet de coter sa douleur sur une échelle numérique de 0 à 10 (ou de 0 à 100).

3. Questionnaire de douleur de Saint-Antoine (QDSA)[3]

Applications

Le QDSA est l'équivalent français du *Mac Gill Pain Questionnaire* de Melzack. Il comprend 58 qualificatifs répartis en 16 classes. Les 9 premières classes représentent les aspects sensoriels de la douleur, les 7 dernières les aspects affectifs. Il permet de quantifier plusieurs aspects de la douleur et d'aider le praticien au niveau qualitatif. Ainsi le choix de descripteurs affectifs traduirait un vécu anxieux ou dépressif de la douleur.

Mode de passation

Dans un premier temps, le patient choisit tous les adjectifs qui décrivent sa douleur. Ensuite, il choisit dans chaque catégorie l'adjectif qui décrit le mieux sa douleur et lui attribue une note de 0 à 4 (de 0 : pas du tout, à 4 : extrêmement).

Cotation

À l'origine, plusieurs scores étaient possibles. Actuellement, trois scores sont retenus dans les études :

- le score total (QDSA-T) : somme des notes données par le sujet aux adjectifs décrivant le mieux sa douleur (un par catégorie) ;

3. Boureau F. (1984).

- le score sensoriel (QDSA-S) : somme des notes données par le sujet aux adjectifs décrivant le mieux sa douleur dans les 9 classes sensorielles (de A à I) ;
- le score affectif (QDSA-A) : somme des notes données par le sujet aux adjectifs décrivant le mieux sa douleur dans les 7 dernières classes.

Le QDSA-T est donc la somme du QDSA-S et du QDSA-A.

Études de validation

Elles ont été réalisées sur des sujets ayant des douleurs (Boureau et al., 1984a, 1984b, 1988b, 1990, 1991, 1992) et notamment des parturientes (Morisot et Boureau, 1991). La fidélité test-retest apparaît satisfaisante (Boureau et al., 1984b). Le QDSA-T semble différencier les sujets contrôles de sujets ayant des douleurs ; cependant, il ne différencie pas toujours les différents types de douleur (Boureau et al., 1991). Dans une étude sur des sujets ayant des douleurs neuropathiques comparés à des sujets présentant des douleurs autres, seuls le score total et la sous-échelle affective différencient les deux groupes de patients (Boureau et al., 1990). Le QDSA a été comparé à trois versions françaises du *Mac Gill Pain Questionnaire*. Il n'existe pas de différence significative pour les qualitatifs et les classes communs aux deux instruments (Boureau et al., 1984b, 1992). La corrélation avec la version francophone de Viguie est égale à 0,87 (Boureau et Paquette, 1988). La validité concourante a également été établie avec une échelle visuelle analogique. Elle varie de 0,35 à 0,56 (Boureau et Paquette, 1988 ; Boureau et al., 1984a). La validité discriminante est modérée avec l'inventaire d'anxiété trait de Spielberger et l'inventaire de dépression de Beck. La douleur serait donc modérément corrélée à la dépression et à l'anxiété. En particulier, la corrélation de la sous-échelle affective est égale à 0,52, alors que la corrélation de la sous-échelle sensorielle est égale à 0,31 avec l'inventaire de dépression de Beck (Boureau et Paquette, 1988).

Normes

Nous donnons à titre indicatif les moyennes de 53 patients douloureux chroniques repartis en douleur neuropathique (1), douleur idiopathique (2), maux de tête (3), syndrome myofascial (4) et douleurs diverses (5) (Boureau et al., 1991) :

	1	2	3	4	5
QDSA-T	31,7	36,5	31,7	39,2	42,8
QDSA-S	17,8	15,3	12,3	20,1	22,5
QDSA-A	13,9	21,2	19,4	19,1	20,3

4. Échelle du comportement douloureux[4]

Applications

Elle permet de préciser le retentissement d'une douleur sur le comportement du sujet dans des douleurs d'étiologies variées. L'évaluation d'une douleur, d'après ce que le patient fait ou ne fait pas, serait l'indicateur le plus objectif du degré d'invalidité et de la sévérité de la douleur.

Mode de passation

Elle peut être remplie par le patient, un proche ou le médecin à partir des informations recueillies après un entretien. Tous les items n'ont pas la même échelle de cotation.

Études de validation

Cet outil nous semble intéressant car il permet d'évaluer l'impact de la douleur sur la qualité de la vie des sujets. La comparaison entre le pré- et le post- (avant et après un traitement) donne des indications au clinicien suite à un traitement.

5. Inventaire de dépression de Beck

L'inventaire de dépression de Beck a été utilisé dans les troubles somatoformes ou les maladies neurologiques. Williams et Richardson (1993) ont cependant mis en garde les cliniciens concernant les items somatiques du questionnaire qui peuvent aussi bien relever d'une dépression que d'un trouble somatoforme. La difficulté dans ces cas est de différencier ce qui est de l'ordre de la douleur de ce qui est de l'ordre de la dépression. Pour eux, les items 15, 16, 17, 18 et 19 de l'inventaire de dépression de Beck appartiendraient à une dimension nommée trouble somatique et les réponses à ces items devraient donc être considérées avec prudence. Novy et al. (1995) ont repris cette analyse sur un autre échantillon de patients douloureux et ont retrouvé plus ou moins le même résultat. La validité de l'inventaire a été explorée chez des patients parkinsoniens (Leentjens et al., 2000). La note seuil de 13 (sensibilité à 0,67 et spécificité à 0,88) peut être retenue pour l'indication ou non d'un trouble dépressif. Cependant, pour un objectif de diagnostic, les auteurs recommandent la note seuil de 16 (sensibilité à 0,42 et spécificité à 0,98).

Finalement, Beck et al. (1997) ont créé un questionnaire destiné à évaluer la dépression majeure chez les patients hospitalisés dans les services médicaux à partir de l'inventaire de dépression de Beck

4. Boureau, F., Doubrere, J.F., Luu, M. (1985).

(2e édition), le BDI-II. Le nouveau questionnaire est composé de sept items appartenant à la sphère cognitive et affective. Il s'agit des items 1 (tristesse), 2 (pessimisme), 3 (erreur dans le passé), 4 (perte de plaisir), 7 (autodépréciation), 8 (autocritique) et 9 (idées suicidaires). Ils ont étudié ce questionnaire sur 50 patients hospitalisés dans des services médicaux. Le coefficient de consistance interne est à 0,82. La fidélité test-retest (une semaine) est aussi satisfaisante puisque le coefficient est à 0,82. La validité convergente avec l'échelle de dépression de l'échelle d'anxiété et de dépression de Zigmond et Snaith est également satisfaisante ($r = 0{,}62$). Le nouveau questionnaire corrèle mieux que cette dernière avec une échelle de diagnostic de la dépression majeure (0,66 *versus* 0,37). Finalement, il différencie des sujets hospitalisés présentant une dépression majeure de sujets hospitalisés ne présentant pas ce trouble.

Normes

Une note seuil à 4 et plus doit alerter le clinicien concernant la présence d'une dépression majeure.

- Sujets hospitalisés dans des services médicaux avec dépression majeure ($n = 33$) : 7,85 (3,75).
- Sujets hospitalisés dans des services médicaux sans dépression majeure ($n = 17$) : 1,70 (2,49).

Présentation des outils d'évaluation

1. Échelle d'auto-évaluation de Bortner[4]

Instructions

Chacun de nous peut se situer quelque part le long de chacune des lignes ci-dessous entre les deux positions extrêmes. Ce que nous attendons de vous, c'est de faire une croix sur chaque ligne, à l'endroit où vous pensez vous situer entre les deux positions extrêmes. La croix peut être située à n'importe quel endroit de la ligne et pas forcément sur les graduations ou au milieu des cases.

Par exemple :

Aime les aliments très salés. Ne sale jamais ses aliments.

S'il vous plaît, n'oubliez surtout pas de remettre le questionnaire dès votre prochain rendez-vous. Merci.

4. Tous droits réservés en partie ou en totalité.

Avant de compléter ce questionnaire, veuillez inscrire :

Votre nom :.......................................
Votre prénom :...................................

1. N'est jamais en retard.

Ne prête pas grande attention à être exact aux rendez-vous.

2. N'a guère l'esprit de lutte. N'est guère combatif.

Esprit de lutte très élevé. Est très combatif.

3. N'attend pas que les autres aient fini d'exprimer ce qu'ils veulent dire (signes de tête, coupe ses interlocuteurs, achève les phrases pour eux).

Bon auditeur : s'applique à écouter les autres jusqu'au bout.

4. Toujours pressé.

Ne se sent jamais pressé même sous la pression de l'entourage ou des événements.

5. Sait attendre patiemment.

Impatient lorsqu'il doit attendre.

6. Met tout en œuvre pour atteindre un but, s'engage à fond dans une tâche.

Prend les choses comme elles viennent, insouciant.

7. Fait une chose à la fois.

Pense toujours à ce qu'il va falloir faire ensuite. Essaie de faire plusieurs choses à la fois.

8. Énergique et vigoureux en parlant (peut frapper du poing sur la table pour appuyer ses paroles).

Lent, pondéré, circonspect dans sa façon de s'exprimer.

9. Veut que ses qualités de bon travailleur soient reconnues par les autres.

Uniquement soucieux d'être content de lui quoique les autres puissent en penser.

10. Rapide pour manger, pour marcher. — Fait les choses posément.

|_|_|_|_|_|_|_|_|_|_|_|_|_|_|_|_|_|_|_|_|_|_|_|_|

11. Prend les choses tranquillement, ne se fait pas de bile. — Se fait la vie dure, se mène durement.

|_|_|_|_|_|_|_|_|_|_|_|_|_|_|_|_|_|_|_|_|_|_|_|_|

12. Cache ses sentiments. — Démonstratif dans ses sentiments.

|_|_|_|_|_|_|_|_|_|_|_|_|_|_|_|_|_|_|_|_|_|_|_|_|

13. A de nombreux centres d'intérêts. — Peu d'intérêts en dehors du travail.

|_|_|_|_|_|_|_|_|_|_|_|_|_|_|_|_|_|_|_|_|_|_|_|_|

14. Satisfait de son travail, content de sa situation. — Ambitieux de progresser plus haut dans l'échelle sociale.

|_|_|_|_|_|_|_|_|_|_|_|_|_|_|_|_|_|_|_|_|_|_|_|_|

2. Questionnaire de douleur de Saint-Antoine[5]

Nom :................	Date :................

Vous trouverez ci-après une liste de mots utilisés par certaines personnes pour définir une douleur. Afin de préciser la douleur que vous ressentez en général, donnez une note à chaque mot selon le code suivant :

0. Absent → Pas du tout
1. Faible → Un peu
2. Modéré → Moyennement
3. Fort → Beaucoup
4. Extrêmement fort → Extrêmement

Pour chaque classe de mots, entourez le mot le plus exact pour décrire votre douleur.

A.	Battements	....	E.	Tiraillement	....	K.	Nauséeuse	....
	Pulsations	....		Étirement	....		Suffocante	....
	Élancements	....		Distension	....		Syncopale	....
	En éclairs	....		Déchirure	....	L.	Inquiétante	....

5. Boureau F. Tous droits réservés en totalité ou en partie.

	Décharges électriques	....		Torsion	....		Oppressante	....
	Coups de marteau	....		Arrache-ment	....		Angoissante	....
B.	Rayonnante	....	F.	Chaleur	....	M.	Harcelante	....
	Irradiante	....		Brûlure	....		Obsédante	....
C.	Piqûre	....	G.	Froid	....		Cruelle	....
	Coupure	....		Glace	....		Torturante	....
	Pénétrante	....	H.	Picotements	....		Suppliante	....
	Désagréable	....		Fourmille-ments	....	N.	Gênante	....
	Transper-çante	....		Démangai-sons	....		Pénible	....
	Coups de poignard	....	I.	Engourdis-sements	....		Insuppor-table	....
D.	Pincement	....		Lourdeur	....	O.	Énervante	....
	Serrement	....		Sourde	....		Exaspérante	....
	Compression	....	J.	Fatigante	....		Horripilante	....
	Écrasement	....		Épuisante	....	P.	Déprimante	....
	En étau	....		Éreintante	....		Suicidaire	....
	Broiement	....						

3. Échelle du comportement douloureux[6]

Nom :..........		Date :..........	
Vous trouverez ci-dessous des énoncés que les gens utilisent pour décrire le retentissement de leur douleur dans la vie quotidienne. Veuillez répondre à chacun des énoncés en encerclant la réponse qui vous décrit le mieux.			
Mon temps de marche, les distances que je peux faire ont diminué.			
1. Pas du tout	2. Un peu	3. Modérément	4. Beaucoup
Quand je marche, on peut voir que j'ai mal.			
1. Presque jamais	2. Quelquefois	3. Souvent	4. Presque toujours
Dans la journée, je reste allongé la plupart du temps.			
1. Presque jamais	2. Quelquefois	3. Souvent	4. Presque toujours

6. Boureau F., Doubrere J.F., & Luu M. (1985). *In* Simon L., Roquefeuil B., Pelissier J. (Eds), *La douleur chronique*. Paris : Masson.

Mes activités professionnelles ont diminué.			
1. Pas du tout	2. Un peu	3. Modérément	4. Beaucoup
Je fais comme d'habitude le travail quotidien de la maison.			
1. Presque jamais	2. Quelquefois	3. Souvent	4. Presque toujours
Mon temps de loisir a diminué (lecture, radio, télévision, etc.).			
1. Pas du tout	2. Un peu	3. Modérément	4. Beaucoup
Mes relations avec mes amis ont diminué.			
1. Pas du tout	2. Un peu	3. Modérément	4. Beaucoup
Je parle de ma douleur avec ma famille, mes amis.			
1. Presque jamais	2. Quelquefois	3. Souvent	4. Presque toujours
Je porte souvent la main pour frotter, tenir, protéger ou masser la région de ma douleur.			
1. Presque jamais	2. Quelquefois	3. Souvent	4. Presque toujours
Les gens qui m'entourent se rendent compte quand j'ai bien mal.			
1. Presque jamais	2. Quelquefois	3. Souvent	4. Presque toujours
Il m'arrive de prendre un médicament même si je le sais très peu efficace.			
1. Presque jamais	2. Quelquefois	3. Souvent	4. Presque toujours
Je dors bien.			
1. Presque jamais	2. Quelquefois	3. Souvent	4. Presque toujours
Je me sens fatigué(e).			
1. Presque jamais	2. Quelquefois	3. Souvent	4. Presque toujours
J'ai bon appétit.			
1. Presque jamais	2. Quelquefois	3. Souvent	4. Presque toujours
Mon intérêt pour les choses sexuelles a diminué.			
1. Pas du tout	2. Un peu	3. Modérément	4. Beaucoup

Bibliographie

Échelle d'auto-évaluation de Bortner

Ebagosti, A., Drwet-Perrin, J., Blanc, M.M., Laurens, M. (1984). Facteurs de risque somatiques et psychiques et cardiopathies ischémiques. À propos d'une enquête prospective marseillaise. *Archives des Maladies du Cœur et des Vaisseaux, 4*, 364–373.

Étienne, A.M., Fontaine, O. (1992). Troubles cardio-vasculaires. In R., Ladouceur, O., Fontaine, J., Cottraux (Eds.), *Thérapie comportementale et cognitive* (pp. 218–229). Paris : Masson.

Groupe coopératif de la Fondation P. Neumann (1977). Approche psychologique en épidémiologie cardio-vasculaire. *La Nouvelle Presse Médicale, 6*, 1955–1958.

Levy-Leboyer, C. (1987). Les facteurs psychologiques de risque dans les maladies cardio-vasculaires. Mesure et signification du comportement de type A. *Revue de Psychologie Appliquée, 37*, 49–69.

The Belgium French pooling project (1984). Assessment of type A behaviour by the Bortner Scale and ischaemic heart disease. *European Heart Journal, 5*, 440–446.

Pichot, P., De Bonis, M., Somogyi, M., et al. (1977). Étude métrologique d'une batterie de tests destinée à l'étude des facteurs psychologiques en épidémiologie cardio-vasculaire. *Applied Psychology, 26*, 11–19.

Échelles unidimensionnelles de la douleur

Boureau, F., Koskas-Sergent, A.S. (1988). Évaluation de la sévérité d'une douleur. In *Pratique du traitement de la douleur* (pp. 97–105). Paris : Doin

Questionnaire de la douleur de Saint-Antoine

Boureau, F., Luu, M., Doubrere, J.F. (1984a). Évaluation pluridimensionnelle de la douleur par questionnaire d'adjectifs. *Médecine et Hygiène, 42*, 3874–3880.

Boureau, F., Luu, M., Doubrere, J.F. (1990). Study of verbal description in neuropathic pain. *Pain, 42*, 145–152.

Boureau, F., Luu, M., Doubrere, J.F. (1991). Study of experimental pain measures and nociceptive reflex in chronic pain patients and normal subjects. *Pain, 44*, 131–138.

Boureau, F., Luu, M., Doubrere, J.F. (1992). Comparative study of the validity of four French McGill Pain Questionnaire (MPSQ) versions. *Pain, 50*, 59–65.

Boureau, F., Luu, M., Doubrere, J.F., Gay, C. (1984b). Élaboration d'un questionnaire d'auto-évaluation de la douleur par liste de qualitatifs. *Thérapie*, 119–129.

Boureau, F., Paquette, C. (1988b). Translated versus reconstructed McGill Pain Questionnaires : a comparative study of two French forms. In R., Dubner, G.F., Gebhart, M.R., Bond (Eds.), Proceedings of the Vth World Congress on Pain (pp. 395–402). New York : Elsevier Science.

Morisot, P., Boureau, F. (1991). Évaluation de la douleur obstétricale par questionnaire d'adjectifs. Comparaison de deux modalités d'analgésie péridurale. *Ann. Fr. Anesth. Réanim, 10*, 117–126.

Échelle du comportement douloureux

Boureau, F., Doubrere, J.F., Luu, M. (1985). Les méthodes d'évaluation de la douleur clinique. In L., Simon, B., Roquefeuil, J., Pelissier (Eds.), *La douleur chronique* (pp.37–42). Paris : Masson.

Boureau, F., Koskas-Sergent, A.S. (1988). Évaluation de la sévérité d'une douleur. In F., Boureau (Ed.) *Pratique du traitement de la douleur* (pp.97–105). Paris : Doin.

Inventaire de dépression de Beck

Beck, A.T., Guth, D., Steer, R.A., Ball, R. (1997). Screening for major depression disorders in medical inpatients with the Beck Depression Inventory for primary care. *Behaviour Research Therapy, 35*, 785–791.

Leentjens, A.F.G., Verhay, F.R.J., Luijckx, G.J., Troost, J. (2000). The validity of the Beck Depression Inventory as a screening and diagnostic instrument for depression in patients with Parkinson's disease. *Movements Disorders, 15*, 1221–1224.

Novy, D.M., Nelson, D.V., Berry, L.A., Averill, P.M. (1995). What does the Beck Depression Inventory measure in chronic pain ? A reappraisal. *Pain, 61*, 261–270.

Williams, A.C., Richardson, P.H. (1993). What does the BDI measure in chronic pain ? *Pain, 55*, 259–266.

CHAPITRE 16

Troubles des conduites alimentaires

Dans le domaine des troubles des conduites alimentaires, nous présentons un questionnaire spécifique à la boulimie, un questionnaire plus spécifique à l'anorexie et à ses types (restrictif et boulimique), et un inventaire destiné à évaluer les traits de personnalité spécifiques aux sujets présentant un trouble des conduites alimentaires.

1. Inventaire de la boulimie d'Edinburgh (Henderson et Freeman) : *identification ou évaluation de la boulimie et des accès de frénésie alimentaire.*
2. Échelle d'auto-évaluation de l'anorexie mentale (Garner et Garfinkel) : *évaluation de l'anorexie mentale.*
3. Inventaire des troubles alimentaires 2 (Garner) : *évaluation de conduites et d'attitudes spécifiques à la boulimie et à l'anorexie.*

Notice d'information

1. Inventaire de la boulimie d'Edinburgh (*Bulimic Investigatory Test of Edinburgh*)[1]

Applications

L'inventaire d'Edinburgh est conçu pour identifier les personnes souffrant de symptômes boulimiques ou d'accès de frénésie alimentaire. Il peut être utilisé comme instrument de dépistage ou comme indice de la sévérité du trouble. Il est constitué de deux sous-échelles : l'échelle de symptômes évalue le nombre de symptômes présents, et l'échelle de sévérité fournit un indice de la sévérité du comportement de frénésie alimentaire ou de purge en fonction de leur fréquence.

Mode de passation

Lorsqu'il est utilisé comme instrument de dépistage, le sujet doit répondre en s'appuyant sur ses sentiments et comportements durant les 3

1. Henderson M. et Freeman C.P. (1987), traduction : Ferrero F. et Liengme C.

Protocoles et échelles d'évaluation en psychiatrie et psychologie

derniers mois. Lorsqu'il est utilisé comme instrument d'évaluation d'un traitement, seul le dernier mois écoulé doit être pris en considération.

Cotation

L'échelle de symptômes est constituée des 30 questions non marquées d'un astérisque. Les questions 1, 13, 21, 23 et 31 sont cotées un point pour une réponse « non ». Les 25 autres questions sont cotées un point pour une réponse « oui ».

L'échelle de sévérité est constituée des trois questions marquées d'un astérisque (6, 7 et 27). Le score total est obtenu en faisant la somme des résultats obtenus à ces trois questions.

Études de validation

Elles ont été réalisées sur des populations cliniques et contrôles (Henderson et Freeman, 1987). La version française n'a pas été étudiée. La fidélité test-retest est à 0,86 chez des sujets contrôles et à 0,68 chez des sujets boulimiques. La consistance interne est satisfaisante pour l'échelle de symptômes et l'échelle de sévérité. Les deux échelles différencient les sujets contrôles des sujets boulimiques. Waller (1992) rapporte que le questionnaire différencie bien les sujets boulimiques sans épisode d'anorexie (m = 23,9) ou avec une histoire d'anorexie (m = 23,1) des sujets anorexiques restrictifs (9,55). Il est plus difficile de différencier les sujets boulimiques de sujets anorexiques avec épisodes de boulimie (m = 16,2). La validité convergente est satisfaisante chez des sujets boulimiques avec l'inventaire des troubles alimentaires et l'échelle d'auto-évaluation de l'anorexie mentale. Ainsi, la corrélation avec l'échelle de boulimie de l'inventaire des troubles alimentaires est à 0,67 et la corrélation avec l'échelle d'auto-évaluation de l'anorexie mentale est à 0,68. La sensibilité au changement est bonne.

Normes

D'après Henderson et Freeman (1987), la note seuil pour l'échelle de symptômes serait 20 et celle de l'échelle de sévérité serait 5. Autrement dit, la note seuil de 25 permettrait de différencier les sujets boulimiques des sujets contrôles.

Échelle de symptômes :

- score élevé : 20 et plus, possibilité d'une boulimie ;
- score moyen : de 10 à 19, comportement alimentaire inhabituel. Un entretien est nécessaire ;
- score bas : inférieur à 10, normal.

Échelle de sévérité :

- score de 5 : cliniquement significatif, possibilité d'une boulimie ;
- score de 10 : haut degré de sévérité.

2. Échelle d'auto-évaluation de l'anorexie mentale (*Eating Attitudes Test*, EAT)[2]

Applications

L'échelle de Garner et Garfinkel est la plus connue et la plus utilisée pour évaluer la gravité de l'anorexie mentale et son évolution. Cette version réduite peut être utilisée comme instrument de dépistage de l'affection dans une population à risque (adolescence), mais avec quelque prudence. La version initiale à 40 items peut être réduite à 26 items (EAT-26), voire à 16 items (EAT-16).

Mode de passation

La version originale comporte 40 items. Il suffit au sujet de cocher une case en face de chaque item. L'échelle des réponses va de « Pas du tout/jamais » à « Extrêmement/toujours » avec une possibilité de six réponses par item.

Cotation

Il faut distinguer deux sortes d'items : les items directs et les items inversés. Dans le cas des items directs, le degré extrême placé à droite (« Extrêmement/toujours ») reçoit un score de 3, les deux degrés suivants reçoivent 2 points et 1 point. Aucun score n'est donné aux réponses non anorectiques. Dans le cas des items inversés (n° 1, 18, 19, 23, 27 et 39), le degré extrême placé à gauche (« Pas du tout/jamais ») reçoit un score de 3. Les deux degrés suivants reçoivent un score de 2 points et 1 point, comme précédemment. Il suffit ensuite de faire la somme des notes obtenues.

Études de validation

Pour la version à 40 items (EAT-40), elles sont nombreuses (pour une bibliographie très détaillée, voir Pellet et al., 1993). La version anglaise a été étudiée sur des sujets anorexiques ou obèses, des sujets contrôles, voire des populations telles que des danseuses (Garner et Garfinkel, 1979 ; Garner et al., 1982). La version française a été étudiée sur des femmes anorexiques et des sujets contrôles (Carrot et al., 1987). La consistance interne apparaît satisfaisante quelle que soit la version. La validité de critère montre que les deux versions de l'EAT-40 différencient bien les sujets anorexiques de sujets contrôles (Garner et Garfinkel, 1979 ; Carrot et al., 1987). La version anglaise différencie également les sujets anorexiques de sujets obèses (Garner et Garfinkel, 1979). Elle ne permet cependant

2. Garner D.M. et Garfinkel P.E. (1979), traduction : Carrot G. et Lang F.

pas de différencier les sujets anorexiques de type jeûneur de sujets anorexiques de type boulimique (Garner et al., 1982). La validité convergente de la version anglaise est à 0,56 avec le *Body Image Composite* de Garner et à 0,45 avec le *Body Dissatisfaction* de Berscherd. L'échelle d'auto-évaluation de l'anorexie corrèle à 0,45 avec le total de la *Hopkins Checklist* (HSCL 58 items). Elle corrèle à 0,41 avec l'échelle de dépression et à 0,40 avec l'échelle d'anxiété de la *Hopkins Checklist* (Garner et al., 1982). La sensibilité au changement est bonne (Garner et Garfinkel, 1979). Une analyse factorielle de la version anglaise, réalisée sur 160 sujets anorexiques, met en évidence trois facteurs : restriction alimentaire (13 items), boulimie et préoccupations concernant la nourriture (6 items), et contrôle de la prise alimentaire (7 items). Garner et al. (1982) ont proposé à la suite de ce travail une version à 26 items supprimant les 14 items ne corrélant dans aucune dimension. La corrélation entre la version à 40 items et la version à 26 items est à 0,98. Le total de la version réduite permet de différencier les sujets anorexiques de sujets contrôles, mais pas les deux types d'anorexie entre eux. Ce sont les facteurs 2 et 3 qui montrent une différence significative entre les sujets anorexiques de type boulimique et les sujets anorexiques de type jeûneur (Garner et al., 1982). Cette version réduite (EAT-26) a été étudiée auprès d'une population québécoise francophone et anglophone (Leichner et al., 1994). La version française présente des caractéristiques similaires à la version anglaise. Elle permet de différencier un groupe de patientes adultes et adolescentes (boulimiques et anorexiques) d'un groupe contrôle. Les coefficients alpha de consistance interne de la version française sont comparables à ceux de la version anglaise. L'analyse en composantes principales avec rotation oblique retrouve les trois facteurs de la version à 40 items. La sensibilité est de 89 % et le degré de spécificité est de 89,9 % pour la version francophone. Plus récemment, Kaiser et Bouvard (2009) ont vérifié le nombre de dimensions de la version française de l'EAT au moyen d'une analyse en facteurs de confirmation. Trois modèles ont été comparés : celui de l'EAT-26 (Garner et al., 1982), le modèle à 20 items et quatre facteurs (Koslowsky et al., 1992), et le modèle à 16 items et quatre facteurs (Ocker et al., 2007). Ce dernier modèle est celui qui obtient les meilleurs indices d'ajustement. Trois groupes de sujets (patientes anorexiques de type restrictive, patientes anorexiques avec crises de boulimie et sujets contrôles) ont été ensuite comparés sur l'EAT-16. Les deux groupes de sujets anorexiques se différencient du groupe contrôle sur le total, les facteurs 1 (perception de la forme de son propre corps), 2 (restriction alimentaire) et 4 (préoccupations concernant la nourriture). Seul le facteur 3 (conscience du contenu de l'alimentation) permet de différencier les patientes anorexiques restrictives (m = 2,4) des patientes avec crises de boulimie (4,3).

Nous donnons pour information les items retenus pour la version abrégée (EAT-26): 4, 5, 6, 7, 8, 9, 10, 12, 13, 14, 15, 22, 24, 25, 26, 29, 30, 31, 32, 33, 34, 36, 37, 38, 39 et 40. Les items des quatre facteurs de la version courte (EAT-16) sont les suivants :

- facteur 1, perception de la forme de son propre corps : items 4, 15 et 25 ;
- facteur 2, restriction alimentaire : items 14, 22, 36, 37 et 38 ;
- facteur 3, conscience du contenu de l'alimentation : items 9, 10, 29 et 30 ;
- facteur 4, préoccupations concernant la nourriture : items 6, 7, 31 et 34.

Normes

D'après Garner, la note seuil de la version à 40 items est à 30. La note seuil pour la version à 26 items est à 20.

Version française (EAT-40) : moyenne (écart type)

- Sujets contrôles : 13,02 (8,13).
- Sujets anorexiques : 34,9 (18,2) (Carrot et al., 1987).

Version française (EAT-26) (Leichner et al., 1994)

- Groupe contrôle adulte : 7,87 (7,37).
- Patientes adultes : 39,13 (15,17).

Version française (EAT-16) (Kaiser et Bouvard, 2009)

- Sujets contrôles : 1,4 (1,7).
- Patientes anorexiques avec crises de boulimie : 20,4 (9,7).
- Patientes anorexiques restrictives : 15,8 (9,00).

Conclusion

L'échelle d'auto-évaluation de l'anorexie mentale est intéressante pour le suivi des sujets. La version à 26 items peut être utilisée comme outil de dépistage de comportements alimentaires inadaptés. Cependant, nous rappelons qu'un haut score n'est pas synonyme d'un diagnostic d'anorexie mentale dans un groupe non clinique et que certains sujets malades ont un score inférieur à la note seuil. La version à 16 items semble avoir une meilleure structure factorielle selon la méthode d'analyse factorielle de confirmation.

3. Inventaire des troubles alimentaires 2 (*Eating Disorder Inventory-2*, EDI-2)[3]

Applications

C'est une évaluation clinique de la symptomatologie et des attitudes associées aux troubles alimentaires. Il semblerait en effet que les troubles alimentaires soient multidimensionnels. L'inventaire des troubles alimentaires (EDI-2) comprend onze dimensions : la recherche de la minceur (préoccupations avec le poids, le jeûne), la boulimie (tendance à s'engager dans des conduites alimentaires non contrôlées), l'insatisfaction par rapport à son corps (insatisfaction quant à la forme générale de son corps), l'inefficacité (évaluation négative de soi), le perfectionnisme (hauts standards de performance), la méfiance interpersonnelle (répugnance à reconnaître des relations proches), la conscience intéroceptive (incertitude à avoir des émotions), la peur de la maturité (désir de retrouver la sécurité de l'enfance), l'ascétisme (recherche de l'autodiscipline), le contrôle des pulsions et l'insécurité sociale (relations sociales de pauvre qualité). L'inventaire permet de situer le patient sur ces dimensions, de planifier le traitement et d'évaluer les progrès thérapeutiques.

Mode de passation

Il s'agit d'un questionnaire où le patient doit décider si chaque question est vraie pour lui, selon une échelle de six points de « Toujours » à « Jamais ». Chaque échelle étant supposée indépendante, le score global n'est pas calculé. La maison d'éditions Psychological Assessment Resources facilite le travail du correcteur avec un imprimé de correction et de transformation des notes brutes en centiles pour la version américaine.

Cotation

Deux sortes d'items existent : les items directs où « Toujours » = 3, « En général » = 2, « Souvent » = 1 et « Quelquefois/Rarement/Jamais » = 0 ; et les items indirects suivis d'un astérisque où « Jamais » = 3, « Rarement » = 2, « Jamais » = 1 et « Souvent/En général/Toujours » = 0.

- recherche de la minceur : 1*, 7, 11, 16, 25, 32 et 49 ;
- boulimie : 4, 5, 28, 38, 46, 53 et 61 ;
- insatisfaction par rapport à son corps : 2, 9, 12*, 19*, 31*, 45, 55*, 59 et 62* ;
- inefficacité : 10, 18, 20*, 24, 27, 37*, 41, 42*, 50* et 56 ;
- perfectionnisme 13, 29, 36, 43, 52 et 63 ;

3. Garner D.M. (1991), traduction : Archinard M., Rouget P., Painot D. et Liengme C.

- méfiance interpersonnelle : 15*, 17*, 23*, 30*, 34, 54 et 57* ;
- conscience intéroceptive : 8, 21, 26*, 33, 40, 44, 47, 51, 60 et 64 ;
- peur de la maturité : 3, 6, 14, 22*, 35, 39*, 48 et 58* ;
- ascétisme : 66, 68, 71*, 75, 78, 82, 86 et 88 ;
- contrôle des pulsions : 65, 67, 70, 72, 74, 77, 79, 81, 83, 89 et 90 ;
- insécurité sociale : 69*, 73*, 76*, 80*, 84, 87, 89* et 91*.

Plus les scores sont élevés et plus les sujets sont pathologiques.

Études de validation

Elles ont été recensées dans le manuel d'instruction de l'inventaire des troubles alimentaires (Garner, 1991). Elles portent sur 889 sujets ayant des troubles alimentaires et 1 300 étudiants. L'EDI-2 a reçu une validation en Suède (Nevonen et al., 2006) et en Hollande (van Strien et Ouwens, 2003). La version française est en cours d'études. Dans la version américaine, la fidélité test-retest a été établie pour les huit premières échelles de l'inventaire. Elle est satisfaisante en général pour 1 à 3 semaines. La stabilité à un an a été établie sur des sujets ayant des troubles alimentaires pour toutes les échelles, sauf pour les échelles de boulimie et de conscience interoceptive. La consistance interne a été établie pour les onze échelles sur des groupes de patients et des sujets contrôles. Elle est satisfaisante, à l'exception des échelles d'ascétisme et de contrôle des pulsions. La validité de critère est excellente puisque toutes les échelles différencient les sujets ayant des « troubles alimentaires » des sujets contrôles. En général, les sujets contrôles ont des scores significativement plus bas que les sujets boulimiques et les deux catégories d'anorexie, exception faite pour les échelles de boulimie et d'insatisfaction par rapport à son corps avec le groupe des sujets anorexiques jeûneurs. Ces derniers ont un score inférieur pour l'échelle de boulimie et des résultats comparables aux sujets normaux pour l'échelle d'insatisfaction corporelle. Des études avec des sujets psychiatriques montrent que certaines échelles ne sont pas spécifiques (peur de la maturité, perfectionnisme), ce qui n'invalide pas la valeur de l'outil dans l'évaluation du trouble alimentaire. La validité concourante a été établie pour les huit premières échelles avec le jugement clinique dans un groupe de sujets anorexiques. Les validités convergente et discriminante ont également été étudiées. Elles vont dans le sens attendu. L'analyse en facteurs sur des sujets ayant des troubles alimentaires retrouve les huit dimensions initiales. La sensibilité au changement thérapeutique a été recherchée et est satisfaisante pour les huit dimensions initiales. La version hollandaise et la version suédoise retrouvent globalement les résultats de la version américaine. Les coefficients de consistance interne des huit premières échelles sont meilleurs que ceux des trois dernières, quel que soit le groupe de sujets. Van Strien et Ouwens (2003), par une analyse en facteurs de confirmation, montrent que les huit premières échelles sont robustes, à la différence des trois dernières échelles. La non-transformation des notes (de 1 à 6) améliore la validité de l'EDI-2 et permet de mieux différencier les groupes cliniques des groupes contrôles. Dans l'étude de Nevonen et al. (2006) les sujets qui présentent des troubles du comportement alimentaire se différencient de sujets psychiatriques sur le score total et sur six échelles (Recherche de la minceur, Boulimie, Insatisfaction/corps, Perfectionnisme, Conscience interoceptive et Ascétisme). Dans le groupe de sujets présentant des troubles des conduites alimentaires, les principaux résultats sont que les sujets boulimiques ont un score plus élevé que les sujets anorexiques sur les trois premières échelles (recherche de la minceur, boulimie, insatisfaction/corps), alors que les sujets anorexiques ont un score plus élevé que les sujets boulimiques sur deux échelles (inefficacité et peur de la maturité).

Normes

Elles sont présentées de manière détaillée dans le manuel d'instruction auquel nous renvoyons le lecteur (Garner, 1991). À titre indicatif nous donnons les moyennes et écarts types du groupe des sujets ayant des troubles alimentaires et des sujets normaux.

	Sujets contrôles m (écart type)	**Sujets ayant des troubles alimentaires m (écart type)**
Recherche de la minceur	5,5 (5,5)	14,5 (5,6)
Boulimie	1,2 (1,9)	10,5 (5,5)
Insatisfaction/corps	12,2 (8,3)	16,6 (8,3)
Inefficacité	2,3 (3,6)	11,3 (7,8)
Perfectionnisme	6,2 (3,9)	8,9 (4,9)
Méfiance interpersonnelle	2,0 (3,1)	5,8 (4,7)
Conscience interoceptive	3,0 (3,9)	11,0 (6,9)
Peur de la maturité	2,7 (2,9)	4,5 (4,7)
Ascétisme	3,4 (2,2)	8,3 (4,7)
Contrôle des pulsions	2,3 (3,6)	6,0 (5,3)
Insécurité sociale	3,3 (3,3)	8,6 (4,9)

Conclusion

L'inventaire des troubles alimentaires ne doit pas être utilisé comme instrument diagnostique ; les patients ayant de hauts scores doivent bénéficier d'un entretien. D'après Garner, un score de 14 différencie les patients ayant un trouble alimentaire de sujets normaux à l'échelle de « recherche de la minceur ». L'âge et le genre seraient des variables importantes dont il faut tenir compte dans l'établissement des valeurs normatives (Garner, 1991). L'inventaire a été étudié chez des adolescents à partir de 11 ans. Il constitue à notre point de vue un outil intéressant pour relever la pathologie associée aux troubles alimentaires. La troisième version essaie de pallier les limites de la deuxième, mais elle est encore peu adoptée.

Présentation des outils d'évaluation

1. Inventaire de la boulimie d'Edinburgh[4]

Nom :.. Date :.............................

Entourez la réponse correcte. Répondre en considérant les quatre dernières semaines.

1.	Mangez-vous quotidiennement selon un schéma régulier ?	OUI	NON
2.	Faites-vous un régime strict ?	OUI	NON
3.	Si vous abandonnez une fois votre régime, est-ce un échec ?	OUI	NON
4.	Calculez-vous les calories de tout ce que vous mangez, même lorsque vous ne suivez pas de régime ?	OUI	NON
5.	Vous arrive-t-il de jeûner pendant toute une journée ?	OUI	NON
*6.	Si oui, à quelle fréquence (*encerclez le chiffre*) ? 1. une fois seulement 2. de temps en temps 3. une fois par semaine 4. deux à trois fois par semaine 5. tous les deux jours		
*7.	Avez-vous recours aux moyens suivants pour perdre du poids ? (*veuillez vous servir de l'échelle suivante pour répondre*) 0. Jamais 2. Occasionnellement 3. Une fois par semaine 4. Deux à trois fois par semaine 5. Quotidiennement 6. Deux à trois fois par jour 7. Sept fois par jour ou plus Coupe-faim ...... Diurétiques ...... Laxatifs ...... Vomissements provoqués		

4. A self-rating scale for bulimia de Henderson N. et Freeman, C.P.L. (1987). *British Journal of Psychiatry, 150*, 18-24.

8.	Votre schéma d'alimentation perturbe-t-il sévèrement votre vie ?	OUI	NON
9.	Diriez-vous que la nourriture domine votre vie ?	OUI	NON
10.	Vous arrive-t-il de manger sans arrêt et de ne cesser que lorsque vous ressentez un malaise physique ?	OUI	NON
11.	Y a-t-il des moments où vous ne pouvez plus penser à rien d'autre qu'à la nourriture ?	OUI	NON
12.	Mangez-vous raisonnablement quand vous êtes en compagnie tout en vous rattrapant quand vous êtes seule ?	OUI	NON
13.	Pouvez-vous toujours vous arrêter de manger quand vous le voulez ?	OUI	NON
14.	Vous est-il arrivé d'éprouver un besoin irrésistible de manger d'énormes quantités de nourriture ?	OUI	NON
15.	Avez-vous tendance à beaucoup manger lorsque vous êtes angoissée ?	OUI	NON
16.	Êtes-vous terrifiée à l'idée de devenir grosse ?	OUI	NON
17.	Vous est-il arrivé de manger de grandes quantités de nourriture rapidement ? (en dehors des repas)	OUI	NON
18.	Avez-vous honte de vos habitudes alimentaires ?	OUI	NON
19.	Craignez-vous de ne plus avoir le contrôle sur la quantité de nourriture que vous mangez ?	OUI	NON
20.	Vous raccrochez-vous à la nourriture pour vous réconforter ?	OUI	NON
21.	Pouvez-vous laisser des restes sur votre assiette à la fin des repas ?	OUI	NON
22.	Cachez-vous aux autres combien vous mangez ?	OUI	NON
23.	La faim détermine-t-elle la quantité de ce que vous mangez ?	OUI	NON
24.	Vous est-il arrivé de dévorer irrésistiblement d'énormes quantités de nourriture ?	OUI	NON
25.	Si oui, cela vous rend-il très malheureuse ?	OUI	NON
26.	Lorsque vous dévorez d'énormes quantités de nourriture le faites-vous uniquement en cachette ?	OUI	NON
*27.	À quelle fréquence moyenne le faites-vous ? (voir question 26) *Encerclez le chiffre approprié :* **1.** Presque jamais **2.** Une fois par mois **3.** Une fois par semaine **4.** Deux à trois fois par semaine **5.** Quotidiennement **6.** Deux à trois fois par jour		

28.	Seriez-vous capable de faire des démarches considérables pour satisfaire ce besoin irrésistible de manger ?	OUI	NON
29.	Vous sentez-vous très coupable quand vous mangez trop ?	OUI	NON
30.	Vous arrive-t-il de manger en cachette ?	OUI	NON
31.	Considérez-vous vos habitudes alimentaires comme normales ?	OUI	NON
32.	Vous considérez-vous comme une mangeuse impulsive ?	OUI	NON
33.	Votre poids fluctue-t-il de plus de 2 kg par semaine ?	OUI	NON

2. Échelle d'auto-évaluation de l'anorexie mentale[5]

	Pas du tout/ Jamais	**Très peu/ Rarement**	**Un peu/ Quelquefois**	**Moyennement/ Souvent**	**Beaucoup/ Très souvent**	**Extrêmement/ Toujours**
1. J'aime manger avec autrui.						
2. Je fais de la cuisine pour les autres mais je ne mange pas ce que je prépare.						
3. J'éprouve une sensation d'angoisse avant de manger.						
4. J'ai une terreur folle d'avoir des kilos en trop.						
5. J'évite de manger quand j'ai faim.						
6. Je trouve que l'idée de la nourriture me préoccupe.						

5. Garner D.M. et Garfinkel P.E., traduction : Carrot G. et Lang F.

	Pas du tout/ Jamais	Très peu/ Rarement	Un peu/ Quelquefois	Moyennement/ Souvent	Beaucoup/ Très souvent	Extrêmement/ Toujours
7. Je fais des « grandes bouffes » au cours desquelles j'ai l'impression de ne plus pouvoir m'arrêter.						
8. Je coupe la nourriture en petits morceaux.						
9. Je connais la teneur en calories de ce que je mange.						
10. J'évite tout particulièrement les aliments riches en glucides (pain, pommes de terre, riz, etc.).						
11. Je me sens ballonné(e) après les repas.						
12. Je pense que les autres préféreraient me voir manger davantage.						
13. Je vomis après avoir mangé.						
14. Je me sens extrêmement coupable après le repas.						
15. Je suis obsédé(e) par l'idée d'être plus mince.						

	Pas du tout/ Jamais	Très peu/ Rarement	Un peu/ Quelquefois	Moyennement/ Souvent	Beaucoup/ Très souvent	Extrêmement/ Toujours
16. Je me dépense énergiquement pour brûler des calories.						
17. Je me pèse plusieurs fois par jour.						
18. J'aime que mes vêtements soient ajustés.						
19. J'aime manger de la viande.						
20. Je me réveille tôt le matin.						
21. Je mange la même chose tous les jours.						
22. Je pense aux calories que je brûle quand je me dépense physiquement.						
23. J'ai des règles normales.						
24. On pense que je suis trop maigre.						
25. L'idée d'avoir de la graisse sur le corps m'obsède.						
26. Je mange plus lentement que les autres.						
27. J'aime manger au restaurant.						
28. Je prends des laxatifs.						

	Pas du tout/ Jamais	Très peu/ Rarement	Un peu/ Quelquefois	Moyennement/ Souvent	Beaucoup/ Très souvent	Extrêmement/ Toujours
29. J'évite les aliments qui contiennent du sucre.						
30. Je mange des aliments de régime.						
31. Je pense que la nourriture conditionne ma vie.						
32. Je sais me contrôler devant la nourriture.						
33. Je pense que l'on me force à manger.						
34. Je consacre trop de temps à la nourriture et y pense trop.						
35. Je suis constipée.						
36. Je me sens mal à l'aise après avoir mangé des bonbons.						
37. Je me mets au régime.						
38. J'aime avoir l'estomac vide.						
39. J'aime essayer de nouveaux aliments riches.						
40. J'ai spontanément envie de vomir après les repas.						

3. Inventaire des troubles alimentaires 2[6]

(*) Barrer les mentions inutiles

Le.. Nom :..........................

Âge :.. Sexe : M*/F*

État-civil : Marié(e)* Séparé(e)* Divorcé(e)* Célibataire* Veuf(ve)*

Profession:..

A. Poids actuel : .... kg B. Taille : .... cm

C. Poids le plus élevé dans le passé (à l'exception des grossesses) : .... kg

Quand avez-vous atteint ce poids pour la première fois ?

Il y a .... semaine(s)*/mois*/année(s)*

Pendant combien de temps avez-vous gardé ce poids ?

Pendant .... semaine(s)*/mois*/année(s)*

D. Poids le plus bas à l'âge adulte : .... kg

Quand avez-vous atteint ce poids pour la première fois ?

Il y a .... semaine(s)*/mois*/année(s)*

Pendant combien de temps avez-vous gardé ce poids ?

Pendant .... semaine(s)*/mois*/année(s)*

E. Quel poids avez-vous maintenu le plus longtemps ? .... kg

À quel âge aviez-vous atteint ce poids pour la première fois ? À ______ ans

F. Si votre poids a beaucoup changé au cours des années, y en a-t-il un auquel vous revenez toujours quand vous ne faites pas de régime ? OUI*/NON*

Si oui, quel est ce poids ? .... kg

À quel âge avez-vous atteint ce poids ? À .... ans

G. Quelle a été votre perte de poids la plus importante ? .... kg

Avez-vous perdu ce poids volontairement ? OUI*/NON*

Jusqu'à quel poids êtes-vous descendu(e) ? .... kg

À quel âge avez-vous atteint ce poids ? À .... ans

430 H. Quel serait votre poids, à votre avis, si vous n'essayiez pas de le contrôler ? .... kg

435 I. Quel poids souhaiteriez-vous avoir actuellement ? .... kg

6. A été adapté et reproduit avec la permission spéciale de Psychological Assessment Resources, Inc., 16204 North Florida Avenue, Lutz, Florida 33549, provenant du questionnaire *The Eating Disorder Inventory*, par Garner, Olmstead, Polivy, Copyright 1984, 1991 par Psychological Assessment Resources, Inc. Toute reproduction est interdite sans la permission de PAR Inc.

J. À quel âge avez-vous connu vos premiers problèmes de poids (si vous en avez) ? À .... ans

K. Profession de votre père :...

L. Profession de votre mère :...

Consignes

Les questions portent sur vos attitudes, vos sentiments et votre comportement. Certaines ont trait à la nourriture et à votre comportement alimentaire, et d'autres concernent les sentiments que vous éprouvez à votre sujet. Pour chaque question, décidez si l'affirmation est vraie pour vous :

Toujours, en général, souvent, quelquefois, rarement ou jamais

et mettez une croix dans la case correspondante. Répondez à toutes les questions, en vous assurant que vous avez placé la croix à la bonne place. N'effacez pas ! Si vous voulez modifier votre réponse, tracez une autre croix sur la bonne réponse et ensuite entourez-la.

	Toujours	En général	Souvent	Quelquefois	Rarement	Jamais
1. Je mange des sucreries et des hydrates de carbone sans crainte.						
2. Je trouve mon ventre trop gros.						
3. J'aimerais pouvoir recouvrer la sécurité de l'enfance.						
4. Je mange, lorsque je suis ému(e)/						
bouleversé(e)/ contrarié(e) ?						
5. Je me gave de nourriture.						
6. J'aimerais pouvoir être plus jeune.						
7. Je pense à faire un régime alimentaire.						
8. J'ai peur quand mes sentiments sont trop intenses.						
9. Je trouve mes cuisses trop grosses.						

	Toujours	En général	Souvent	Quelquefois	Rarement	Jamais
10. Je me sens incapable.						
11. Je me sens extrêmement coupable, quand j'ai trop mangé.						
12. Je trouve que mon ventre est juste de la bonne taille.						
13. Seules les performances exceptionnelles sont reconnues dans ma famille.						
14. La période la plus heureuse de la vie, c'est quand on est enfant.						
15. Je montre ouvertement mes sentiments.						
16. J'ai très peur de prendre du poids.						
17. Je fais confiance aux autres.						
18. Je me sens seul(e) au monde.						
19. Je suis satisfait(e) de la forme de mon corps (de ma silhouette).						
20. Globalement, j'ai le sentiment de maîtriser les choses, dans ma vie.						
21. J'ai de la difficulté à reconnaître mes émotions.						
22. Je préfère être un adulte, plutôt qu'un enfant.						
23. Je peux facilement communiquer avec autrui.						
24. J'aimerais être quelqu'un d'autre.						

	Toujours	En général	Souvent	Quelquefois	Rarement	Jamais
25. J'exagère l'importance de mon poids.						
26. Je peux clairement identifier les émotions que je ressens.						
27. Je me sens inadéquat(e).						
28. J'ai eu des crises de frénésie alimentaire, avec l'impression que je ne pourrais plus jamais m'arrêter.						
29. Enfant, je faisais de grands efforts pour ne pas décevoir mes parents et enseignants.						
30. J'établis des relations assez proches.						
31. J'aime bien la forme de mes fesses.						
32. Je suis préoccupée par le désir d'être plus mince.						
33. Je ne sais pas ce qui se passe en moi.						
34. J'ai de la peine à exprimer mes émotions à autrui.						
35. Les exigences de l'âge adulte sont trop élevées.						
36. Je déteste ne pas être parmi les meilleur(e)s dans tout ce que j'entreprends.						
37. Je me sens sûr(e) de moi.						
38. Je pense à faire des crises de frénésies alimentaires.						

	Toujours	En général	Souvent	Quel-quefois	Rare-ment	Jamais
39. Je suis heureux(se) de ne plus être un enfant.						
40. Je ne peux pas savoir clairement si j'ai faim ou non.						
41. J'ai une mauvaise opinion de moi-même.						
42. J'ai le sentiment de pouvoir réaliser mes ambitions.						
43. Mes parents ont attendu de moi que je réalise d'excellentes performances.						
44. J'ai peur de perdre le contrôle de mes sentiments.						
45. Je trouve mes hanches trop larges.						
46. Je mange modérément en présence des autres, et me gave après leur départ.						
47. Je me sens bouffi(e) et/ou ballonné(e) après un repas normal.						
48. J'ai l'impression que c'est pendant l'enfance que les gens sont le plus heureux.						
49. Si je prends 500 grammes, j'ai peur de continuer à prendre du poids.						
50. Je me sens quelqu'un de valable.						
51. Quand je suis ému(e), je ne sais plus si je suis triste, effrayé(e) ou en colère.						

	Toujours	En général	Souvent	Quelquefois	Rarement	Jamais
52. Je trouve que je dois faire les choses à la perfection, ou pas du tout.						
53. J'ai l'idée d'essayer de vomir pour perdre du poids.						
54. J'ai besoin de maintenir les autres à une certaine distance (et me sens mal à l'aise si quelqu'un essaie de trop se rapprocher de moi).						
55. Je trouve mes cuisses juste de la bonne taille.						
56. Je me sens vide, intérieurement (émotionnellement).						
57. Je peux évoquer mes pensées ou mes sentiments personnels.						
58. On vit ses meilleures années quand on devient adulte.						
59. Je trouve mes fesses trop grosses.						
60. J'ai des sentiments que je ne peux pas identifier tout à fait.						
61. Je mange ou bois en cachette.						
62. Je trouve mes hanches juste de la bonne taille.						
63. Mes objectifs sont extrêmement élevés.						
64. Quand je suis ému(e), j'ai peur de me mettre à manger.						

	Toujours	En général	Souvent	Quelquefois	Rarement	Jamais
65. Les gens que j'aime vraiment finissent par me décevoir.						
66. J'ai honte de mes faiblesses humaines.						
67. Les autres diraient que je suis émotionnellement instable.						
68. J'aimerais contrôler totalement les besoins de mon corps.						
69. Je me sens détendu(e) dans la plupart des situations de groupe.						
70. Je dis des choses impulsivement, et le regrette ensuite.						
71. Je me donne beaucoup de mal pour éprouver du plaisir.						
72. Je dois faire attention à ma tendance à abuser de substances telles que des médicaments, ou d'autres.						
73. Je suis sociable avec la plupart des gens.						
74 Je me sens piégé(e) dans les relations.						
75. Les privations que je m'impose me renforcent spirituellement.						
76. Les gens comprennent mes vrais problèmes.						
77. Je ne parviens pas à me débarrasser de pensées étranges.						

	Toujours	En général	Souvent	Quelquefois	Rarement	Jamais
78. Manger pour le plaisir est un signe de faiblesse morale.						
79. J'ai tendance à faire des éclats de colère ou de rage.						
80. J'ai l'impression que les gens m'accordent l'estime que je mérite.						
81. Je dois faire attention à ma tendance à abuser de l'alcool.						
82. Je crois que se détendre n'est qu'une perte de temps.						
83. On dit que je m'énerve facilement.						
84. J'ai l'impression d'être perdant(e) partout.						
85. J'éprouve d'importantes sautes d'humeur.						
86. Je suis gêné(e) par mes besoins corporels.						
87. Je préférerais rester seul(e) qu'être en compagnie.						
88. La souffrance rend meilleur(e).						
89. Je sais qu'on m'aime.						
90. Je me sens poussé(e) à faire du mal aux autres ou à moi-même.						
91. J'ai l'impression de vraiment savoir qui je suis.						

Bibliographie

Inventaire de la boulimie d'Edinburgh (*Bulimic Investigatory Test of Edinburgh*)

Henderson, M., Freeman, C.P.L. (1987). A self rating scale for Bulimia « The Bite ». *The British Journal of Psychiatry, 150*, 18–24.

Waller, G. (1992). Bulimic attitudes in different eating disorders : clinical utility of the BITE. *International Journal of Eating Disorders, 11*, 73–78.

Échelle d'auto-évaluation de l'anorexie mentale (*Eating Attitudes Test*, EAT)

Carrot, G., Lang, F., Estour, B., et al. (1987). Étude de la EAT. Échelle d'auto-évaluation de l'anorexie mentale dans une population témoin et dans une population d'anorectiques. *Annales Médico-psychologiques, 145*, 258–264.

Garner, D.M., Garfinkel, P.E. (1979). The Eating Attitudes Test : an index of the symptoms of anorexia nervosa. *Psychological Medicine, 9*, 273–279.

Garner, D.M., Olmsted, M.P., Bohr, Y., Garfinkel, P.E. (1982). The Eating Attitudes test : psychometric features and clinical correlates. *Psychological Medicine, 12*, 871–878.

Kaiser, B., & Bouvard, M. (2009). Validation de la version française de *l'Eating Attitudes Test*. Revue Francophone de Clinique Comportementale et Cognitive XIV, 4, 5–13.

Koslowsky, M., Scheinberg, Z., Bleich, A., et al. (1992). The factor structure and criterion validity of the short form of the Eating Attitudes Test. *Journal of Personality Assessment, 58*, 27–35.

Leichner, P., Steiger, H., Puentes-Neuman, G., et al. (1994). Validation d'une échelle d'attitudes alimentaires auprès d'une population québécoise francophone. *Revue Canadienne de Psychiatrie, 39*, 49–54.

Ocker, L.B., Lam, E.T.C., Jensen, B.E., et al. (2007). Psychometric properties of the Eating Attitudes Test. *Measurement in Physical Education and Exercice Science, 11*, 25–48.

Pellet, J., Lang, F., Estour, B., & Chazot, L. (1993). Les troubles du comportement alimentaire. T. 1. Rapport de Psychiatrie, Congrès de Psychiatrie et de Neurologie de Langue Française, LXXXXIe session. Paris : Masson.

Inventaire des troubles alimentaires 2 (*Eating Disorder Inventory-2*)

Garner, D.M. (1991) EDI 2 : Eating disorder Inventory 2. Professional Manuel. Psychological Assessment Resources. P.O. Box 998 Odessa Florida 33556 USA.

Nevonen, L., Clinton, D., Norring, C. (2006). Validating the EDI-2 in three Swedish female samples : Eating disorders patients, psychiatric outpatients and normal controls. *Nordic Journal of Psychiatry, 60*, 44–50.

Van Strien, T., Ouwens, M. (2003). Validation of the Dutch EDI-2 in one clinical and two nonclinical populations. *European Journal of Psychological Assessment, 19*, 66–84.

Chapitre 17
Addiction

Dans ce chapitre, trois types d'addiction ont été retenus : l'addiction à l'alcool, puis le tabac et enfin le jeu pathologique. Nous présenterons un questionnaire de dépistage (AUDIT) très utilisé en alcoologie, puis une échelle d'évaluation qui permet d'observer les obsessions ou les compulsions d'appétence à la boisson. Le questionnaire des habitudes de prise d'alcool est plus utile pour planifier une thérapie. Deux questionnaires peuvent être utilisés dans l'addiction au tabac : le test de dépendance à la nicotine (Fagerström) et le questionnaire de comportements tabagiques. Dans le domaine du jeu pathologique (jeux d'argent), nous avons retenu trois outils : le questionnaire de dépistage le plus connu (questionnaire *South Oaks Gambling Screen*) et deux questionnaires centrés l'un sur les cognitions (échelle des cognitions liées au jeu) et l'autre sur les attitudes et croyances d'un joueur (étude des attitudes et des croyances des joueurs). Enfin, nous présenterons un outil destiné à dépister l'addiction à Internet (test d'addiction à Internet).
À ce jour les versions françaises de l'échelle des cognitions liées au jeu et l'étude des attitudes et des croyances des joueurs sont en attente de publication et non disponibles à la publication.

Alcoolisme
1. Questionnaire AUDIT (OMS) : *instrument de dépistage*
2. Questionnaire d'appétence alcoolique (Anton) : *l'appétence est en lien avec le mauvais contrôle, voire des comportements obsessionnels ou compulsifs concernant la boisson.*
3. Questionnaire des habitudes de prise de boissons alcoolisées (PELC) : *comportement alcoolique.*

Tabac
4. Test de dépendance à la nicotine (Fagerström) : *outil de dépistage.*
5. Questionnaire de comportements tabagiques (Paulhan et Bruchon-Schweitzer) : *évaluation des différents types de dépendance tabagique.*

Jeu pathologique
6. Questionnaire South Oaks Gambling Screen (SOGS) : outil de dépistage.

Protocoles et échelles d'évaluation en psychiatrie et psychologie

7. Échelle des cognitions liées au jeu (Raylu et Oei) : évaluation des cognitions liées au jeu pathologique.
8. Étude des attitudes et des croyances des joueurs (Breen, Zuckerman) : recherche des processus qui gouvernent un joueur.
9. Test d'addiction à Internet (Young K.) : outil de dépistage.

Notice d'information

1. Questionnaire AUDIT (*Alcohol Use Disorders Identification Test*)[1]

Applications

Ce questionnaire a été créé pour la prévention et la prise en charge précoce de sujets dépendants à l'alcool. Il permet de détecter les sujets ayant une consommation risquée et nuisible. Il est également utilisé pour évaluer la sévérité de la dépendance chez des sujets devenus dépendants. La version que nous présentons est celle de Saunders et al. (1993).

Mode de passation et cotation

Le patient indique le chiffre (de 0 à 4) qui lui correspond le mieux suivant la description indiquée sur le questionnaire. Il suffit ensuite d'additionner les notes obtenues à chacun des 10 items.

Études de validation

Les items du questionnaire AUDIT ont été étudiés pour leur capacité à différencier des sujets à risque de dépendance alcoolique de sujets contrôles. Le questionnaire discrimine les sujets alcooliques des sujets contrôles (Saunders et al., 1993 ; Conigrave et al., 1995). Conley (2001) montre qu'en explorant les 12 derniers mois, le questionnaire AUDIT est le plus pertinent pour un dépistage précoce ; en revanche, il serait un moins bon indicateur de la dépendance alcoolique au sens des critères diagnostiques du DSM. La validité convergente ($r=0,41$) a été étudiée notamment avec le questionnaire d'appétence alcoolique (Donovan et al., 2006). Nous n'avons pas trouvé d'études francophones de validation de l'AUDIT, mais il semble être très utilisé en alcoologie (Paille, 2009).

Normes

Une note seuil de 8 et plus permet de dépister les individus ayant une consommation risquée et nuisible (Saunders et al., 1993 ; Conigrave et al., 1995).

---

1. WHO Collaborative Project.

2. Questionnaire d'appétence alcoolique (*Obsessive Compulsive Drinking Scale*)[2]

Applications

L'appétence alcoolique se référerait à des comportements automatiques tels les compulsions à boire ou les idées persistantes relatives à l'alcool et à ses effets, voire aux tentatives infructueuses pour les combattre. Elle serait associée à l'abstinence.

Mode de passation

Il s'agit d'un questionnaire comprenant 14 items. Il suffit que le sujet coche une des réponses proposées.

Cotation

Le score total ne comprend finalement que 10 items. Pour 5 paires d'items, il suffit de prendre la note la plus élevée d'un des deux items : 1 et 2 ; 7 et 8 ; 9 et 10 ; 13 et 14. Autrement dit, le score total est calculé sur les items : 1 ou 2, 3, 4, 5, 6, 7 ou 8, 9 ou 10, 11, 12, 13 ou 14. Deux sous-échelles peuvent être calculées : l'échelle d'obsession, ou somme des items 1 ou 2, 3, 4, 5, 6, l'échelle de compulsion, ou somme des items 7 ou 8, 9 ou 10, 11, 12, 13 ou 14.

Études de validation

Elles sont encore peu nombreuses et portent sur des sujets alcooliques pour la version anglaise (Anton et al., 1996) comme pour la version française (Chignon et al., 1998). Les coefficients de consistance interne et de fidélité test-retest des deux versions sont satisfaisants. Le questionnaire est également sensible au changement thérapeutique (Anton et al., 1996). La validité convergente de la version anglaise est égale à 0,42 avec un index de sévérité de l'addiction ; elle est égale à 0,57 avec une échelle visuelle analogique d'intensité de l'appétence et à 0,52 avec une échelle visuelle analogique de fréquence de l'appétence. Les patients qui deviennent abstinents ont une diminution du score total de 75 % après deux semaines de traitement pharmacologique, alors que les patients qui gardent des scores élevés ont peu de chance de devenir abstinents. En particulier, ceux qui consomment encore de l'alcool après deux semaines de traitement ont une diminution du score total inférieure à 50 % (Anton et al., 1996). Dans la version française, les résultats concernant les échelles visuelles analogiques d'appétence sont plus élevés que ceux obtenus avec la version anglaise. Le score total est corrélé à 0,87 avec l'échelle d'intensité de l'appétence et à 0,88 avec la

2. Anton R.F., Moak D.H., & Latham P. (1995), traduction : Chignon J.M. et al.

fréquence d'apparition de l'appétence. Il n'existe pas de corrélation entre la consommation d'alcool quotidienne (r = 0,19) et le questionnaire d'appétence.

Normes

Version française

Sujets alcoolo-dépendants	Population totale n = 156	Hommes n = 101	Femmes n = 55
Total en prétest	30,2 (3,7)	30,7 (3,4)	29,4 (4,1)
Sous-échelle obsessionnelle	14,5 (2,5)	15,0 (2,1)	14,0 (3,0)
Sous-échelle compulsionnelle	12,8 (1,4)	12,9 (1,4)	12,7 (1,4)

Source : Chignon et al. (1998).

Conclusion

Ce questionnaire permet une évaluation des dimensions obsessionnelle et compulsive liées au trouble alcoolique. D'autres études seront nécessaires. La valeur prédictive de l'outil en ce qui concerne l'abstinence nous semble intéressante à explorer.

3. Questionnaire des habitudes de prise de boissons alcoolisées[3]

Applications

Ce questionnaire est une évaluation des prises de boissons alcoolisées. Il permet de repérer les situations où le patient est tenté de boire ou boit en cotant son comportement aux cours des 6 derniers mois.

Mode de passation

Le patient indique le chiffre (de 0 à 3) qui lui correspond le mieux suivant la classification indiquée sur le questionnaire.

Cotation

Il suffit d'additionner les notes obtenues à chaque item. Par ailleurs le questionnaire peut être dépouillé par catégories d'habitude de boisson. La grille de dépouillement proposée est la suivante :

1. par contact social : questions 1, 8, 13, 17, 23, 31, 33 et 35 ;
2. par goût, par habitude : questions 3, 4, 5, 6, 9, 16, 20 et 32 ;

3. Pelc I. (thèse).

3. pour résoudre des difficultés psychologiques : questions 2, 10, 11, 14, 15, 18, 21, 24, 26, 28, 36, 37, 40, 41, 42, 44 et 45 ;
4. à la recherche d'un effet stimulant : questions 7, 19, 22, 25, 27, 29, 30, 38 et 43 ;
5. par pharmacodépendance : questions 12, 34 et 39

Calculer dans chaque catégorie le nombre de points, puis diviser ce nombre par le nombre maximum de points possibles dans chaque catégorie : 1 : 24 points ; 2 : 24 points ; 3 : 51 points ; 4 : 27 points ; et 5 : 9 points.

Les valeurs obtenues sont des évaluations du poids de chaque catégorie d'habitude de boisson. Elles peuvent être estimées à divers moments de l'évolution du malade.

Études de validation

Le questionnaire des habitudes de boisson peut être utilisé pour dépister des problèmes de boisson car son auteur estime que la somme des scores ne peut excéder 24 points chez un sujet sain. Par ailleurs, l'évolution du profil des réponses du sujet dans les catégories permet au clinicien de suivre les progrès de la thérapie. Aucune autre donnée n'a été publiée.

Renseignements : I. Pelc et P. Verbranck, Clinique d'alcoologie, Institut de psychiatrie et de psychologie médicale, hôpital universitaire Brugmann, place Van Gehuchten, 4, 1020, Bruxelles.

4. Test de dépendance à la nicotine (Fagerström)[4]

Applications

Ce questionnaire est considéré comme un outil de dépistage et représente une estimation de la dépendance physique (Gillet, 2009). Plus précisément, il caractérise le degré de dépendance pharmacologique du fumeur.

Mode de passation et cotation

Le sujet répond à six courtes questions sur ses difficultés à s'abstenir de fumer et les modalités de l'importance de la consommation tabagique. La cotation est notée à côté de l'item. Plus le score est élevé, plus la dépendance est grande. Il suffit de faire le total.

Études de validation

Les six items retenus dans la version présentée sont ceux qui permettent le mieux de faire la différence dans les mesures biochimiques et biologiques de l'imprégnation tabagique (Heatherton et al., 1991). Les items 1 (délai à fumer le matin) et 4 (nombre de cigarettes par jour)

4. Page 143, annexe 1, in Lejoyeux M. (2009). Abrégés d'Addictologie. Paris : Masson.

sont les items les plus utiles pour dépister les sujets ayant une grande concentration de produits liés au tabac et donc à risque de développer une maladie. Ils représentent la version courte du questionnaire. En dehors de la spécificité de la dépendance tabagique, les autres qualités psychométriques de l'outil ne sont pas connues.

D'après les données fournies par Gillet (2009), un score de 0 à 2 est un indice d'absence de dépendance (ou très faible) ; un score de 3 à 4 est un indice de faible dépendance ; un score de 5 à 6 signifie une dépendance moyenne ; et un score de 7 à 10 signale une forte à très forte dépendance pharmacologique au tabac.

5. Questionnaire de comportements tabagiques (Paulhan et Bruchon-Schweitzer)[5]

Applications

Ce questionnaire est une évaluation des différents types de comportement tabagique permettant de mettre en évidence les types de dépendance au tabac. Il s'intéresse à la dépendance subjective du sujet.

Mode de passation et cotation

Le sujet répond en fonction du comportement tabagique actuel. L'échelle de cotation varie de 1 (pas du tout) à 4 (tout à fait). Il suffit ensuite de faire le total. De plus, cinq types de comportement tabagique (4 items par type) peuvent être recherchés :

- dépendance : items 1, 10, 14 et 18 ;
- régulation de l'affectivité négative : items 2, 6, 15 et 19 ;
- recherche de plaisir : items 3, 7, 11 et 20 ;
- recherche de stimulation : items 4, 8, 12 et 16 ;
- recherche d'intégration sociale : items 5, 9, 13 et 17.

Études de validation

Une version provisoire (40 items) a permis de retenir les meilleurs items dans une population d'étudiants fumeurs (Paulhan et Bruchon-Schweitzer, 1994). Un score total élevé indique que le sujet est fortement dépendant, autrement dit qu'il fume dans différentes situations et pour diverses raisons. Une analyse en facteurs a permis de retenir une dimension globale et 4 items pour chacune des cinq dimensions. Dans la prise en charge du sujet fumeur, les cinq dimensions donnent des pistes thérapeutiques.

5. Paulhan I. et Bruchon-Schweitzer (1994).

6. Questionnaire *South Oaks Gambling Screen* (SOGS)[6]

Applications

Ce questionnaire permet de dépister les joueurs pathologiques à l'occasion d'une consultation. L'identification du joueur pathologique est importante du fait des conséquences dramatiques du jeu sur la famille, le travail et la vie de l'individu.

Mode de passation et cotation

Le sujet répond en fonction de son comportement actuel et passé (vie entière). Les réponses obtenues aux questions 1, 2 et 3 ne sont pas comptées dans le score total. À la question 4, le sujet reçoit un point s'il a coché les deux dernières cases (« La plupart des fois où je perds » et « À chaque fois que je perds »). À la question 5, le sujet reçoit un point s'il a coché également les deux dernières cases (« Oui, moins de la moitié des fois où j'ai perdu » et « Oui, la plupart des fois où j'ai perdu »). Idem pour la question 6 (« Oui, dans le passé mais pas maintenant » et « Oui »). Les réponses positives (oui) aux questions 7 à 15 reçoivent un point. Il en est de même aux différentes questions de l'item 16 à l'exception des deux dernières (question 16j et question 16k) qui ne sont pas comptées dans le score total.

Études de validation

Les 20 items du questionnaire ont été sélectionnés à partir d'un questionnaire plus long sur la base d'une fréquence élevée chez un joueur pathologique (Lesieur et Blume, 1987). La validité de critère est satisfaisante. La corrélation entre le score total du SOGS et l'opinion d'un soignant concernant l'addiction au jeu est égale à 0,86 ; elle est égale à 0,94 avec les critères diagnostiques du DSM-III-R et à 0,60 avec l'opinion d'un membre de la famille. La fidélité test-retest (un mois) est égale à 0,71. La consistance interne des 20 items est égale à 0,97.

Normes

Un score de 5 et plus est retenu par Lesieur et Blume (1987). Il différencie les joueurs pathologiques de sujets contrôles.

7. Échelle des cognitions liées au jeu[7]

Applications

Ce questionnaire permet de mettre en évidence les cognitions dysfonctionnelles d'un joueur pathologique ; ces cognitions sont mises en évidence et travaillées au cours d'une thérapie cognitive.

---

6. Lesieur H.R. et Blume S.B, traduction : Adès J. et Lejoyeux M.

7. Raylu N. et Oei T.P.S. Version française en attente de publication.

Mode de passation et cotation

Le sujet doit indiquer à quel degré il est en accord ou en désaccord avec les vingt-trois propositions. L'échelle de cotation varie de 1 (désaccord total) à 7 (accord total). Un score total peut être calculé ainsi que cinq sous-scores :

- incapacité à s'arrêter : items 2, 7, 12, 17 et 21 ;
- biais d'interprétation : items 5, 10, 15 et 20 ;
- illusion de contrôle : items 3, 8, 13 et 18 ;
- attentes par rapport au jeu : items 1, 6, 11 et 16 ;
- contrôle prédictif : items 4, 9, 14, 19, 22 et 23.

Études de validation

L'étude princeps (Raylu et Oei, 2004) a mis en évidence les cinq facteurs au cours d'une analyse en facteurs exploratoires puis de confirmation. La consistance interne du questionnaire est égale à 0,93 alors que les coefficients de chacune des cinq dimensions varient de 0,77 à 0,91. Le questionnaire différencie bien des sujets contrôles de sujets probablement joueurs pathologiques (score à la SOGS supérieur à 5). La validité convergente avec la SGOS est à 0,43, la validité discriminante avec une échelle de dépression est satisfaisante (0,15). La version chinoise confirme les premiers résultats (Oei et al., 2007). Ils ont réalisé une analyse en facteurs de confirmation qui retrouve les cinq facteurs. Les coefficients de consistance interne sont comparables à ceux de la version australienne, de même que les résultats de la validité convergente avec la SOGS ($r = 0,42$) et de la validité discriminante avec une échelle de dépression ($r = 0,20$).
La version française est en cours de publication.

Normes

Nous donnons à titre indicatif les données de la version australienne (Raylu et Oei, 2004) :

- groupe contrôle : 35,28 (16,81) ;
- groupe « pathologique » : 64,17 (22,31)

Conclusion

Plus le score total est élevé, plus le sujet présente des cognitions dysfonctionnelles. Il reste à étudier les qualités psychométriques de la version française.

8. Étude des attitudes et des croyances des joueurs[8]

Applications

Ce questionnaire est destiné à évaluer les biais cognitifs, les croyances irrationnelles et les attitudes positives à l'égard du jeu.

8. Breen R.B. et Zuckerman M. (2009). Copyright Elsevier. Reproduit avec autorisation. Version française publiée dans Lejoyeux (2009).

Mode de passation et cotation

Le sujet doit noter son degré d'accord de 1 (complètement d'accord) à 4 (pas du tout d'accord). Les items 3, 11 et 22 sont additionnés de telle sorte que la note des autres items doit être inversée pour faire le calcul du score total. Ainsi la note 1 = 4, la note 2 devient 3, la note 3 = 2 et la note 4 se transforme en la note 1.

Études de validation

Breen et Zuckerman (1999) ont donné le questionnaire à des étudiants et à des joueurs pathologiques. Ils ont trouvé un seul facteur général. La validité convergente avec la SGOS est égale à 0,47 chez des étudiants et à 0,40 chez des joueurs pathologiques. Le coefficient de consitance interne est égal à 0,90. Le questionnaire différencie bien des joueurs pathologiques de sujets contrôles. Strong et al. (2004) ont répliqué ces résultats dans une autre étude. Ils ont par ailleurs recherché une version réduite (15 items) satisfaisante. Les items retenus dans la version réduite sont les items 1, 2, 6, 7, 10, 13, 16, 18, 19, 21, 25, 28, 29, 32 et 33. La version française est en cours d'étude.

Normes

Nous donnons à titre indicatif les résultats de Breen et Zuckerman (1999) :

- étudiants contrôles : 76,07 (14,82) ;
- étudiants probablement pathologiques (SGOS > 5) : 92,11 (15,29) ;
- joueurs pathologiques : 92,65 (13,15).

9. Test d'addiction à Internet[9]

Applications

Ce questionnaire est destiné à réperer les sujets addicts à Internet.

Mode de passation et cotation

Il comprend 20 items que le sujet cote selon une échelle en cinq points de 1 (rarement) à 5 (toujours). Il suffit ensuite d'additionner les notes obtenues pour avoir le score total.

Études de validation

La version française a été donnée à 246 sujets (Khazaal et al., 2008). Elle retient un seul facteur avec une analyse en facteurs (méthode de confirmation). L'étude des qualités psychométriques du questionnaire est à poursuivre.

9. Young K., traduction : Sceekumar D.

Normes

Un score supérieur ou égal à 50 suggère des problèmes occasionnels ou fréquents en raison du temps passé sur Internet.

Présentation des outils d'évaluation

1. Questionnaire AUDIT[10]

	0	1	2	3	4	Score de la ligne
1. À quelle fréquence vous arrive-t-il de consommer des boissons contenant de l'alcool ?	Jamais	Une fois par mois au moins	Deux à 4 fois par mois	Deux à 3 fois par semaine	Quatre fois ou plus par semaine	
2. Combien de verres standard buvez-vous au cours d'une journée ordinaire où vous buvez de l'alcool ?	Une ou 2	Trois ou 4	Cinq ou 6	Sept à 9	Dix ou plus	
3. Au cours d'une même occasion, à quelle fréquence vous arrive-t-il de boire 6 verres standard ou plus ?	Jamais	Moins d'une fois par mois	Une fois par mois	Une fois par semaine	Chaque jour ou presque	
4. Dans les 12 derniers mois, à quelle fréquence avez-vous observé que vous n'étiez plus capable de vous arrêter de boire après avoir commencé ?	Jamais	Moins d'une fois par mois	Une fois par mois	Une fois par semaine	Chaque jour ou presque	
5. Dans les 12 derniers mois, à quelle fréquence le fait d'avoir bu de l'alcool vous a-t-il empêché de faire ce qu'on attendait normalement de vous ?	Jamais	Moins d'une fois par mois	Une fois par mois	Une fois par semaine	Chaque jour ou presque	

10. Paille F. Alcool : épidémiologie, étiologie, clinique. In Lejoyeux M. (éd.) (2009). *Addictologie*. Paris : Masson, 71-97.

	0	1	2	3	4	Score de la ligne
6. Dans les 12 derniers mois, à quelle fréquence, après une période de forte consommation, avez-vous dû boire dès le matin pour vous sentir en forme ?	Jamais	Moins d'une fois par mois	Une fois par mois	Une fois par semaine	Chaque jour ou presque	
7. Dans les 12 derniers mois, à quelle fréquence avez-vous eu un sentiment de culpabilité ou de regret après avoir bu ?	Jamais	Moins d'une fois par mois	Une fois par mois	Une fois par semaine	Chaque jour ou presque	
8. Dans les 12 derniers mois, à quelle fréquence avez-vous été incapable de vous souvenir de ce qui s'était passé la nuit précédente parce que vous aviez bu ?	Jamais	Moins d'une fois par mois	Une fois par mois	Une fois par semaine	Chaque jour ou presque	
9. Vous êtes-vous blessé(e) ou avez-vous blessé quelqu'un parce que vous aviez bu ?	Non		Oui mais pas dans les 12 derniers mois		Oui, au cours des 12 derniers mois	
10. Est-ce qu'un ami ou un médecin ou un autre professionnel de santé s'est déjà préoccupé de votre consommation d'alcool et vous a conseillé de la diminuer ?	Non		Oui mais pas dans les 12 derniers mois		Oui, au cours des 12 derniers mois	
TOTAL						

2. Questionnaire d'appétence alcoolique (*Obsessive Compulsive Drinking Scale*)[11]

Nom et prénom :...	Date :.................
Instructions : ces questions concernent la façon que vous avez de boire des boissons alcoolisées et vos tentatives pour essayer de maîtriser votre consommation. Lisez chaque énoncé et cochez la case appropriée située sur la gauche de la page. Ne passez pas trop de temps sur chaque énoncé. Répondez vite et honnêtement. Ne remplissez pas les cadres.	

1. Combien de temps par jour (au total) suis-je préoccupé par des pensées, des idées, des envies ou des impulsions relatives à l'alcool ou à ses effets ?

☐ Jamais.

☐ Moins d'une heure par jour.

☐ Entre 1 et 3 heures par jour.

☐ Entre 4 et 8 heures par jour.

☐ Plus de 8 heures par jour (ou toute la journée).

2. Combien de fois par jour apparaissent ces pensées, ces idées, ces envies ou ces impulsions relatives à l'alcool ou à ses effets ?

☐ Cela ne me vient jamais à l'esprit.

☐ Pas plus de huit fois par jour.

☐ Plus de huit fois par jour mais elles me laissent tranquille la plupart du temps.

☐ Plus de huit fois par jour et finalement, elles ne me laissent guère en paix.

☐ Elles se répètent si souvent que je ne peux pas les compter (en tout cas, il ne se passe pas une heure sans qu'elles n'apparaissent).

Noter ici le score le plus élevé aux questions 1 et 2 :____

3. Comment ces pensées, idées, envies ou impulsions relatives à l'alcool ou à ses effets interfèrent-elles avec ma vie de tous les jours (vie sociale ou professionnelle) ? M'empêchent-elles de faire quelque chose, que ce soit dans le travail ou dans d'autres activités ?

☐ Jamais, elles n'ont aucune interférence.

☐ Elles sont quelquefois gênantes pour certaines activités mais elles ne m'empêchent pas de travailler ou de faire ce que je suis en train de faire.

☐ Elles sont envahissantes mais j'arrive tout de même à continuer mes activités.

11. Anton et al. (1995), traduction : Chignon J.M. et al., (1998). *Encéphale*, XXIV, 426-434.

- ☐ Elles me gênent vraiment dans mes occupations.
- ☐ Elles sont tellement importantes que je ne peux rien faire sans y penser.

4. Quelle est l'importance de la gêne occasionnée par ces pensées, idées, envies ou impulsions quand je suis à jeun ?
   - ☐ Aucune importance.
   - ☐ Légère importance (je ne suis pas trop gêné).
   - ☐ Importance modérée (cela me gêne un peu).
   - ☐ Je suis beaucoup gêné.
   - ☐ Je suis extrêmement gêné.

5. Quelle est l'intensité de l'effort que je dois fournir pour résister à ces pensées, ces idées, ces envies ou ces impulsions ? ou quelle énergie dois-je déployer pour penser à autre chose ? (*tenez compte de l'intensité de l'effort effectué et non pas de son succès*)
   - ☐ Leur intensité est tellement faible, qu'aucun effort n'est nécessaire pour lutter.
   - ☐ J'essaie de résister la plupart du temps.
   - ☐ Je dois faire beaucoup d'efforts pour résister.
   - ☐ Il m'est très difficile de résister mais j'y arrive.
   - ☐ Je ne peux absolument pas résister.

6. J'arrive à détourner ces pensées, ces idées, ces envies ou ces impulsions avec quel succès ?
   - ☐ J'arrive toujours à les détourner ou à les stopper.
   - ☐ Je suis habituellement capable de les détourner ou de les stopper mais je dois fournir un effort à chaque fois
   - ☐ Je suis quelquefois capable de les détourner ou de les stopper.
   - ☐ Cela m'est très difficile de les détourner ou de les stopper.
   - ☐ Je n'arrive pas à les détourner ou à les stopper.

7. Par jour :
   - ☐ Je ne bois jamais d'alcool.
   - ☐ Je bois moins d'un verre par jour.
   - ☐ Je bois un ou deux verres par jour.
   - ☐ Je bois entre trois et sept verres par jour.
   - ☐ Je bois plus de huit verres par jour.

8. Par semaine :
   - ☐ Je ne bois jamais d'alcool.
   - ☐ Je ne bois pas plus d'une fois par semaine.
   - ☐ Je bois deux à trois fois par semaine.

- ☐ Je bois quatre à cinq fois par semaine.
- ☐ Je bois six à sept fois par semaine.

Noter ici le score le plus élevé aux questions 7 et 8 :__

9. Comment ma consommation alcoolique interfère-t-elle avec ma vie professionnelle ? (si vous n'avez pas d'activité professionnelle, comment interfère-t-elle avec mes autres activités ?)
   - ☐ Je n'éprouve aucune gêne à cause de ma consommation alcoolique.
   - ☐ Elle interfère légèrement mais, globalement, ne gêne pas.
   - ☐ Elle interfère de façon indéniable mais je peux travailler (ou faire mes activités).
   - ☐ Elle me gêne vraiment dans toutes mes activités.
   - ☐ Elle me gêne de façon très importante (je ne peux quasiment rien faire à cause de la boisson).

10. Comment ma consommation alcoolique interfère-t-elle avec ma vie sociale (ma vie de tous les jours) ? (Y a-t-il quelque chose que je ne peux pas faire à cause de l'alcool ?)
   - ☐ Je n'éprouve aucune gêne à cause de ma consommation alcoolique.
   - ☐ Cela me gêne un peu mais mes activités sont globalement conservées.
   - ☐ Cela me gêne vraiment mais je peux continuer à mener une vie normale.
   - ☐ Cela m'empêche de faire certaines activités importantes.
   - ☐ Je suis très gêné et mes activités sont extrêmement réduites à cause de ça.

Noter ici le score le plus élevé aux questions 9 et 10 :__

11. Si vous ne pouvez pas boire d'alcool quand vous en avez envie, vous sentez-vous angoissé ou agacé ?
   - ☐ Non, je ne suis ni angoissé, ni agacé.
   - ☐ Je suis légèrement angoissé ou agacé.
   - ☐ Je ressens une angoisse ou un agacement certain, mais je peux me contrôler.
   - ☐ Je suis très angoissé ou agacé.
   - ☐ Je ne peux absolument pas maîtriser mon angoisse ou mon agacement.

12. Quelle est l'intensité de l'effort que je dois fournir pour résister à une boisson alcoolisée ? (*tenez compte de l'effort que vous faites et non pas de son succès*)
   - ☐ Je bois si peu qu'aucun effort n'est nécessaire.
   - ☐ J'essaie de résister la plupart du temps.
   - ☐ Je dois faire beaucoup d'efforts pour résister.

- ☐ Il m'est très difficile de résister mais j'y arrive.
- ☐ Je ne peux absolument pas résister.

13. Quelle est l'intensité de la force intérieure qui me pousse à boire (de l'alcool) ?
- ☐ Je ne me sens jamais poussé intérieurement, à boire.
- ☐ Je ressens une force modérée qui me pousse à boire.
- ☐ Je ressens une force importante qui me pousse à boire.
- ☐ Je ressens une force très importante.
- ☐ Je ressens une force tellement importante que je ne peux pas résister.

14. Quelle est l'intensité de ma capacité de contrôle face à la boisson (quelle est ma volonté face à l'alcool) ?
- ☐ Je me contrôle complètement.
- ☐ Je suis habituellement capable de faire preuve de volonté pour ne pas boire.
- ☐ Il m'est difficile de me contrôler.
- ☐ Il faut absolument que je boive et je ne peux me contrôler que momentanément très difficilement.
- ☐ Je ne peux habituellement pas me contrôler.

Noter ici le score le plus élevé aux questions 13 et 14 :__

3. Questionnaire des habitudes de prise de boissons alcoolisées[12]

Nom :........................ Prénom :........................... Date de l'examen :...........

Les questions suivantes concernent votre situation globale, ces 6 derniers mois, et se rapportent à toute prise de boisson alcoolisée (apéritifs, bière, vin, alcools distillés, whisky, gin, etc.). Indiquer à côté de chaque question le chiffre qui correspond le mieux, suivant la classification :

0. Jamais
1. Parfois
2. Fréquemment
3. Très fréquemment

Il m'arrive de prendre un verre :

—	1.	lorsque je rencontre l'une ou l'autre personne.
—	2.	lorsque j'ai des ennuis, pour les oublier.

12. Non publié. Droits de reproduction réservés. Si l'on souhaite utiliser ce questionnaire, se mettre en rapport avec l'auteur.

—	3.	par habitude.
—	4.	pour le goût agréable.
—	5.	par goût, qui est devenu une habitude.
—	6.	ce sont des habitudes que l'on avait dans ma famille.
—	7.	pour me stimuler.
—	8.	en compagnie de mon mari (femme).
—	9.	parce que j'aime bien boire un verre.
—	10.	quand je me sens seul(e).
—	11.	pour me remonter le moral.
—	12.	pour éviter des tremblements, le lendemain des jours où j'ai bu beaucoup.
—	13.	c'est dû aux relations professionnelles.
—	14.	quand je me sens abandonné(e).
—	15.	lorsque j'ai des difficultés que je ne supporte pas.
—	16.	pour accompagner un repas.
—	17.	lorsque je me trouve dans un groupe de gens qui boivent.
—	18.	pour me sentir mieux.
—	19.	avant de faire l'une ou l'autre chose.
—	20.	pour passer le temps.
—	21.	dans la soirée, pour me détendre.
—	22.	pour me donner un coup de fouet.
—	23.	lorsqu'on me propose un verre.
—	24.	quand je me sens seul(e).
—	25.	pour être de bonne humeur, quand je suis avec d'autres personnes.
—	26.	lorsque je m'ennuie.
—	27.	lorsque je travaille à l'une ou l'autre chose.
—	28.	quand je me sens anxieux(se), tendu(e).
—	29.	avant de rencontrer l'une ou l'autre personne.
—	30.	quand je me sens à plat.
—	31.	quand je suis dans une certaine ambiance.
—	32.	j'ai plaisir à boire.
—	33.	pour montrer que je peux boire autant ou plus que d'autres.
—	34.	pour être moins anxieux(se), le lendemain des jours où j'ai beaucoup bu.

—	35.	lorsque je suis entraîné(e) par d'autres à boire.
—	36.	lorsque je dois faire une chose inhabituelle.
—	37.	pour me sentir différent(e) de ce que je suis habituellement.
—	38.	lorsque je dois parler à certaines personnes.
—	39.	pour éviter des sensations désagréables, le lendemain des jours où j'ai bu beaucoup (mal de tête, nausées, etc.).
—	40.	c'est un moyen d'évasion, de fuir la réalité.
—	41.	pour me sentir plus sûr(e) de moi dans certaines situations.
—	42.	pour être plus indifférent(e) à ce qui se passe autour de moi.
—	43.	quand je me sens fatigué(e), surmené(e).
—	44.	lorsque j'ai pris un premier verre, je ne peux plus m'arrêter.
—	45.	pour mieux m'endormir le soir.
—	**Total**	

4. Test de dépendance à la nicotine (Fagerström)[13]

Dans quel délai après le réveil fumez-vous votre première cigarette ?	
Moins de 5 minutes	3
6 à 30 minutes	2
31 à 60 minutes	1
Après 60 minutes	0
Trouvez-vous difficile de ne pas fumer dans les endroits interdits ?	
OUI	1
NON	0
Quelle cigarette trouvez-vous la plus indispensable ?	
La première	1
Une autre	0
Combien de cigarettes fumez-vous par jour ?	
10 ou moins	0
11 à 20	1
21 à 30	2
31 ou plus	3

13. In Lejoyeux (2009), *op. cit.*

Fumez-vous davantage les premières heures après le réveil que pendant le reste de la journée ?	
OUI	1
NON	0
Fumez-vous même si vous êtes malade et alité la majeure partie de la journée ?	
OUI	1
NON	0

5. Questionnaire de comportements tabagiques[14] (Paulhan et Bruchon-Schweitzer)

Instructions : ce questionnaire est destiné à étudier les raisons qui vous incitent actuellement à fumer. Pour chaque affirmation, nous vous demandons de préciser ce qui correspond à votre cas. Pour cela inscrivez une croix dans une et une seule des quatre colonnes de droite.

	2 **Pas du tout**	**2** **Plutôt non**	**3** **Plutôt oui**	**4** **Tout à fait**
1. Je fume par habitude.				
2. Je fume quand je suis en colère.				
3. Je fume quand je suis dans une ambiance (fête/soirée)				
4. Je fume quand je m'ennuie, pour me distraire.				
5. Je fume pour me donner une certaine contenance, prestance.				
6. Je fume quand je me sens triste, déprimé(e).				
7. Je fume quand je suis avec des amis.				
8. Je fume pour passer le temps.				
9. Je fume pour faire comme les autres.				
10. Il me manque quelque chose quand je ne fume pas pendant un certain temps.				
11. Je fume dans les moments de plaisir : en prenant un café, un thé, de l'apéritif.				
12. Je fume dans les moments d'attente.				
13. Je fume quand je suis avec d'autres fumeurs pour me faire accepter par eux.				

14. Paulhan, Bruchon-Schweitzer, *Encéphale*, 1994, XX, 741-746. Reproduit avec autorisation.

	2 Pas du tout	2 Plutôt non	3 Plutôt oui	4 Tout à fait
14. Je prends une cigarette sans savoir pourquoi, sans m'en rendre compte.				
15. Je fume quand je suis anxieux(se), préoccupé(e), inquiet(ète).				
16. Je fume quand je me sens seul(e) pour me tenir compagnie.				
17. Je fume pour avoir plus confiance en moi.				
18. Quand j'allume une cigarette, c'est par automatisme.				
19. Je fume quand je dois faire face à un problème.				
20. Je fume pour faire une pause.				

6. Questionnaire *South Oaks Gambling Screen*[15]

1. Indiquez, s'il-vous plaît, auquel des jeux suivants vous avez déjà joué dans votre vie. Pour chaque type de jeu, choisissez la réponse « Pas du tout », « Moins d'une fois par semaine », « Une fois ou plus par semaine ».

		Pas du tout	Moins d'une fois par semaine	Une fois ou plus par semaine
A.	Jouer aux cartes pour de l'argent.			
B.	Parier de l'argent sur des courses de chevaux ou d'autres animaux (PMU, salle de jeux, etc.)			
C.	Parier sur des résultats sportifs (loto sportif, etc.)			
D.	Jouer aux dés pour de l'argent.			
E.	Jouer dans un casino.			
F.	Jouer à une loterie (loto, etc.).			
G.	Jouer au bingo et aux jeux de grattage.			
H.	Jouer de l'argent à la bourse.			
I.	Jouer aux machines à sous.			
J.	Jouer aux boules, au billard ou au golf pour de l'argent.			

15. Breen R.B. et Zuckerman M. (2009). Copyright Elsevier. Reproduit avec autorisation. Version française publiée dans Lejoyeux (2009).

2. Quelle est la somme la plus importante que vous avez déjà jouée en une journée ?	
N'a jamais joué	☐
1,50 € au moins	☐
Plus de 1,50 €, moins de 7,50 €	☐
Plus de 7,50 €, moins de 75 €	☐
Plus de 75 €, moins de 750 €	☐
Plus de 750 €, moins 7 500 €	☐
Plus de 7 500 €	☐
3. Certains membres de votre famille ont-ils eu des problèmes de jeu ?	
Père	☐
Mère	☐
Épouse ou concubin	☐
Grands-parents	☐
Frère ou sœur	☐
Enfant(s)	☐
Autres parents	☐
Ami ou personne importante de ma vie	☐
4. Quand vous jouez, à quelle fréquence retournez-vous jouer le lendemain pour essayer de gagner à nouveau l'argent perdu la veille ?	
Jamais	☐
Quelquefois (moins de la moitié des fois où j'ai perdu)	☐
La plupart des fois où je perds	☐
À chaque fois que je perds	☐
5. Avez-vous déjà annoncé à tort que vous avez gagné de l'argent, alors qu'en réalité, vous n'avez pas gagné ?	
Jamais	☐
Oui, moins de la moitié des fois où j'ai perdu	☐
Oui, la plupart des fois où j'ai perdu	☐

6. Avez-vous actuellement ou avez-vous eu à un moment de votre vie des difficultés avec le jeu ?		
☐ OUI	☐ Oui, dans le passé mais pas maintenant	☐ NON
7. Avez-vous déjà joué plus que vous ne l'aviez prévu ?	☐ OUI	☐ NON

8. Les gens ont-ils déjà critiqué le fait que vous jouiez ou vous ont-ils dit que vous aviez un problème avec le jeu, que cela soit vrai ou pas ?	☐ OUI	☐ NON
9. Vous êtes-vous déjà senti coupable au sujet de la manière dont vous jouez ou des conséquences de votre jeu ?	☐ OUI	☐ NON
10. Avez-vous déjà ressenti l'envie d'arrêter de jouer et avez-vous pensé que vous n'y arriveriez pas ?	☐ OUI	☐ NON
11. Avez-vous déjà caché des jetons de casinos, des tickets de loterie ou de PMU ou d'autres signes de jeu à votre épouse ou votre mari, vos enfants ou une personne importante de votre vie ?	☐ OUI	☐ NON
12. Vous êtes-vous déjà disputé avec votre compagne ou compagnon au sujet de la façon dont vous gérez l'argent ?	☐ OUI	☐ NON
13. (*Si OUI à la question 12*) Avez-vous eu des disputes concernant l'argent que vous dépensez en jouant ?	☐ OUI	☐ NON
14. Avez-vous déjà emprunté de l'argent à quelqu'un sans pouvoir le rembourser parce que vous aviez joué ?	☐ OUI	☐ NON
15. Avez-vous déjà manqué des heures de travail ou de cours pour jouer de l'argent ?	☐ OUI	☐ NON
16. Si vous avez déjà emprunté de l'argent pour jouer ou payer des dettes de jeu, à qui avez-vous déjà emprunté (*cocher la case OUI ou NON pour chacun*) ?		
a. L'argent deLa maison	☐ OUI	☐ NON
b. L'argent de votre épouse ou mari	☐ OUI	☐ NON
c. L'argent d'un autre membre deLa famille	☐ OUI	☐ NON
d. L'argent d'une banque ou d'une compagnie de crédit	☐ OUI	☐ NON
e. L'argent d'une carte de crédit	☐ OUI	☐ NON
f. L'argent de prêteurs sur gages	☐ OUI	☐ NON
g. L'argent provenant d'actions, de valeurs ou d'économies	☐ OUI	☐ NON
h. Le produit deLa vente d'une propriété personnelle ou familiale	☐ OUI	☐ NON
i. Chèques sans provision	☐ OUI	☐ NON
j. Vous avez eu un crédit dans une salle de jeu ou un casino	☐ OUI	☐ NON

7. Test d'addiction à Internet[16]

Instructions : afin d'évaluer votre niveau d'addiction à Internet, veuillez répondre aux questions suivantes en utilisant cette échelle de mesure :

1. Rarement
2. Occasionnellement
3. Fréquemment
4. Souvent
5. Toujours

	1	2	3	4	5	Pas applicable
1. Vous arrive-t-il de rester sur Internet plus longtemps que vous en aviez l'intention au départ ?	□	□	□	□	□	□
2. Vous arrive-t-il de négliger des tâches ménagères afin de passer plus de temps sur Internet ?	□	□	□	□	□	□
3. Vous arrive-t-il de préférer l'excitation/ l'amusement d'Internet à l'intimité de votre partenaire ?	□	□	□	□	□	□
4. Vous arrive-t-il de vous faire de nouvelles relations avec des utilisateurs d'Internet ?	□	□	□	□	□	□
5. Vos proches vous reprochent-ils que vous passez trop de temps sur Internet ?	□	□	□	□	□	□
6. Arrive-t-il que vos notes ou vos devoirs scolaires souffrent du temps que vous passez sur Internet ?	□	□	□	□	□	□
7. Vous arrive-t-il de regarder d'abord votre messagerie avant d'accomplir une chose nécessaire et urgente ?	□	□	□	□	□	□

16. Copyright : netaddiction.com 2006 ; Center for Internet Addiction Recovery, P.O. Box 72, Bradford, PA 16701.

	1	2	3	4	5	Pas applicable
8. Arrive-t-il que vos performances au travail ou votre productivité souffrent à cause d'Internet ?	□	□	□	□	□	□
9. Vous arrive-t-il d'être sur la défensive ou de refuser de répondre si quelqu'un vous demande ce que vous faites sur Internet ?	□	□	□	□	□	□
10. Vous arrive-t-il de chasser les soucis de votre vie quotidienne par la pensée réconfortante d'aller sur Internet ?	□	□	□	□	□	□
11. Vous arrive-t-il de vous réjouir du moment où vous irez de nouveau sur Internet ?	□	□	□	□	□	□
12. Vous arrive-t-il de penser que la vie sans Internet serait ennuyeuse, vide et sans joie ?	□	□	□	□	□	□
13. Vous arrive-t-il de répondre d'un ton brusque, de crier ou de vous montrer agacé si quelqu'un vous dérange pendant que vous êtes sur Internet ?	□	□	□	□	□	□
14. Vous arrive-t-il de manquer de sommeil parce que vous êtes resté(e) tard sur Internet ?	□	□	□	□	□	□
15. Lorsque vous n'êtes pas sur Internet, vous arrive-t-il d'y penser activement ou rêver d'y être ?	□	□	□	□	□	□
16. Vous arrive-t-il de vous dire « juste encore quelques minutes » lorsque vous êtes sur Internet ?	□	□	□	□	□	□
17. Vous arrive-t-il d'essayer de diminuer le temps que vous passer sur Internet sans y arriver ?	□	□	□	□	□	□

	1	2	3	4	5	Pas applicable
18. Vous arrive-t-il de cacher aux autres combien de temps vous avez passé sur Internet ?	□	□	□	□	□	□
19. Vous arrive-t-il de choisir de passer plus de temps sur Internet plutôt que de sortir avec des proches ?	□	□	□	□	□	□
20. Vous arrive-t-il de vous sentir déprimé(e), de mauvaise humeur ou énervé(e) lorsque vous n'êtes pas sur Internet, puis de vous sentir mieux lorsque vous y êtes ?	□	□	□	□	□	□

Bibliographie

Questionnaire AUDIT

Conigrave, K.M., Hall, W.D., Saunders, J.B. (1995). The AUDIT questionnaire : choosing a cut-off score. *Addiction, 90*, 1349–1356.

Conley, T.B. (2001). Construct validity of the MAST and AUDIT with multiple offender drunk drivers. *Journal of Substance Abuse Treatment, 20*, 287–295.

Donovan, D.M., Kivlahan, D.R., Doyle, S.R., et al. (2006). Concurrent validity of the Alcohol Use Disorders Identification Test (AUDIT) and AUDIT zones in defining levels of severity among out-patients with alcohol dependence in the COMBINE study. *Addiction, 101*, 1696–1704.

Paille, F. (2009). Alcool : épidémiologie, étiologie, clinique. In M., Lejoyeux, *Abrégés d'Addictologie* (pp. 71-97). Paris : Masson

Saunders, J.B., Aasland, O.G., Babor, T.F., et al. (1993). Development of the Alcohol Use Disorders Identification Test (AUDIT) : WHO Collaborative Project on early detection of persons with harmful alcohol consumption-II. *Addiction, 66*, 791–804.

Questionnaire d'appétence alcoolique *(Obsessive Compulsive Drinking Scale)*

Anton, R.F., Moak, D.H., Latham, P.K. (1996). The Obsessive Compulsive Drinking Scale. A new method of assessing outcome in alcoholism treatment studies. *Archives of General Psychiatry, 53*, 225–231.

Chignon, J.M., Jacquesy, L., Mennad, M., et al. (1998). Auto-questionnaire d'appétence alcoolique (questionnaire ECCA) : échelle de comportement et de cognitions vis-à-vis de l'alcool, traduction française et validation de l'OCDS. *Encéphale, XXIV*, 426–434.

Questionnaire des habitudes de prise de boissons alcoolisées

Pelc, I. Contribution à l'étude de la psychopathologie de l'alcoolisme chronique. Thèse pour l'agrégation de l'enseignement supérieur. Université libre de Bruxelles.(disponible à la Bibliothèque de la faculté de médecine).

Test de dépendance à la nicotine

Gillet, C. (2009). Clinique de la dépendance tabagique. In M., Lejoyeux, *Abrégés d'Addictologie* (pp. 129–145). Paris : Masson.

Heatherton, T.F., Kozlowski, L.T., Frecker, R.C., et al. (1991). The Fagerström test for nicotine dependance : a revision of the Fagerström tolerance questionnaire. *British Journal of Addiction, 86*, 1119–1127.

Questionnaire de comportements tabagiques

Paulhan, I., Bruchon-Schweitzer, M. (1994). Différentes composantes du comportement tabagique : construction et validation d'un questionnaire (QCT). *Encéphale, XX*, 741–746.

Questionnaire South Oaks Gambling Screen

Lesieur, H.R., Blume, S.B. (1987). The South Oaks Gambling Screen. *American Journal of Psychiatry, 144*, 1184–1188.

Ades, J. (2009). Jeu pathologique. In M., Lejoyeux, *Abrégé d'Addictologie* (pp. 229–238). Paris : Masson.

Échelle des cognitions liées au jeu

Raylu, N., Oei, T.P.S. (2004). The Gambling Related Cognitions Scale (GRCS) : development, confirmatory factor validation and psychometrics properties. *Addiction, 99*, 757–769.

Oei, T.P.S., Lin, J., Raylu, N. (2007). Validation of the Chinese version of the Gambling Related Cognitions Scale (GRCS-C). *Journal of Gambling Studies, 23*, 309–322.

Étude des attitudes et des croyances des joueurs

Breen, R.B., Zuckerman, M. (1999). Chasing' in gambling behaviour : personality and cognitive determinants. *Personality and Individual Differences, 27*, 1097–1111.

Lejoyeux, M. (2009). *Abrégé d'addictologie*. Paris : Masson.

Strong, D.R., Breen, R.B., Lejuez, C.W. (2004). Using item response theory to examine gambling attitudes and beliefs. *Personality and Individual Differences, 36*, 1515–1529.

Test d'addiction à Internet

Khazaal, Y., Billieux, J., Thorens, G., et al. (2008). French validation of the Internet Addiction Test. *CyberPsychology & Behavior*, 1–4.

Chapitre 18

Personnes âgées

Des outils spécifiques aux personnes âgées sont actuellement disponibles, en particulier pour évaluer la dépression ; cependant, des données existent sur des outils déjà cités dans les chapitres précédents. L'anxiété étant un problème de santé majeur chez les personnes âgées, nous avons introduit un commentaire sur la question.

1. Échelle d'appréciation clinique en gériatrie (Laboratoire Sandoz) : *évaluation rapide de l'état psychopathologique de la personne âgée.*
2. Échelle de dépression gériatrique (Yesavage et Brinck) : *intensité de la dépression du sujet âgé.*
3. Inventaire de dépression de Beck (Beck) : *intensité de la dépression.*
4. Questionnaire sur les inquiétudes du Penn State (Meyer) : *évaluation du trouble de l'anxiété généralisée.* Le questionnaire est présenté au chapitre 8, « Anxiété et anxiété généralisée ».
5. Inventaire d'anxiété état-trait (Spielberger) : *évaluation de l'anxiété état et de l'anxiété trait.* La version française est disponible aux Éditions du Centre de Psychologie Appliquée.
6. Système de mesure de l'autonomie fonctionnelle (Hebert) : *autonomie et fonctionnement des sujets âgés.* Le manuel est à se procurer à l'hôpital d'Youville, 1036, Belvédère Sud, Sherbrooke, Québec, Canada, J1H4C4.

Notice d'information

1. Échelle d'appréciation clinique en gériatrie[1]

Applications

L'échelle d'appréciation clinique en gériatrie a pour objectif d'évaluer rapidement l'état psychopathologique du sujet âgé. La plupart des items correspondent aux troubles de la sénescence ayant trait au comportement, à l'activité journalière, aux relations avec les autres et aux symptômes neurosensoriels. Elle représente une modification de la SCAG (*Sandoz Clinical Assessment Geriatric*) de Shader et al. (1974). Elle est surtout utile pour suivre l'évolution des sujets.

1. Laboratoire Sandoz (1977).

Mode de passation

L'échelle est remplie par un évaluateur à partir de l'observation du sujet et d'un entretien clinique.

Cotation

Chacun des items est coté en 7 points de gravité croissante (de 1 : normal, à 7 : très pathologique). Chaque item est indépendant et permet d'apprécier les modifications psycho-comportementales en rapport avec la pathologie cérébrale du sujet âgé. Aucun score total n'est donc possible.

Études de validation

L'échelle d'appréciation clinique en gériatrie est un outil original français. Elle a été étudiée sur des sujets âgés (Georges et al., 1977 ; Henry et al., 1978). La fidélité inter-juges a été réalisée sur 12 patients hospitalisés dans un service de long séjour par neuf médecins différents. La fidélité inter-juges sur l'ensemble des items est à 0,68. Les résultats pour les items sont satisfaisants, exception faite de deux items (dépression et vertiges) où la fidélité est inférieure à 0,50 (Henry et al., 1978). Une analyse en composantes principales (Georges et al., 1977) met en évidence quatre facteurs permettant une interprétation clinique : détérioration mentale (items 1, 2 et 3), troubles sensoriels (items 13 et 17), baisse du dynamisme (items 7 et 8) et relations avec autrui (items 9 et 10). Ce regroupement d'items laisse de côté 8 items sur 17 ; il nous semble donc préférable de continuer à utiliser les notes obtenues aux 17 items. Finalement, la validité convergente de certains items a été mise en évidence par Israel et al. (1979). L'item « vivacité d'esprit » est corrélé à l'évocation immédiate et l'évocation différée de la figure de Rey. Il est également corrélé aux images couplées en couleur d'Israel (nombre d'images évoquées sur présentation du premier élément du couple). L'item « mémoire des événements récents » est corrélé à l'évocation immédiate de la figure de Rey et du test du code de Weschler. L'item « orientation confusion » est corrélé à l'évocation immédiate et l'évocation différée du PRM de Rey et au test du code de Weschler.

Normes

L'échelle ne permet pas d'obtenir un score total. Peu de données sont disponibles.

Conclusion

L'intérêt de l'échelle d'appréciation clinique est d'être rapide, ce qui est appréciable avec des sujets fatigables et sensible à l'action thérapeutique. Les qualités psychométriques de l'outil ne satisfont pas aux critères actuels.

2. Échelle de dépression gériatrique (*Geriatric Depression Scale*)[2]

Applications

Les auteurs ont essayé de réaliser un outil facile à administrer et qui demande peu d'efforts de la part de la personne âgée. Ils ont également veillé à ne pas inclure d'items somatiques.

Mode de passation

Il s'agit d'un questionnaire comprenant 30 items en « oui-non ».

Cotation

Vingt des 30 items indiquent la présence de dépression si le sujet donne une réponse positive. Dix items indiquent la présence de dépression si le sujet donne une réponse négative. Il s'agit des items 1, 5, 7, 9, 15, 19, 21, 27, 29 et 30. Chaque réponse dépressive reçoit un point. Il suffit ensuite d'additionner les notes obtenues aux différents items. Plus le score est élevé, plus la personne a des chances d'être dépressive.

Études de validation

Elles ont été réalisées auprès des personnes âgées américaines normales et dépressives (Yesavage et al., 1983). La version française a été étudiée sur des sujets âgés du Nouveau-Brunswick et du Québec (Bourque et Blanchard, 1990 ; Vezina et al., 1992) et des femmes âgées françaises (Cialdella et al., 1992). L'échelle de dépression gériatrique possède une consistance interne satisfaisante (Yesavage et al., 1983 ; Bourque et Blanchard, 1990 ; Cialdella et al., 1992). La fidélité test-retest (une semaine) a seulement été étudiée par Yesavage et al. (1983) et est égale à 0,85. La validité de critère est satisfaisante puisque l'échelle de dépression gériatrique différencie bien les sujets âgés dépressifs de ceux qui ne le sont pas. La validité concourante de la version anglaise est bonne avec l'échelle de dépression d'Hamilton et avec le questionnaire de dépression de Zung. La validité concourante de la version française avec l'inventaire de dépression de Beck varie de 0,63 à 0,78 (Bourque et Blanchard, 1990 ; Vezina et al., 1992). L'échelle de dépression gériatrique serait assez proche de l'unidimensionnalité (Bourque et Blanchard, 1990 ; Cialdella et al., 1992). D'après Vezina et al. (1992), l'échelle de dépression gériatrique a une meilleure capacité à détecter les sujets déprimés comparée à l'inventaire de dépression de Beck. La note seuil de 15 pour l'échelle de dépression gériatrique leur permet de classer 96,30 % de sujets déprimés et 84,55 % de sujets non déprimés dans une population âgée consultant en psychiatrie. Cette note est plus élevée

2. Yesavage J.A. et Brink T.L. (1983), traduction : Bourque P. et Blanchard L.

que celle donnée par Yesavage et al. (1983), qui retiennent une note seuil de 11 mais sur une population normale et dépressive, avec des résultats comparables en ce qui concerne la sensibilité et la spécificité.

Normes

- De 0 à 10 : absence de dépression.
- À partir de 11 : probabilité d'une dépression (Yesavage et al., 1983).

D'après la revue de la littérature de Wancata et al. (2006), la note seuil de 10 est utilisée dans huit études et celle de 11 dans treize études ; nous conseillons le seuil 10-11 pour le dépistage de pathologie dépressive dans une population générale.

Conclusion

L'échelle de dépression gériatrique présente l'intérêt d'avoir été conçue et validée auprès de personnes âgées. Elle évite l'écueil des items somatiques. Elle est très utilisée au niveau international mais n'est plus indiquée pour des sujets âgés présentant un déficit cognitif de type démentiel.

3. Inventaire de dépression de Beck[3]

Nous avons évoqué le questionnaire et ses différentes versions dans le chapitre 12, « Troubles de l'humeur ». Les qualités psychométriques sont satisfaisantes auprès des personnes âgées aussi bien en anglais (Gallagher et al., 1982, 1983) qu'en français. La version française a été étudiée auprès de personnes âgées francophones canadiennes (Vezina et al., 1990, 1991). De plus Bourque et al. (1982) ont montré la validité de l'inventaire chez des sujets âgés. Les items somatiques qui pouvaient être majorés n'ont pas plus d'impact sur le score total que les items psychiques. Autrement dit, s'il existe un lien entre l'état de santé physique de la personne âgée et le degré de dépression, l'élévation du score de dépression est due aussi bien à une augmentation du score des items somatiques qu'à celui des items psychiques de l'inventaire de dépression. Les normes restent sensiblement les mêmes que dans la population adulte :

- score inférieur ou égal à 10 : pas de dépression ;
- de 11 à 16 : dépression légère ;
- supérieur à 17 : dépression modérée à grave (Vezina et al., 1991).

La dernière version du questionnaire, le BDI-II, a également été étudiée sur des personnes âgées hospitalisées dont certaines présentaient un diagnostic de dépression majeure (Steer et al., 2000). Le coefficient de consistance interne est égal à 0,89. Les auteurs retrouvent la structure factorielle à deux facteurs, un facteur somatique et affectif et un facteur

3. Beck A.T. (1979).

cognitif. Ce résultat est intéressant puisque qu'il confirme la stabilité factorielle du BDI-II par rapport aux versions antérieures. Il n'existe pas de différence significative entre des sujets adultes présentant une dépression majeure et des sujets âgés ayant le diagnostic de dépression majeure.

Moyenne (écart type) :

- sujets adultes présentant une dépression majeure : 24,56 (12,75) ;
- sujets âgés présentant une dépression majeure : 31,47 (9,86).

4. Questionnaire sur les inquiétudes du Penn State

Le questionnaire permet d'évaluer le trouble de l'anxiété généralisée (TAG). Il a été étudié sur 57 personnes âgées (âge moyen : 65,9 ans) présentant un diagnostic de trouble d'anxiété généralisée (Stanley et al., 2001). Le coefficient de consistance interne est égal à 0,83. La fidélité test-retest (10 semaines) est égale à 0,54, ce qui est un indice d'instabilité temporelle. Cependant, il n'existe pas de différence significative entre le temps 1 et le temps 2. Il semblerait que le questionnaire différencie des sujets âgés présentant un TAG de sujets âgés issus de la population générale. La validité convergente avec l'inventaire d'anxiété état-trait de Spielberger est égale à 0,36 avec l'échelle d'état et à 0,45 avec l'échelle de trait. La validité discriminante avec deux questionnaires de dépression est satisfaisante puisque la corrélation avec l'inventaire de dépression de Beck est égale à 0,16 et la corrélation avec l'échelle de dépression gériatrique de Yesavage est égale 0,24.

Sujets âgés présentant un TAG (n = 57) : 62,5 (8,95).

Ces données ont été établies sur la version anglaise. Elles devront être confirmées.

5. Inventaire d'anxiété état-trait

L'inventaire d'anxiété état-trait de Spielberger a déjà été évoqué au chapitre 8, « Anxiété et anxiété généralisée ». Il a été administré à 57 personnes âgées (âge moyen : 65,9 ans) présentant un diagnostic de trouble d'anxiété généralisée (Stanley et al., 2001). Les coefficients de consistance interne sont satisfaisants pour l'échelle d'anxiété état (0,94) et l'échelle d'anxiété trait (0,88). En revanche, la fidélité test-retest pose question. Elle est égale à 0,51 pour l'échelle d'anxiété état et à 0,58 pour l'échelle d'anxiété trait avec une différence significative entre les deux passations pour cette dernière échelle. Les sujets seraient moins anxieux lors de la seconde passation, ce qui pose le problème de la stabilité temporelle du questionnaire. Le questionnaire semble différencier les sujets âgés présentant un TAG des sujets âgés issus de la population générale. La validité discriminante du questionnaire avec la dépression est beaucoup moins satisfaisante que celle du questionnaire sur les inquiétudes du Penn State. En effet, l'échelle d'anxiété état corrèle à 0,45 avec l'inventaire de dépression de Beck et à 0,49 avec l'échelle de dépression gériatrique de Yesavage. L'échelle d'anxiété trait corrèle à 0,59 avec l'inventaire de dépression de Beck et à 0,70 avec l'échelle de dépression gériatrique de Yesavage.

Sujets âgés présentant un TAG (n = 57) :

- échelle d'anxiété état : 50,1 (13,01) ;
- échelle d'anxiété trait : 55,7 (10,01).

Comme pour le questionnaire précédent, ces données ont été établies sur la version anglaise. Nous rappelons que la version française est disponible aux Éditions du Centre de psychologie appliquée.

6. Système de mesure de l'autonomie fonctionnelle (SMAF)[4]

Applications

Le SMAF a pour objectif d'évaluer les besoins des individus en mesurant leurs incapacités et handicaps, tant au domicile qu'en institution. Il comprend 29 items évaluant cinq dimensions : activités de la vie quotidienne, mobilité, communications, fonctions mentales et tâches domestiques.

Mode de passation

L'évaluateur, infirmière ou assistante sociale, cote selon des critères précis, indiqués sur la feuille de passation des renseignements obtenus auprès du sujet ou d'un tiers. Certains items ne demandent qu'une observation, d'autres nécessitent la réalisation d'épreuves. Pour chacun des items, une évaluation des ressources en place, afin de pallier l'incapacité, permet d'obtenir un score de handicap.

Cotation

Chaque fonction est cotée sur une échelle de quatre degrés : 0 = autonome ; 1 = besoin de surveillance ou de stimulation ; 2 = besoin d'aide ; 3 = dépendant. Une révision récente a permis d'ajouter une cote intermédiaire (0,5) à certains items pour marquer une fonction accomplie de façon autonome mais avec difficulté. Le score total est obtenu en additionnant les notes de chaque item. Des sous-scores par dimension peuvent également être calculés. Pour les sujets en institution, une version abrégée à 20 items peut être utilisée en excluant les tâches domestiques et la marche à l'extérieur.

Études de validation

Le SMAF a été étudié auprès de personnes âgées francophones canadiennes (Hebert et al., 1986, 1988 ; Desrosiers et al., 1995). La fidélité

4. Hébert R. (1984, forme révisée 1993).

inter-juges ainsi que la fidélité test-retest sont satisfaisantes (Desrosiers et al., 1995). Ainsi pour la fidélité test-retest (15 jours), le coefficient est égal à 0,95 pour le score total, et la fidélité inter-juges est égale à 0,96. La validité concourante est égale à 0,88 avec le nombre d'heures de soins infirmiers. Le total différencie les résidents de trois types d'établissements différents bénéficiant de services d'intensité différente. La différence entre établissements est surtout évidente au niveau des activités de la vie quotidienne et de la mobilité (Hebert et al., 1988).

Normes

Moyennes (écarts types)

Elles ont été établies sur des sujets francophones canadiens :
- sujets âgés ne nécessitant que des services hôteliers : 9,5 (6,1) ;
- sujets hospitalisés : 34,4 (12,0).

Conclusion

Le SMAF peut être utilisé pour le suivi et l'évaluation des personnes âgées vivant au domicile ou en institution. Ses qualités psychométriques en font un instrument intéressant.

Pour se procurer le livret, écrire à : Système de mesure de l'autonomie fonctionnelle, Hôpital d'Youville, 1036, Belvédère Sud, Sherbrooke, Quebec, Canada, J1H4C4.

Présentation des outils d'évaluation

1. Échelle d'appréciation clinique en gériatrie[5]

Nom du patient :.................................... Date de l'entretien :...............................

Cocher le chiffre qui correspond à votre impression clinique au cours de l'entretien.

	I. Vivacité d'esprit
1	Vigilance et vivacité d'esprit normales.
2	
3	Un certain ralentissement dans le processus de l'idéation, de la concentration, dans les réponses et la parole.
4	
5	Ralentissement modéré des processus de l'idéation, de la concentration et des réponses.
6	
7	Net ralentissement des processus idéatoires, concentration et réponses.

5. Tous droits réservés en totalité ou en partie. Laboratoire Sandoz.

	II. Mémoire des événements récents
1	Mémoire intacte.
2	
3	Défauts de mémoire intermittents pour les incidents récents sans importance. Mémoire intacte pour les faits récents importants.
4	
5	Défauts de mémoire modérés pour les incidents récents sans importance et oublis des faits récents importants par intermittence.
6	
7	Perte de mémoire importante pour les faits récents mineurs et importants.
	III. Orientation et confusion
1	Normale. Conscient de l'environnement (lieu et temps). Identifie correctement les personnes.
2	
3	Orientation dans le lieu. Désorienté dans le temps par intermittence. Identifie les personnes.
4	
5	Identifie mal les personnes, l'environnement et le temps, mais peut trouver son chemin.
6	
7	Ne peut trouver son chemin sans aide. Désorienté dans le temps.
	IV. Anxiété
1	À l'aise, détendu.
2	
3	Légère anxiété. Conserve son self-control.
4	
5	Anxiété modérée. Des symptômes somatiques peuvent être présents, mais ne gênent pas les activités quotidiennes.
6	
7	Anxiété importante. Symptômes somatiques, gênants les activités quotidiennes.
	V. Dépression
1	Humeur normale.
2	
3	Tristesse, découragement. Exprimés seulement à l'interrogatoire.
4	
5	Tristesse, découragement, indifférence. Exprimés spontanément.
6	
7	Tristesse, découragement, indifférence, sentiment de culpabilité manifestes (mimiques, voix, gestes, etc.).
	VI. Stabilité émotionnelle
1	Normale.
2	

3	Assez bonne. Réponse émotionnelle quelquefois inadéquate.
4	
5	Modification modérée de la réponse émotionnelle, peu reliée à la situation.
6	
7	Anormalement ému, à un degré déjà important.
	VII. Motivation et initiative
1	Normalement motivé. Entreprend spontanément ses activités.
2	
3	Existence d'un manque de motivation. Entreprend souvent mais pas toujours ses activités.
4	
5	Défaut de motivation manifeste. Entreprend parfois ses activités. A besoin fréquemment d'être encouragé.
6	
7	Défaut de motivation marqué. Entreprend rarement ses activités.
	VIII. Coopération
1	Coopération spontanée.
2	
3	Coopération passive. Nécessite quelque directives et encouragements.
4	
5	Nécessite souvent encouragements et persuasion.
6	
7	Refuse passivement toute aide. Manque de coopération dans de nombreux domaines.
	IX. Sociabilité
1	Normale.
2	
3	A relativement peu d'amis. Ne leur consacre que peu de temps.
4	
5	Cherche habituellement à se trouver avec d'autres personnes mais socialement passif.
6	
7	À l'écart. Parle rarement avec les autres.
	X. Soins personnels
1	S'habille et se nourrit correctement. Bonne hygiène personnelle.
2	
3	S'habille et se nourrit imparfaitement, mais de manière acceptable. Hygiène personnelle sans aide, à la limite de l'acceptabilité.
4	
5	S'habille et se nourrit convenablement avec un minimum de surveillance. L'hygiène personnelle nécessite une certaine surveillance.
6	
7	Ne s'habille pas et ne mange pas correctement sans surveillance constante.

	XI. Locomotion
1	Normale.
2	
3	Démarche lente, hésitante et légèrement mal assurée.
4	
5	Marche avec quelques difficultés. Surveillance parfois nécessaire.
6	
7	Marche avec grande difficultés. Surveillance nécessaire.
	XII. Appétit
1	Normal.
2	
3	Légère perte d'appétit. Pas de perte de poids.
4	
5	Anorexie modérée. Alimentation suffisante. Pas de perte de poids.
6	
7	Anorexie marquée. Alimentation insuffisante sans surveillance. Perte de poids.
	XIII. Vertiges
1	Aucun.
2	
3	Légers épisodes intermittents de vertiges.
4	
5	Vertiges d'importance modérée de survenue assez fréquente.
6	
7	Sévères accès de vertiges à intervalles rapprochés.
	XIV. Fatigue
1	Absente dans des conditions normales.
2	
3	Légère : pas d'interférence sur le comportement physique.
4	
5	Modérée, avec certaine interférence sur le comportement physique.
6	
7	Sévère. Interférence considérable sur le comportement physique.
	XV. Céphalée
1	Absente.
2	
3	Légère.
4	
5	Modérée.
6	
7	Sévère.

	XVI. Sommeil
1	Sommeil normal pour un vieillard.
2	
3	Levers nocturnes. Ne prend pas de somnifères.
4	
5	Levers nocturnes fréquents. Utilise des somnifères.
6	
7	Levers nocturnes très fréquents et agitation. Emploi constant de somnifères.

	XVII. Acouphènes
1	Absents.
2	
3	Bourdonnements, sifflements, tintements légers gênant peu le malade.
4	
5	Troubles handicapant le malade.
6	
7	Troubles intenses perturbant sa vie de relation.

2. Échelle de dépression gériatrique[6]

Nom :... Date :..

Instructions : encerclez la réponse exprimant le mieux comment vous vous sentiez au cours de la semaine passée.

1.	Êtes-vous fondamentalement satisfait(e) de la vie que vous menez ?	OUI	NON
2.	Avez-vous abandonné un grand nombre d'activités et d'intérêts ?	OUI	NON
3.	Est-ce que vous sentez un vide dans votre vie ?	OUI	NON
4.	Vous ennuyez-vous souvent ?	OUI	NON
5.	Êtes-vous optimiste quand vous pensez à l'avenir ?	OUI	NON
6.	Êtes-vous préoccupé(e) par des pensées dont vous n'arrivez pas à vous défaire ?	OUI	NON
7.	Avez-vous la plupart du temps un bon moral ?	OUI	NON
8.	Craignez-vous qu'il vous arrive quelque chose de grave ?	OUI	NON
9.	Êtes-vous heureux/heureuse la plupart du temps ?	OUI	NON
10.	Éprouvez-vous souvent un sentiment d'impuissance ?	OUI	NON

6. Tous droits réservés en totalité ou en partie. Traduction de Bourque R. et Blanchard L. *Revue Canadienne du Vieillissement*, 1990, vol. 9, n° 4, 348–355. Yesavage J.A. et al. Geriatric depression screening scale. *Journal of Psychiatric Research*, 1983, *17*, 37–49.

11.	Vous arrive-t-il souvent de ne pas tenir en place, de vous impatienter ?	OUI	NON
12.	Préférez-vous rester chez vous au lieu de sortir pour faire de nouvelles activités ?	OUI	NON
13.	Êtes-vous souvent inquiet(ète) au sujet de l'avenir ?	OUI	NON
14.	Avez-vous l'impression d'avoir plus de problèmes de mémoire que la majorité des gens ?	OUI	NON
15.	Pensez-vous qu'il est merveilleux de vivre à l'époque actuelle ?	OUI	NON
16.	Vous sentez-vous souvent triste et déprimé(e) ?	OUI	NON
17.	Vous sentez-vous plutôt inutile dans votre état actuel ?	OUI	NON
18.	Le passé vous préoccupe-t-il beaucoup ?	OUI	NON
19.	Trouvez-vous la vie très excitante ?	OUI	NON
20.	Avez-vous de la difficulté à entreprendre de nouveaux projets ?	OUI	NON
21.	Vous sentez-vous plein(e) d'énergie ?	OUI	NON
22.	Avez-vous l'impression que votre situation est désespérée ?	OUI	NON
23.	Pensez-vous que la plupart des gens vivent mieux que vous ?	OUI	NON
24.	Vous mettez-vous souvent en colère pour des riens ?	OUI	NON
25.	Avez-vous souvent envie de pleurer ?	OUI	NON
26.	Avez-vous de la difficulté à vous concentrer ?	OUI	NON
27.	Êtes-vous heureux/heureuse de vous lever le matin ?	OUI	NON
28.	Préférez-vous éviter les rencontres sociales ?	OUI	NON
29.	Prenez-vous facilement des décisions ?	OUI	NON
30.	Vos pensées sont-elles aussi claires que par le passé ?	OUI	NON

Bibliographie

Échelle d'appréciation clinique en gériatrie

Georges, D., Lallemand, A., Coustenoble, J., Loria, Y. (1977). Validation par l'analyse factorielle d'une échelle d'évaluation clinique des troubles de la sénescence cérébrale. *Thérapie, 32*, 173–180.

Henry, J.F., Loria, Y., Lallemand, A., et al. (1978). Étude de la fiabilité inter-juges d'une échelle d'évaluation clinique des troubles de la sénescence cérébrale. *Revue de Gériatrie, 3*, 20–22.

Israel, L., Georges, D., Lallemand, A., Loria, Y. (1979). Échelle d'appréciation clinique et tests psychométriques en gériatrie : recherche de corrélation. *Thérapie, 34*, 585–590.

Shader, R.I., Harmatz, J.S., Salzman, C. (1974). A new scale for clinical assessment in geriatric populations : Sandoz Clinical Assessment-Geriatric. *Journal of the American Geriatrics Society, XXII*, 107–113.

Échelle de dépression gériatrique (*Geriatric Depression Scale*)

Bourque, P., Blanchard, L. (1990). Étude psychométrique de l'échelle de dépression gériatrique. *La Revue Canadienne du Vieillissement, 9*, 348–355.

Cialdella, P.H., Guillaud-Bataille, J.M., Gausset, M.F., et al. (1992). Étude sur l'unidimensionnalité de l'échelle de dépression gériatrique de Yesavage et Brink. *Encéphale, XVIII*, 537–544.

Vezina, J., Laprise, R., Gourgue, M., et al. (1992). Comparaison de la performance diagnostique de l'inventaire de dépression de Beck et de l'échelle de dépression gériatrique : utilisation des courbes caractéristiques. Les Cahiers de Recherche de l'École de Psychologie, n° 136, Université Laval.

Wancata, J., Alexandrowicz, R., Marquart, B., et al. (2006). The criterion validity of the Geriatric Depression Scale : a systematic review. *Acta Psychiatrica Scandinavica, 114*, 398–410.

Yesavage, J.A., Brink, T.L., Rose, T.L., et al. (1983). Development and validation of a geriatric depression screening scale : a preliminary report. *Journal of Psychiatric Research, 17*, 37–49.

Inventaire de dépression de Beck

Bourque, P., Blanchard, L., Saulnier, J., Vezina, J. (1992). L'impact des symptômes somatiques dans l'évaluation de la dépression chez une population gériatrique. *Revue Canadienne des Sciences du Comportement, 24*, 118–128.

Gallagher, D., Breckenridge, J., Steinmetz, J.L., Thompson, L.W. (1983). The Beck depression inventory and research diagnostic criteria. Congruence in an older population. *Journal of Consulting and Clinical Psychology, 51*, 945–946.

Gallagher, D., Nies, G., Thompson, L.W. (1982). Reliability of the Beck depression inventory with older adults. *Journal of Consulting and Clinical Psychology, 50*, 152–153.

Steer, R.A., Rissmiller, D.J., Beck, A.T. (2000). Use of the Beck Depression Inventory-II with depressed geriatric inpatients. *Behaviour Research and Therapy, 38*, 311–318.

Vezina, J., Bourque, P. (1990). Fidélité et structure factorielle de la version française du *Beck Depression Inventory* chez une population de personnes âgées. Communication présentée au XXe Congrès européen de thérapie comportementale, Paris.

Vezina, J., Landreville, P.H., Bourque, P., Blanchard, L. (1991). Questionnaire de dépression de Beck. Étude psychométrique auprès d'une population âgée francophone. *Revue Canadienne du Vieillissement, 10*, 29–39.

Questionnaire sur les inquiétudes du Penn State

Stanley, M.A., Novy, D.M., Bourland, S.L., et al. (2001). Assessing older adults with generalized anxity : a replication and extension. *Behaviour Research and Therapy, 39*, 221–235.

Questionnaire d'anxiété état-trait

Stanley, M.A., Novy, D.M., Bourland, S.L., et al. (2001). Assessing older adults with generalized anxity : a replication and extension. *Behaviour Research and Therapy, 39*, 221–235.

Système de mesure de l'autonomie fonctionnelle

Hebert, R., Bilodeau, A. (1986). Profil d'autonomie fonctionnelle des personnes âgées hébergées en institution. Le fonctionnement individuel et social de la personne âgée. *Cahier de l'ACFAS, 46*, 166–179.

Hebert, R., Carrier, R., Bilodeau, A. (1988). The functional autonomy measurement system : description and validation of an instrument for the measurement of handicaps. *Age and Ageing, 17*, 293–302.

Desrosiers, J., Brew, G., Hebert, R., Dubuc, N. (1995). Reliability of the revised functional autonomy measurement system (SMAF) for epidemiological research. *Age and Ageing*, *24*, 402–406.

Conclusion

Martine Bouvard

Cet ouvrage regroupe à la fois des instructions pour mener des études sur des thérapies empiriquement validées, qu'elles portent sur un cas (protocole de cas individuel) ou sur des groupes de sujets (études contrôlées), et une recension d'outils d'évaluation. Le prérequis est d'utiliser des outils d'évaluation dont les qualités psychométriques de fidélité et de validité ont été vérifiées. Dans le domaine des troubles anxieux, nous avons présenté des questionnaires ou des échelles d'évaluation pour chacun à l'exception peut-être de l'état de stress aigu. Dans le domaine des troubles de l'humeur, les questionnaires et les échelles d'évaluation présentés ne permettent pas de porter un diagnostic : ils ont comme objectif d'évaluer l'intensité des symptômes dépressifs, voire maniaques, par rapport à des groupes de référence. Prédire l'intentionnalité suicidaire ne dépend pas uniquement de la sévérité de la dépression ou de l'intention exprimée, avoir l'impression de ne pas avoir d'avenir (un des éléments de la triade dépressive selon Beck) serait un meilleur prédicteur de l'intentionnalité suicidaire (échelle de désespoir ou échelle H). Dans la mesure du possible nous avons recherché les outils « standard » (ceux qui sont reconnus pour être spécifiques et considérés comme le standard) dans chacun des domaines. Les troubles des conduites alimentaires ont fait l'objet d'un chapitre indépendant. Enfin, nous avons choisi de présenter les outils d'évaluation des addictions dans seulement trois domaines, l'addiction à l'alcool, au tabac et au jeu pathologique. Pour l'évaluation des troubles psychotiques comme des troubles sexuels et de la médecine comportementale, il a été difficile de trouver des outils validés selon les instructions de Vallerand. En conséquence, la recherche francophone (et mes étudiants) devra produire des travaux pour se maintenir au niveau international.

INDEX

471041 – (I) – (2) – OSB 80° – Thomson

ELSEVIER MASSON SAS
62, rue Camille-Desmoulins
92442 Issy-les-Moulineaux Cedex
Dépôt Légal : mai 2010

Achevé d'imprimer sur les presses de
Ten Brink
Meppel, Pays-Bas
mai 2010

Imprimé aux Pays-Bas